JN084302

2024
令和6年度版
総合資格学院 編

2級建築施工管理技士

第一次検定　　**第二次検定**

問題解説

総合資格学院

はじめに

本書は建築関係の資格スクールとして、長年高い合格実績を維持してきた総合資格学院のノウハウを結集して作成しました。5年分の「過去問題（第一次検定と第二次検定両方）」と「解答・解説」を収録しております。解説は正解肢だけでなく、すべての選択肢について詳しく解説しておりますので、それらすべての解説を学習することによってテキストとしての効果を発揮します。また、法改正により変更になった問題は、現在の法律・規準に適用するように一部変更して掲載しております（変更した問題には、問題文に☆を記載）。

なお、本書発行後の法改正・追録・正誤などの最新情報は当社ホームページ（https://www.shikaku-books.jp/）にてご案内いたします。

本書の特長と使い方

図版を多数掲載した解答・解説

資格試験の王道は過去問の学習ですが、本書は過去問の理解が進むよう、解答・解説の誌面は2色を使い、重要な語句を赤字の太字にしております。また、文章だけでは分かりづらい箇所については図版を使って解説しております。テキストとしても有効なつくりとなっておりますので、解答・解説を熟読し、記載内容を理解するよう心がけましょう。

便利な分冊形式

本書は問題演習や採点がしやすいよう「解答・解説」が取り外せる形式になっております。分冊にすることで答え合わせがしやすく、また持ち運びやすくなりました。移動時間などでも「解答・解説」を携帯し、学習の復習や試験の直前チェックなどにご活用ください。

役立つ試験ガイド

本書は巻頭に、受検資格や試験日程、出題内容を掲載しています。2級建築施工管理技士の試験は、第一次検定（学科）は平成30年度より受検種別を問わず共通問題として出題されていますが、第二次検定（実地）は平成30年度より受検種別で解く問題が異なります。学習の前に出題区分の表でご自身が解かなければならない問題をご確認ください。また、巻末の第一次検定（学科）の解答用紙はコピーなどして活用ください。

「令和5年度版 問題・解答・解説冊子」&「解説DVD」プレゼント

本書は、平成30年度から令和4年度までの2級建築施工管理技士の第一次検定（学科）・第二次検定（実地）の問題・解答・解説を収録しています。加えて、本書挟み込み用紙記載のQRコードからのご応募で、令和5年度版の第一次検定と第二次検定の問題・解答・解説、第一次検定解説DVDを進呈。

2級建築施工管理技士とは

2級建築施工管理技士は、建設業法第27条にもとづく国家資格です。資格取得により、ビルや住宅などの工事において施工計画を作成し、工事を管理し、技術的な立場から作業員を指導監督する「主任技術者」になることができます。また、建設業法に定められた「一般建設業」の許可要件である営業所ごとに配置しなければならない「専任技術者」になることができます。さらに公共事業の入札で企業を評価する経営事項審査では、2級建築施工管理技士は2点で評価されます。企業にとっては1人でも多く確保したい人材です。

受検資格　※令和5年度実績

学歴と実務経験年数

最終学歴		実務経験年数
大　学 専門学校の高度専門士	指定学科	卒業後1年以上
	それ以外	卒業後1年6ヶ月以上
短期大学 5年制高等専門学校 専門学校の専門士	指定学科	卒業後2年以上
	それ以外	卒業後3年以上
高等学校 専門学校の専門過程	指定学科	卒業後3年以上
	それ以外	卒業後4年6ヶ月以上
その他の者		8年以上

※技術検定の受検に必要な実務経験は令和5年7月31日まで（それで受検資格を満たすことができない場合は試験日の前日まで）で計算
※第一次検定のみの受検資格としては試験実施年度において、満17歳以上となる者となっている。

実務経験として認められる受検種別に対する工事

受検種別	工事種別
建　　築	建築一式工事
躯　　体	大工工事（躯体）、型枠工事、とび・土工・コンクリート工事、鋼構造物工事、鉄筋工事、ブロック工事、解体工事
仕 上 げ	造作工事、左官工事、石工事、屋根工事、タイル・レンガ工事、板金工事、ガラス工事、塗装工事、防水工事、内装仕上工事、建具工事、熱絶縁工事

実務経験として認められる「従事した立場」

施工管理	受注者の立場での施工管理業務（現場施工を含む）
設計監理	設計者の立場での工事監理業務
施工監督	発注者の立場での工事監理業務

※受検資格の詳細は、（一財）建設業振興基金までお問い合わせください。

技 士 補

令和３年度から、施工管理技士の技術検定制度が変わりました。１級・２級とも、施工技術のうち、基礎となる知識能力があるかを判定する「第一次検定」に合格すれば、「技士補」の資格が与えられます。次に施工技術のうち実務経験に基づいた技術管理や指導監督に係る知識や能力があるかを判定する「第二次検定」に合格すれば、「技士」が付与されます。

試験日程　※令和５年度実績

２級建築施工管理技術検定の第一次検定は、年２回実施されました。令和５年においては前期試験（第一次検定のみ）が６月に、後期試験（第一次・第二次検定）が11月に実施されました。

●第一次検定のみ（前期）

申込期間	令和５年１月27日（金）〜２月10日（金）
受検票送付	令和５年５月22日（月）
試験	**令和５年６月11日（日）**
合格発表	令和５年７月14日（金）

●「第一次検定のみ（後期）」、「第一次・第二次検定」、「第二次検定のみ」

申込期間	令和５年７月14日（金）〜28日（金）
受検票送付	令和５年10月23日（月）
試験	**令和５年11月12日（日）**
合格発表	第一次検定　令和５年12月22日（金）
	第二次検定　令和６年２月２日（金）

※申込用紙は３種類（第一次・第二次検定、第一次検定のみ、第二次検定のみ）に分かれます

※試験日程の詳細は、（一財）建設業振興基金のホームページ（https://www.fcip-shiken.jp/）をご覧ください

試験時間（令和５年度試験の時間割）

午　前 第一次検定	入室時刻	9：45まで
	問題配付説明	10：00〜10：15
	試験時間	10：15〜12：45
昼　休　み		12：45〜14：00
午　後 第二次検定	入室時刻	14：00まで
	問題配付説明	14：00〜14：15
	試験時間	14：15〜16：15

「第一次検定のみ（前期）」では、10地区（札幌・仙台・東京・新潟・名古屋・大阪・広島・高松・福岡・沖縄）で試験を実施。

●「第一次検定のみ（後期）」、「第一次・第二次検定」、「第二次検定のみ」

「第一次・第二次検定」と「第二次検定のみ」は、13地区（札幌・青森・仙台・東京・新潟・金沢・名古屋・大阪・広島・高松・福岡・鹿児島・沖縄）で試験を実施。

「第一次検定のみ（後期）」は、21地区（札幌・帯広・青森・盛岡・秋田・仙台・東京・新潟・金沢・長野・名古屋・大阪・出雲・倉敷・広島・高松・高知・福岡・長崎・鹿児島・沖縄）で試験を実施。

出題内容

平成30年度より、2級建築施工管理技術検定の第一次検定について、受検種別を廃止して共通の試験となりました。一方、第二次検定では、受検種別ごとの専門知識に関する問題（問題5）が加わりました。

※令和5年度実績

第一次検定出題区分と出題数・解答数

問題番号	出題区分	出題内容	解答数/出題数
No. 1 ～ 14	建築学一般	環境工学・各種構造・構造力学・建築材料	9/14
No.15 ～ 17	施工共通	機械設備等	3/3
No.18 ～ 28	躯体工事・仕上げ工事	躯体工事全範囲から出題、仕上げ工事全範囲から出題	8/11
No.29 ～ 38	施工管理	施工計画、工程管理、品質管理、安全管理	10/10
No.39 ～ 42	施工管理（応用能力）	施工法（躯体工事、仕上げ工事）	4/4
No.43 ～ 50	法　　規	建築基準法、建設業法、労働基準法、労働安全衛生法など	6/8

※出題はNo.39 ～ 42が四肢二択式、それ以外は四肢一択式
※合格規準は50問中40問解答し、例年24点（6割）得点以上

※令和5年度実績

第二次検定出題内容

問題番号	出題区分	出題内容	出題数	解答数
問題1	経験記述	工程管理	2	2
問題2	用　　語	用語の説明と施工上留意すべきこと	14	5
問題3	工程管理	バーチャート工程表	3	3
問題4	法　　規	建設業法、建築基準法、労働安全衛生法	6	6
問題5	施 工 法	［建　築］：地盤調査、基礎工事、型枠工事、木工事、屋根工事、左官工事、塗装工事、軽量鉄骨工事 ［躯　体］：仮設工事、土工事、コンクリート工事、木工事 ［仕上げ］：防水工事、タイル工事、内装工事、押出成形セメント板工事	8	8

※解答は問題1～3が記述式、問題4、5がマーク式

※5問すべて解答。このうち問題5は、受検種別に従って該当する問題を解答

※合格規準は、例年全体で6割以上の得点

受検者数と合格率

第一次検定（学科試験）

	平成30年度（前期）	平成30年度（後期）	令和元年度（前期）	令和元年度（後期）	令和2年度（後期）	令和3年度（前期）	令和3年度（後期）	令和4年度（前期）	令和4年度（後期）	令和5年度（前期）
受検者数（人）	5,993	28,888	8,341	23,718	32,468	13,074	32,128	13,474	27,004	13,647
合格者数（人）	2,377	7,495	2,781	9,083	11,366	4,952	15,736	6,834	11,421	5,150
合格率（%）	39.7	25.9	33.3	31.6	35.0	37.9	49.0	50.7	42.3	37.7

受検者数は、やや増加傾向で、令和5年度の前期は、13,647人であった。

合格率は、概ね30～50%の間で推移しており、令和5年度の前期は、37.7%であった。

第二次検定（実地試験）

	平成30年度	令和元年度	令和2年度	令和3年度	令和4年度
受検者数（人）	24,131	22,663	23,116	15,507	14,909
合格者数（人）	6,084	6,134	6,514	8,205	7,924
合格率（%）	25.2	27.1	28.2	52.9	53.1

受検者数は、令和2年度までは23,000人前後で推移していたが、令和3年度からは「第一次・第二次検定同時受検」の第一次検定不合格者が対象から除かれたため、15,000人前後となっている。そのため、令和2年度までは25～30%で推移していた合格率も、令和3年度以降は50%を上回る結果となっている。

6

問題 目次

—— 令和 **4** 年度 ——

2級 建築施工管理技士（前期）

第一次検定 問題

次の注意事項をよく読んでから始めてください。

〔注 意 事 項〕
1. 解答時間は、**2時間30分**です。
2. 問題の解答の仕方は、次によってください。

問題No.と選択する解答数
〔No. 1〕～〔No.14〕までの**14問題**のうちから、**9問題**を選択し、解答してください。
〔No.15〕～〔No.17〕までの**3問題**は、**全問題解答**してください。
〔No.18〕～〔No.28〕までの**11問題**のうちから、**8問題**を選択し、解答してください。
〔No.29〕～〔No.38〕までの**10問題**は、**全問題解答**してください。
〔No.39〕～〔No.42〕までの**4問題**は、**全問題解答**してください。
〔No.43〕～〔No.50〕までの**8問題**のうちから、**6問題**を選択し、解答してください。

3. 選択問題は、解答数が**指定数を超えた場合**は、**減点**となりますから注意してください。

2級 建築施工管理技士（前期）第一次検定

問題

※問題番号No.1〜No.14までの**14問題**のうちから、**9問題を選択し、解答**してください。

No. 1 換気に関する記述として、**最も不適当なもの**はどれか。

1. 全般換気方式は、室内全体の空気を外気によって希釈しながら入れ替える換気のことである。
2. 局所換気方式は、局所的に発生する汚染物質を発生源近くで捕集して排出する換気のことである。
3. 第1種機械換気方式は、映画館や劇場等外気から遮断された大きな空間の換気に適している。
4. 第2種機械換気方式は、室内で発生した汚染物質が他室に漏れてはならない室の換気に適している。

No. 2 採光及び照明に関する記述として、**最も不適当なもの**はどれか。

1. 輝度は、光源からある方向への光度を、その方向への光源の見かけの面積で除した値をいう。
2. 昼光率は、全天空照度に対する室内のある点の天空光による照度の割合である。
3. 光源の色温度が低いほど青みがかった光に見え、高いほど赤みがかった光に見える。
4. 照度の均斉度が高いほど、室内の照度分布は均一になる。

No. 3 音に関する記述として、**最も不適当なもの**はどれか。

1．吸音率は、壁面に入射した音のエネルギーに対する吸収された音のエネルギーの割合である。
2．正対する反射性の高い壁面が一組だけ存在する室内では、フラッターエコーが発生しやすい。
3．窓や壁体の音響透過損失が大きいほど、遮音性能は高い。
4．材料が同じ単層壁の場合、壁の厚さが厚いほど、一般に音響透過損失は大きくなる。

No. 4 鉄筋コンクリート構造に関する記述として、**最も不適当なもの**はどれか。

1．大梁は、曲げ破壊よりもせん断破壊を先行するように設計する。
2．柱は、軸方向の圧縮力、曲げモーメント及びせん断力に耐えられるように設計する。
3．床スラブの厚さは、8cm以上で設計する。
4．耐力壁の厚さは、12cm以上で設計する。

No. 5 鉄骨構造に関する記述として、**最も不適当なもの**はどれか。

1．圧縮材は、細長比が小さいものほど座屈しやすい。
2．軽量鉄骨構造に用いる軽量形鋼は、通常の形鋼に比べ、部材にねじれや局部座屈が生じやすい。
3．鉄骨構造の柱は、鉄筋コンクリート構造の柱に比べ、小さな断面で大きな荷重に耐えることができる。
4．大空間を必要とする建築物に用いる長大な梁は、軽量化を図るためにトラス梁とすることが多い。

解説 p.3

No. 6 鉄骨構造に関する記述として、**最も不適当なもの**はどれか。

1. フィラープレートは、厚さの異なる板をボルト接合する際に、板厚の差による隙間を少なくするために設ける部材である。
2. 添え板（スプライスプレート）は、梁のウェブの座屈防止のために設ける補強材である。
3. 柱の形式には、形鋼等の単一材を用いた柱のほか、溶接組立箱形断面柱等の組立柱がある。
4. 合成梁に用いる頭付きスタッドは、鉄骨梁と鉄筋コンクリート床スラブが一体となるように設ける部材である。

No. 7 基礎構造に関する記述として、**最も不適当なもの**はどれか。

1. べた基礎は、地盤が軟弱で、独立基礎の底面が著しく広くなる場合に用いられる。
2. 杭基礎は、一般に直接基礎で建築物自体の荷重を支えられない場合に用いられる。
3. 同一建築物に杭基礎と直接基礎等、異種の基礎を併用することは、なるべく避ける。
4. 直接基礎の底面は、冬季の地下凍結深度より浅くする。

No. 8 構造材料の力学的性質に関する記述として、**最も不適当なもの**はどれか。

1. 部材の材軸方向に圧縮力が生じているとき、その力がある限界を超えると、その部材が安定を失って曲がる現象を座屈という。
2. ヤング係数は、熱による材料の単位長さ当たりの膨張長さの割合である。
3. ポアソン比とは、一方向の垂直応力によって材料に生じる縦ひずみと、これに対する横ひずみの比をいう。
4. 座屈荷重は、座屈軸まわりの断面二次モーメントに比例する。

No. 9 図に示す単純梁ABに集中荷重P₁及びP₂が作用するとき、CD間に作用するせん断力の値の大きさとして、**正しいもの**はどれか。

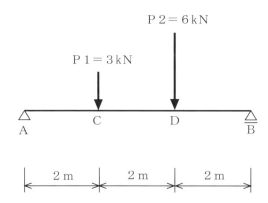

1. 1 kN
2. 3 kN
3. 4 kN
4. 5 kN

解説 p.5

No. 10 図に示す片持ち梁ABの点Cに曲げモーメントMが作用する場合の曲げモーメント図として、**正しいもの**はどれか。

ただし、曲げモーメントは、材の引張側に描くものとする。

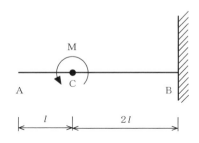

1.

2.

3.

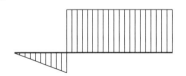

4.

No. 11 鋼の一般的な性質に関する記述として、**最も不適当なもの**はどれか。

1. 弾性限度内であれば、引張荷重を取り除くと元の状態に戻る。

2. 炭素含有量が多くなると、溶接性は向上する。

3. 熱処理によって、強度等の機械的性質を変化させることができる。

4. 空気中で酸化し、錆を生じるため、防食を施す必要がある。

No. 12 日本産業規格(JIS)に規定する建具の性能試験における性能項目に関する記述として、**不適当なもの**はどれか。

1. 防火性とは、火災時の延焼防止の程度をいう。
2. 面内変形追随性とは、地震によって生じる面内変形に追随し得る程度をいう。
3. 水密性とは、風雨による建具室内側への水の浸入を防ぐ程度をいう。
4. 遮熱性とは、熱の移動を抑える程度をいう。

No. 13 シーリング材の特徴に関する記述として、**最も不適当なもの**はどれか。

1. ポリウレタン系シーリング材は、紫外線によって黄変することがある。
2. ポリサルファイド系シーリング材は、表面に塗った塗料を変色させることがある。
3. シリコーン系シーリング材は、表面への塗料の付着性がよい。
4. アクリル系シーリング材は、未硬化の状態では水に弱く、雨に流されやすい。

No. 14 内装材料に関する一般的な記述として、**最も不適当なもの**はどれか。

1. インシュレーションボードは、断熱性に優れている。
2. ロックウール化粧吸音板は、吸音性、耐水性に優れている。
3. フレキシブル板は、セメント、無機質繊維を主原料とし、成形後に高圧プレスをかけたものである。
4. せっこうボードは、せっこうを心材として両面をボード用原紙で被覆して成形したものである。

解説 p.6～7

No. 15 屋外排水工事に関する記述として、**最も不適当なもの**はどれか。

1. 地中埋設排水管の勾配は、原則として、1/100以上とする。
2. 硬質ポリ塩化ビニル管をコンクリート桝に接合する部分は、砂付きの桝取付け短管を用いる。
3. 遠心力鉄筋コンクリート管のソケット管は、受口を下流に向けて敷設する。
4. 雨水桝に接合する配管は、流入配管を上にして流出配管とは20mm程度の管底差をつける。

No. 16 建築物に設ける自動火災報知設備の感知器として、**最も関係の少ないもの**はどれか。

1. 熱感知器
2. 煙感知器
3. 炎感知器
4. 地震感知器

No. 17 空気調和設備に関する記述として、**最も不適当なもの**はどれか。

1. パッケージユニット方式は、機械室、配管、ダクト等のスペースが少なくてすむ。
2. ファンコイルユニット方式は、ユニットごとの温度調節はできない。
3. 二重ダクト方式は、別々の部屋で同時に冷房と暖房を行うことができる。
4. 単一ダクト方式は、主機械室の空気調和機から各室まで、一系統のダクトで冷風又は温風を送るものである。

※問題番号№.18〜№.28までの11問題のうちから、8問題を選択し、解答してください。

No. 18 墨出し等に関する記述として、**最も不適当なもの**はどれか。

1. 陸墨を柱主筋に移す作業は、台直し等を終え、柱主筋が安定した後に行った。
2. 建物の位置を確認するための縄張りは、配置図に従ってロープを張り巡らせた。
3. 通り心の墨打ちができないため、通り心より1m離れたところに逃げ墨を設け、基準墨とした。
4. 建物四隅の基準墨の交点を上階に移す際、2点を下げ振りで移し、他の2点はセオドライトで求めた。

No. 19 既製コンクリート杭工事に関する記述として、**最も不適当なもの**はどれか。

1. 中掘り根固め工法は、杭の中空部に挿入したアースオーガーで掘削しながら杭を設置した後、根固め液を注入する工法である。
2. プレボーリング拡大根固め工法のアースオーガーの引上げ速度は、孔壁の崩壊が生じないように、速くする。
3. プレボーリング拡大根固め工法の杭周固定液は、杭と周囲の地盤との摩擦力を確保するために使用する。
4. セメントミルク工法において、支持地盤への到達の確認は、アースオーガーの駆動用電動機の電流値の変化により行う。

解説 p.8

No. 20 型枠支保工に関する記述として、**最も不適当なもの**はどれか。

1. 階段の斜めスラブ部分の支柱は、脚部にキャンバーを用い、斜めスラブに対して直角に建て込む。
2. 支柱にパイプサポートを使用する場合、継手は差込み継手としてはならない。
3. 柱、壁及び梁側型枠のせき板を保持する場合、支保工は一般に内端太及び外端太により構成する。
4. パイプサポートに水平つなぎを設ける場合、根がらみクランプ等を用いて緊結しなければならない。

No. 21 コンクリートの養生に関する記述として、**最も不適当なもの**はどれか。

1. 打込み後の養生温度が高いほど、長期材齢における強度増進性が大きくなる。
2. 湿潤養生期間は、早強ポルトランドセメントを用いた場合、普通ポルトランドセメントより短くできる。
3. 打込み後、直射日光等による急速な乾燥を防ぐための湿潤養生を行う。
4. 打込み後、少なくとも1日間はそのコンクリートの上で歩行又は作業をしないようにする。

No. 22 在来軸組構法における木工事に関する記述として、**最も不適当なもの**はどれか。

1. 土台の継手は腰掛けあり継ぎとし、継手付近の下木をアンカーボルトで締め付けた。
2. 和小屋組の棟木や母屋には、垂木を取り付けるため、垂木当たり欠きを行った。
3. 隅通し柱の仕口は土台へ扇ほぞ差しとし、ホールダウン金物を用いてボルトで締め付けた。
4. 床束の転倒やずれを防止するため、床束の相互間に根がらみ貫を釘で打ち付けた。

No. 23 花崗岩の表面仕上げに関する記述として、**最も不適当なもの**はどれか。

1. びしゃん仕上げとは、石材表面を多数の格子状突起をもつハンマーでたたいた仕上げをいう。
2. 小たたき仕上げとは、びしゃんでたたいた後、先端がくさび状のハンマーで平行線状に平坦な粗面を作る仕上げをいう。
3. ジェットバーナー仕上げとは、超高圧水で石材表面を切削して粗面とした仕上げをいう。
4. ブラスト仕上げとは、石材表面に鋼鉄の粒子等を圧縮空気でたたきつけて粗面とした仕上げをいう。

No. 24 とい工事に関する記述として、**最も不適当なもの**はどれか。

1. 鋼板製谷どいの継手部は、シーリング材を入れ60mm重ね合わせて、リベットで留め付けた。
2. 硬質塩化ビニル製縦どいは、継いだ長さが10mを超えるため、エキスパンション継手を設けた。
3. 鋼板製丸縦どいの長さ方向の継手は、下の縦どいを上の縦どいの中に差し込んで継いだ。
4. 硬質塩化ビニル製軒どいは、とい受け金物に金属線で取り付けた。

No. 25 床コンクリートの直均し仕上げに関する記述として、**最も不適当なもの**はどれか。

1. 床仕上げレベルを確認できるガイドレールは、床コンクリートを打ち込んだ後に4m間隔で設置した。
2. コンクリート面を指で押しても少ししか入らない程度になった時に、木ごてで中むら取りを行った。
3. 金ごて仕上げの中ずりで、ブリーディングが多かったため、金ごての代わりに木ごてを用いた。
4. 最終こて押えの後、12時間程度を経てから、散水養生を行った。

解説 p.10〜11

No. 26 建具工事に関する記述として、**最も不適当なもの**はどれか。

1. アルミニウム製建具のアルミニウムに接する小ねじは、亜鉛めっき処理した鋼製のものを使用した。

2. ステンレス製建具のステンレスに接する鋼製の重要な補強材は、錆止め塗装をした。

3. 木製フラッシュ戸の中骨は、杉のむく材を使用した。

4. 樹脂製建具は、建具の加工及び組立てからガラスの組込みまでを建具製作所で行った。

No. 27 カーペット敷きに関する記述として、**最も不適当なもの**はどれか。

1. タイルカーペットは、粘着はく離形の接着剤を用いて張り付けた。

2. タイルカーペットは、フリーアクセスフロアのパネル目地とずらして割り付けた。

3. グリッパー工法に用いるグリッパーは、壁に密着させて取り付けた。

4. グリッパー工法に用いる下敷き用フェルトは、グリッパーよりやや厚いものとした。

☆ **No. 28** 内装改修工事における既存床仕上材の除去に関する記述として、**最も不適当なもの**はどれか。
　　　　ただし、除去する資材は、石綿を含まないものとする。

1. ビニル床シートの除去は、カッターで切断し、スクレーパーを用いて他の仕上材に損傷を与えないように行った。

2. モルタル下地の合成樹脂塗床は、電動斫り器具を用いてモルタル下地とも除去した。

3. 根太張り工法の単層フローリングボードは、丸のこを用いて根太下地を損傷しないように切断し、除去した。

4. モルタル下地の磁器質床タイルの張替え部は、斫りのみを用いて手作業で存置部分と縁切りをした。

No. 29 事前調査に関する記述として、**最も不適当なもの**はどれか。

1. 敷地内の排水工事に先立ち、排水管の勾配が公設桝まで確保できるか調査を行うこととした。
2. 杭工事に先立ち、騒音規制及び振動規制と、近隣への影響の調査を行うこととした。
3. 山留め工事に先立ち、設計時の地盤調査が不十分であったため、試掘調査を行うこととした。
4. 鉄骨工事の建方に先立ち、日影による近隣への影響の調査を行うこととした。

No. 30 仮設計画に関する記述として、**最も不適当なもの**はどれか。

1. 騒音、塵埃、飛沫等の近隣への影響を抑制するため、仮囲いを設けることとした。
2. 施工者用事務所と監理者用事務所は、機能が異なるため、それぞれ分けて設けることとした。
3. ハンガー式門扉は、扉を吊る梁が車両の積荷高さを制約する場合があるため、有効高さを検討することとした。
4. 酸素やアセチレン等のボンベ類の貯蔵小屋は、ガスが外部に漏れないよう、密閉構造とすることとした。

No. 31 工事現場における材料の保管に関する記述として、**最も不適当なもの**はどれか。

1. 袋詰めセメントは、風通しのよい倉庫に保管した。
2. 型枠用合板は、直射日光が当たらないよう、シートを掛けて保管した。
3. 長尺のビニル床シートは、屋内の乾燥した場所に縦置きにして保管した。
4. 鉄筋は、直接地面に接しないように角材間に渡し置き、シートを掛けて保管した。

No. 32 総合工程表の立案に関する記述として、**最も不適当なもの**はどれか。

1. 上下階で輻輳する作業では、資材運搬、機器移動等の動線が錯綜しないように計画する。
2. 鉄骨工事の工程計画では、建方時期に合わせた材料調達、工場製作期間を検討する。
3. 工区分割を行い、後続作業を並行して始めることにより、工期短縮が可能か検討する。
4. 工程計画上のマイルストーン(管理日)は、工程上の重要な区切りを避けて計画する。

No. 33 バーチャート工程表に関する記述として、**最も不適当なもの**はどれか。

1. 工事全体を掌握することが容易で、作成しやすい。
2. クリティカルパスが把握しやすい。
3. 各作業の全体工期に与える影響度が把握しにくい。
4. 各工事間の細かい作業工程の関連性が把握しにくい。

No. 34 品質管理に関する記述として、**最も不適当なもの**はどれか。

1. 工程間検査は、作業工程の途中で、ある工程から次の工程に移ってもよいかどうかを判定するために行う。
2. 品質管理は、作業そのものを適切に実施するプロセス管理に重点を置くより、試験や検査に重点を置くほうが有効である。
3. 品質管理とは、施工計画書に基づいて工事のあらゆる段階で問題点や改善方法等を見出しながら、合理的、かつ、経済的に施工を行うことである。
4. 施工の検査に伴う試験は、試験によらなければ品質及び性能を証明できない場合に行う。

No. 35 品質管理のための試験及び検査に関する記述として、**最も不適当なもの**はどれか。

1. 木工事において、造作用木材の含水率の確認は、高周波水分計を用いて行った。
2. 地業工事において、支持地盤の地耐力の確認は、平板載荷試験によって行った。
3. 鉄筋工事において、鉄筋のガス圧接部の確認は、超音波探傷試験によって行った。
4. 鉄骨工事において、隅肉溶接のサイズの確認は、マイクロメーターを用いて行った。

No. 36 レディーミクストコンクリートの受入れ時において、検査及び確認を**行わない項目**はどれか。

1. 運搬時間
2. 骨材の粒度
3. 空気量
4. コンクリートの温度

No. 37 工事現場の安全管理に関する記述として、**最も不適当なもの**はどれか。

1. 安全施工サイクルとは、施工の安全を図るため、毎日、毎週、毎月の基本的な実施事項を定型化し、継続的に実施する活動である。

2. 新規入場者教育とは、新しく現場に入場した者に対して、作業所の方針、安全施工サイクルの具体的な内容、作業手順等を教育することである。

3. ゼロエミッションとは、作業に伴う危険性又は有害性に対し、作業グループが正しい行動を互いに確認し合う活動である。

4. リスクアセスメントとは、労働災害の要因となる危険性又は有害性を洗い出してリスクを見積もり、優先順位を定め、リスクの低減措置を検討することである。

No. 38 高さが2m以上の構造の足場の組立て等に関する事業者の講ずべき措置として、「労働安全衛生規則」上、**定められていないもの**はどれか。

1. 組立て、解体又は変更の時期、範囲及び順序を当該作業に従事する労働者に周知させること。

2. 組立て、解体又は変更の作業を行う区域内には、関係労働者以外の労働者の立入りを禁止すること。

3. 作業の方法及び労働者の配置を決定し、作業の進行状況を監視すること。

4. 材料、器具、工具等を上げ、又は下ろすときは、つり綱、つり袋等を労働者に使用させること。

※問題番号№.39〜№.42までの**4問題は能力問題**です。**全問題を解答し**てください。

No. 39 鉄筋の継手に関する記述として、**不適当なものを2つ選べ。**

1. 鉄筋の継手には、重ね継手、圧接継手、機械式継手、溶接継手等がある。
2. 重ね継手の長さは、コンクリートの設計基準強度にかかわらず同じである。
3. フック付き重ね継手の長さには、フック部分の長さを含める。
4. 鉄筋の継手の位置は、原則として、構造部材における引張力の小さいところに設ける。

No. 40 鉄骨の建方に関する記述として、**不適当なものを2つ選べ。**

1. 玉掛け用ワイヤロープでキンクしたものは、キンクを直してから使用した。
2. 仮ボルトの本数は、強風や地震等の想定される外力に対して、接合部の安全性の検討を行って決定した。
3. 油が付着している仮ボルトは、油を除去して使用した。
4. 建方時に用いた仮ボルトを、本締めに用いるボルトとして使用した。

No. 41 ウレタンゴム系塗膜防水に関する記述として、**不適当なものを2つ選べ。**

1. 下地コンクリートの入隅を丸面、出隅を直角に仕上げた。
2. 防水層の施工は、立上り部、平場部の順に施工した。
3. 補強布の張付けは、突付け張りとした。
4. 仕上塗料は、刷毛とローラー刷毛を用いてむらなく塗布した。

解説 p.16〜17

塗装における素地ごしらえに関する記述として、**不適当なもの を 2 つ選べ。**

1. 木部面に付着した油汚れは、溶剤で拭き取った。
2. 木部の節止めに、ジンクリッチプライマーを用いた。
3. 鉄鋼面の錆及び黒皮の除去は、ブラスト処理により行った。
4. 鉄鋼面の油類の除去は、錆を除去した後に行った。

※問題番号No.43〜No.50までの8問題のうちから、6問題を選択し、解答してください。

No. 43 用語の定義に関する記述として、「建築基準法」上、**誤っている**ものはどれか。

1. 建築物を移転することは、建築である。
2. 住宅の浴室は、居室ではない。
3. 危険物の貯蔵場の用途に供する建築物は、特殊建築物である。
4. 建築設備は、建築物に含まれない。

No. 44 居室の採光及び換気に関する記述として、「建築基準法」上、**誤っているもの**はどれか。

1. 地階に設ける居室には、必ず、採光のための窓その他の開口部を設けなければならない。
2. 幼稚園の教室には、原則として、床面積の1/5以上の面積の採光に有効な開口部を設けなければならない。
3. 換気設備を設けるべき調理室等に設ける給気口は、原則として、天井の高さの1/2以下の高さに設けなければならない。
4. 居室には、政令で定める技術的基準に従って換気設備を設けた場合、換気のための窓その他の開口部を設けなくてもよい。

No. 45 建設業の許可に関する記述として、「建設業法」上、**誤っている**ものはどれか。

1. 建設業の許可は、建設工事の種類ごとに、29業種に分けて与えられる。
2. 下請負人として建設業を営もうとする者が建設業の許可を受ける場合、一般建設業の許可を受ければよい。
3. 二以上の都道府県の区域内に営業所を設けて建設業を営もうとする者は、特定建設業の許可を受けなければならない。
4. 一の営業所で、建築工事業と管工事業の許可を受けることができる。

No. 46 建設工事における発注者との請負契約書に記載しなければならない事項として、「建設業法」上、**定められていないもの**はどれか。

1. 工事の完成又は出来形部分に対する下請代金の支払の時期及び方法並びに引渡しの時期
2. 工事着手の時期及び工事完成の時期
3. 注文者が工事に使用する資材を提供するときは、その内容及び方法に関する定め
4. 価格等の変動若しくは変更に基づく請負代金の額又は工事内容の変更

No. 47 使用者が労働契約の締結に際し、「労働基準法」上、原則として、労働者に**書面で交付しなければならない労働条件**はどれか。

1. 安全及び衛生に関する事項
2. 職業訓練に関する事項
3. 休職に関する事項
4. 退職に関する事項

No. 48 建設業において、「労働安全衛生法」上、事業者が安全衛生教育を**行わなくてもよい者**はどれか。

1. 新たに選任した作業主任者
2. 新たに雇い入れた短時間(パートタイム)労働者
3. 作業内容を変更した労働者
4. 新たに職務につくこととなった職長

No. 49 産業廃棄物の運搬又は処分の委託契約書に記載しなければならない事項として、「廃棄物の処理及び清掃に関する法律」上、**定められていないもの**はどれか。
ただし、特別管理産業廃棄物を除くものとする。

1. 運搬を委託するときは、運搬の方法
2. 運搬を委託するときは、運搬の最終目的地の所在地
3. 処分を委託するときは、種類及び数量
4. 処分を委託するときは、処分の方法

No. 50 次の資格者のうち、「消防法」上、**定められていないもの**はどれか。

1. 消防設備士
2. 特定高圧ガス取扱主任者
3. 防火管理者
4. 危険物取扱者

令和 **4** 年度

2級 建築施工管理技士（後期）

第一次検定 問題

次の注意事項をよく読んでから始めてください。

〔注 意 事 項〕
1. 解答時間は、**2時間30分**です。
2. 問題の解答の仕方は、次によってください。

問題No.と選択する解答数
〔No. 1〕～〔No.14〕までの**14問題**のうちから、**9問題**を選択し、解答してください。
〔No.15〕～〔No.17〕までの**3問題**は、**全問題**解答してください。
〔No.18〕～〔No.28〕までの**11問題**のうちから、**8問題**を選択し、解答してください。
〔No.29〕～〔No.38〕までの**10問題**は、**全問題**解答してください。
〔No.39〕～〔No.42〕までの**4問題**は、**全問題**解答してください。
〔No.43〕～〔No.50〕までの**8問題**のうちから、**6問題**を選択し、解答してください。

3. 選択問題は、解答数が指定数を超えた場合は、減点となりますから注意してください。

※問題番号No.1〜No.14までの14問題のうちから、**9問題を選択**し、解答してください。

No. 1 冬季暖房時の結露に関する記述として、**最も不適当なもの**はどれか。

1．外壁の室内側の表面結露を防止するためには、室内側の表面温度を露点温度以下に下げないようにする。

2．室内側の表面結露を防止するためには、外壁や屋根等に熱伝導率の高い材料を用いる。

3．外壁の室内側の表面結露を防止するためには、室内側表面に近い空気を流動させる。

4．室内側が入隅となる外壁の隅角部は、室内側に表面結露が生じやすい。

No. 2 照明に関する記述として、**最も不適当なもの**はどれか。

1．光束は、視感度に基づいて測定された単位時間当たりの光のエネルギー量である。

2．輝度は、光源の光の強さを表す量である。

3．天井や壁等の建築部位と一体化した照明方式を、建築化照明という。

4．照明対象となる範囲外に照射されるような漏れ光によって引き起こされる障害のことを、光害という。

No. 3 色に関する記述として、**最も不適当なもの**はどれか。

1. 純色とは、各色相の中で最も明度の高い色をいう。
2. 色彩によって感じられる距離感は異なり、暖色は寒色に比べて近くに感じられやすい。
3. 印刷物や塗料等の色料の三原色を同量で混色すると、黒に近い色になる。
4. 明度と彩度を合わせて色の印象を表したものを、トーン（色調）という。

No. 4 木造在来軸組構法に関する記述として、**最も不適当なもの**はどれか。

1. 床等の水平構面は、水平荷重を耐力壁や軸組に伝達できるよう水平剛性を十分に高くする。
2. 胴差は、垂木を直接受けて屋根荷重を柱に伝えるための部材である。
3. 筋かいをたすき掛けにするためにやむを得ず欠き込む場合は、筋かいに必要な補強を行う。
4. 筋かいの端部は、柱と梁その他の横架材との仕口に接近して、ボルト、かすがい、釘その他の金物で緊結する。

No. 5 鉄筋コンクリート構造の配筋に関する記述として、**最も不適当なもの**はどれか。

1. 梁の幅止め筋は、腹筋間に架け渡したもので、あばら筋の振れ止め及びはらみ止めの働きをする。
2. 梁は、全スパンにわたり主筋を上下に配置した複筋梁とする。
3. 柱の帯筋は、柱の上下端部より中央部の間隔を密にする。
4. 柱の帯筋は、主筋を取り囲むように配筋したもので、主筋の座屈を防止する働きをする。

解説 p.22 〜 23

No. 6 鉄骨構造の接合に関する記述として、**最も不適当なもの**はどれか。

1. 高力ボルト接合の形式には、摩擦接合、引張接合、支圧接合等があり、このうち摩擦接合が多く用いられる。

2. 支圧接合とは、ボルト軸部のせん断力と部材の支圧によって応力を伝える接合方法である。

3. 完全溶込み溶接とは、溶接部の強度が母材と同等以上になるように全断面を完全に溶け込ませる溶接である。

4. 隅肉溶接の有効長さは、隅肉溶接の始端から終端までの長さである。

No. 7 杭基礎に関する記述として、**最も不適当なもの**はどれか。

1. 場所打ちコンクリート杭工法には、アースオーガーを使用するプレボーリング拡大根固め工法がある。

2. アースドリル工法は、オールケーシング工法やリバース工法に比べて、狭い敷地でも作業性がよい。

3. 節部付きの遠心力高強度プレストレストコンクリート杭(節杭)は、杭本体部に外径が軸径よりも大きい節部を多数設けたもので、主に摩擦杭として用いられる。

4. 外殻鋼管付きのコンクリート杭(SC杭)は、大きな水平力が作用する杭に適している。

No. 8 建築物の構造設計における荷重及び外力に関する記述として、**最も不適当なもの**はどれか。

1. 積雪荷重は、雪下ろしを行う慣習のある地方では、低減することができる。

2. 風力係数は、風洞試験によって定める場合のほか、建築物の断面及び平面の形状に応じて定められた数値とする。

3. 風圧力は、地震力と同時に作用するものとして計算する。

4. 地震力は、建築物の固定荷重又は積載荷重を減ずると小さくなる。

図に示す単純梁ABに等分布荷重 ω が作用するとき、支点Bに
かかる鉛直反力の値の大きさとして、**正しいもの**はどれか。

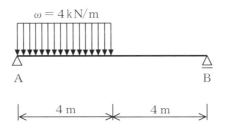

1. 2 kN
2. 4 kN
3. 8 kN
4. 12kN

解説 p.25

No. 10 図に示す単純梁ABの点Aにモーメント荷重Mが作用したとき
の曲げモーメント図として、**正しいもの**はどれか。
ただし、曲げモーメントは、材の引張側に描くものとする。

1.

2.

3.

4.

No. 11 コンクリートに関する記述として、**最も不適当なもの**はどれか。

1. コンクリートの引張強度は、圧縮強度に比べて著しく小さい。
2. コンクリートの線膨張係数は、常温では、鉄筋の線膨張係数とほぼ等
しい。
3. コンクリートは、大気中の炭酸ガスやその他の酸性物質の浸透によっ
て徐々に中性化する。
4. コンクリートは、不燃性であり、長時間火熱を受けても変質しない。

No. 12 木材に関する一般的な記述として、**最も不適当なもの**はどれか。

1. 木材の強度は、含水率が同じ場合、密度の大きいものほど大きい。
2. 針葉樹は、広葉樹に比べて軽量で加工がしやすい。
3. 節は、断面の減少や応力集中をもたらし、強度を低下させる。
4. 心材は、辺材に比べて腐朽菌や虫害に対して抵抗が低い。

No. 13 日本産業規格(JIS)に規定するセラミックタイルに関する記述として、**最も不適当なもの**はどれか。

1. 表張りユニットタイルとは、多数個並べたタイルの表面に、表張り台紙を張り付けて連結したものをいう。
2. 裏あしは、セメントモルタル等との接着をよくするため、タイルの裏面に付けたリブ又は凹凸のことをいう。
3. 素地は、タイルの主体をなす部分をいい、施ゆうタイルの場合、表面に施したうわぐすりも含まれる。
4. タイルには平物と役物があり、それぞれ形状は定形タイルと不定形タイルに区分される。

No. 14 防水材料に関する記述として、**最も不適当なもの**はどれか。

1. シート防水には、合成ゴム系やプラスチック系のシートが用いられる。
2. 網状アスファルトルーフィングは、天然又は有機合成繊維で作られた粗布にアスファルトを浸透、付着させたものである。
3. 塗膜防水は、液状の樹脂が塗布後に硬化することで防水層を形成する。
4. 砂付あなあきアスファルトルーフィングは、防水層と下地を密着させるために用いるものである。

※問題番号No.15〜No.17までの3問題は、**全問題を解答**してください。

No. 15 測量に関する記述として、**最も不適当なもの**はどれか。

1. 水準測量は、地表面の高低差を求める測量で、レベル等を用いる。
2. 角測量は、水平角と鉛直角を求める測量で、セオドライト等を用いる。
3. 平板測量は、測点の距離と高さを間接的に求める測量で、標尺等を用いる。
4. 距離測量は、2点間の距離を求める測量で、巻尺等を用いる。

No. 16 日本産業規格(JIS)に規定する構内電気設備の名称とその配線用図記号の組合せとして、**不適当なもの**はどれか。

1. 換気扇 ――――――――――――――――― $\otimes$

2. 蛍光灯 ―――――――――――――――――

3. 3路点滅器 ―――――――――――――――― ●₃

4. 情報用アウトレット ―――――――――――

No. 17 給排水設備に関する記述として、**最も不適当なもの**はどれか。

1. 水道直結直圧方式は、水道本管から分岐した水道引き込み管に増圧給水装置を直結し、建物各所に給水する方式である。
2. ウォーターハンマーとは、給水配管内の水流が急激に停止したとき、振動や衝撃音等が生じる現象をいう。
3. 公共下水道の排水方式には、汚水と雨水を同一系統で排除する合流式と、別々の系統で排除する分流式がある。
4. 排水トラップの破封を防止するため、排水系統に通気管を設ける。

※問題番号No.18〜No.28までの11問題のうちから、**8問題を選択し、**
解答してください。

No. 18 土工事の埋戻し及び締固めに関する記述として、**最も不適当な**
ものはどれか。

1. 埋戻し土に粘性土を用いるため、余盛りの量を砂質土を用いる場合よ
り多くした。
2. 埋戻し土は、最適含水比に近い状態で締め固めた。
3. 入隅等狭い箇所での締固めを行うため、振動コンパクターを使用した。
4. 動的荷重による締固めを行うため、重量のあるロードローラーを使用
した。

No. 19 鉄筋のかぶり厚さに関する記述として、**最も不適当なもの**はど
れか。

1. 杭基礎におけるベース筋の最小かぶり厚さは、杭頭から確保する。
2. 腹筋を外付けするときの大梁の最小かぶり厚さは、幅止め筋の外側表
面から確保する。
3. 直接土に接する梁と布基礎の立上り部の最小かぶり厚さは、ともに
30mmとする。
4. 屋内では、柱と耐力壁の最小かぶり厚さは、ともに30mmとする。

No. 20 型枠工事に関する記述として、**最も不適当なもの**はどれか。

1. 梁の側型枠の寸法をスラブ下の梁せいとし、取り付く底型枠の寸法を
梁幅で加工した。
2. 柱型枠は、梁型枠や壁型枠を取り付ける前にチェーン等で控えを取り、
変形しないようにした。
3. 外周梁の側型枠の上部は、コンクリートの側圧による変形防止のため、
スラブ引き金物で固定した。
4. 階段が取り付く壁型枠は、敷き並べた型枠パネル上に現寸で墨出しを
してから加工した。

解説 p.28

No. 21 コンクリートの調合に関する記述として、**最も不適当なもの**はどれか。

1. 細骨材率は、乾燥収縮によるひび割れを少なくするためには、高くする。

2. 単位セメント量は、水和熱及び乾燥収縮によるひび割れを防止する観点からは、できるだけ少なくする。

3. AE減水剤を用いると、所定のスランプを得るのに必要な単位水量を減らすことができる。

4. 川砂利と砕石は、それぞれが所定の品質を満足していれば、混合して使用してもよい。

No. 22 在来軸組構法における木工事に関する記述として、**最も不適当なもの**はどれか。

1. 真壁の柱に使用する心持ち材には、干割れ防止のため、見え隠れ部分に背割りを入れた。

2. 洋式小屋組における真束と棟木の取合いは、棟木が真束より小さかったため、長ほぞ差しとした。

3. 建入れ直し完了後、接合金物や火打材を固定し、筋かいを取り付けた。

4. 軒桁の継手は、柱心から持ち出して、追掛大栓継ぎとした。

☆ **No. 23** 壁タイル密着張り工法に関する記述として、**最も不適当なもの**はどれか。

1. 振動工具は、タイル面に垂直に当てて使用した。

2. 振動工具による加振は、張付けモルタルがタイル周辺からはみ出すまで行った。

3. 張付けモルタルの1回に塗り付ける面積は、タイル工1人当たり3m²とした。

4. 目地詰めは、タイル張付け後24時間以上経過してから行った。

No. 24 ステンレス鋼板の表面仕上げに関する記述として、**最も不適当なもの**はどれか。

1. 機械的に凹凸の浮出し模様を施した仕上げを、ヘアラインという。
2. 冷間圧延後、熱処理、酸洗いを行うことで、にぶい灰色のつや消し仕上げにしたものを、No.2Dという。
3. 化学処理により研磨板に図柄や模様を施した仕上げを、エッチングという。
4. 研磨線がなくなるまでバフ仕上げをした最も反射率の高い仕上げを、鏡面という。

No. 25 コンクリート壁下地のセメントモルタル塗りに関する記述として、**最も不適当なもの**はどれか。

1. 下塗りは、14日以上放置し、十分にひび割れを発生させてから次の塗付けにかかった。
2. 乾燥収縮によるひび割れの防止のため、保水剤を混和剤として使用した。
3. モルタルの1回の練混ぜ量は、60分以内に使い切れる量とした。
4. 上塗りモルタルの調合は、下塗りモルタルよりも富調合とした。

No. 26 鋼製建具に関する記述として、**最も不適当なもの**はどれか。

1. くつずりの材料は、厚さ1.5mmのステンレス鋼板とした。
2. 四方枠の気密材は、建具の気密性を確保するため、クロロプレンゴム製とした。
3. フラッシュ戸の組立てにおいて、中骨は600mm間隔で設けた。
4. 大型で重量のある建具の仮止めは、位置調節用の金物を用いた。

解説 p.30

No. 27 塗装工事に関する記述として、**最も不適当なもの**はどれか。

1. アクリル樹脂系非水分散形塗料塗りにおいて、下塗りには上塗りと同一材料を用いた。
2. 木部のクリヤラッカー塗りにおける着色は、下塗りのウッドシーラー塗布後に行った。
3. 高粘度、高濃度の塗料による厚膜塗装とするため、エアレススプレーを用いて吹き付けた。
4. 合成樹脂エマルションペイント塗りにおいて、天井面等の見上げ部分では研磨紙ずりを省略した。

No. 28 フリーアクセスフロアに関する記述として、**最も不適当なもの**はどれか。

1. 電算機室では、床パネルの四隅の交点に共通の支持脚を設けて支持する共通独立脚方式としたため、方杖を設けて耐震性を高めた。
2. 事務室では、1枚のパネルの四隅や中間に高さ調整のできる支持脚が付く、脚付きパネル方式とした。
3. 床パネルの各辺の長さが500mmだったため、幅及び長さの寸法精度は、±0.5mm以内とした。
4. 床パネル取付け後の水平精度は、隣接する床パネルどうしの高さの差を2mm以下とした。

※問題番号No.29〜No.38までの10問題は、**全問題を解答**してください。

No. 29 事前調査に関する記述として、**最も不適当なもの**はどれか。

1. 山留め工事の計画に当たって、周辺地盤の高低について調査することとした。

2. 工事用資材の搬入計画に当たって、幼稚園や学校の場所を確認し、輸送経路の制限の有無を調査することとした。

3. 土の掘削計画に当たって、振動が発生するため、近隣の商店や工場の業種を調査することとした。

4. 解体工事の計画に当たって、発生する木くずを処分するため、一般廃棄物の処分場所を調査することとした。

No. 30 仮設計画に関する記述として、**最も不適当なもの**はどれか。

1. 塗料や溶剤等の保管場所は、管理をしやすくするため、資材倉庫の一画を不燃材料で間仕切り、設置することとした。

2. 所定の高さを有し、かつ、危害を十分防止し得る既存の塀を、仮囲いとして使用することとした。

3. 工事用ゲートや通用口は必要な場合を除き閉鎖することとし、開放する場合は誘導員を配置することとした。

4. 工事現場の敷地周囲の仮囲いに設置する通用口には、内開き扉を設けることとした。

No. 31 労働基準監督署長に届け出なければならないものとして、**不適当なもの**はどれか。

1. 延べ面積が$10m^2$を超える建築物の除却

2. 現場で常時15人の労働者が従事するための特定元方事業者の事業開始報告

3. 設置期間が60日以上のつり足場の設置

4. つり上げ荷重が3tのクレーンの設置

43

解説 p.31〜32

No. 32 建築工事の工程計画及び工程管理に関する記述として、**最も不適当なもの**はどれか。

1. 工事に必要な実働日数に作業休止日を考慮した日数を、暦日という。
2. 工期を横軸に取り、出来高の累計を縦軸とした進捗度グラフは、直線となる。
3. ネットワーク工程表は、作業の順序関係、開始時期及び終了時期を明確にしたもので、工程の変化に対応しやすい。
4. 工程管理においては、実施工程を分析検討し、その結果を計画工程の修正に合理的に反映させる。

No. 33 バーチャート工程表に関する記述として、**最も不適当なもの**はどれか。

1. 複雑な時間計算が不要であるため、作成しやすい。
2. 工程上の重点管理しなければならない作業が判断しやすい。
3. 各作業の開始時期、終了時期及び所要期間を把握しやすい。
4. 出来高の累計を重ねて表現したものは、工事出来高の進捗状況が把握しやすい。

No. 34 品質管理の用語に関する記述として、**最も不適当なもの**はどれか。

1. 特性要因図とは、結果の特性とそれに影響を及ぼしている要因との関係を、魚の骨のような図に体系的にまとめたものである。
2. 見える化とは、問題、課題、対象等をいろいろな手段を使って明確にし、関係者全員が認識できる状態にすることである。
3. 管理項目とは、目標の達成を管理するために、評価尺度として選定した項目のことである。
4. QCDSとは、計画、実施、点検、処置のサイクルを確実、かつ、継続的に回して、プロセスのレベルアップを図る考え方である。

No. 35 工事現場における試験に関する記述として、**最も不適当なもの**はどれか。

1. 鉄筋のガス圧接部のふくらみの直径の測定は、デジタルノギスを用いて行った。
2. フレッシュコンクリートのスランプの測定は、スランプゲージを用いて行った。
3. 外壁タイル張り後のタイル接着力試験は、油圧式簡易引張試験器を用いて行った。
4. 硬質ウレタンフォーム断熱材の吹付け作業中の厚さの測定は、ダイヤルゲージを用いて行った。

No. 36 鉄骨工事の検査に関する記述として、**最も不適当なもの**はどれか。

1. トルシア形高力ボルトの本締め完了は、ピンテールの破断とマーキングのマークのずれによって確認した。
2. スタッド溶接の合否は、打撃曲げ試験によって確認した。
3. 溶接部の欠陥であるブローホールは、目視によって有無を確認した。
4. 溶接後のビード外観は、目視によって表面の不整の有無を確認した。

No. 37 型枠支保工の組立て等作業主任者の職務として、「労働安全衛生規則」上、**定められていないもの**はどれか。

1. 作業中、保護帽の使用状況を監視すること。
2. 作業を直接指揮すること。
3. 器具及び工具を点検し、不良品を取り除くこと。
4. 型枠支保工の組立図を作成すること。

1. 折りたたみ式の脚立は、脚と水平面との角度を75°以下とし、開き止め具が装備されたものを使用した。

2. 移動式足場(ローリングタワー)の作業床の周囲には、高さ10cmの幅木と高さ90cmの中桟付きの手すりを設けた。

3. 単管足場の建地間隔は、桁行方向、梁間方向ともに、2mとした。

4. つり足場の作業床は、幅を40cmとし、隙間がないように敷きつめた。

※問題番号No.39 〜No.42までの**4問題は能力問題**です。**全問題を解答し**
てください。

☆ **No. 39**　鉄骨の加工に関する記述として、**不適当なものを2つ選べ。**

1．鋼材の加熱曲げ加工は、青熱脆性域で行った。
2．鋼材のガス切断は、自動ガス切断機を用いた。
3．板厚が13mm以下の鋼材のアンカーボルト孔は、せん断孔あけで加工
　した。
4．高力ボルトの孔径は、高力ボルトのねじの呼び径に5mmを加えた値と
　した。

No. 40　鉄筋コンクリート造建築物の解体工事に関する記述として、**不適当なものを2つ選べ。**

1．解体作業に先立ち、各種設備機器の停止並びに給水、ガス、電力及び
　通信の供給が停止していることを確認した。
2．壁及び天井のクロスは、せっこうボードと一緒に撤去した。
3．騒音防止やコンクリート片の飛散防止のため、全面をメッシュシート
　で養生した。
4．各階の解体は、中央部分を先行して解体し、外周部を最後に解体した。

☆ **No. 41**　屋上アスファルト防水工事に関する記述として、**不適当なものを2つ選べ。**

1．ルーフィング類は、水上部分から張り付け、継目の位置が上下層で同
　一箇所にならないようにした。
2．ルーフドレン回りの増張りに用いるストレッチルーフィングは、ドレ
　ンのつばに100mm程度張り掛けた。
3．保護コンクリートの動きによる立上り防水層の損傷を防止するため、
　成形緩衝材を立上り入隅部に取り付けた。
4．保護コンクリートの伸縮目地の深さは、保護コンクリートの厚さの
　1/2とした。

　　　　　解説 p.35 〜 36

No. **42** ビニル床シート張りの熱溶接工法に関する記述として、**不適当なものを2つ選べ。**

1. 張付け用の接着剤は、所定のくし目ごてを用いて均一に塗布した。
2. シートの張付けは、空気を押し出すように行い、その後ローラーで圧着した。
3. 継目の溝切りは、シート張付け後、接着剤が硬化する前に行った。
4. 溶接継目の余盛りは、溶接直後に削り取った。

※問題番号№.43～№.50までの**8問題**のうちから、**6問題**を選択し、解答してください。

No. 43 建築確認手続き等に関する記述として、「建築基準法」上、**誤っているもの**はどれか。

1. 建築主は、原則として、工事完了から4日以内に、建築主事に到達するように完了検査を申請しなければならない。
2. 建築主は、工事現場の見やすい場所に、国土交通省令で定める様式によって、建築確認があった旨の表示をしなければならない。
3. 施工者は、建築確認申請が必要な工事の場合、設計図書を工事現場に備えておかなければならない。
4. 建築主事は、工事の完了検査の申請を受理した場合、その受理した日から7日以内に検査をしなければならない。

No. 44 次の記述のうち、「建築基準法」上、**誤っているもの**はどれか。

1. 階段に代わる傾斜路の勾配は、1/8を超えないものとする。
2. 下水道法に規定する処理区域内においては、汚水管が公共下水道に連結された水洗便所としなければならない。
3. 集会場の客用の屋内階段の幅は、120cm以上とする。
4. 建築物に設ける昇降機の昇降路の周壁及び開口部は、防火上支障がない構造でなければならない。

49

解説 p.36～37

No. 45 建設業の許可に関する記述として、「建設業法」上、**誤っているもの**はどれか。

1. 一の都道府県の区域内にのみ営業所を設けて営業をしようとする場合は、原則として、当該営業所の所在地を管轄する都道府県知事の許可を受けなければならない。

2. 建設業の許可は、5年ごとに更新を受けなければ、その期間の経過によって、その効力が失われる。

3. 指定建設業と定められている建設業は、7業種である。

4. 一般建設業の許可を受けた業者と特定建設業の許可を受けた業者では、発注者から直接請け負うことができる工事の請負代金の額が異なる。

☆ **No. 46** 建設工事現場に置く技術者に関する記述として、「建設業法」上、**誤っているもの**はどれか。

1. 国又は地方公共団体が発注する建築一式工事以外の建設工事で、請負代金の額が3,000万円の工事現場に置く主任技術者は、専任の者でなければならない。

2. 共同住宅の建築一式工事で、請負代金の額が8,000万円の工事現場に置く主任技術者は、専任の者でなければならない。

3. 主任技術者は、工事現場における建設工事を適正に実施するため、当該建設工事の施工に従事する者の技術上の指導監督の職務を誠実に行わなければならない。

4. 下請負人として建設工事を請け負った建設業者は、下請代金の額にかかわらず、原則として、主任技術者を置かなければならない。

No. 47 次の記述のうち、「労働基準法」上、**誤っているもの**はどれか。

1. 使用者は、妊娠中の女性を、地上又は床上における補助作業の業務を除く足場の組立ての作業に就かせてはならない。
2. 使用者は、満18歳に満たない者について、その年齢を証明する戸籍証明書を事業場に備え付けなければならない。
3. 未成年者は、独立して賃金を請求することができる。
4. 親権者又は後見人は、未成年者に代って労働契約を締結することができる。

No. 48 建設工事の現場において、元方安全衛生管理者を選任しなければならない就労する労働者の最少人員として、「労働安全衛生法」上、**正しいもの**はどれか。
ただし、ずい道等の建設の仕事、橋梁の建設の仕事又は圧気工法による作業を行う仕事を除くものとする。

1. 20人
2. 30人
3. 50人
4. 100人

No. 49 解体工事に係る次の資材のうち、「建設工事に係る資材の再資源化等に関する法律（建設リサイクル法）」上、特定建設資材に**該当しないもの**はどれか。

1. 木造住宅の解体工事に伴って生じた木材
2. 公民館の解体工事に伴って生じたせっこうボード
3. 事務所ビルの解体工事に伴って生じたコンクリート塊及び鉄くず
4. 倉庫の解体工事に伴って生じたコンクリートブロック

No. 50 次の記述のうち、「道路法」上、道路の占用の許可を受ける**必要のないもの**はどれか。

1. 歩道の上部に防護構台を組んで、構台上に現場事務所を設置する。
2. 道路の上部にはみ出して、防護棚(養生朝顔)を設置する。
3. コンクリート打込み作業のために、ポンプ車を道路上に駐車させる。
4. 道路の一部を掘削して、下水道本管へ下水道管の接続を行う。

—— 令和 **3** 年度 ——

2級 建築施工管理技士（前期）

第一次検定 問題

次の注意事項をよく読んでから始めてください。

〔注 意 事 項〕
1. 解答時間は、**2時間30分**です。
2. 問題の解答の仕方は、次によってください。

問題No.と選択する解答数
〔No. 1〕〜〔No.14〕までの**14問題**のうちから、**9問題**を選択し、解答してください。
〔No.15〕〜〔No.17〕までの**3問題**は、**全問題**解答してください。
〔No.18〕〜〔No.28〕までの**11問題**のうちから、**8問題**を選択し、解答してください。
〔No.29〕〜〔No.38〕までの**10問題**は、**全問題**解答してください。
〔No.39〕〜〔No.42〕までの**4問題**は、**全問題**解答してください。
〔No.43〕〜〔No.50〕までの**8問題**のうちから、**6問題**を選択し、解答してください。

3. 選択問題は、解答数が指定数を超えた場合は、減点となりますから注意してください。

2級 建築施工管理技士（前期）第一次検定

問題

※問題番号No.1～No.14までの14問題のうちから、**9問題を選択し、解答してください。**

No. 1 湿度及び結露に関する記述として、**最も不適当なもの**はどれか。

1. 絶対湿度が100％になる温度を露点温度という。
2. 壁体の中に熱伝導率の大きい場所がある場合に、熱が集中して流れるこの部分を熱橋という。
3. 冬季暖房時に、室内の水蒸気により外壁などの室内側表面で生じる結露を表面結露という。
4. 乾燥空気1kg当たりに含まれている水蒸気の質量を絶対湿度という。

No. 2 照明に関する記述として、**最も不適当なもの**はどれか。

1. 一般に直接照明による陰影は、間接照明と比べ濃くなる。
2. 点光源による照度は、光源からの距離の2乗に反比例する。
3. 色温度は、絶対温度で示し、単位はlm（ルーメン）である。
4. タスク・アンビエント照明は、全般照明と局部照明を併せて行う方式である。

No. 3　色に関する記述として、**最も不適当なもの**はどれか。

1. 一般に明度が高い色ほど膨張して見える。
2. 一般に同じ色でもその面積が小さいほど、明るさや鮮やかさが増して見える。
3. 2つの有彩色を混ぜて灰色になるとき、その2色は互いに補色の関係にある。
4. 補色どうしを対比すると、互いに強調しあい、鮮やかさが増して見える。

No. 4　木造在来軸組構法に関する記述として、**最も不適当なもの**はどれか。

1. 構造耐力上主要な部分である柱の有効細長比は、150以下とする。
2. 引張力を負担する木材の筋かいは、厚さ1.5cm以上で幅9cm以上とする。
3. 筋かいを入れた構造耐力上必要な軸組の長さは、各階の床面積が同じ場合、2階の方が1階より大きな値となる。
4. 3階建ての1階の構造耐力上主要な部分である柱の断面は、原則として、小径13.5cm以上とする。

No. 5　鉄筋コンクリート構造に関する記述として、**最も不適当なもの**はどれか。

1. 柱の出隅部の主筋には、末端部にフックを付ける。
2. 梁は、圧縮側の鉄筋量を増やすと、クリープによるたわみが小さくなる。
3. 梁主筋とコンクリートの許容付着応力度は、上端筋より下端筋の方が大きい。
4. コンクリートの設計基準強度が高くなると、鉄筋とコンクリートの許容付着応力度は低くなる。

No. 6 鉄骨構造の接合に関する記述として、**最も不適当なもの**はどれか。

1. 高力ボルト接合の摩擦面には、ショットブラスト処理などによる一定の値以上のすべり係数が必要である。

2. 隅肉溶接は、母材の端部を切り欠いて開先をとり、そこに溶着金属を盛り込んで溶接継目を形づくるものである。

3. 応力を伝達させる主な溶接継目の形式は、完全溶込み溶接、部分溶込み溶接、隅肉溶接である。

4. 溶接と高力ボルトを併用する継手で、高力ボルトを先に締め付ける場合は両方の許容耐力を加算してよい。

No. 7 地盤及び基礎構造に関する記述として、**最も不適当なもの**はどれか。

1. 直接基礎は、基礎スラブの形式によって、フーチング基礎とべた基礎に大別される。

2. 水を多く含んだ粘性土地盤では、圧密が生じやすい。

3. 沖積層は、洪積層に比べ建築物の支持地盤として適している。

4. 複合フーチング基礎は、隣接する柱間隔が狭い場合などに用いられる。

No. 8 部材の応力度の算定とそれに用いる係数の組合せとして、**最も不適当なもの**はどれか。

1. せん断応力度の算定 ——————— 断面一次モーメント

2. 曲げ応力度の算定 ——————— 断面二次モーメント

3. 縁応力度の算定 ——————— 断面係数

4. 引張応力度の算定 ——————— 断面二次半径

解説 p.42 〜 43   56

No. 9 図に示す単純梁ABにおいて、点Cにモーメント荷重Mが作用したとき、点Dに生じる応力の値の大きさとして、**正しいもの**はどれか。

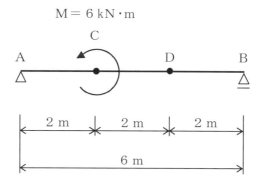

M＝6 kN・m

1. せん断力は、1kNである。
2. せん断力は、2kNである。
3. 曲げモーメントは、3kN・mである。
4. 曲げモーメントは、4kN・mである。

57

解説 p.43

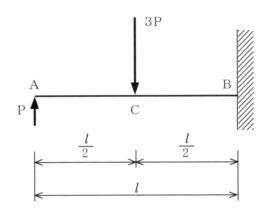

No. 10 図に示す片持梁 AB において、点 A に集中荷重 P 及び点 C に集中荷重 3P が同時に作用したときの曲げモーメント図として、**正しいもの**はどれか。

ただし、曲げモーメントは、材の引張側に描くものとする。

1.

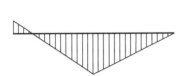

2.

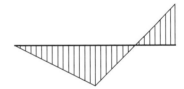

3.

4.

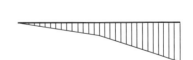

No. 11 コンクリートに関する一般的な記述として、**最も不適当なもの**はどれか。

1. スランプが大きいほど、フレッシュコンクリートの流動性は大きくなる。

2. 水セメント比が大きいほど、コンクリートの圧縮強度は大きくなる。

3. 単位セメント量や細骨材率が大きくなると、フレッシュコンクリートの粘性は大きくなる。

4. コンクリートの圧縮強度が大きくなると、ヤング係数は大きくなる。

No. 12 日本産業規格(JIS)に規定するセラミックタイルに関する記述として、**最も不適当なもの**はどれか。

1. 床に使用可能なタイルの耐摩耗性には、耐素地摩耗性と耐表面摩耗性がある。

2. 有機系接着剤によるタイル後張り工法で施工するタイルには、裏あしがなくてもよい。

3. 裏連結ユニットタイルの裏連結材には、施工時に剥がすタイプと剥がさないタイプがある。

4. うわぐすりの有無による種類には、施ゆうと無ゆうがある。

No. 13 シーリング材に関する記述として、**最も不適当なもの**はどれか。

1. ポリウレタン系シーリング材は、施工時の気温や湿度が高い場合、発泡のおそれがある。

2. シリコーン系シーリング材は、耐候性、耐久性に劣る。

3. 変成シリコーン系シーリング材は、ガラス越し耐光接着性に劣る。

4. アクリルウレタン系シーリング材は、ガラス回り目地に適していない。

解説 p.44 ～ 45

No. 14 内装材料に関する一般的な記述として、**最も不適当なもの**はどれか。

1. 木毛セメント板は、断熱性、吸音性に優れている。

2. けい酸カルシウム板は、軽量で耐火性に優れている。

3. パーティクルボードは、木材小片を主原料として接着剤を用いて成形熱圧したものである。

4. 強化せっこうボードは、芯のせっこうに油脂をしみ込ませ、強度を向上させたものである。

※問題番号No.15～No.17までの**3問題**は、**全問題を解答**してください。

No. 15 アスファルト舗装に関する記述として、**最も不適当なもの**はどれか。

1. 路盤は、舗装路面に作用する荷重を分散させて路床に伝える役割を持っている。
2. 表層は、交通荷重による摩耗とせん断力に抵抗し、平坦ですべりにくく快適な走行性を確保する役割を持っている。
3. プライムコートは、路床の仕上がり面を保護し、路床と路盤との接着性を向上させる役割を持っている。
4. タックコートは、基層と表層を密着し、一体化する役割を持っている。

No. 16 建築物の電気設備とそれに関する用語の組合せとして、**最も関係の少ないもの**はどれか。

1. 電力設備 ―――――― 同軸ケーブル
2. 照明設備 ―――――― コードペンダント
3. 電話設備 ―――――― PBX
4. 情報通信設備 ――――― LAN

No. 17 給排水設備に関する記述として、**最も不適当なもの**はどれか。

1. 圧力水槽方式の給水設備は、給水圧力の変動が大きく、停電時には給水が期待できない。
2. 地中埋設排水管において、桝を設ける場合、雨水桝には泥だめを、汚水桝にはインバートを設ける。
3. 水道直結直圧方式は、水圧が大きすぎるため、2階建住宅の給水には採用できない。
4. トラップとは、悪臭などが室内へ侵入するのを防ぐためのものをいう。

解説 p.45～46

※問題番号№.18〜№.28までの11問題のうちから、**8問題を選択し、**
解答してください。

No. 18 埋戻しに関する記述として、**最も不適当なもの**はどれか。

1. 埋戻し土に用いる透水性のよい山砂は、水締めで締め固めた。
2. 埋戻し土に用いる流動化処理土は、建設発生土に水を加えて泥状化したものに固化材を加えたものを使用した。
3. 埋戻し土に用いる砂質土は、粒度試験を行い均等係数が小さいものを使用した。
4. 埋戻し土に用いる山砂は、砂に適度の礫やシルトが混入されたものを使用した。

No. 19 鉄筋のかぶり厚さに関する記述として、**最も不適当なもの**はどれか。

1. 設計かぶり厚さは、最小かぶり厚さに施工精度に応じた割増しを加えたものである。
2. かぶり厚さの確保には、火災時に鉄筋の強度低下を防止するなどの目的がある。
3. 外壁の目地部分のかぶり厚さは、目地底から確保する。
4. 屋内の耐力壁は、耐久性上有効な仕上げがある場合とない場合では、最小かぶり厚さが異なる。

No. 20 鉄骨製作工場における錆止め塗装に関する記述として、**最も不適当なもの**はどれか。

1. 組立てによって肌合せとなる部分は、錆止め塗装を行わなかった。
2. 柱ベースプレート下面のコンクリートに接する部分は、錆止め塗装を行わなかった。
3. 素地調整を行った鉄鋼面は、素地が落ち着くまで数日あけて錆止め塗装を行った。
4. 錆止め塗装を行う部材は、原則として塗装検査以外の検査を終了した後に塗装を行った。

No. 21 在来軸組構法における木工事に関する記述として、**最も不適当なもの**はどれか。

1. せいが異なる胴差の継手は、受材心より150mm程度持ち出し、腰掛けかま継ぎとし、ひら金物両面当て釘打ちとした。
2. 束立て床組の大引の継手は、床束心で腰掛けあり継ぎとし、釘打ちとした。
3. 筋かいと間柱の交差する部分は、間柱を筋かいの厚さだけ欠き取って筋かいを通した。
4. ラグスクリューのスクリュー部の先孔の径は、スクリュー径の70%程度とした。

No. 22 木造2階建住宅の解体工事に関する記述として、**最も不適当なもの**はどれか。

1. 作業の効率を高めるため、障子、襖、ドア等の建具は、1階部分から撤去した。
2. 外壁の断熱材として使用されているグラスウールは、可能な限り原形のまま取り外した。
3. 蛍光ランプは、窓ガラスと共に専用のコンテナ容器内で破砕して、ガラス類として処分した。
4. 屋根葺き材は、内装材を撤去した後、手作業で取り外した。

No. 23 アスファルト防水工事に関する記述として、**最も不適当なもの**はどれか。

1. 防水下地となるコンクリートの入隅の形状は、通りよく45°の面取りとした。

2. 平場部のアスファルトルーフィングの重ね幅は、長手及び幅方向とも100mm以上とした。

3. 平場部のストレッチルーフィングの流し張りは、ルーフィングの両端からアスファルトがはみ出さないように押し付けながら張り付けた。

4. 砂付あなあきルーフィングを用いる絶縁工法の立上り部は、砂付あなあきルーフィングを省略した。

No. 24 外壁の張り石工事において、湿式工法と比較した場合の乾式工法の特徴として、**最も不適当なもの**はどれか。

1. 台車等の衝突で張り石が破損しやすい。

2. 白華現象が起こりにくい。

3. 地震時の躯体の挙動に追従しにくい。

4. 工期短縮を図りやすい。

No. 25 アルミニウム合金の表面処理に関する記述として、**最も不適当なもの**はどれか。

1. 陽極酸化皮膜の上に、クリア塗装する。

2. 硫黄を用いた硫化処理を行い、褐色に発色させる。

3. 化成皮膜の上に、樹脂塗料を焼付け塗装する。

4. 有機酸を用いた陽極酸化処理を行い、皮膜の生成と同時に発色させる。

No. 26 鋼製建具に関する記述として、**最も不適当なもの**はどれか。

1. 建具枠の取付け精度は、対角寸法差を3mm以内とした。
2. 外部に面する鋼製ドアのステンレス製くつずりは、両端を縦枠より延ばし、縦枠の裏面で溶接した。
3. 外部に面する両面フラッシュ戸の見込み部は、上下を除いた左右2方のみ、表面板で包んだ。
4. くつずりは、あらかじめ裏面に鉄線を付けておき、モルタル詰めを行った後、取り付けた。

No. 27 塗装工事における素地ごしらえに関する記述として、**最も不適当なもの**はどれか。

1. モルタル面の吸込み止めは、パテかいを行った後に、シーラーを全面に塗り付けた。
2. せっこうボード面のパテかいには、合成樹脂エマルションパテを使用した。
3. 不透明塗料塗りの木部面は、節止めにセラックニスを塗り付けた。
4. 鉄鋼面に付着した機械油の除去には、石油系溶剤を使用した。

No. 28 カーテン工事に関する記述として、**最も不適当なもの**はどれか。

1. カーテン上端の折返し長さは、使用するフック（ひるかん）の長さにより定めた。
2. 引分け式遮光用カーテンは、中央召合せを300mmとした。
3. レースカーテンのカーテンボックスは、窓幅に対して片側各々150mm長くした。
4. レースカーテンの上端の縁加工は、カーテン心地を入れないで袋縫いとした。

解説 p.50

No. 29　事前調査に関する記述として、**最も不適当なもの**はどれか。

1. 総合仮設計画に当たり、敷地周辺の電柱及び架空電線の調査を行った。
2. 解体工事計画に当たり、発生する木くずを再生するため、再資源化施設の調査を行った。
3. 根切り工事に当たり、埋蔵文化財の有無について調査を行った。
4. 防護棚の設置に当たり、敷地地盤の高低及び地中埋設配管の調査を行った。

No. 30　仮設計画に関する記述として、**最も不適当なもの**はどれか。

1. 仮囲いには、合板パネルなどの木製材料を使用することとした。
2. 仮囲いを設けなければならないため、その高さは周辺の地盤面から1.5mとすることとした。
3. ハンガー式門扉は、重量と風圧を軽減するため、上部を網状の構造とすることとした。
4. 工事ゲートは、トラックアジテータが通行するため、有効高さを3.8mとすることとした。

No. 31　建築工事に係る申請や届出等に関する記述として、**最も不適当なもの**はどれか。

1. 道路上に高所作業車を駐車して作業するため、道路使用許可申請書を警察署長宛てに届け出た。
2. 振動規制法による特定建設作業を指定地域内で行うため、特定建設作業実施届出書を市町村長宛てに届け出た。
3. 延べ面積が20m^{2}の建築物を建築するため、建築工事届を市町村長宛てに届け出た。
4. 支柱の高さが3.5m以上の型枠支保工を設置するため、設置の届けを労働基準監督署長宛てに届け出た。

No. 32 工程計画及び工程管理に関する記述として、**最も不適当なもの**はどれか。

1. ネットワーク工程表は、工程における複雑な作業間の順序関係を視覚的に表現することができる工程表である。

2. 基本工程表は、工事全体を一つの工程表としてまとめたもので、工事の主要な作業の進捗を表示する。

3. 工程計画を立てるに当たり、その地域の雨天日や強風日等を推定して作業不能日を設定する。

4. 各作業の所要期間は、作業の施工数量に投入数量と1日当たりの施工能力を乗じて求める。

No. 33 バーチャート工程表に関する記述として、**最も適当なもの**はどれか。

1. 工事出来高の累積値を表現しているため、工事進捗度合が把握しやすい工程表である。

2. 各作業に対する先行作業、並列作業、後続作業の相互関係が把握しやすい工程表である。

3. 作業間調整に伴う修正が容易な工程表である。

4. 各作業ごとの日程及び工事全体の工程計画が、比較的容易に作成できる工程表である。

No. 34 次の用語のうち、品質管理に**最も関係の少ないもの**はどれか。

1. SMW
2. PDCA
3. ばらつき
4. トレーサビリティ

解説 p.52

No. 35 品質管理のための試験及び検査に関する記述として、**最も不適当なもの**はどれか。

1. 鉄骨工事において、高力ボルト接合部の締付けの検査のため、超音波探傷試験を行った。

2. シーリング工事において、接着性の確認のため、簡易接着性試験を行った。

3. コンクリート工事において、フレッシュコンクリートの受入れ検査のため、空気量試験を行った。

4. 鉄筋工事において、ガス圧接継手の検査のため、抜き取った接合部の引張試験を行った。

No. 36 コンクリートの試験に関する記述として、**最も不適当なもの**はどれか。

1. スランプの測定値は、スランプコーンを引き上げた後の、平板からコンクリート最頂部までの高さとした。

2. 材齢が28日の構造体コンクリート強度の判定に用いる供試体は、現場水中養生とした。

3. 受入れ検査における圧縮強度試験は、3回の試験で1検査ロットを構成した。

4. スランプ試験は、コンクリートの打込み中に品質の変化が認められた場合にも行うこととした。

No. 37 作業主任者を選任すべき作業として、「労働安全衛生法」上、**定められていないもの**はどれか。

1. 高さ5mの足場の変更の作業

2. 土止め支保工の切りばりの取り外しの作業

3. 軒高5mの木造建築物の構造部材の組立て作業

4. ALCパネルの建込み作業

No. 38 足場に関する記述として、**最も不適当なもの**はどれか。

1. 枠組足場に使用する作業床の幅は、30cmとした。
2. 枠組足場の墜落防止設備として、交さ筋かい及び高さ15cm以上の幅木を設置した。
3. 移動式足場(ローリングタワー)の作業台上では、脚立の使用を禁止とした。
4. 移動式足場(ローリングタワー)の脚輪のブレーキは、移動中を除き、常に作動させた。

令和3年度（前期）第一次

解説 p.54

※問題番号№39〜№42までの**4問題は応用能力問題**です。**全問題を解答してください。**

No. 39 型枠の締付け金物等に関する記述として、**不適当なものを2つ選べ。**

1. セパレータは、せき板に対して垂直となるよう配置した。
2. 打放し仕上げとなる外壁コンクリートの型枠に使用するセパレータは、コーンを取り付けないものを用いた。
3. 塗り仕上げとなる壁コンクリートの型枠に使用するフォームタイと座金は、くさび式を用いた。
4. 柱の型枠に用いるコラムクランプは、セパレータと組み合わせて使用した。

No. 40 レディーミクストコンクリートに関する記述として、**不適当なものを2つ選べ。**

1. コンクリート荷卸し時のスランプの許容差は、スランプの値に関係なく一定である。
2. コンクリートに含まれる塩化物は、原則として塩化物イオン量で0.30kg/m^{3}以下とする。
3. 空気量の許容差は、普通コンクリートよりも高強度コンクリートの方が大きい。
4. 単位水量は、最大値を185kg/m^{3}とし、所定の品質が確保できる範囲内で、できるだけ少なくする。

No. 41 仕上塗材仕上げに関する記述として、**不適当なものを2つ選べ。**

1. 各工程ごとに用いる下塗材、主材及び上塗材は、同一製造所のものとした。
2. 仕上塗材の所要量は、被仕上塗材仕上面の単位面積に対する希釈前の仕上塗材の使用質量から算出した。
3. 屋外や室内の湿潤になる場所の下地調整に用いるパテは、合成樹脂エマルションパテを使用した。
4. シーリング面への仕上塗材仕上げは、シーリング材の硬化前に行った。

No. 42 床のフローリングボード張りに関する記述として、**不適当なものを2つ選べ。**

1. フローリングボードに生じた目違いは、パテかいにより平滑にした。
2. フローリングボード張込み後、床塗装仕上げを行うまで、ポリエチレンシートを用いて養生をした。
3. フローリングボードの下張り用合板は、長手方向が根太と直交するように割り付けた。
4. 隣り合うフローリングボードの木口の継手位置は、すべて揃えて割り付けた。

解説 p.55

※問題番号No.43〜No.50までの**8問題**のうちから、**6問題を選択し、解答**してください。

No. 43 建築確認手続き等に関する記述として、「建築基準法」上、**誤っているもの**はどれか。

1. 特定工程後の工程に係る工事は、当該特定工程に係る中間検査合格証の交付を受けた後でなければ、これを施工してはならない。

2. 建築主事は、木造3階建ての建築物の確認申請書を受理した場合、受理した日から35日以内に、建築基準関係規定に適合するかどうかを審査しなければならない。

3. 工事施工者は、建築物の工事を完了したときは、建築主事又は指定確認検査機関の完了検査を申請しなければならない。

4. 鉄骨造2階建ての建築物の建築主は、原則として、検査済証の交付を受けた後でなければ、当該建築物を使用し、又は使用させてはならない。

No. 44 次の記述のうち、「建築基準法」上、**誤っているもの**はどれか。

1. 居室の天井の高さは、室の床面から測り、1室で天井の高さの異なる部分がある場合は、その平均の高さによる。

2. 映画館における客用の階段で高さが3mをこえるものには、3m以内ごとに踊場を設けなければならない。

3. 木造3階建ての住宅の3階に設ける調理室の壁及び天井の内装は、準不燃材料としなければならない。

4. 階段に代わる傾斜路には、原則として、手すり等を設けなければならない。

No. 45 建設業の許可の変更に関する記述として、「建設業法」上、**誤っているもの**はどれか。

1. 許可を受けた建設業の営業所の所在地について、同一の都道府県内で変更があったときは、その旨の変更届出書を提出しなければならない。

2. 許可を受けた建設業の業種の区分について変更があったときは、その旨の変更届出書を提出しなければならない。

3. 許可を受けた建設業の使用人数に変更を生じたときは、その旨を書面で届け出なければならない。

4. 許可を受けた建設業の営業所に置く専任の技術者について、代わるべき者があるときは、その者について、書面を提出しなければならない。

No. 46 工事現場における技術者に関する記述として、「建設業法」上、**誤っているもの**はどれか。

1. 主任技術者は、工事現場における建設工事を適正に実施するため、当該建設工事の施工計画の作成、工程管理、品質管理の職務を誠実に行わなければならない。

2. 主任技術者を設置する工事で専任が必要とされるものは、同一の建設業者が同一の場所において行う密接な関係のある2以上の工事であっても、これらの工事を同一の主任技術者が管理してはならない。

3. 建築一式工事に関し10年以上実務の経験を有する者は、建築一式工事における主任技術者になることができる。

4. 工事現場における建設工事の施工に従事する者は、主任技術者又は監理技術者がその職務として行う指導に従わなければならない。

No. 47 次の業務のうち、「労働基準法」上、満17才の者を**就かせてはならない業務**はどれか。

1. 屋外の建設現場での業務

2. 動力により駆動される土木建築用機械の運転の業務

3. 最大積載荷重1tの荷物用エレベーターの運転の業務

4. 20kgの重量物を断続的に取り扱う業務

解説 p.57

No. 48 「労働安全衛生法」上、事業者が、所轄労働基準監督署長へ**報告書を提出する必要がないもの**はどれか。

1. 産業医を選任したとき
2. 安全管理者を選任したとき
3. 総括安全衛生管理者を選任したとき
4. 安全衛生推進者を選任したとき

No. 49 建設工事に伴う次の副産物のうち、「建設工事に係る資材の再資源化等に関する法律（建設リサイクル法）」上、**特定建設資材廃棄物に該当するもの**はどれか。

1. 場所打ちコンクリート杭工事の杭頭処理に伴って生じたコンクリート塊
2. 住宅の屋根の葺替え工事に伴って生じた粘土瓦
3. 基礎工事の掘削に伴って生じた土砂
4. 鋼製建具の取替えに伴って生じた金属くず

No. 50 「騒音規制法」上、指定地域内における特定建設作業を伴う建設工事の施工に際し、市町村長への**届出書に記入又は添附する必要のないもの**はどれか。

1. 建設工事の目的に係る施設又は工作物の種類
2. 特定建設作業の開始及び終了の時刻
3. 特定建設作業の工程を明示した工事工程表
4. 特定建設作業に係る仮設計画図

解説 p.58

—————— 令和 **3** 年度 ——————

2級 建築施工管理技士（後期）

第一次検定 問題

次の注意事項をよく読んでから始めてください。

〔注意事項〕
1. 解答時間は、**2時間30分**です。
2. 問題の解答の仕方は、次によってください。

問題No.と選択する解答数
〔No. 1〕～〔No.14〕までの**14問題**のうちから、**9問題**を選択し、解答してください。
〔No.15〕～〔No.17〕までの**3問題**は、全問題解答してください。
〔No.18〕～〔No.28〕までの**11問題**のうちから、**8問題**を選択し、解答してください。
〔No.29〕～〔No.38〕までの**10問題**は、全問題解答してください。
〔No.39〕～〔No.42〕までの**4問題**は、全問題解答してください。
〔No.43〕～〔No.50〕までの**8問題**のうちから、**6問題**を選択し、解答してください。

3. 選択問題は、解答数が**指定数**を超えた場合は、**減点**となりますから注意してください。

2級 建築施工管理技士（後期）第一次検定

問題

※問題番号No.1〜No.14までの14問題のうちから、**9問題を選択し、解答**してください。

No. 1 通風及び換気に関する記述として、**最も不適当なもの**はどれか。

1. 風圧力による自然換気では、換気量は開口部面積と風速に比例する。
2. 室内外の温度差による自然換気では、給気口と排気口の高低差が大きいほど換気量は大きくなる。
3. 室内における必要換気量は、在室人数によらず一定になる。
4. 室内を風が通り抜けることを通風といい、もっぱら夏季の防暑対策として利用される。

No. 2 日照及び日射に関する記述として、**最も不適当なもの**はどれか。

1. 日照時間は、日の出から日没までの時間をいう。
2. 太陽放射の光としての効果を重視したものを日照といい、熱的効果を重視したものを日射という。
3. 1年を通して終日日影となる部分を、永久日影という。
4. 天空日射量とは、日射が大気中で散乱した後、地表に到達する日射量をいう。

No. 3 採光及び照明に関する記述として、**最も不適当なもの**はどれか。

1. 室内のある点における昼光率は、時刻や天候によって変化する。

2. 昼光率は、室内表面の反射の影響を受ける。

3. 全天空照度は、直射日光による照度を含まない。

4. モデリングは、光の強さや方向性、拡散性などを視対象の立体感や質感の見え方によって評価する方法である。

No. 4 鉄筋コンクリート造の構造形式に関する一般的な記述として、**最も不適当なもの**はどれか。

1. シェル構造は、薄く湾曲した版を用いた構造で、大きな空間をつくることができる。

2. 壁式鉄筋コンクリート構造は、室内に梁形や柱形が突き出ないため、室内空間を有効に利用できる。

3. フラットスラブ構造は、鉄筋コンクリートの腰壁が梁を兼ねる構造で、室内空間を有効に利用できる。

4. ラーメン構造は、柱と梁の接合部を剛接合とした骨組で、自由度の高い空間をつくることができる。

No. 5 鉄骨構造の一般的な特徴に関する記述として、**最も不適当なもの**はどれか。

1. トラス構造は、比較的細い部材による三角形を組み合わせて構成し、大きな空間をつくることができる。

2. H形鋼の大梁に架けられる小梁には、大梁の横座屈を拘束する働きがある。

3. 柱脚の形式には、露出形式、根巻き形式、埋込み形式がある。

4. 鋼材は不燃材料であるため、骨組は十分な耐火性能を有する。

解説 p.60 ～ 61

No. 6 鉄骨構造に関する記述として、**最も不適当なもの**はどれか。

1. ダイアフラムは、梁から柱へ応力を伝達するため、仕口部に設ける。
2. エンドタブは、溶接時に溶接線の始終端に取り付けられる。
3. 丸鋼を用いる筋かいは、主に引張力に働く。
4. スチフナーは、ボルト接合の継手を構成するために、母材に添える。

No. 7 基礎杭に関する記述として、**最も不適当なもの**はどれか。

1. 既製コンクリート杭の埋込み工法のひとつで、杭の中空部を掘削しながら杭を圧入する中掘工法は、比較的杭径の大きなものの施工に適している。
2. 拡径断面を有する遠心力高強度プレストレストコンクリート杭(ST杭)は、拡径部を杭の先端に使用する場合、大きな支持力を得ることができる。
3. 摩擦杭は、硬い地層に杭先端を貫入させ、主にその杭の先端抵抗力で建物を支持する。
4. 場所打ちコンクリート杭は、地盤を削孔し、その中に鉄筋かごを挿入した後、コンクリートを打ち込んで造る。

No. 8 建築物の構造設計における荷重及び外力に関する記述として、**最も不適当なもの**はどれか。

1. 床の構造計算をする場合と大梁の構造計算をする場合では、異なる単位床面積当たりの積載荷重を用いることができる。
2. 屋根面における積雪量が不均等となるおそれのある場合、その影響を考慮して積雪荷重を計算する。
3. 風圧力は、その地方における過去の台風の記録に基づいて定められた風速に、風力係数のみを乗じて計算する。
4. 地上階における地震力は、算定しようとする階の支える荷重に、その階の地震層せん断力係数を乗じて計算する。

No. 9　図に示す単純梁ABに等変分布荷重が作用するとき、支点Aの垂直反力 V_A 及び支点Bの垂直反力 V_B の大きさの比率として、**正しいもの**はどれか。

1. $V_A : V_B = 1 : 1$
2. $V_A : V_B = 2 : 1$
3. $V_A : V_B = 3 : 1$
4. $V_A : V_B = 4 : 1$

No. 10 図に示す単純梁ABのBC間に等分布荷重wが作用したときの曲げモーメント図として、**正しいもの**はどれか。ただし、曲げモーメントは、材の引張側に描くものとする。

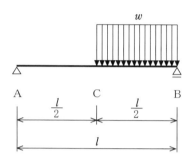

1.

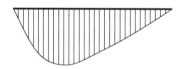

2.

3.

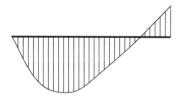

4.

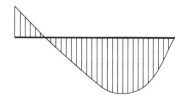

No. 11 構造用鋼材に関する記述として、**最も不適当なもの**はどれか。

1. 建築構造用圧延鋼材SN400の引張強さの下限値は、400N/mm²である。
2. 引張強さは250 ～ 300℃で最大となり、それ以上の高温になると急激に低下する。
3. 線膨張係数は、約1.2×10^{-5}（1/℃）である。
4. ヤング係数は、約3.14×10^5N/mm²である。

No. 12 木材の樹種に関する一般的な圧縮強度の比較として、**適当なもの**はどれか。

1. ス　ギ＜ ヒノキ＜ ケヤキ
2. ヒノキ＜ ス　ギ＜ ケヤキ
3. ケヤキ＜ ス　ギ＜ ヒノキ
4. ヒノキ＜ ケヤキ＜ ス　ギ

No. 13 日本産業規格(JIS)に規定する建具の性能試験方法に関する記述として、**不適当なもの**はどれか。

1. 耐風圧性の性能試験では、変位及びたわみを測定する。
2. 遮音性の性能試験では、音響透過損失を測定する。
3. 結露防止性の性能試験では、熱貫流率を測定する。
4. 遮熱性の性能試験では、日射熱取得率を測定する。

防水材料に関する記述として、**最も不適当なもの**はどれか。

1. 金属系シート防水のステンレスシート又はチタンシートは、連続溶接することで防水層を形成する。

2. ウレタンゴム系の塗膜防水材は、塗り重ねることで連続的な膜を形成する。

3. アスファルトプライマーは、下地と防水層の接着性を向上させるために用いる。

4. 防水モルタルに混入した防水剤は、塗り付ける下地に浸透して防水効果を高めるために用いる。

※問題番号No.15〜No.17までの**3問題**は、**全問題を解答**してください。

No. 15 屋外排水工事に関する記述として、**最も不適当なもの**はどれか。

1. 内法が600mmを超え、かつ、深さ1.2mを超える雨水用排水桝には、足掛け金物を取り付けた。
2. 雨水用排水桝及びマンホールの底部には、深さ50mmの泥だめを設けた。
3. 地中埋設排水管の長さが、その内径又は内法幅の120倍を超えない範囲内で、桝又はマンホールを設けた。
4. 排水管を給水管に平行して埋設する場合、給水管を上方にして、両配管は500mm以上のあきを設けた。

No. 16 LEDランプに関する一般的な記述として、**最も不適当なもの**はどれか。

1. 他のランプ類に比べ耐熱性が低いため、高温にさらされないよう、発熱体の周辺への設置は避ける。
2. 他のランプ類に比べ寿命が短いため、高い天井等、ランプの交換がしにくい場所への設置は避ける。
3. 光線に紫外線をほとんど含まないため、屋外照明に使用しても虫が寄り付きにくい。
4. 光の照射方向に熱をほとんど発しないため、生鮮食料品の劣化を助長しない。

No. 17 建築設備とそれに関連する用語の組合せとして、**最も関係の少ないもの**はどれか。

1. 給水設備 ——————— バキュームブレーカー
2. 排水設備 ——————— 通気管
3. ガス設備 ——————— マイコンメーター
4. 空気調和設備 ————— バスダクト

解説 p.64〜65

※問題番号№.18〜№.28までの11問題のうちから、8問題を選択し、解答してください。

№. 18 遣方及び墨出しに関する記述として、**最も不適当なもの**はどれか。

1. ベンチマークは、移動するおそれのない既存の工作物に2箇所設けた。
2. 2階より上階における高さの基準墨は、墨の引通しにより、順次下階の墨を上げた。
3. 水貫は、水杭に示した一定の高さに上端を合わせて、水杭に水平に取り付けた。
4. 鋼製巻尺は、同じ精度を有する巻尺を2本以上用意して、1本は基準巻尺として保管した。

№. 19 地業工事に関する記述として、**最も不適当なもの**はどれか。

1. 土間コンクリートに設ける防湿層のポリエチレンフィルムは、砂利地業の直下に敷き込んだ。
2. 砂利地業の締固めによるくぼみが生じた場合は、砂利を補充して表面を平らにした。
3. 砂利地業に、砕砂と砕石の混合した切込砕石を使用した。
4. 捨てコンクリート地業は、基礎スラブ及び基礎梁のセメントペーストの流出等を防ぐために行った。

No. 20 型枠工事に関する記述として、**最も不適当なもの**はどれか。

1. 内柱の型枠の加工長さは、階高からスラブ厚さとスラブ用合板せき板の厚さを減じた寸法とした。
2. 柱型枠の足元は、型枠の変形防止やセメントペーストの漏出防止等のため、桟木で根巻きを行った。
3. 壁の窓開口部下部の型枠に、コンクリートの盛り上がりを防ぐため、端部にふたを設けた。
4. 床型枠用鋼製デッキプレート(フラットデッキ)を受ける梁の側型枠は、縦桟木で補強した。

No. 21 型枠の最小存置期間に関する記述として、**最も不適当なもの**はどれか。

1. コンクリートの圧縮強度による場合、柱とスラブ下のせき板は同じである。
2. コンクリートの圧縮強度による場合、壁とはり側のせき板は同じである。
3. コンクリートの材齢による場合、柱と壁のせき板は同じである。
4. コンクリートの材齢による場合、基礎と壁のせき板は同じである。

No. 22 高力ボルト接合に関する記述として、**最も不適当なもの**はどれか。

1. ナット側の座金は、座金の内側面取り部がナットに接する側に取り付ける。
2. 高力ボルト接合部のフィラープレートは、両面とも摩擦面処理を行う。
3. 摩擦面の錆の発生状態は、自然発錆による場合、鋼材の表面が一様に赤く見える程度とする。
4. ボルトの締付けは、ボルト群ごとに継手の周辺部より中央に向かう順序で行う。

解説 p.66〜67

No. 23 加硫ゴム系シート防水接着工法に関する記述として、**最も不適当なもの**はどれか。

1. プライマーを塗布する範囲は、その日にシートを張り付ける範囲とした。

2. 下地への接着剤の塗布は、プライマーの乾燥後に行った。

3. シートは、接着剤を塗布後、オープンタイムを置かずに張り付けた。

4. 仕上塗料塗りは、美観と保護を目的に行った。

No. 24 金属製折板葺の工法に関する記述として、**最も不適当なもの**はどれか。

1. 嵌合形折板は、折板を仮葺せずに本締めを行う。

2. はぜ締め形折板は、本締めの前にタイトフレームの間を1m程度の間隔で部分締めを行う。

3. けらばの変形防止材には、折板の3山ピッチ以上の長さのものを用いる。

4. タイトフレームと下地材との接合は、スポット溶接とする。

No. 25 コンクリート壁下地のセメントモルタル塗りに関する記述として、**最も不適当なもの**はどれか。

1. 下塗り、中塗り、上塗りの各層の塗り厚は、6mm程度とした。

2. 下塗りは、吸水調整材塗りの後、3時間経過後に行った。

3. 下塗り用の砂は、ひび割れを防止するため、粒度が粗いA種の砂を用いた。

4. 吸水調整材は、下地とモルタルの接着力を増強するため、厚膜となるように十分塗布した。

No. 26 建具金物に関する記述として、**最も不適当なもの**はどれか。

1. モノロックは、押しボタンやシリンダーが設けられており、内外の握り玉の同一線上で施解錠することができる。
2. ピボットヒンジは、床に埋め込まれる扉の自閉金物で、自閉速度を調整することができる。
3. 空錠は、鍵を用いずに、ハンドルでラッチボルトを操作することができる。
4. 本締り錠は、鍵又はサムターンでデッドボルトを操作することができる。

No. 27 壁のせっこうボード張りに関する記述として、**最も不適当なもの**はどれか。

1. ボードを突付けとせず隙間を開けて底目地を取る目透し工法で仕上げる壁は、スクェアエッジのボードを使用した。
2. 鋼製下地に張り付ける場合のドリリングタッピンねじの頭は、仕上げ面の精度確保のため、ボード面と同面となるように締め込んだ。
3. 鋼製下地に張り付ける場合のドリリングタッピンねじの留付け間隔は、ボードの中間部より周辺部を小さくした。
4. ボードの重ね張りは、上張りと下張りのジョイント位置が同位置にならないように行った。

外部仕上げ改修工事に関する記述として、**最も不適当なもの**はどれか。

1. 既存防水層撤去後の下地コンクリート面の軽微なひび割れは、新規防水がアスファルト防水のため、アスファルト防水用シール材により補修した。

2. コンクリート下地面の複層仕上塗材の既存塗膜の劣化部は、高圧水洗工法にて除去した。

3. 既存露出アスファルト防水層の上に、アスファルト防水熱工法にて改修するため、下地調整材としてポリマーセメントモルタルを用いた。

4. 外壁石張り目地のシーリング材の劣化した部分を再充填工法にて改修するため、既存シーリング材を除去し、同種のシーリング材を充填した。

※問題番号No.29〜No.38までの10問題は、**全問題を解答**してください。

No. **29** 事前調査に関する記述として、**最も不適当なもの**はどれか。

1. 既製杭の打込みが予定されているため、近接する工作物や舗装の現況の調査を行うこととした。
2. 掘削中に地下水を揚水するため、周辺の井戸の使用状況の調査を行うこととした。
3. 工事予定の建物による電波障害に関する調査は済んでいたため、タワークレーン設置による影響の調査を省くこととした。
4. 地中障害物を確認するため、過去の土地利用の履歴について調査を行うこととした。

No. **30** 仮設計画に関する記述として、**最も不適当なもの**はどれか。

1. 規模が小さい作業所のため、守衛所を設けず、警備員だけを出入口に配置することとした。
2. 作業員詰所は、職種数や作業員の増減に対応するため、大部屋方式とすることとした。
3. 下小屋は、材料置場の近くに設置し、電力及び水道等の設備を設けることとした。
4. 鋼板製仮囲いの下端には、雨水が流れ出やすいように隙間を設けることとした。

No. **31** 工事現場における材料の保管に関する記述として、**最も不適当なもの**はどれか。

1. アスファルトルーフィングは、屋内の乾燥した場所に平積みで保管する。
2. ALCパネルは、台木を水平に置いた上に平積みで保管する。
3. 巻いた壁紙は、くせが付かないように屋内に立てて保管する。
4. アルミニウム製建具は、平積みを避け、縦置きにして保管する。

解説 p.70〜71

No. 32 工程計画の立案段階で考慮すべき事項として、**最も不適当なもの**はどれか。

1. 敷地周辺の上下水道やガス等の公共埋設物を把握する。
2. 敷地内の既存埋設物の状況を把握する。
3. 全ての工種別の施工組織体系を把握する。
4. 敷地における騒音及び振動に関する法的規制を把握する。

No. 33 バーチャート工程表に関する記述として、**最も不適当なもの**はどれか。

1. 縦軸に工事項目を、横軸に月日を示し、各作業の開始から終了までを横線で表したものである。
2. 主要な工事の節目をマイルストーンとして工程表に付加すると、工程の進捗状況が把握しやすくなる。
3. 各作業の相互関係が表されていないため、工期に影響する作業がどれであるか掴みにくい。
4. 工程表に示す作業を増やしたり、作業を細分化すると、工程の内容が把握しやすくなる。

No. 34 施工品質管理表（QC工程表）の作成に関する記述として、**最も不適当なもの**はどれか。

1. 工種別又は部位別に作成する。
2. 管理項目は、目指す品質に直接関係している要因から取りあげる。
3. 管理項目は、品質に関する重要度の高い順に並べる。
4. 管理項目ごとに、管理担当者の分担を明確にする。

No. 35 トルシア形高力ボルトの1次締め後に行うマーキングに関する記述として、**最も不適当なもの**はどれか。

1. マークのずれによって、軸回りの有無を確認できる。
2. マークのずれによって、トルク値を確認できる。
3. マークのずれによって、ナットの回転量を確認できる。
4. マークのずれによって、共回りの有無を確認できる。

No. 36 コンクリートの試験に関する記述として、**最も不適当なもの**はどれか。

1. フレッシュコンクリートの温度測定は、その結果を1℃単位で表示する。

2. 圧縮強度の試験は、コンクリート打込み日ごと、打込み工区ごと、かつ、150m³以下にほぼ均等に分割した単位ごとに行う。

3. スランプ試験は、1cm単位で測定する。

4. スランプ試験時に使用するスランプコーンの高さは、300mmとする。

No. 37 建築工事における危害又は迷惑と、それを防止するための対策の組合せとして、**最も不適当なもの**はどれか。

1. 投下によるくずやごみの飛散 ———————— ダストシュートの設置

2. 工事用車両による道路の汚れ ———————— 沈砂槽の設置

3. 高所作業による工具等の落下 ———————— 水平安全ネットの設置

4. 解体工事による粉塵の飛散 ———————— 散水設備の設置

No. 38 特定元方事業者が行うべき安全管理に関する記述として、「労働安全衛生法」上、**誤っているもの**はどれか。

1. 毎作業日に、作業場所を巡視すること。

2. 足場の組立て作業において、材料の欠点の有無を点検し、不良品を取り除くこと。

3. 関係請負人が行う安全教育に対して、安全教育に使用する資料を提供すること。

4. クレーン等の運転についての合図を統一的に定めること。

解説 p.72 ～ 73

※問題番号No.39～No.42までの**4問題は応用能力問題**です。**全問題を解答**してください。

☆ **No. 39** 鉄筋の加工及び組立てに関する記述として、**不適当なものを2つ選べ。**

1. 鉄筋の折曲げ加工は、常温で行う。
2. 柱、梁に接する周辺部の第1鉄筋と開口端部以外の壁筋は、原則として、鉄筋相互の交点の半数以上または400mm以下の間隔で結束する。
3. 鉄筋相互のあきの最小寸法は、鉄筋の強度によって決まる。
4. 鉄筋末端部のフックの余長の最小寸法は、折曲げ角度が大きいほど長くなる。

No. 40 在来軸組構法における木工事に関する記述として、**不適当なものを2つ選べ。**

1. 土台を固定するアンカーボルトは、土台の両端部や継手の位置、耐力壁の両端の柱に近接した位置に設置した。
2. 根太の継手は、大引の心を避けて突付け継ぎとし、釘打ちとした。
3. 火打梁は、柱と梁との鉛直構面の隅角部に斜めに入れた。
4. 内装下地や造作部材の取付けは、屋根葺き工事が終わった後に行った。

No. 41 セメントモルタルによるタイル後張り工法に関する記述として、**不適当なものを2つ選べ。**

1. 密着張りにおいて、タイルの張付けは、下部から上部にタイルを張った。
2. 改良積上げ張りにおいて、小口タイルの張付けは、1日の張付け高さを1.5mとした。
3. モザイクタイル張りのたたき押えは、紙張りの目地部分がモルタルの水分で濡れてくるまで行った。
4. 改良圧着張りにおいて、張付けモルタルの1回に塗り付ける面積は、タイル工1人当たり3m²とした。

塗装工事に関する記述として、**不適当なものを2つ選べ。**

1. 強溶剤系塗料のローラーブラシ塗りに、モヘアのローラーブラシを用いた。
2. オイルステイン塗りの色濃度の調整は、シンナーによって行った。
3. モルタル面の塗装に、合成樹脂調合ペイントを用いた。
4. 壁面をローラーブラシ塗りとする際、隅やちり回りなどは、小刷毛を用いて先に塗布した。

解説 p.74

※問題番号№.43〜№.50までの**8問題**のうちから、**6問題を選択し、解答**してください。

No. 43 用語の定義に関する記述として、「建築基準法」上、**誤っているもの**はどれか。

1. 設計者とは、その者の責任において、設計図書を作成した者をいう。
2. コンビニエンスストアは、特殊建築物ではない。
3. 建築物に関する工事用の仕様書は、設計図書である。
4. 駅のプラットホームの上家は、建築物ではない。

No. 44 地上階にある次の居室のうち、「建築基準法」上、原則として、採光のための窓その他の開口部を**設けなくてよいもの**はどれか。

1. 病院の診察室
2. 寄宿舎の寝室
3. 有料老人ホームの入所者用談話室
4. 保育所の保育室

☆ **No. 45** 建設業の許可に関する記述として、「建設業法」上、**誤っているもの**はどれか。

1. 解体工事業で一般建設業の許可を受けている者は、発注者から直接請け負う1件の建設工事の下請代金の総額が4,500万円の下請契約をすることができない。
2. 建築工事業で一般建設業の許可を受けている者は、発注者から直接請け負う1件の建設工事の下請代金の総額が7,000万円の下請契約をすることができない。
3. 建設業を営もうとする者は、すべて、建設業の許可を受けなければならない。
4. 建設業の許可を受けようとする者は、営業所の名称及び所在地を記載した許可申請書を国土交通大臣又は都道府県知事に提出しなければならない。

No. 46 建設工事の請負契約書に記載しなければならない事項として、「建設業法」上、**定められていないもの**はどれか。

1. 工事内容及び請負代金の額
2. 工事の履行に必要となる建設業の許可の種類及び許可番号
3. 各当事者の履行の遅滞その他債務の不履行の場合における遅延利息、違約金その他の損害金
4. 請負代金の全部又は一部の前金払の定めをするときは、その支払いの時期及び方法

No. 47 労働契約に関する記述として、「労働基準法」上、**誤っているもの**はどれか。

1. 使用者は、労働することを条件とする前貸の債権と賃金を相殺することができる。
2. 労働者は、使用者より明示された労働条件が事実と相違する場合においては、即時に労働契約を解除することができる。
3. 使用者は、労働者が業務上の傷病の療養のために休業する期間及びその後30日間は、原則として解雇してはならない。
4. 労働条件は、労働者と使用者が、対等の立場において決定すべきものである。

No. 48 事業者が、新たに職務に就くことになった職長に対して行う安全衛生教育に関する事項として、「労働安全衛生法」上、**定められていないもの**はどれか。
ただし、作業主任者を除くものとする。

1. 労働者の配置に関すること
2. 異常時等における措置に関すること
3. 危険性又は有害性等の調査に関すること
4. 作業環境測定の実施に関すること

No. 49 次の記述のうち、「廃棄物の処理及び清掃に関する法律」上、**誤っているもの**はどれか。

1. 工作物の新築に伴って生じた紙くずは、一般廃棄物である。
2. 建設工事の現場事務所から排出された新聞、雑誌等は、一般廃棄物である。
3. 工作物の除去に伴って生じたコンクリートの破片は、産業廃棄物である。
4. 工作物の新築に伴って生じたゴムくずは、産業廃棄物である。

No. 50 消防用設備等の種類と機械器具又は設備の組合せとして、「消防法」上、**誤っているもの**はどれか。

1. 警報設備 ———————— 自動火災報知設備
2. 避難設備 ———————— 救助袋
3. 消火設備 ———————— 連結散水設備
4. 消防用水 ———————— 防火水槽

—————— 令和 **2** 年度 ——————

2級 建築施工管理技士（後期）

学科試験問題

次の注意事項をよく読んでから始めてください。

〔注 意 事 項〕
1. 解答時間は、**2時間30分**です。
2. 問題の解答は、下表に該当する問題を解答してください。

問題No.と選択する解答数
〔No. 1〕〜〔No.14〕までの**14問題**のうちから、**9問題**を選択し、解答してください。
〔No.15〕〜〔No.17〕までの**3問題**は、全問題解答してください。
〔No.18〕〜〔No.32〕までの**15問題**のうちから、**12問題**を選択し、解答してください。
〔No.33〕〜〔No.42〕までの**10問題**は、全問題解答してください。
〔No.43〕〜〔No.50〕までの**8問題**のうちから、**6問題**を選択し、解答してください。

3. 選択問題の解答数が指定された解答数を超えた場合は、減点となりますから注意してください。

2級 建築施工管理技士（後期） 学科試験

問題

※問題番号No.1〜No.14までの**14問題**のうちから、**9問題を選択**し、解答してください。

No. 1 換気に関する記述として、**最も不適当なもの**はどれか。

1. 第1種機械換気方式は、地下街や劇場など外気から遮断された大きな空間の換気に適している。
2. 第2種機械換気方式は、室内で発生した汚染物質が他室に漏れてはならない室の換気に適している。
3. 事務室における必要換気量は、在室者の人数でその値が変動し、室の容積に関係しない。
4. 室内外の空気の温度差による自然換気では、温度差が大きくなるほど換気量は多くなる。

No. 2 照明に関する記述として、**最も不適当なもの**はどれか。

1. 光束は、視感度に基づいて測定された単位時間当たりの光のエネルギー量である。
2. 照度は、単位面積当たりに入射する光束の量である。
3. 輝度は、光源の光の強さを表す量である。
4. グレアは、高輝度な部分や極端な輝度対比などによって感じるまぶしさである。

No. 3 吸音及び遮音に関する記述として、**最も不適当なもの**はどれか。

1. 遮音とは、壁などに入射する音を吸収又は透過させて反射させないようにすることをいう。
2. 遮音による騒音防止の効果を上げるには、壁や窓などの透過損失の値を高めるようにする。
3. 有孔板と剛壁の間に空気層があるとき、主に中音域の音を吸音する。
4. グラスウールなどの多孔質材料は、主に高音域の音を吸音する。

No. 4 鉄筋コンクリート構造に関する記述として、**最も不適当なもの**はどれか。

1. 片持ちスラブの厚さは、原則として、持出し長さの1/10以上とする。
2. 柱の最小径は、原則として、その構造耐力上主要な支点間の距離の1/20以上とする。
3. 腰壁やたれ壁が付いた柱は、地震時にせん断破壊を起こしやすい。
4. 大梁は、せん断破壊よりも曲げ降伏が先行するように設計する。

No. 5 鉄骨構造の一般的な特徴に関する記述として、鉄筋コンクリート構造と比べた場合、**最も不適当なもの**はどれか。

1. 骨組の部材は、工場で加工し、現場で組み立てるため、工期を短縮しやすい。
2. 骨組の部材は、強度が高いため，小さな断面の部材で大きな荷重に耐えることができる。
3. 構造体は、剛性が大きく、振動障害が生じにくい。
4. 同じ容積の建築物では、構造体の軽量化が図れる。

解説 p.78 ～ 79

No. 6 鉄骨構造に関する記述として、**最も不適当なもの**はどれか。

1. ガセットプレートは、節点に集まる部材相互の接合のために設ける部材である。
2. 添え板(スプライスプレート)は、梁のウェブの座屈防止のために設ける補強材である。
3. ダイアフラムは、柱と梁の接合部に設ける補強材である。
4. 合成梁に用いる頭付きスタッドは、鉄骨梁と鉄筋コンクリート床スラブが一体となるように設ける部材である。

No. 7 杭基礎に関する記述として、**最も不適当なもの**はどれか。

1. 場所打ちコンクリート杭工法には、アースオーガーを使用するプレボーリング拡大根固め工法がある。
2. SC杭(外殻鋼管付きコンクリート杭)は、一般に継杭の上杭として、PHC杭(遠心力高強度プレストレストコンクリート杭)と組み合わせて用いられる。
3. 鋼杭は、地中での腐食への対処法として、塗装やライニングを行う方法、肉厚を厚くする方法等が用いられる。
4. 既製杭工法には、鋼管の先端を加工した鋼管杭本体を回転させて地盤に埋設させる回転貫入工法がある。

No. 8 建築物の構造設計における荷重及び外力に関する記述として、**最も不適当なもの**はどれか。

1. 固定荷重は、建築物各部自体の体積にその部分の材料の単位体積質量及び重力加速度を乗じて計算する。
2. 積雪荷重は、雪下ろしを行う慣習のある地方では、低減することができる。
3. 地震力は、建築物の固定荷重又は積載荷重を減ずると小さくなる。
4. 風圧力は、地震力と同時に作用するものとして計算する。

No. 9 図に示す単純梁に集中荷重P₁及びP₂が作用したとき、支点A の鉛直方向の反力の値の大きさとして、**正しいもの**はどれか。

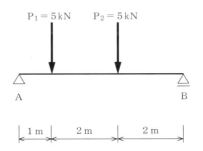

1. 4 kN
2. 5 kN
3. 6 kN
4. 8 kN

No. 10 図に示す単純梁に等変分布荷重が作用したときの曲げモーメント図として、**正しいもの**はどれか。

ただし、曲げモーメントは、材の引張側に描くものとする。

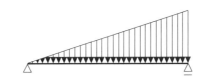

1.
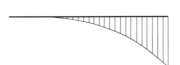

2.
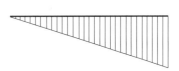

3.
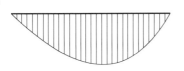

4.

令和**2**年度（後期）**学科**

101

解説 p.81

No. 11 鋼の一般的な性質に関する記述として、**最も不適当なもの**はどれか。

1. 鋼は炭素含有量が多くなると、ねばり強さや伸びが大きくなる。
2. 鋼は弾性限度内であれば、引張荷重を取り除くと元の状態に戻る。
3. 鋼は炭素含有量が多くなると、溶接性が低下する。
4. 鋼は熱処理によって、強度などの機械的性質を変化させることができる。

No. 12 木材の一般的な性質に関する記述として、**最も不適当なもの**はどれか。

1. 木材の乾燥収縮の割合は、年輪の接線方向が最も大きく、繊維方向が最も小さい。
2. 木材の強度は、繊維飽和点以下では、含水率の減少とともに低下する。
3. 木材の強度は、繊維方向と平行に加力した場合が最も高い。
4. 針葉樹は、広葉樹に比べ、一般的に軽量で加工がしやすい。

No. 13 JIS（日本産業規格）に規定する建具の性能試験における性能項目に関する記述として、**不適当なもの**はどれか。

1. 開閉力とは、開閉操作に必要な力の程度をいう。
2. 水密性とは、風雨による建具室内側への水の浸入を防ぐ程度をいう。
3. 遮熱性とは、熱の移動を抑える程度をいう。
4. 結露防止性とは、建具表面の結露の発生を防ぐ程度をいう。

防水材料に関する記述として、**最も不適当なもの**はどれか。

1. アスファルトルーフィングは、有機天然繊維を主原料とした原紙にアスファルトを浸透、被覆し、表面側のみに鉱物質粒子を付着させたものである。

2. 網状アスファルトルーフィングは、天然又は有機合成繊維で作られた粗布にアスファルトを浸透、付着させたものである。

3. ストレッチルーフィングは、有機合成繊維を主原料とした不織布原反にアスファルトを浸透、被覆し、表裏両面に鉱物質粒子を付着させたものである。

4. アスファルトフェルトは、有機天然繊維を主原料とした原紙にアスファルトを浸透させたものである。

解説 p.82

※問題番号№.15〜№.17までの**3問題**は、**全問題を解答**してください。

No. 15 鋼製巻尺を用いる距離測定において、距離の補正を行う場合、**最も必要のないもの**はどれか。

1. 温度による補正
2. 湿度による補正
3. 尺定数による補正
4. 傾斜による補正

No. 16 防災設備に関する記述として、**最も不適当なもの**はどれか。

1. 傾斜路に設ける通路誘導灯は、避難上必要な床面照度の確保と避難の方向の確認を主な目的とする避難設備である。
2. 劇場の客席に設ける客席誘導灯は、客席から一番近い避難口の方向の明示を主な目的とする避難設備である。
3. 自動火災報知設備は、火災発生時に煙又は熱を感知し、自動的にベルやサイレンを鳴らす警報設備である。
4. 非常用の照明装置は、火災等で停電した場合に自動的に点灯し、避難上必要な床面照度を確保する照明設備である。

No. 17 空気調和設備に関する記述として、**最も不適当なもの**はどれか。

1. 定風量単一ダクト方式は、一定の風量で送風するシステムであり、負荷変動の異なる複数の空間に適するものである。
2. 二重ダクト方式は、冷風、温風の2系統のダクトを設置するシステムであり、混合ボックスで温度を調節して室内に吹き出すものである。
3. パッケージユニット方式は、機内に冷凍機、ファン、冷却コイル、加熱コイル等を内蔵した一体型の空調機を使用するものである。
4. ファンコイルユニット方式は、熱源機器でつくられた冷水や温水を各室のファンコイルユニットに供給し、冷風や温風を吹き出すものである。

※問題番号№.18〜№.32までの**15問題**のうちから、**12問題を選択し、**解答してください。

No. 18 墨出しに関する記述として、**最も不適当なもの**はどれか。

1. 平面上の位置を示すために床面に付ける墨を、地墨という。
2. 垂直を示すために壁面に付ける墨を、たて墨という。
3. 基準墨から一定の距離をおいて平行に付ける墨を、逃げ墨という。
4. 逃げ墨をもとにして型枠などの位置に付ける墨を、親墨という。

No. 19 地業工事に関する記述として、**最も不適当なもの**はどれか。

1. 砂利地業で用いる砕石は、硬質なものとする。
2. 砂利地業で用いる砂利は、砂が混じったものよりも粒径の揃ったものとする。
3. 捨てコンクリートは、墨出しをしやすくするため、表面を平坦にする。
4. 捨てコンクリートは、床付け地盤が堅固で良質な場合、地盤上に直接打ち込むことができる。

No. 20 鉄筋の継手及び定着に関する記述として、**最も不適当なもの**はどれか。

1. 耐圧スラブが付く基礎梁主筋の継手の位置は、上端筋、下端筋ともスパンの中央部とする。
2. 一般階の大梁の下端筋を柱内に折り曲げて定着する場合は、原則として曲げ上げる。
3. 鉄筋の重ね継手の長さは、コンクリートの設計基準強度の相違により異なる場合がある。
4. フック付き定着とする場合の定着の長さは、定着起点からフックの折曲げ開始点までの距離とする。

解説 p.84

No. 21 型枠支保工に関する記述として、**最も不適当なもの**はどれか。

1. パイプサポートに設ける水平つなぎは、番線を用いて緊結する。
2. 上下階の支柱は、できるだけ平面上の同一位置になるように設置する。
3. 梁下の支柱は、コンクリートの圧縮強度が設計基準強度以上で、かつ、所要の安全性が確認されれば取り外すことができる。
4. スラブ下の支柱は、コンクリートの圧縮強度によらない場合、存置期間中の平均気温から存置日数を決定する。

No. 22 コンクリートの調合に関する記述として、**最も不適当なもの**はどれか。

1. 耐久性を確保するためには、水セメント比は小さいほうがよい。
2. スランプの大きいコンクリートでは、細骨材率が小さすぎると分離しやすくなる。
3. スランプは、工場出荷時における値を指定する。
4. AE減水剤を用いると、所定のスランプを得るのに必要な単位水量を減らすことができる。

No. 23 鉄骨の加工に関する記述として、**最も不適当なもの**はどれか。

1. ひずみの矯正を常温加圧で行う場合は、ローラー又はプレスを使用する。
2. 溶融亜鉛めっき高力ボルトの孔径は、同じ呼び径の高力ボルトの孔径よりも大きくする。
3. 柱の十字形鉄骨に設ける梁主筋の貫通孔は、耐力低下の大きいフランジを避けて、ウェブに設ける。
4. 開先の加工は、自動ガス切断、機械加工等により行う。

No. 24 在来軸組構法における木工事に関する記述として、**最も不適当なもの**はどれか。

1. 土台の継手は腰掛けあり継ぎとし、継手付近の下木をアンカーボルトで締め付けた。

2. 隅通し柱の仕口は土台へ扇ほぞ差しとし、ホールダウン金物を用いてボルトで締め付けた。

3. 建入れ直し完了後、接合金物や火打材を固定し、本筋かいを取り付けた。

4. 垂木の継手は母屋の上でそぎ継ぎとし、釘で取り付けた。

No. 25 シーリング工事に関する記述として、**最も不適当なもの**はどれか。

1. マスキングテープは、シーリング材のへら仕上げ終了後、直ちに取り除いた。

2. コンクリートの目地等のノンワーキングジョイントは、シーリング材の充填深さの最小値を10mmとした。

3. 裏面に粘着剤が付いているバックアップ材は、目地幅より1〜2mm小さい幅のものを使用した。

4. 異種シーリング材を打ち継ぐため、先打ちシーリング材が硬化しないうちに、後打ちシーリング材を施工した。

No. 26 セメントモルタルによる床タイル圧着張りに関する記述として、**最も不適当なもの**はどれか。

1. タイルの張付けモルタルは、塗り付ける厚さを5〜7mmとし、1度に塗り付けた。

2. タイルの張付けモルタルは、1回に塗り付ける面積をタイル工1人当たり2m²以下とした。

3. タイルの張付け面積が小さかったため、下地となる敷きモルタルは貧調合とした。

4. タイルの張付けは、目地部分に張付けモルタルが盛り上がるまで、木づちでたたき押さえた。

解説 p.86

No. 27 硬質塩化ビニル雨どいの工事に関する記述として、**最も不適当なもの**はどれか。

1. たてどいの継手は、専用の部品により接着剤を用いて取り付けた。
2. たてどいの受け金物は、900㎜間隔で通りよく取り付けた。
3. 軒どいの両端は、集水器に接着剤を用いて堅固に取り付けた。
4. 軒どいの受け金物は、所定の流れ勾配をとり、600㎜間隔で取り付けた。

No. 28 セルフレベリング材塗りに関する記述として、**最も不適当なもの**はどれか。

1. セルフレベリング材塗りは、下地となるコンクリートの打込み後、1か月経過したのちに行った。
2. セルフレベリング材の流し込みは、吸水調整材塗布後、直ちに行った。
3. セルフレベリング材の流し込み作業中は、できる限り通風を避けるよう窓や開口部をふさいだ。
4. セルフレベリング材の流し込み後の乾燥養生期間は、外気温が低い冬季であったため、14日間とした。

No. 29 外部に面するサッシのガラス工事に関する記述として、**最も不適当なもの**はどれか。

1. 熱線反射ガラスは、反射膜コーティング面を室内側とした。
2. 建具下辺のガラス溝内に置くセッティングブロックは、ガラス1枚につき2箇所設置した。
3. グレイジングチャンネルの継目の位置は、ガラスの下辺中央部とした。
4. 厚さ8㎜の単板ガラスの留付けは、不定形シーリング材構法とした。

No. 30 塗装工事に関する記述として、**最も不適当なもの**はどれか。

1. 上塗りに用いる塗料が少量だったため、同一製造所の同種塗料を用いて現場調色とした。
2. 合成樹脂エマルションペイント塗りにおいて、天井面等の見上げ部分では研磨紙ずりを省略した。
3. 木部のクリヤラッカー塗りの下塗りに、ウッドシーラーを用いた。
4. 高粘度、高濃度の塗料による厚膜塗装は、エアレススプレーではなくエアスプレーにより吹き付けた。

No. 31 ビニル床シート張りにおける熱溶接工法に関する記述として、**最も不適当なもの**はどれか。

1. 床シートの幅木部への巻上げは、シートをニトリルゴム系接着剤により張り付けた。
2. 継目の溝はV字形とし、シート厚さの2/3程度まで溝切りした。
3. 溶接部のシートの溝部分と溶接棒は、250〜300℃の熱風で加熱溶融した。
4. 溶接完了後、溶接部が完全に冷却したのち、余盛りを削り取り平滑にした。

☆ **No. 32** 内装改修工事における既存床仕上げ材の除去に関する記述として、**最も不適当なもの**はどれか。ただし、除去する資材は、石綿を含まないものとする。

1. コンクリート下地の合成樹脂塗床材は、ブラスト機械を用いてコンクリート表面とともに削り取った。
2. モルタル下地面に残ったビニル床タイルの接着剤は、ディスクサンダーを用いて除去した。
3. モルタル下地の磁器質床タイルの張替え部は、はつりのみを用いて手作業で存置部分と縁切りをした。
4. 根太張り工法の単層フローリングボードは、丸のこを用いて適切な寸法に切断し、根太下地を損傷しないように除去した。

※問題番号No.33〜No.42までの10問題は、**全問題を解答**してください。

No. 33 事前調査に関する記述として、**最も不適当なもの**はどれか。

1. 解体工事の事前調査として、近接する建物や工作物の現況の調査をすることとした。
2. 鉄骨工事の建方の事前調査として、日影による近隣への影響の調査をすることとした。
3. 敷地内の排水工事の事前調査として、排水管の勾配が公設桝まで確保できるか調査をすることとした。
4. 根切り工事の事前調査として、前面道路や周辺地盤の高低の調査をすることとした。

No. 34 仮設計画に関する記述として、**最も不適当なもの**はどれか。

1. 施工者用事務所と監理者用事務所は、機能が異なるため、それぞれ分けて設ける。
2. 仮囲いの出入り口は、管理をしやすくするため、人や車両の入退場の位置を限定する。
3. ハンガー式門扉は、扉を吊る梁が車両の積荷高さを制約する場合があるため、有効高さを検討する必要がある。
4. 仮囲いは、工事現場の周辺の状況が危害防止上支障がない場合であっても、設ける必要がある。

No. 35 工事現場における材料の保管に関する記述として、**最も不適当なもの**はどれか。

1. 高力ボルトは、箱の積上げ高さを5段までとして保管する。
2. 型枠用合板は、直射日光が当たらないよう、シートを掛けて保管する。
3. 袋詰めセメントは、風通しのよい倉庫に保管する。
4. 防水用の袋入りアスファルトは、積重ねを10段までとして保管する。

No. 36 総合工程表の立案に関する記述として、**最も不適当なもの**はどれか。

1. 工程計画上のマイルストーン（管理日）は、工程上の重要な区切りを避けて計画する。

2. 工区分割を行い、後続作業を並行して始めることにより、工期短縮が可能か検討する。

3. 型枠工事の工程計画では、型枠存置期間を考慮して、せき板や支保工の転用を検討する。

4. 工事を行う地域における労務、資材、機材等の調達状況を調査して、手配を計画する。

No. 37 バーチャート工程表に関する記述として、**最も適当なもの**はどれか。

1. 工事全体を掌握することが容易で、作成しやすい。

2. 工事を構成する各作業を縦軸に記載し、工事の達成度を横軸にして表す。

3. 工程上のキーポイント、重点管理しなければならない作業が判断しやすい。

4. 多種類の関連工事間の工程調整に有利である。

No. 38 品質管理に関する記述として、**最も不適当なもの**はどれか。

1. 検査とは、性質又は状態を調べた結果と判定基準を比較して、良否の判断を下すことである。

2. 施工品質管理表（QC工程表）には、検査の時期、方法、頻度を明示する。

3. 工程間検査は、作業工程の途中で、ある工程から次の工程に移ってもよいかどうかを判定するために行う。

4. 品質管理とは、品質計画に従って試験又は検査を行うことをいう。

No. 39 工事現場における試験に関する記述として、**最も不適当なもの**はどれか。

1. 吹付けロックウールによる耐火被覆材の厚さの確認は、確認ピンを用いて行った。
2. 外壁タイル張り後のタイル接着力試験は、油圧式簡易引張試験器を用いて行った。
3. 鉄筋のガス圧接部のふくらみの直径の測定は、ダイヤルゲージを用いて行った。
4. コンクリートのスランプフロー試験は、スランプコーンを用いて行った。

No. 40 鉄筋のガス圧接継手部の試験方法として、**最も不適当なもの**はどれか。

1. 圧縮試験
2. 引張試験
3. 外観試験
4. 超音波探傷試験

No. 41 工事現場の安全管理に関する記述として、**最も不適当なもの**はどれか。

1. 安全施工サイクル活動とは、施工の安全を図るため、毎日、毎週、毎月に行うことをパターン化し、継続的に取り組む活動である。
2. 新規入場者教育とは、作業所の方針、安全施工サイクルの具体的な内容、作業手順などを教育する活動である。
3. TBM(ツール ボックス ミーティング)とは、職長を中心に、作業開始前の短時間で、当日の安全作業について話し合う活動である。
4. ZE(ゼロ エミッション)とは、作業に伴う危険性又は有害性に対し、作業グループが正しい行動を互いに確認し合う活動である。

型わく支保工の組立て等に関し、事業者の講ずべき措置として、「労働安全衛生法」上、**定められていないもの**はどれか。

1. 型わく支保工の材料、器具又は工具を上げ、又はおろすときは、つり綱、つり袋等を労働者に使用させること。

2. 型わく支保工の組立て等作業主任者を選任すること。

3. 型わく支保工の組立て等の作業を行う区域内には、関係労働者以外の労働者の立入りを禁止すること。

4. 型わく支保工の組立て等の作業の方法を決定し、作業を直接指揮すること。

解説 p.92

※問題番号No.43～No.50までの**8問題**のうちから、**6問題を選択**し、解答してください。

No. 43 用語の定義に関する記述として、「建築基準法」上、**誤っているもの**はどれか。

1. 建築物を移転することは、建築である。
2. 公衆浴場の浴室は、居室ではない。
3. コンクリートや石は、耐水材料である。
4. 基礎は、構造耐力上主要な部分であるが、主要構造部ではない。

No. 44 居室の採光及び換気に関する記述として、「建築基準法」上、**誤っているもの**はどれか。

1. 温湿度調整を必要とする作業を行う作業室については、採光を確保するための窓その他の開口部を設けなくてもよい。
2. ふすま、障子その他随時開放することができるもので仕切られた2室は、居室の採光の規定の適用に当たっては、1室とみなすことはできない。
3. 換気設備を設けるべき調理室等に設ける給気口は、原則として、天井の高さの1/2以下の高さに設けなければならない。
4. 居室には、政令で定める技術的基準に従って換気設備を設けた場合、換気のための窓その他の開口部を設けなくてもよい。

No. 45 建設業の許可に関する記述として、「建設業法」上、**誤っているもの**はどれか。

1. 工事1件の請負代金の額が1,500万円に満たない建築一式工事のみを請け負う場合、建設業の許可を必要としない。
2. 建設業の許可は、建設工事の種類ごとに、29業種に分けて与えられる。
3. 国又は地方公共団体が発注者である建設工事を請け負う者は、特定建設業の許可を受けていなければならない。
4. 下請負人として建設業を営もうとする者が建設業の許可を受ける場合、一般建設業の許可を受ければよい。

No. 46 建設工事の請負契約書に記載しなければならない事項として、「建設業法」上、**定められていないもの**はどれか。

1. 注文者が工事の全部又は一部の完成を確認するための検査の時期及び方法並びに引渡しの時期
2. 工事の完成又は出来形部分に対する下請代金の支払の時期及び方法並びに引渡しの時期
3. 工事の施工により第三者が損害を受けた場合における賠償金の負担に関する定め
4. 天災その他不可抗力による工期の変更又は損害の負担及びその額の算定方法に関する定め

No. 47 労働契約の締結に際し、「労働基準法」上、使用者が定め、原則として、労働者に**書面で交付しなければならない労働条件**はどれか。

1. 職業訓練に関する事項
2. 安全及び衛生に関する事項
3. 災害補償及び業務外の傷病扶助に関する事項
4. 就業の場所及び従事すべき業務に関する事項

No. 48 建設業において、「労働安全衛生法」上、事業者が安全衛生教育を**行わなくてもよい者**はどれか。

1. 新たに選任した作業主任者
2. 新たに職務につくこととなった職長
3. 新たに建設現場の事務職として雇い入れた労働者
4. 新たに雇い入れた短時間(パートタイム)労働者

No. 49 次の記述のうち、「廃棄物の処理及び清掃に関する法律」上、**誤っているもの**はどれか。

1. 建築物の新築に伴って生じた段ボールは、産業廃棄物である。

2. 建築物の地下掘削に伴って生じた土砂は、産業廃棄物である。

3. 建築物の除去に伴って生じた木くずは、産業廃棄物である。

4. 建築物の杭工事に伴って生じた汚泥は、産業廃棄物である。

No. 50 次の記述のうち、「道路法」上、道路の**占用の許可を受ける必要のないもの**はどれか。

1. 歩道の一部にはみ出して、工事用の仮囲いを設置する。

2. 道路の上部にはみ出して、防護棚(養生朝顔)を設置する。

3. 工事用電力の引込みのために、仮設電柱を道路に設置する。

4. 屋上への設備機器揚重のために、ラフタークレーンを道路上に設置する。

令和 元 年度

2級 建築施工管理技士（前期）

学科試験問題

次の注意事項をよく読んでから始めてください。

〔注 意 事 項〕
1. 解答時間は、2時間30分です。
2. 問題の解答は、下表に該当する問題を解答してください。

問題No.と選択する解答数
〔No. 1〕～〔No.14〕までの14問題のうちから、9問題を選択し、解答してください。
〔No.15〕～〔No.17〕までの3問題は、全問題解答してください。
〔No.18〕～〔No.32〕までの15問題のうちから、12問題を選択し、解答してください。
〔No.33〕～〔No.42〕までの10問題は、全問題解答してください。
〔No.43〕～〔No.50〕までの8問題のうちから、6問題を選択し、解答してください。

3. 選択問題の解答数が指定された解答数を超えた場合は、減点となりますから注意してください。

2級 建築施工管理技士（前期） 学科試験

問題

※問題番号No.1〜No.14までの14問題のうちから、9問題を選択し、解答してください。

No. 1 通風及び換気に関する記述として、**最も不適当なもの**はどれか。

1. 室内を風が通り抜けることを通風といい、もっぱら夏季の防暑対策として利用される。

2. 成人1人当たりの必要換気量は、一般に30m³/ h程度とされている。

3. 機械換気方式には、屋外の風圧力を利用するものと室内外の温度差による空気の密度の違いを利用するものがある。

4. 換気回数は、室内の空気が1時間に何回入れ替わるかを表すものである。

No. 2 冬季暖房時における外壁の室内側表面の結露防止対策に関する記述として、**最も不適当なもの**はどれか。

1. 室内の換気をできるだけ行わない。

2. 室内の水蒸気の発生を抑制する。

3. 室内側表面に近い空気を流動させる。

4. 外壁の断熱性を高める。

No. 3 色に関する記述として、**最も不適当なもの**はどれか。

1. 一般に明度や彩度が高いほど、派手に感じられる。

2. 純色とは、各色相の中で最も明度の高い色をいう。

3. 無彩色とは、色味をもたない明度だけをもつ色をいう。

4. 色の温度感覚には、暖色や寒色と、それらに属さない中性色がある。

No. 4 木造在来軸組構法に関する記述として、**最も不適当なもの**はどれか。

1. 筋かいをたすき掛けにするため、やむを得ず筋かいを欠き込む場合は、必要な補強を行う。

2. 構造耐力上主要な部分である継手又は仕口は、ボルト締、かすがい打、込み栓打等によりその部分の存在応力を伝えるように緊結する。

3. 筋かいの端部は、柱と梁その他の横架材との仕口に近付けず、くぎ等の金物で緊結する。

4. 階数が2以上の建築物における隅柱又はこれに準ずる柱は、原則として通し柱とする。

No. 5 鉄筋コンクリート構造に関する記述として、**最も不適当なもの**はどれか。

1. 構造耐力上主要な部分である柱の主筋の断面積の和は、コンクリートの断面積の0.4％以上とする。

2. 構造耐力上主要な部分である柱の帯筋比は、0.2％以上とする。

3. 梁の幅止め筋は、腹筋間に架け渡したもので、あばら筋の振れ止め及びはらみ止めの働きをする。

4. 構造耐力上主要な部分である梁は、全スパンにわたり複筋梁とする。

No. 6 鉄骨構造の接合に関する記述として、**最も不適当なもの**はどれか。

1. 完全溶込み溶接とは、溶接部の強度が母材と同等以上になるように全断面を完全に溶け込ませる溶接である。

2. 隅肉溶接とは、母材の隅部分を溶接する方法で、重ね継手には用いない。

3. 一定規模以下の建築物の構造耐力上主要な部分の接合を普通ボルト接合とする場合には、ボルトが緩まないようにナットを溶接したり二重にするなどの戻り止めの措置を講じる。

4. 支圧接合とは、ボルト軸部のせん断力と部材の支圧によって応力を伝える接合方法である。

解説 p.98～99

No. 7 基礎杭に関する記述として、**最も不適当なもの**はどれか。

1. 鋼管杭は、既製コンクリート杭に比べて破損しにくく、運搬や仮置きに際して、取扱いが容易である。
2. SC杭は、外殻鋼管付きのコンクリート杭で、じん性に富み、大きな水平力が作用する杭に適している。
3. ST杭は、先端部を軸径より太径にした遠心力高強度プレストレストコンクリート杭で、大きな支持力を得ることができる。
4. 場所打ちコンクリート杭では、地盤の種類によらず、周面摩擦力を杭の支持力に見込むことができない。

No. 8 構造材料の力学的性質に関する記述として、**最も不適当なもの**はどれか。

1. 一定の大きさの持続荷重によって、時間とともにひずみが増大する現象をクリープという。
2. 物体に外力を加えて変形した後に、外力を除いても、変形が残る性質を弾性という。
3. 弾性係数の一つで、垂直応力度 σ と材軸方向のひずみ度 ε との比（σ / ε）をヤング係数という。
4. 細長い材の材軸方向に圧縮力が生じているとき、その力がある限界を超えると、その材が安定を失って曲がる現象を座屈という。

解説 p.99

図に示す張り出し梁の点Cに集中荷重Pが作用したとき、点D
に生じる応力の値の大きさとして、**正しいもの**はどれか。

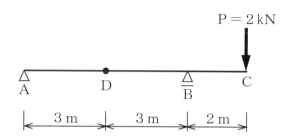

1. せん断力　Q＝1kN
2. せん断力　Q＝2kN
3. モーメントM＝2kN・m
4. モーメントM＝3kN・m

図に示すラーメンに集中荷重Ｐが作用したときの曲げモーメント図として、**正しいもの**はどれか。ただし、曲げモーメントは材の引張り側に描くものとする。

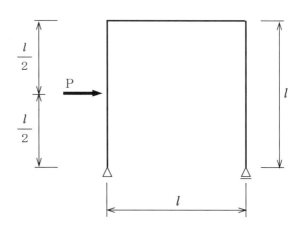

1.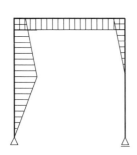

2.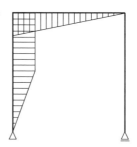

3.

4.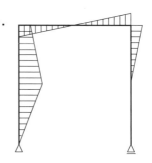

No. 11 コンクリートに関する一般的な記述として、**最も不適当なもの**はどれか。

1. コンクリートの引張強度は、圧縮強度に比べて著しく低い。

2. 単位水量が多くなると、コンクリートの乾燥収縮が大きくなる。

3. コンクリートの耐久性は、水セメント比が低くなるほど向上する。

4. セメントの粉末が微細なほど、コンクリートの強度発現は遅くなる。

No. 12 木質材料に関する記述として、**最も不適当なもの**はどれか。

1. 集成材とは、ひき板、小角材等をその繊維方向を互いにほぼ平行にして、厚さ、幅及び長さの方向に集成接着したものである。

2. 直交集成板とは、ひき板又は小角材をその繊維方向を互いにほぼ平行にして幅方向に並べ又は接着したものを、主としてその繊維方向を互いにほぼ直角にして積層接着し、3層以上の構造を持たせたものである。

3. 単板積層材とは、木材の小片を接着し板状に成形した一般材に、切削した単板を積層接着したものである。

4. 合板とは、切削した単板3枚以上を主としてその繊維方向を互いにほぼ直角にして接着したものである。

☆ **No. 13** JIS（日本産業規格）に規定するセラミックタイルに関する記述として、**最も不適当なもの**はどれか。

1. 素地（きじ）は、タイルの主体をなす部分をいい、施ゆうタイルの場合、表面に施したうわぐすりも含まれる。

2. 表張りユニットタイルとは、多数個並べたタイルの表面に、表張り紙を張り付けて連結したものをいう。

3. 裏連結ユニットタイルとは、多数個並べたタイルの裏面や側面を、ネットや台紙等の裏連結材で連結したものをいう。

4. タイルには平物と役物があり、それぞれ形状は定形タイルと不定形タイルに区分される。

解説 p.102

防水材料に関する記述として、**最も不適当なもの**はどれか。

1. アスファルトプライマーは、下地と防水層の接着性を向上させるために用いる。

2. 砂付あなあきアスファルトルーフィングは、下地と防水層を絶縁するために用いる。

3. 網状アスファルトルーフィングは、立上り防水層の張りじまいや貫通配管回り等の増張りに用いる。

4. 絶縁用テープは、防水層の末端部に使用し、防水層のずれ落ち、口あき、はく離等の防止に用いる。

※問題番号**№.15～№.17**までの**3問題**は、**全問題を解答**してください。

No. 15 構内舗装工事に関する記述として、**最も不適当なもの**はどれか。

1. アスファルト舗装の表層から路盤までの厚さは、路床土の設計CBRの値が大きいほど薄くできる。
2. クラッシャランとは、岩石を割り砕いたままで、ふるい分けをしていない砕石のことである。
3. コンクリート舗装に用いるコンクリートのスランプの値は、一般の建築物に用いるものより大きい。
4. 路床は、地盤が軟弱な場合を除いて、現地盤の土をそのまま十分に締め固める。

☆ **No. 16** JIS（日本産業規格）に規定する構内電気設備の名称とその配線用図記号の組合せとして、**不適当なもの**はどれか。

1. 情報用アウトレット（LANケーブル端子）
2. 蛍光灯
3. 換気扇
4. 分電盤

No. 17 建築設備とそれに関連する用語の組合せとして、**最も関係の少ないもの**はどれか。

1. 給水設備 ── ヒートポンプ
2. 排水設備 ── トラップ
3. 電気設備 ── バスダクト
4. 空気調和設備 ── 2重ダクト

令和元年度（前期）学科

125　　　解説 p.103～104

※問題番号No.18〜No.32までの**15問題**のうちから、**12問題を選択し、**
解答してください。

No. 18 地盤の標準貫入試験に関する記述として、**最も不適当なもの**は
どれか。

1. 貫入量100mmごとの打撃回数を記録し、1回の貫入量が100mmを超え
   た打撃は、その貫入量を記録した。
2. 本打ちの貫入量200mmに対する打撃回数が30回であったので、その
   深さのN値を30とした。
3. 本打ちの打撃回数は、特に必要がなかったので、50回を限度として
   打撃を打ち切った。
4. 本打ちは、ハンマーの落下高さを760mmとし、自由落下させた。

No. 19 鉄筋のかぶり厚さに関する記述として、**最も不適当なもの**はど
れか。

1. 大梁の最小かぶり厚さは、梁主筋の外側表面から確保する。
2. D29以上の梁主筋のかぶり厚さは、主筋の呼び名に用いた数値の1.5
   倍以上とする。
3. 直接土に接する梁と布基礎の立上り部のかぶり厚さは、ともに40mm
   以上とする。
4. 杭基礎におけるベース筋の最小かぶり厚さは、杭頭から確保する。

No. 20 型枠の締付け金物等に関する記述として、**最も不適当なもの**はどれか。

1. 独立柱の型枠の組立てには、セパレータやフォームタイが不要なコラムクランプを用いた。

2. 打放し仕上げとなる外壁コンクリートの型枠に使用するセパレータは、コーンを取り付けないものを用いた。

3. 外周梁の側型枠の上部は、コンクリートの側圧による変形防止のため、スラブ引き金物を用いて固定した。

4. 型枠脱型後にコンクリート表面に残るセパレータのねじ部分は、ハンマーでたたいて折り取った。

No. 21 コンクリートの調合に関する記述として、**最も不適当なもの**はどれか。

1. コンクリートに含まれる塩化物は、原則として塩化物イオン量で$0.30kg/m^3$以下とする。

2. 単位セメント量は、水和熱及び乾燥収縮によるひび割れを防止する観点からは、できるだけ少なくする。

3. 単位水量は、最大値を$185kg/m^3$とし、所定の品質が確保できる範囲内で、できるだけ少なくする。

4. 細骨材率は、乾燥収縮によるひび割れを少なくするためには、高くする。

No. 22 高力ボルト摩擦接合に関する記述として、**最も不適当なもの**はどれか。

1. ナット側の座金は、座金の内側面取り部がナットに接する側に取り付ける。

2. ナット回転法による本締めにおいて、ナットの回転量が不足しているボルトは、所定の回転量まで追締めする。

3. ナットとボルトが共回りを生じた場合は、新しいボルトセットに取り替える。

4. ボルトの締付けは、ボルト群ごとに継手の周辺部より中央に向かう順序で行う。

在来軸組構法の木工事における継手の図の名称として、**不適当なもの**はどれか。

1. 目違い継ぎ

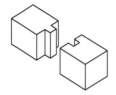

2. そぎ継ぎ

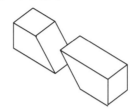

3. 腰掛け蟻継ぎ

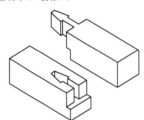

4. 台持ち継ぎ

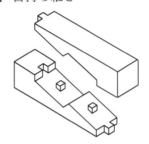

鉄筋コンクリート造建築物の解体工事に関する記述として、**最も不適当なもの**はどれか。

1. 地上作業による解体は、地上から解体重機で行い、上階から下階へ床、梁、壁、柱の順に解体していく。

2. 階上作業による解体は、屋上に揚重した解体重機で最上階から解体し、解体で発生したコンクリート塊を利用してスロープをつくり、解体重機を下階に移動させながら行う。

3. 外周部の転倒解体工法では、外周部を転倒させる床に、事前にコンクリート塊や鉄筋ダンゴなどをクッション材として積んでおく。

4. 外周部の転倒解体工法では、最初に柱脚部の柱主筋をすべて切断し、次に壁下部の水平方向、壁及び梁端部の垂直方向の縁切りを行った後に転倒させる。

No. 25 塩化ビニル樹脂系ルーフィングシート防水接着工法に関する記述として、**最も不適当なもの**はどれか。

1. ルーフィングシート相互の接合部は、重ね面を溶剤溶着とし、端部は液状シール材を用いて処理した。
2. プライマーは、ALCパネル下地であったため、塗布しなかった。
3. 防水層の立上り末端部は、押え金物で固定し、不定形シール材を用いて処理した。
4. ルーフィングシートの張付けは、エポキシ樹脂系接着剤を用い、下地面のみに塗布した。

No. 26 鉄筋コンクリート造の外壁乾式工法による張り石工事に関する記述として、**最も不適当なもの**はどれか。

1. 入隅で石材がのみ込みとなる部分は、目地位置より20mmを表面仕上げと同様に仕上げた。
2. ファスナー部分は、固定のため、張り石と躯体のすき間に取付け用モルタルを充填した。
3. 石材間の一般目地は、目地幅を10mmとしてシーリング材を充填した。
4. 幅木は、衝撃対策のため、張り石と躯体のすき間に裏込めモルタルを充填した。

No. 27 ステンレス板の表面仕上げの説明として、**最も不適当なもの**はどれか。

1. No. 2 Bは、冷間圧延して熱処理、酸洗した後、適度な光沢を与えるために軽い冷間圧延をした仕上げである。
2. ヘアラインは、冷間圧延して光輝熱処理を行い、さらに光沢を上げるために軽い冷間圧延をした仕上げである。
3. エッチングは、化学処理により研磨板に図柄や模様を施した仕上げである。
4. 鏡面は、研磨線がなくなるまでバフ仕上げをした最も反射率の高い仕上げである。

No. 28 仕上塗材仕上げに関する記述として、**最も不適当なもの**はどれか。

1. 各工程ごとに用いる下塗材、主材及び上塗材は、同一製造所のものとした。

2. 仕上塗材の付着性の確保や目違いの調整のため、下地コンクリート面にセメント系下地調整塗材を使用した。

3. シーリング面への仕上塗材仕上げは、塗重ね適合性を確認し、シーリング材の硬化後に行った。

4. 複層仕上塗材の仕上げ形状を凹凸状とするため、主材基層、主材模様及び上塗りをローラー塗り工法とした。

No. 29 建具金物に関する記述として、**最も不適当なもの**はどれか。

1. モノロックは、内外の握り玉の同一線上で施解錠ができる錠で、押しボタンやシリンダーが設けられている。

2. グラビティヒンジは、扉側と枠側のヒンジ部の勾配を利用し、常時開又は常時閉鎖の設定ができる。

3. ピボットヒンジは、床に埋め込まれる扉の自閉金物で、自閉速度を調整できる。

4. ドアクローザは、開き戸の自閉機能と閉鎖速度制御機能を有している。

No. 30 塗装工事の素地ごしらえに関する記述として、**最も不適当なもの**はどれか。

1. 透明塗料塗りをする木部面に著しい色むらがあったため、着色剤を用いて色むら直しを行った。

2. けい酸カルシウム板面の吸込み止めは、穴埋めやパテかいの後に塗布した。

3. ALCパネル面の吸込み止めは、下地調整前に全面に塗布した。

4. 鉄鋼面の錆及び黒皮は、サンドブラストで除去した。

No. 31 床のフローリング張りに関する記述として、**最も不適当なもの**はどれか。

1. 体育館の壁とフローリングボードの取合いは、すき間が生じないように突き付けた。

2. 根太張り工法で釘打ちと併用する接着剤は、エポキシ樹脂系接着剤とした。

3. 根太張り用のフローリングボードは、根太上に接着剤を塗布し、雄ざねの付け根から隠し釘留めとした。

4. 張込み完了後の表面に生じた目違いは、養生期間を経過した後、サンディングした。

No. 32 外壁の押出成形セメント板張りに関する記述として、**最も不適当なもの**はどれか。

1. パネルの取付け金物（Ｚクリップ）は、下地鋼材にかかり代(しろ)を30mm以上確保して取り付けた。

2. パネルの取付け金物（Ｚクリップ）は、取付けボルトがルーズホールの中心に位置するように取り付けた。

3. 幅600mmのパネルに設ける欠込み幅は、300mm以下とした。

4. 工事現場でのパネルへの取付けボルトの孔あけは、振動ドリルを用いて行った。

令和元年度（前期）学科

131

解説 p.109 ～ 110

※問題番号No.33～No.42までの10問題は、**全問題を解答**してください。

No. 33 事前調査や準備作業に関する記述として、**最も不適当なもの**はどれか。

1. 敷地境界標石があったが、関係者立会いの上、敷地境界の確認のための測量を行うこととした。

2. 地業工事で振動が発生するおそれがあるため、近隣の商店や工場の業種の調査を行うこととした。

3. 相互チェックできるように木杭ベンチマークを複数設けたため、周囲の養生柵を省略することとした。

4. 既存の地下埋設物を記載した図面があったが、位置や規模の確認のための掘削調査を行うこととした。

No. 34 仮設計画に関する記述として、**最も不適当なもの**はどれか。

1. ガスボンベ置場は、小屋の壁の1面は開放とし、他の3面の壁は上部に開口部を設けることとした。

2. 工事現場の敷地周囲の仮囲いに設置する通用口には、内開き扉を設けることとした。

3. 所定の高さを有し、かつ、危害を十分防止し得る既存の塀を、仮囲いとして使用することとした。

4. 工事ゲートの有効高さは、鉄筋コンクリート造の工事のため、最大積載時の生コン車の高さとすることとした。

No. 35 建築工事に係る提出書類とその提出先に関する記述として、**不適当なもの**はどれか。

1. 掘削深さが10m以上である地山の掘削を行うため、建設工事計画届を労働基準監督署長に提出した。

2. 仮設のゴンドラを設置するため、ゴンドラ設置届を労働基準監督署長に提出した。

3. 延べ面積が10m²を超える建築物を除却するため、建築物除却届を労働基準監督署長に提出した。

4. 常時10人の労働者が従事する事業で附属寄宿舎を設置するため、寄宿舎設置届を労働基準監督署長に提出した。

No. 36 建築工事の工程計画及び工程管理に関する記述として、**最も不適当なもの**はどれか。

1. 工事に必要な実働日数に作業休止日を考慮した日数を、暦日という。

2. 工程計画は、所定の工期内で、所定の品質を確保し、経済的に施工できるよう作成する。

3. 作業員や資機材等の投入量が一定量を超えないように工程を調整することを、山崩しという。

4. 横軸に工期を取り、出来高累計を縦軸とした進捗度グラフは、一般に直線となる。

No. 37 バーチャート工程表に関する記述として、**最も不適当なもの**はどれか。

1. 各作業の全体工期への影響度が把握しにくい。

2. 各作業の開始時期、終了時期及び所要期間を把握しやすい。

3. 工程表に示す作業を増やしたり、作業を細分化すると、工程の内容が把握しやすくなる。

4. 主要な工事の節目をマイルストーンとして工程表に付加すると、工程の進捗状況が把握しやすくなる。

解説 p.111 〜 112

No. 38 品質管理の用語に関する記述として、**最も不適当なもの**はどれか。

1. 見える化は、問題、課題、対象等を、いろいろな手段を使って明確にし、関係者全員が認識できる状態にすることである。

2. QCDSは、計画、実施、点検、処置のサイクルを確実、かつ、継続的に回してプロセスのレベルアップをはかる考え方である。

3. 特性要因図は、結果の特性と、それに影響を及ぼしている要因との関係を魚の骨のような図に体系的にまとめたものである。

4. 5Sは、職場の管理の前提となる整理、整頓、清掃、清潔、しつけ(躾)について、日本語ローマ字表記で頭文字をとったものである。

No. 39 品質管理のための試験に関する記述として、**最も不適当なもの**はどれか。

1. 鉄骨工事において、高力ボルト接合の摩擦面の処理状況の確認は、すべり係数試験によって行った。

2. 地業工事において、支持地盤の地耐力の確認は、平板載荷試験によって行った。

3. 鉄筋工事において、鉄筋のガス圧接部の確認は、超音波探傷試験によって行った。

4. 既製コンクリート杭地業工事において、埋込み杭の根固め液の確認は、針入度試験によって行った。

No. 40 レディーミクストコンクリートの受入時の試験に関する記述として、**最も不適当なもの**はどれか。

1. 圧縮強度の試験は、コンクリート打込み日ごと、打込み工区ごと、かつ、150m³以下の単位ごとに行った。

2. スランプ試験は、1cm単位で測定した。

3. 粗骨材の最大寸法が20mmの高流動コンクリートは、スランプフロー試験を行った。

4. 普通コンクリートの空気量の許容差は、±1.5%とした。

No. 41 作業主任者を選任すべき作業として、「労働安全衛生法」上、**定められていないもの**はどれか。

1. 支柱高さが3mの型枠支保工の解体の作業
2. 鉄筋の組立ての作業
3. 高さが5mのコンクリート造の工作物の解体の作業
4. 解体工事における石綿の除去作業

No. 42 建築工事の足場に関する記述として、**最も不適当なもの**はどれか。

1. 単管足場の脚部は、敷角の上に単管パイプを直接乗せて、根がらみを設けた。
2. 単管足場の建地の間隔は、けた行方向1.8m以下、はり間方向1.5m以下とした。
3. 単管足場の建地の継手は、千鳥となるように配置した。
4. 単管足場の地上第一の布は、高さを1.85mとした。

※問題番号№43〜№50までの8問題のうちから、6問題を選択し、解答してください。

No. 43

建築確認手続き等に関する記述として、「建築基準法」上、**誤っているもの**はどれか。

1. 建築確認申請が必要な工事は、確認済証の交付を受けた後でなければ、することができない。
2. 建築確認申請が必要な工事の施工者は、設計図書を工事現場に備えておかなければならない。
3. 建築主は、建築確認を受けた工事を完了したときは、建築主事又は指定確認検査機関の完了検査を申請しなければならない。
4. 建築主は、工事現場の見やすい場所に、国土交通省令で定める様式によって、建築確認があった旨の表示をしなければならない。

No. 44

次の記述のうち、「建築基準法」上、**誤っているもの**はどれか。

1. 戸建住宅の階段の蹴上げは、23cm以下とする。
2. 最下階の居室の床が木造である場合における床の上面の高さは、原則として直下の地面から45cm以上とする。
3. 集会場の客用の屋内階段の幅は、120cm以上とする。
4. 階段に代わる傾斜路の勾配は、1/8を超えないものとする。

建設業の許可に関する記述として、「建設業法」上、**誤っている****もの**はどれか。

1. 特定建設業の許可は、国土交通大臣又は都道府県知事によって与えられる。
2. 建築工事業で一般建設業の許可を受けている者が、建築工事業で特定建設業の許可を受けた場合、一般建設業の許可は効力を失う。
3. 建設業の許可を受けようとする者は、営業所ごとに所定の要件を満たした専任の技術者を置かなければならない。
4. 一般建設業と特定建設業の許可の違いは、発注者から直接請け負うことができる工事の請負代金の額の違いによる。

☆ **No. 46** 工事現場における技術者に関する記述として、「建設業法」上、**誤っているもの**はどれか。

1. 請負代金の額が7,000万円の共同住宅の建築一式工事を請け負った建設業者が、工事現場に置く主任技術者は、専任の者でなければならない。
2. 発注者から直接建築一式工事を請け負った建設業者は、下請代金の総額が7,000万円未満の下請契約を締結して工事を施工する場合、工事現場に主任技術者を置かなければならない。
3. 主任技術者を設置する工事で専任が必要とされるものでも、密接な関係のある2以上の建設工事を同一の建設業者が同一の場所において施工するものについては、これらの工事を同じ主任技術者が管理することができる。
4. 建築一式工事に関し10年以上実務の経験を有する者は、建築一式工事における主任技術者になることができる。

解説 p.115

No. 47 次の記述のうち、「労働基準法」上、**誤っているもの**はどれか。

1. 親権者又は後見人は、未成年者に代って労働契約を締結することができる。

2. 使用者は、満18歳に満たない者について、その年齢を証明する戸籍証明書を事業場に備え付けなければならない。

3. 未成年者は、独立して賃金を請求することができる。

4. 使用者は、原則として満18歳に満たない者を午後10時から午前5時までの間において使用してはならない。

No. 48 主要構造部が鉄骨造である建築物の建設工事の現場において、店社安全衛生管理者を選任しなければならない常時就労する労働者の最小人員として、「労働安全衛生法」上、**正しいもの**はどれか。
ただし、統括安全衛生責任者が選任される場合を除くものとする。

1. 10人
2. 20人
3. 30人
4. 50人

No. 49 建設工事に係る次の資材のうち、「建設工事に係る資材の再資源化等に関する法律（建設リサイクル法）」上、特定建設資材に**該当しないもの**はどれか。

1. 木造住宅の新築工事に伴って生じた木材の端材

2. 木造住宅の新築工事に伴って生じたせっこうボードの端材

3. 駐車場の解体撤去工事に伴って生じたコンクリート平板

4. 駐車場の解体撤去工事に伴って生じたアスファルト・コンクリート塊

次の建設作業のうち、「騒音規制法」上、特定建設作業に**該当しないもの**はどれか。

ただし、作業は開始した日に終わらないものとする。

1. 環境大臣が指定するものを除く、原動機の定格出力が80kWのバックホウを使用する作業
2. 環境大臣が指定するものを除く、原動機の定格出力が70kWのトラクターショベルを使用する作業
3. くい打機をアースオーガーと併用するくい打ち作業
4. 圧入式を除く、くい打くい抜機を使用する作業

—— 令和 元 年度 ——

2級 建築施工管理技士（後期）

学科試験問題

次の注意事項をよく読んでから始めてください。

〔注 意 事 項〕
1. 解答時間は、2時間30分です。
2. 問題の解答は、下表に該当する問題を解答してください。

問題No.と選択する解答数
〔No. 1〕〜〔No.14〕までの14問題のうちから、9問題を選択し、解答してください。
〔No.15〕〜〔No.17〕までの3問題は、全問題解答してください。
〔No.18〕〜〔No.32〕までの15問題のうちから、12問題を選択し、解答してください。
〔No.33〕〜〔No.42〕までの10問題は、全問題解答してください。
〔No.43〕〜〔No.50〕までの8問題のうちから、6問題を選択し、解答してください。

3. 選択問題の解答数が指定された解答数を超えた場合は、減点となりますから注意してください。

2級 建築施工管理技士（後期） 学科試験

問題

※問題番号No.1〜No.14までの14問題のうちから、**9問題を選択し、解答**してください。

No. 1 日照及び日射に関する記述として、**最も不適当なもの**はどれか。

1. 北緯35度付近の冬至における終日日射量は、南向きの鉛直面が他のどの向きの鉛直面よりも大きい。
2. 日照時間は、日の出から日没までの時間をいう。
3. 北緯35度付近の夏至における終日日射量は、東向きの鉛直面よりも水平面の方が大きい。
4. 大気透過率が高くなるほど、直達日射が強くなり、天空日射は弱くなる。

No. 2 昼光に関する記述として、**最も不適当なもの**はどれか。

1. 直射日光は、大気を透過して直接地表に届く昼光の成分である。
2. 昼光率は、屋外の全天空照度が大きくなると、低くなる。
3. 室内のある点における昼光率は、時刻や天候によって変化しない。
4. 室内の要求される基準昼光率は、居間より事務室の方が高い。

No. 3 音に関する記述として、**最も不適当なもの**はどれか。

1. 吸音率は、入射する音のエネルギーに対する反射音以外の音のエネルギーの割合である。
2. 床衝撃音には、重くて軟らかい衝撃源による重量衝撃音と、比較的軽量で硬い物体の落下による軽量衝撃音がある。
3. 単層壁の音響透過損失は、一般に、壁体の面密度が高くなるほど、大きくなる。
4. 劇場の後方部は、エコーを防ぐため、壁や天井に反射板を設置する。

No. 4 鉄筋コンクリート構造に関する記述として、**最も不適当なもの**はどれか。

1. 耐震壁の壁量は、地震力などの水平力を負担させるため、下階よりも上階が多くなるようにする。
2. 大梁は、床の鉛直荷重を支えるとともに、柱をつなぎ地震力などの水平力にも抵抗する部材である。
3. 柱と梁の接合部を剛接合とした純ラーメン構造は、骨組みで地震力などの水平力に抵抗する構造である。
4. 床スラブは、床の鉛直荷重を梁に伝えるとともに、架構を一体化し地震力などの水平力に抵抗させる役割も持っている。

No. 5 鉄骨構造の一般的な特徴に関する記述として、**最も不適当なもの**はどれか。

1. 軽量鉄骨構造に用いる軽量形鋼は、通常の形鋼に比べて、部材にねじれや局部座屈が生じやすい。
2. 鉄筋コンクリート構造に比べ、鉄骨構造の方が架構の変形能力が高い。
3. 鋼材は不燃材料であるため、骨組は十分な耐火性能を有する。
4. 鉄筋コンクリート構造に比べ、鉄骨構造の方が大スパンの建築物を構築できる。

解説 p.118

　鉄骨構造に関する記述として、**最も不適当なもの**はどれか。

1. 丸鋼を用いる筋かいは、主に引張力に働く部材である。

2. スチフナーは、節点に集まる部材相互の接合に用いられる鋼板である。

3. エンドタブは、溶接時に溶接線の始終端に取り付けられる補助部材である。

4. 裏当て金は、完全溶込み溶接を片面から行うために、溶接線に沿って開先ルート部の裏側に取り付けられる鋼板である。

　基礎構造に関する記述として、**最も不適当なもの**はどれか。

1. 独立フーチング基礎は、一般に基礎梁で連結する。

2. 同一建築物に杭基礎と直接基礎など異種の基礎を併用することは、なるべく避ける。

3. 直接基礎の鉛直支持力は、基礎スラブの根入れ深さが大きくなるほど大きくなる。

4. 直接基礎の底面は、冬季の地下凍結深度より浅くする。

　建築物の構造設計における荷重及び外力に関する記述として、**最も不適当なもの**はどれか。

1. 地震力は、建築物の弾性域における固有周期及び地盤の種類に応じて算定する。

2. バルコニーの積載荷重は、共同住宅の用途に供する建築物より学校の方が大きい。

3. 多雪区域における地震力の算定に用いる荷重は、建築物の固定荷重と積載荷重の和に積雪荷重の1/2を加えたものとする。

4. 建築物を風の方向に対して有効にさえぎる防風林がある場合は、その方向における速度圧を1/2まで減らすことができる。

No. 9 図に示す単純梁にモーメント荷重が作用したとき、支点Bに生じる鉛直反力の値の大きさとして**正しいもの**はどれか。

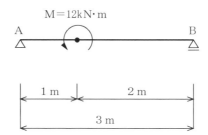

1. 12kN
2. 6 kN
3. 4 kN
4. 3 kN

No. 10 図に示す単純梁に集中荷重2P及び3Pが作用したときの曲げモーメント図として、**正しいもの**はどれか。
ただし、曲げモーメントは材の引張側に描くものとする。

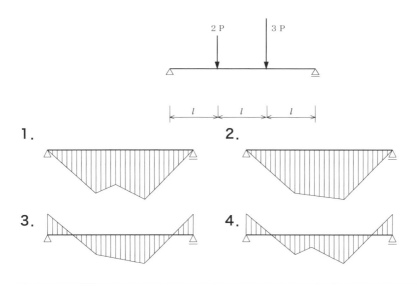

解説 p.120

☆ **No. 11** JIS(日本産業規格)に規定する構造用鋼材に関する記述として、**最も不適当なもの**はどれか。

1. 建築構造用圧延鋼材は、SN材と呼ばれ、性能によりA種、B種、C種に分類される。

2. 溶接構造用圧延鋼材は、SM材と呼ばれ、溶接性に優れた鋼材である。

3. 建築構造用炭素鋼鋼管は、STKN材と呼ばれ、材質をSN材と同等とした円形鋼管である。

4. 一般構造用圧延鋼材は、SSC材と呼ばれ、一般的に使用される鋼材である。

☆ **No. 12** JIS(日本産業規格)に規定する建具の試験項目と測定項目の組合せとして、**最も不適当なもの**はどれか。

1. 結露防止性試験 ―――――――― 熱貫流率

2. 耐風圧性試験 ―――――――――― 変位・たわみ

3. 気密性試験 ―――――――――――― 通気量

4. 水密性試験 ―――――――――――― 漏水

No. 13 シーリング材の特徴に関する記述として、**最も不適当なもの**はどれか。

1. ポリサルファイド系シーリング材は、表面の仕上塗材や塗料を変色、軟化させることがある。

2. ポリウレタン系シーリング材は、ガラスまわり目地に適している。

3. シリコーン系シーリング材は、紫外線による変色が少ない。

4. アクリルウレタン系シーリング材は、表面にタックが残ることがある。

カーペットに関する記述として、**最も不適当なもの**はどれか。

1. タフテッドカーペットは、パイル糸をうね状に並べて基布に接着固定した敷物である。

2. ウィルトンカーペットは、基布とパイル糸を同時に織り込んだ、機械織りの敷物である。

3. ニードルパンチカーペットは、シート状の繊維で基布を挟み、針で刺して上下の繊維を絡ませた敷物である。

4. タイルカーペットは、バッキング材を裏打ちしたタイル状敷物である。

解説 p.121

No. 15　屋外排水設備に関する記述として、**最も不適当なもの**はどれか。

1. 地中埋設排水管の長さが、その内径又は内法幅の120倍を超えない範囲内で、桝又はマンホールを設ける。

2. 地中埋設排水経路に桝を設ける場合、雨水桝にはインバートを、汚水桝には泥だめを設ける。

3. 排水管を給水管に平行して埋設する場合、原則として、両配管は500mm以上のあきを設ける。

4. 地中埋設排水経路が合流する箇所には、桝又はマンホールを設ける。

No. 16　照明設備に関する一般的な記述として、**最も不適当なもの**はどれか。

1. LEDは、高効率で他の照明器具に比べ寿命が長く、省エネ対策として広く用いられる。

2. Ｈf蛍光ランプは、ちらつきが少なく、主に事務所などの照明に用いられる。

3. ハロゲン電球は、低輝度であり、主に道路やトンネルの照明に用いられる。

4. メタルハライドランプは、演色性がよく、主にスポーツ施設などの照明に用いられる。

空気調和設備に関する記述として、**最も不適当なもの**はどれか。

1. 単一ダクト方式におけるCAV方式は、室内に吹き出す風量が一定であり、室内環境を一定に保つことができる。

2. 二重ダクト方式は、別々の部屋で同時に冷房と暖房を行うことができる。

3. パッケージユニット方式は、熱源機器でつくられた冷水や温水を各室のパッケージユニットに供給し、冷風や温風が吹き出るようにしたものである。

4. 各階ユニット方式は、各階ごとに空調機を分散設置して空調を行う方式で、各階ごとの負荷変動に対応できる。

※問題番号**No.18 〜 No.32**までの**15問題**のうちから、**12問題を選択し、**
解答してください。

No. 18 やり方及び墨出しに関する記述として、**最も不適当なもの**はど
れか。

1．水貫は、水杭に示した一定の高さに上端を合わせて、水杭に水平に取
り付ける。

2．やり方は、建物の高低、位置、方向、心の基準を明確にするために設
ける。

3．高さの基準点は、複数設置すると相互に誤差を生じるので、設置は1
箇所とする。

4．鋼製巻尺は、同じ精度を有する巻尺を2本以上用意して、1本は基準
巻尺として保管する。

No. 19 地業工事に関する記述として、**最も不適当なもの**はどれか。

1．砂利地業に用いる再生クラッシャランは、岩石を破砕したものであり、
品質にばらつきがある。

2．土間コンクリートの下の防湿層は、断熱材がある場合、断熱材の直下
に設ける。

3．砂利地業の締固めは、床付地盤を破壊したり、さらに深い地盤を乱さ
ないよう、注意して行う。

4．砂利地業の締固めによるくぼみが生じた場合は、砂又は砂利を補充し
て再度転圧する。

異形鉄筋の加工に関する記述として、**最も不適当なもの**はどれか。

1. 鉄筋の加工寸法の表示及び計測は、突当て長さ(外側寸法)を用いて行う。

2. 鉄筋の種類と径が同じ帯筋とあばら筋は、折曲げ内法直径の最小値は同じである。

3. 壁の開口部補強筋の末端部には、フックを付けなければならない。

4. 鉄筋の折曲げ加工は、常温で行う。

型枠支保工に関する記述として、**最も不適当なもの**はどれか。

1. 支柱にパイプサポートを使用する場合、継手は差込み継手としてはならない。

2. 支柱にパイプサポートを使用する場合、パイプサポートを3以上継いで用いてはならない。

3. 柱、壁及び梁側型枠のせき板を保持する場合、支保工は一般に内端太及び外端太により構成する。

4. 軽量型支保梁を受ける梁型枠の支柱にパイプサポートを使用する場合、パイプサポートは2列に設ける。

コンクリートの養生に関する記述として、**最も不適当なもの**はどれか。

1. 湿潤養生期間の終了前であっても、コンクリートの圧縮強度が所定の値を満足すれば、せき板を取り外すことができる。

2. 打込み後のコンクリートが透水性の小さいせき板で保護されている場合は、湿潤養生と考えてよい。

3. 早強ポルトランドセメントを用いたコンクリートの材齢による湿潤養生期間は、普通ポルトランドセメントより短くできる。

4. 寒中コンクリート工事における加熱養生中は、コンクリートの湿潤養生を行わない。

令和元年度（後期）学科

No. 23 鉄骨の建方に関する記述として、**最も不適当なもの**はどれか。

1. 溶接継手のエレクションピースに使用する仮ボルトは、高力ボルトを用いて全数締め付けた。
2. ターンバックル付き筋かいを有する鉄骨構造物は、その筋かいを用いて建入れ直しを行った。
3. 柱現場溶接接合部に建入れ及び食違い調整機能の付いた治具を使用したため、ワイヤロープを用いず、建入れ直しを行った。
4. 建方精度の測定は、温度の影響を避けるため、早朝の一定時間に実施した。

No. 24 在来軸組構法の木工事に関する記述として、**最も不適当なもの**はどれか。

1. 土台を固定するアンカーボルトは、土台の両端部や継手の位置、耐力壁の両端の柱に近接した位置に設置した。
2. 柱に使用する心持ち材には、干割れ防止のため、見え隠れ部分に背割りを入れた。
3. 根太の継手は、大引の心を避けて突付け継ぎとし、釘打ちとした。
4. 軒桁の継手は、柱心から持ち出して、追掛け大栓継ぎとした。

No. 25 シーリング工事に関する記述として、**最も不適当なもの**はどれか。

1. 充填箇所以外の部分に付着したシリコーン系シーリング材は、硬化後に除去した。
2. 目地深さがシーリング材の寸法より深かったため、ボンドブレーカーを用いて充填深さを調整した。
3. ノンワーキングジョイントでは、3面接着で施工した。
4. コンクリート打継目地のシーリング目地幅は、20mmとした。

No. 26 セメントモルタルによるタイル後張り工法に関する記述として、**最も不適当なもの**はどれか。

1. 改良積上げ張りは、張付けモルタルを塗り付けたタイルを、下部から上部に張り上げる工法である。

2. 密着張りは、下地面に張付けモルタルを塗り付け、振動機を用いてタイルを張り付ける工法である。

3. マスク張りは、下地面に張付けモルタルを塗り付け、表張りユニットをたたき込んで張り付ける工法である。

4. 改良圧着張りは、下地面とタイル裏面とに張付けモルタルを塗り付け、タイルを張り付ける工法である。

No. 27 金属製折板葺の工法に関する記述として、**最も不適当なもの**はどれか。

1. 重ね形折板のボルト孔は、折板を1枚ずつ、呼び出しポンチで開孔した。

2. 重ね形折板は、各山ごとにタイトフレーム上の固定ボルトに固定した。

3. 折板葺のけらばの変形防止材には、折板の3山ピッチ以上の長さのものを用いた。

4. 折板葺の棟包みの水下側には、雨水を止めるために止水面戸を用いた。

No. 28 床コンクリートの直均し仕上げに関する記述として、**最も不適当なもの**はどれか。

1. 床仕上げレベルを確認できるガイドレールを、床コンクリートを打ち込んだ後に4m間隔で設置した。

2. コンクリート面を指で押しても少ししか入らない程度になった時に、木ごてで中むら取りを行った。

3. 機械式ごてを用いた後、最終仕上げは金ごて押えとした。

4. 張物下地は、最終こて押えの後、12時間程度を経てから、3日間散水養生を行った。

No. 29 建具工事に関する記述として、**最も不適当なもの**はどれか。

1. 鋼製両面フラッシュ戸の表面板裏側の見え隠れ部分は、防錆塗装を行わなかった。
2. 木製フラッシュ戸の中骨は、杉のむく材を使用した。
3. アルミニウム製建具のアルミニウムに接する小ねじは、亜鉛めっき処理したものを使用した。
4. 樹脂製建具は、建具の加工及び組立てからガラスの組込みまでを建具製作所で行った。

No. 30 木部の塗装工事に関する記述として、**最も不適当なもの**はどれか。

1. オイルステイン塗りは、耐候性が劣るため、建築物の屋外には使用しなかった。
2. つや有合成樹脂エマルションペイント塗りの下塗り後のパテかいは、耐水形の合成樹脂エマルションパテを使用した。
3. クリヤラッカー塗りの下塗り材は、サンジングシーラーを使用した。
4. 木材保護塗料塗りにおいて、塗料は希釈せず原液で使用した。

No. 31 カーペット敷きに関する記述として、**最も不適当なもの**はどれか。

1. タイルカーペットは、粘着はく離形の接着剤を用いて張り付けた。
2. 全面接着工法によるカーペットは、ニーキッカーを用いて、十分伸長させながら張り付けた。
3. グリッパー工法のグリッパーは、壁際からのすき間を均等にとって打ち付けた。
4. ウィルトンカーペットは、はぎ合わせを手縫いでつづり縫いとした。

モルタル塗り仕上げ外壁の改修におけるアンカーピンニング部分エポキシ樹脂注入工法に関する記述として、**最も不適当なもの**はどれか。

1. モルタルの浮き部分に使用するアンカーピンの本数は、一般部分を16本/m^2とした。

2. アンカーピン固定部の穿孔の深さは、構造体コンクリート面から30mmとした。

3. 穿孔後は、孔内をブラシで清掃し、圧搾空気で接着の妨げとなる切粉を除去した。

4. アンカーピン固定用エポキシ樹脂は、手動式注入器を用いて、孔の表面側から徐々に充填した。

解説 p.129

※問題番号№.33～№.42までの**10問題**は、**全問題を解答**してください。

No. 33 施工計画と事前調査の組合せとして、**最も関係の少ないもの**はどれか。

1. 場所打ちコンクリート
  杭工事の計画 ──────── 敷地内の地中障害物の有無の調査
2. 鉄骨の建方計画 ──────── 近隣の商店や工場の業種の調査
3. 地下水の排水計画 ─────── 公共桝の有無と下水道の排水能力の調査
4. 山留工事の計画 ──────── 試験掘削による土質性状の追加調査

No. 34 仮設計画に関する記述として、**最も不適当なもの**はどれか。

1. 工事用ゲートを複数設置するため、守衛所をメインのゲート脇に設置し、その他は警備員だけを配置することとした。
2. 作業員詰所は、職種数や作業員の増減に対応するため、大部屋方式とすることとした。
3. 塗料や溶剤等の保管場所は、管理をしやすくするため、資材倉庫の一画を不燃材料で間仕切り設置することとした。
4. 工事用ゲートにおいて、歩行者が多いため、車両の入退場を知らせるブザー及び標示灯を設置することとした。

No. 35 工事現場における材料の保管に関する記述として、**最も不適当なもの**はどれか。

1. 鉄筋は、直接地面に接しないように角材間に渡し置き、シートを掛けて保管した。
2. 壁紙は、ポリエチレンフィルムを掛けて養生し、屋内に立てて保管した。
3. ALCパネルは、台木を水平に置いた上に平積みで保管した。
4. ガラスは、クッション材を挟み、屋内の乾燥した場所に平積みで保管した。

No. 36 総合工程表の立案段階で考慮すべき事項として、**最も必要性の少ないもの**はどれか。

1. 敷地周辺の上下水道、ガス等の公共埋設物
2. 敷地周辺の電柱、架線等の公共設置物
3. コンクリート工事の検査項目
4. 使用揚重機の能力と台数

No. 37 バーチャート工程表に関する記述として、**最も不適当なもの**はどれか。

1. 作業進行の度合い、工期に影響する作業やクリティカルパスが把握しやすい。
2. 作業の流れ、各作業の所要日数や施工日程が把握しやすい。
3. 手軽に作成することができ、視覚的に工程が把握しやすい。
4. 出来高の累計を重ねて表現したものは、工事出来高の進ちょく状況が把握しやすい。

No. 38 品質管理に関する記述として、**最も不適当なもの**はどれか。

1. 品質管理とは、工事中に問題点や改善方法などを見出しながら、合理的、かつ、経済的に施工を行うことである。
2. PDCAサイクルを繰り返すことにより、品質の向上が図れる。
3. 作業そのものを適切に実施するプロセス管理に重点をおくより、試験や検査に重点をおく方が有効である。
4. 施工の検査に伴う試験は、試験によらなければ品質及び性能を証明できない場合に行う。

No. 39 トルシア形高力ボルトの1次締め後に行う、マーキングに関する記述として、**最も不適当なもの**はどれか。

1. マークによって、1次締め完了の確認ができる。
2. マークのずれによって、本締め完了の確認ができる。
3. マークのずれによって、軸回りの有無の確認ができる。
4. マークのずれによって、トルク値の確認ができる。

No. 40 品質管理のための試験又は検査に関する記述として、**最も不適当なもの**はどれか。

1. 鉄骨工事の現場隅肉溶接は、浸透探傷試験により確認した。
2. 造作用の木材は、含水率を高周波水分計により確認した。
3. 鉄筋のガス圧接部は、全数を外観試験により確認した。
4. 摩擦杭の周面摩擦力は、すべり係数試験により確認した。

No. 41 建築工事における危害又は迷惑と、それを防止するための対策に関する記述として、**最も不適当なもの**はどれか。

1. 掘削による周辺地盤の崩壊を防ぐために、防護棚を設置した。
2. 落下物による危害を防ぐために、足場の外側面に工事用シートを設置した。
3. 工事用車両による道路面の汚れを防ぐために、洗車場を設置した。
4. 解体工事による粉塵の飛散を防ぐために、散水設備を設置した。

No. 42 高所作業車を用いて作業を行う場合、事業者の講ずべき措置として、「労働安全衛生法」上、**定められていないもの**はどれか。

1. 高所作業車は、原則として、主たる用途以外の用途に使用してはならない。

2. 高所作業車の乗車席及び作業床以外の箇所に労働者を乗せてはならない。

3. その日の作業を開始する前に、高所作業車の作業開始前点検を行わなければならない。

4. 高所作業等作業主任者を選任しなければならない。

解説 p.133

※問題番号№.43〜№.50までの**8問題**のうちから、**6問題を選択し、解答**してください。

No. 43 用語の定義に関する記述として、「建築基準法」上、**誤っているもの**はどれか。

1. 大規模の修繕とは、建築物の主要構造部の1種以上について行う過半の修繕をいう。
2. 設計者とは、その者の責任において、設計図書を作成した者をいう。
3. 建築設備は、建築物に含まれる。
4. コンビニエンスストアは、特殊建築物ではない。

No. 44 居室の採光及び換気に関する記述として、「建築基準法」上、**誤っているもの**はどれか。

1. 採光に有効な部分の面積を計算する際、天窓は実際の面積の3倍の面積を有する開口部として扱う。
2. 換気設備のない居室には、原則として、換気に有効な部分の面積がその居室の床面積の1/20以上の換気のための窓その他の開口部を設けなければならない。
3. 地階に設ける居室には、必ずしも採光を確保するための窓その他の開口部を設けなくてもよい。
4. 病院の診察室には、原則として、採光のための窓その他の開口部を設けなければならない。

建設業の許可に関する記述として、「建設業法」上、**誤っている
もの**はどれか。

1. 2以上の都道府県の区域内に営業所を設けて営業しようとする者が建
設業の許可を受ける場合には、国土交通大臣の許可を受けなければな
らない。

2. 建築工事業で特定建設業の許可を受けている者は、土木工事業で一般
建設業の許可を受けることができる。

3. 解体工事業で一般建設業の許可を受けている者は、発注者から直接請
け負う1件の建設工事の下請代金の総額が3,000万円の下請契約をす
る場合には、特定建設業の許可を受けなければならない。

4. 建築工事業で一般建設業の許可を受けている者は、発注者から直接請
け負う1件の建設工事の下請代金の総額が7,000万円の下請契約をす
る場合には、特定建設業の許可を受けなければならない。

No. 46 建設工事の請負契約書に記載しなければならない事項として、
「建設業法」上、**定められていないもの**はどれか。

1. 工事着手の時期及び工事完成の時期

2. 工事の履行に必要となる建設業の許可の種類及び許可番号

3. 契約に関する紛争の解決方法

4. 工事内容及び請負代金の額

No. 47 労働契約に関する記述として、「労働基準法」上、**誤っているも
の**はどれか。

1. 使用者は、労働することを条件とする前貸の債権と賃金を相殺するこ
とができる。

2. 使用者は、労働契約に附随して貯蓄の契約をさせてはならない。

3. 労働者は、使用者より明示された労働条件が事実と相違する場合にお
いては、即時に労働契約を解除することができる。

4. 使用者は、労働契約の不履行について違約金を定める契約をしてはな
らない。

令和**元**年度（後期）学科

解説 p.134 〜 135

No. 48 事業者が、新たに職務に就くことになった職長に対して行う安全衛生教育に関する事項として、「労働安全衛生法」上、**定められていないもの**はどれか。
ただし、作業主任者を除く。

1. 作業方法の決定に関すること
2. 労働者に対する指導又は監督の方法に関すること
3. 危険性又は有害性等の調査に関すること
4. 作業環境測定の実施に関すること

No. 49 産業廃棄物の運搬又は処分の委託契約書に記載しなければならない事項として、「廃棄物の処理及び清掃に関する法律」上、**定められていないもの**はどれか。
ただし、特別管理産業廃棄物を除くものとする。

1. 委託する産業廃棄物の種類及び数量
2. 産業廃棄物の運搬を委託するときは、運搬の方法
3. 産業廃棄物の処分を委託するときは、処分の方法
4. 委託者が受託者に支払う料金

No. 50 次の資格者のうち、「消防法」上、**定められていないもの**はどれか。

1. 消防設備点検資格者
2. 建築設備等検査員
3. 消防設備士
4. 防火対象物点検資格者

平成 **30** 年度

2級 建築施工管理技士（前期）

学科試験問題

次の注意事項をよく読んでから始めてください。

〔注 意 事 項〕
1. 解答時間は、2時間30分です。
2. 問題の解答は、下表に該当する問題を解答してください。

問題No.と選択する解答数
〔No. 1〕～〔No.14〕までの14問題のうちから9問題を選択し、解答してください。
〔No.15〕～〔No.17〕までの3問題は、全問題解答してください。
〔No.18〕～〔No.32〕までの15問題のうちから12問題を選択し、解答してください。
〔No.33〕～〔No.42〕までの10問題は、全問題解答してください。
〔No.43〕～〔No.50〕までの8問題のうちから6問題を選択し、解答してください。

3. 選択問題の解答数が指定された解答数を超えた場合は、減点となりますから注意してください。

※問題番号No.1〜No.14までの**14問題**のうちから**9問題**を選択し、解答してください。

No. 1 換気に関する記述として、**最も不適当なもの**はどれか。

1. 室内空気の二酸化炭素の濃度は、室内の空気汚染の程度を表す指標として用いられている。
2. 室内外の空気の温度差による自然換気では、温度差が大きくなるほど換気量は多くなる。
3. 事務室における必要換気量は、室の容積でその値が変動し、在室者の人数に関係しない。
4. 第1種機械換気方式は、地下街や劇場など外気から遮断された大きな空間の換気に適している。

No. 2 採光及び照明に関する記述として、**最も不適当なもの**はどれか。

1. 照度は、単位面積あたりに入射する光束の量である。
2. 天窓採光は、側窓採光よりも採光量が多い。
3. 人工光源は、色温度が高くなるほど赤みがかった光色となる。
4. 輝度は、光源からある方向への光度を、その方向への光源の見かけの面積で除した値である。

音に関する記述として、**最も不適当なもの**はどれか。

1. 1点から球面状に広がる音源の場合、音源からの距離が2倍になると、音の強さのレベルは約6dB減少する。
2. 残響時間は、室内の仕上げが同じ場合、室の容積が大きいほど長くなる。
3. 同じ機械を同じ出力で2台運転した場合、1台を止めると、音の強さのレベルは約3dB減少する。
4. 単層壁の透過損失は、同じ材料の場合、厚さが厚いものほど小さくなる。

鉄筋コンクリート構造に関する記述として、**最も不適当なもの**はどれか。

1. 片持ちスラブの厚さは、持出し長さの1/10以上とする。
2. コンクリートの長期の許容圧縮応力度は、設計基準強度の1/3とする。
3. 腰壁や垂れ壁が付いた柱は、地震時にせん断破壊を起こしにくい。
4. 耐震壁は、上階、下階とも同じ位置になるように設けるのがよい。

鉄骨構造の一般的な特徴に関する記述として、**最も不適当なもの**はどれか。

1. 圧縮材は、細長比が小さいものほど座屈しやすい。
2. 柱脚の形式には、露出形式、根巻き形式、埋込み形式がある。
3. 鉄筋コンクリート構造に比べ、同じ容積の建築物では、構造体の軽量化が図れる。
4. トラス構造は、比較的細い部材で三角形を構成し、大きな空間をつくることができる構造である。

平成**30**年度（前期）学科

　　　　　　　　解説 p.137 〜 138

No. 6 鉄骨構造に関する記述として、**最も不適当なもの**はどれか。

1. 厚さの異なる板をボルト接合する際に設けるフィラープレートは、板厚の差によるすき間を少なくするために用いる。
2. 柱と梁を接合する接合部に設けるダイアフラムは、梁のフランジ厚さと同じ板厚のものを用いる。
3. ボルト接合の際に部材間の応力を伝達するために設けるスプライスプレートは、母材に添えて用いる。
4. 鉄骨梁と鉄筋コンクリート床版を一体とする合成梁に設ける頭付きスタッドは、梁へスタッド溶接して用いる。

No. 7 杭基礎に関する記述として、**最も不適当なもの**はどれか。

1. アースドリル工法は、オールケーシング工法やリバース工法に比べ、狭い敷地でも作業性がよい。
2. 既製コンクリート杭のセメントミルク工法は、伏流水がある地盤に適している。
3. 鋼杭は、地中での腐食への対処法として、塗装、ライニングを行う方法や肉厚を厚くする方法などがある。
4. 既製杭の工法には、打込み工法、埋込み工法、回転貫入工法などがある。

No. 8 建築物の構造設計における荷重及び外力に関する記述として、**最も不適当なもの**はどれか。

1. 風圧力は、その地方における過去の台風の記録に基づいて定められた風速に、風力係数を乗じて計算する。
2. 地上階における地震力は、算定しようとする階の支える荷重に、その階の地震層せん断力係数を乗じて計算する。
3. 床の構造計算をする場合と大梁の構造計算をする場合では、異なる単位床面積当たりの積載荷重を用いることができる。
4. 雪下ろしを行う慣習のある地方では、積雪荷重を低減することができる。

図に示す単純梁に等分布荷重が作用したとき、支点に生じる鉛直反力ＶＡ及びＶＢの値の大きさの組合せとして、**正しいもの**はどれか。

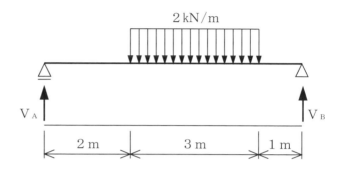

1. ＶＡ＝2.0kN、ＶＢ＝4.0kN
2. ＶＡ＝2.5kN、ＶＢ＝3.5kN
3. ＶＡ＝3.0kN、ＶＢ＝3.0kN
4. ＶＡ＝3.5kN、ＶＢ＝2.5kN

図に示す単純梁にモーメント荷重Mが作用したときの曲げモーメント図として、**正しいもの**はどれか。ただし、曲げモーメントは材の引張側に描くものとする。

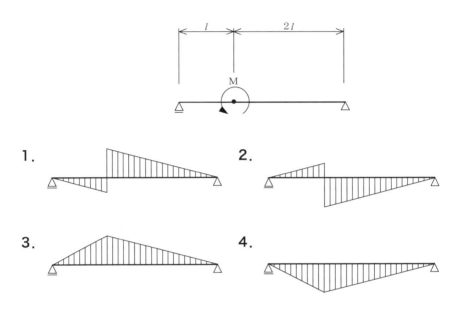

1. 　　　　　　　　　　　　　　　2.

3. 　　　　　　　　　　　　　　　4.

鋼の一般的な性質に関する記述として、**最も不適当なもの**はどれか。

1. 鋼は、弾性限度内であれば、引張荷重を取り除くと元の状態に戻る。
2. 鋼の引張強さは、250 ～ 300℃程度で最大となり、それ以上の高温になると急激に低下する。
3. 鋼は、炭素含有量が多くなると、破断までの伸びが大きくなる。
4. 鋼のヤング係数は、約$2.05 \times 10^5 N/mm^2$で、常温では鋼材の強度にかかわらずほぼ一定である。

木材に関する一般的な記述として、**最も不適当なもの**はどれか。

1．繊維に直交する方向の引張強さは、繊維方向の引張強さより小さい。
2．心材は、辺材に比べて腐朽菌や虫害に対して抵抗が低い。
3．節は、断面の減少や応力集中をもたらし、強度を低下させる。
4．木材の乾燥収縮の割合は、年輪の接線方向が最も大きく、繊維方向が最も小さい。

☆ No. **13** JIS（日本産業規格）に規定する建具の性能項目に関する記述として、**不適当なもの**はどれか。

1．耐衝撃性とは、衝撃力に耐える程度をいう。
2．断熱性とは、熱の移動を抑える程度をいう。
3．開閉力とは、開閉操作に必要な力の程度をいう。
4．耐候性とは、環境の変化に対して形状寸法が変化しない程度をいう。

No. **14** 防水材料に関する記述として、**最も不適当なもの**はどれか。

1．アスファルトルーフィングは、有機天然繊維を主原料とした原紙にアスファルトを浸透、被覆し、表裏全面に鉱物質粉末を付着させたものである。
2．網状アスファルトルーフィングは、天然又は有機合成繊維で作られた粗布にアスファルトを浸透、付着させたものである。
3．砂付ストレッチルーフィングは、原反にアスファルトを浸透、被覆し、表裏全面に鉱物質粒子を付着させたものである。
4．アスファルトフェルトは、有機天然繊維を主原料とした原紙にアスファルトを浸透させたものである。

No. 15 測量の種類とそれに用いる機器の組合せとして、**最も不適当なもの**はどれか。

1. 距離測量 ―――――――――― 鋼巻尺
2. 角測量 ――――――――――― セオドライト
3. 平板測量 ―――――――――― レベル
4. 水準測量 ―――――――――― 箱尺

No. 16 自動火災報知設備の感知器に関する記述として、**最も不適当なもの**はどれか。

1. 差動式分布型熱感知器は、湯沸室や厨房などの温度変化が激しい場所に適している。
2. 定温式スポット型熱感知器は、火災時の熱により一局所が一定温度に達することにより作動する。
3. 光電式スポット型煙感知器は、火災時の一局所の煙により光電素子の受光量が変化することにより作動する。
4. 光電式分離型煙感知器は、天井が高い場合や吹抜けモール部分などの場所に適している。

No. 17 空気調和設備に関する記述として、**最も不適当なもの**はどれか。

1. 二重ダクト方式は、冷風、温風の2系統のダクトを設置し、混合ユニットで室内に吹き出すことにより室温を制御する方式である。
2. ファンコイルユニットは、圧縮機、送風機、加熱器等を内蔵した一体型の空調機である。
3. 変風量単一ダクト方式は、VAVユニットの開度を調整することにより、送風量を変化させることで室温を制御する方式である。
4. 全熱交換器は、排気(室内空気)と給気(外気)の熱を連続的に交換する装置である。

※問題番号№18〜№32までの15問題のうちから12問題を選択し、解答してください。

No. 18 墨出しに関する記述として、**最も不適当なもの**はどれか。

1. 通り心の墨打ちができないため、通り心より1m離れたところに逃げ墨を設け、基準墨とした。
2. 2階より上階における高さの基準墨は、墨の引通しにより、順次下階の墨を上げた。
3. 高さの基準墨を柱主筋に移す作業は、台直し等を終え、柱主筋が安定した後に行った。
4. 通り心、高低のベンチマーク等の基準墨については、図面化し、墨出し基準図を作成した。

No. 19 地業工事に関する記述として、**最も不適当なもの**はどれか。

1. 床付け地盤が堅固で良質な場合には、地盤上に捨てコンクリートを直接打設することができる。
2. 砂利地業では、締固め後の地業の表面が所定の高さになるよう、あらかじめ沈下量を見込んでおく。
3. 土間コンクリートに設ける防湿層のポリエチレンフィルムは、砂利地業の直下に敷き込む。
4. 砂利地業に使用する砂利は、粒径のそろった砂利よりも砂が混じった切込砂利などを用いる。

解説 p.144

No. 20 鉄筋の継手及び定着に関する記述として、**最も不適当なもの**はどれか。

1. 耐圧スラブ付きの基礎梁下端筋の継手位置は、スパンの中央部とする。
2. スパイラル筋の柱頭及び柱脚の端部は、40d（dは異形鉄筋の呼び名の数値又は鉄筋径）の定着をとる。
3. フック付き定着とする場合の定着長さは、定着起点からフックの折曲げ開始点までの距離とする。
4. 梁主筋を重ね継手とする場合、隣り合う継手の中心位置は、重ね継手長さの約0.5倍ずらすか、1.5倍以上ずらす。

No. 21 型枠の支保工に関する記述として、**最も不適当なもの**はどれか。

1. 開口部がない壁が梁の幅方向の中央に付いていたので、梁の支柱をせき板と同時に取り外した。
2. パイプサポートの頭部及び脚部は、大引及び敷板に釘で固定した。
3. 地盤上に直接支柱を立てるため、支柱の下に剛性のある敷板を敷いた。
4. パイプサポートに水平つなぎを設けるため、番線を用いて緊結した。

No. 22 コンクリートの調合に関する記述として、**最も不適当なもの**はどれか。

1. 細骨材率が小さすぎると、所定のスランプを得るための単位水量を多く必要とする。
2. 高強度コンクリートには、高性能AE減水剤を使用するのが有効である。
3. 単位セメント量が少なすぎると、コンクリートのワーカビリティーが悪くなる。
4. 川砂利と砕石は、それぞれが所定の品質を満足していれば、混合して使用してもよい。

No. **23** 鉄骨の加工に関する記述として、**最も不適当なもの**はどれか。

1. けがき寸法は、製作中に生じる収縮、変形及び仕上げしろを考慮した値とした。
2. 板厚20mmの鋼板の切断を、レーザー切断法で行った。
3. 400N/mm² 級鋼材のひずみの矯正は、850～900℃に局部加熱して行った後に空冷した。
4. 鋼材の加熱曲げ加工は、200～400℃に加熱して行った。

No. **24** 在来軸組構法における木工事に関する記述として、**最も不適当なもの**はどれか。

1. せいが異なる胴差の継手は、受材心より150mm程度持ち出し、腰掛けかま継ぎとし、ひら金物両面当て釘打ちとした。
2. 土台の継手は、腰掛けあり継ぎとし、下木となる方をアンカーボルトで締め付けた。
3. 垂木の継手は、母屋の上でそぎ継ぎとし、釘打ちとした。
4. 大引の継手は、床束心から150mm程度持ち出し、腰掛けあり継ぎとし、釘打ちとした。

No. **25** シーリング工事に関する記述として、**最も不適当なもの**はどれか。

1. シーリング材の打継ぎは、目地の交差部及び角部を避け、そぎ継ぎとした。
2. 目地深さが所定の寸法より深かったので、バックアップ材を用いて所定の目地深さになるように調整した。
3. シーリング材の硬化状態は指触で、接着状態はへらで押えて確認した。
4. プライマーの塗布後、1日経過してからシーリング材を充填した。

173

解説 p.145～146

No. 26 有機系接着剤による壁タイル後張り工法に関する記述として、**最も不適当なもの**はどれか。

1. 外壁の施工に使用する接着剤は、練混ぜの必要がない一液反応硬化形のものを使用した。
2. 張付け用接着剤は、くし目立てに先立ち、こて圧をかけて平坦に下地に塗り付けた。
3. くし目立ては、くし目ごての角度を壁面に対し直角とし、くし目を立てた。
4. 二丁掛けのタイル張りは、密着張りで使用する振動工具で加振して張り付けた。

No. 27 鋼板製雨どいの工事に関する記述として、**最も不適当なもの**はどれか。

1. 谷どいの継手部は、60mm重ね合わせてシーリング材を充填し、リベットで2列に千鳥に留め付けた。
2. 丸たてどいの長さ方向の継手は、下のたてどいを上にくるといの中に、60mm程度差し込んで継いだ。
3. 丸軒どいが所定の流れ勾配となるよう、とい受け金物を900mm程度の間隔で取り付けた。
4. 丸軒どいの継手部は、重ねしろを40mmとし、相互のといの耳巻き部分に力心を差し込み、はんだ付けとした。

No. 28 セルフレベリング材塗りに関する記述として、**最も不適当なもの**はどれか。

1. セルフレベリング材の流し込みに先立ち、下地コンクリートの乾燥期間は、打込み後1か月以上確保した。
2. セルフレベリング材の塗厚が大きくなりすぎないように、事前にモルタルで下地補修を行った。
3. セルフレベリング材の流し込みは、吸水調整材塗布後、直ちに行った。
4. 塗厚が10mmのセルフレベリング材の流し込みは、1回で行った。

No. 29 ガラス工事に関する記述として、**最も不適当なもの**はどれか。

1. 板ガラスの切断面は、クリーンカット（クリアカット）とし、エッジ強度の低下を防いだ。
2. 不定形シーリング材構法におけるセッティングブロックは、ガラス下辺の両角の下に設置した。
3. 吹抜け部分のガラス手すりは、破損時の飛散を防ぐため、合わせガラスを使用した。
4. 網入りガラスは、線材が水分の影響により発錆するおそれがあるため、建具の下枠に水抜き孔を設けた。

No. 30 塗装工事に関する記述として、**最も不適当なもの**はどれか。

1. 強溶剤系の塗料をローラーブラシ塗りとするため、モヘアのローラーブラシを用いた。
2. 木部のクリヤラッカー塗りの下塗りに、ウッドシーラーを用いた。
3. スプレーガンは、塗面に平行に運行し、1行ごとに吹付け幅が1/3ずつ重なるようにした。
4. 鉄鋼面の合成樹脂調合ペイントの上塗りの塗付け量は、$0.08\mathrm{kg/m^2}$とした。

No. 31 ビニル床シート張りに関する記述として、**最も不適当なもの**はどれか。

1. ビニル床シートは、張付けに先立ち仮敷きを行い、巻きぐせを取る。
2. シートの張付けは、空気を押し出すように行い、その後ローラーで圧着する。
3. 熱溶接工法では、ビニル床シートを張り付け、接着剤が硬化した後、溶接を行う。
4. 熱溶接工法における溶接継目の余盛りは、溶接直後に削り取る。

内部仕上げの改修工事に関する記述として、**最も不適当なもの**はどれか。

1. コンクリート壁下地に塗られたモルタルは、一部軽微な浮きが認められたので、アンカーピンニング部分エポキシ樹脂注入工法で補修した。

2. 新たに張るタイルカーペット用の接着剤は、粘着はく離（ピールアップ）形をカーペット裏の全面に塗布した。

3. 軽量鉄骨天井下地において、新たに設ける吊りボルト用のアンカーとして、あと施工の金属拡張アンカーを用いた。

4. 軽量鉄骨壁下地において、新たに設ける下地材の高速カッターによる切断面には、亜鉛の犠牲防食作用が期待できるので、錆止め塗装を行わなかった。

※問題番号No.33〜No.42までの10問題は、全問題を解答してください。

No. 33 工事に先立ち行う事前調査に関する記述として、**最も不適当なもの**はどれか。

1. 既製杭の打込みが予定されているため、近接する工作物や舗装の現況の調査を行うこととした。
2. 掘削中に地下水を揚水するため、周辺の井戸の使用状況の調査を行うこととした。
3. 工事予定の建物による電波障害に関する調査は済んでいたため、タワークレーン設置による影響の確認を省いた。
4. 工事用車両の敷地までの通行経路において、大型車両の通行規制の調査を行い、資材輸送の制約を確認した。

No. 34 仮設計画に関する記述として、**最も不適当なもの**はどれか。

1. ハンガー式門扉は、重量と風圧を軽減するため、上部を網状の構造とすることとした。
2. 下小屋は、材料置場の近くに設置し、電力及び水道等の設備を設けることとした。
3. 休憩所内は、受動喫煙を防止するため喫煙場所を区画し、そこに換気設備と消火器を設けることとした。
4. 鋼板製仮囲いの下端には、雨水が流れ出やすいようにすき間を設けることとした。

No. 35 工事現場における材料の保管に関する記述として、**最も不適当なもの**はどれか。

1. 型枠用合板は、直射日光が当たらないよう、シートを掛けて保管する。
2. 木毛セメント板は、平滑な床の上に枕木を敷き、平積みで保管する。
3. 砂は、周辺地盤より高い場所に、置場を設置して保管する。
4. ロール状に巻いたカーペットは、屋内の乾燥した場所に、縦置きにして保管する。

解説 p.149〜150

平成**30**年度（前期）学科

No. 36

総合工程表の立案段階で計画すべきこととして、**最も不適当なもの**はどれか。

1. 鉄骨工事の工程計画では、建方時期に合わせた材料調達、工場製作期間を計画する。
2. 総合工程表の立案に当たっては、最初に全ての工種別の施工組織体系を把握して計画する。
3. マイルストーン(管理日)は、工程上、重要な区切りとなる時点などに計画する。
4. 上下階で輻輳(ふくそう)する作業では、資材運搬、機器移動などの動線が錯綜(さくそう)しないように計画する。

No. 37

バーチャート工程表に関する記述として、**最も不適当なもの**はどれか。

1. 各作業ごとの日程及び工事全体の工程計画が、比較的容易に作成できる。
2. 出来高の累計を重ねて表現すれば、工事出来高の進ちょく状況を併せて把握しやすい。
3. 多くの種類の関連工事間の工程調整に有利である。
4. 縦軸に工事項目を、横軸に各工事日数を示し、各作業を横線で表したものである。

No. 38

品質管理に関する記述として、**最も不適当なもの**はどれか。

1. 試験とは、性質又は状態を調べ、判定基準と比較して良否の判断を下すことである。
2. 施工品質管理表(QC工程表)には、検査の時期、方法、頻度を明示する。
3. 工程内検査は、工程の途中で次の工程に移してもよいかどうかを判定するために行う。
4. 品質計画に基づく施工の試験又は検査の結果を、次の計画や設計に生かす。

工事現場における試験に関する記述として、**最も不適当なもの**はどれか。

1. フレッシュコンクリートのスランプの測定は、スランプゲージを用いて行った。

2. 鉄筋のガス圧接部のふくらみの長さの測定は、ダイヤルゲージを用いて行った。

3. 吹付けロックウールによる耐火被覆材の厚さの確認は、確認ピンを用いて行った。

4. 外壁タイル張り後のタイル接着力試験は、油圧式簡易引張試験器を用いて行った。

トルシア形高力ボルト1次締め後に行う、マーキングの目的に関する記述として、**最も不適当なもの**はどれか。

1. マークのずれによって、軸力の値が確認できる。

2. マークのずれによって、ナットの回転量が確認できる。

3. マークのずれによって、本締めの完了が確認できる。

4. マークのずれによって、共回りの有無が確認できる。

工事現場の安全管理に関する記述として、**最も不適当なもの**はどれか。

1. 安全施工サイクルとは、安全衛生管理を進めるため、毎日、毎週、毎月と一定のパターンで取り組む活動である。

2. 新規入場者教育では、作業手順のほかに安全施工サイクルの具体的な内容、作業所の方針などの教育を行う。

3. 安全朝礼では、作業が始まる前に作業者を集め作業手順や心構え、注意点を周知する。

4. ゼロエミッションとは、作業に伴う危険性又は有害性に対し、作業グループが正しい行動を互いに確認し合う活動である。

平成**30**年度（前期）学科

☆ **No. 42** 事業者の講ずべき措置として、「労働安全衛生規則」上、**定められていないもの**はどれか。

1. 労働者に要求性能墜落制止用器具(安全帯)等を使用させるときは、要求性能墜落制止用器具(安全帯)等及びその取付け設備等の異常の有無について、随時点検すること。

2. 多量の発汗を伴う作業場において、労働者に与えるために、塩及び飲料水を備え付けること。

3. 足場の組立て作業において、材料の欠点の有無を点検し、不良品を取り除くこと。

4. 労働者が有効に利用することができる休憩の設備を設けるように努めること。

※問題番号№.43〜№.50までの8問題のうちから6問題を選択し、解答してください。

No. 43 用語の定義に関する記述として、「建築基準法」上、**誤っているもの**はどれか。

1. 間仕切壁は、建築物の構造上重要でないものであっても、主要構造部である。

2. ガラスは、不燃材料である。

3. 建築物を移転することは、建築である。

4. 住宅の浴室は、居室ではない。

No. 44 次の記述のうち、「建築基準法」上、**誤っているもの**はどれか。

1. 地階に設ける居室には、必ず、採光のための窓その他の開口部を設けなければならない。

2. 階段の幅が3mを超える場合、原則として、中間に手すりを設けなければならない。

3. 回り階段の部分における踏面の寸法は、踏面の狭い方の端から30cmの位置において測るものとする。

4. 建築物の敷地には、下水管、下水溝又はためますその他これらに類する施設をしなければならない。

解説 p.152〜153

平成**30**年度（前期）学科

No. 45 建設業の許可に関する記述として、「建設業法」上、**誤っているもの**はどれか。

1. 建設業の許可は、一の営業所で、建築工事業と解体工事業の許可を受けることができる。
2. 二以上の都道府県の区域内に営業所を設けて建設業を営もうとする者は、特定建設業の許可を受けなければならない。
3. 建設業の許可は、建設工事の種類ごとに、29業種に分けて与えられる。
4. 工事一件の請負代金の額が建築一式工事以外の建設工事にあっては500万円に満たない工事のみを請け負うことを営業とする者は、建設業の許可を必要としない。

No. 46 建設工事の請負契約書に記載しなければならない事項として、「建設業法」上、**定められていないもの**はどれか。

1. 工事完成後における請負代金の支払の時期及び方法
2. 請負代金の全部又は一部の前金払の定めをするときは、その支払いの時期及び方法
3. 請負代金の額のうち予定する下請代金の額
4. 工事の施工により第三者が損害を受けた場合における賠償金の負担に関する定め

No. 47 使用者が労働契約の締結に際し、「労働基準法」上、労働者に書面で**交付しなくてもよいもの**はどれか。

1. 就業の場所及び従事すべき業務に関する事項
2. 退職に関する事項
3. 賃金の支払の時期に関する事項
4. 職業訓練に関する事項

No. 48 労働者の就業に当たっての措置に関する記述として、「労働安全衛生法」上、**誤っているもの**はどれか。

1. 事業者は、通常の労働者の1週間の所定労働時間に比して短い労働者（パートタイム労働者）を雇い入れたときは、原則として、その従事する業務に関する安全又は衛生のための教育を行わなければならない。

2. 就業制限に係る業務に就くことができる者が当該業務に従事するときは、これに係る免許証その他その資格を証する書面の写しを携帯していなければならない。

3. 事業者は、省令で定める危険又は有害な業務に労働者を就かせるときは、原則として、当該業務に関する安全又は衛生のための特別の教育を行わなければならない。

4. 事業者は、つり上げ荷重が1t以上の移動式クレーンの玉掛けの業務については、一定の資格を有する者以外の者を就かせてはならない。

No. 49 廃棄物に関する記述として、「廃棄物の処理及び清掃に関する法律」上、**誤っているもの**はどれか。

1. 建築物の解体に伴い生じたガラスくずは、産業廃棄物である。

2. 建築物の新築に伴い生じた段ボールは、産業廃棄物である。

3. 建築物の新築に伴い生じた土砂は、産業廃棄物である。

4. 建築物の解体に伴い生じた金属くずは、産業廃棄物である。

No. 50 次の記述のうち、「道路法」上、道路の占用の許可を受ける**必要のないもの**はどれか。

1. 歩道の一部にはみ出して、工事用の仮囲いを設置する。

2. 道路の上部にはみ出して、防護棚（養生朝顔）を設置する。

3. コンクリート打設作業のために、ポンプ車を道路上に駐車させる。

4. 工事用電力の引込みのために、仮設電柱を道路に設置する。

平成 **30** 年度

2級 建築施工管理技士（後期）

学科試験問題

次の注意事項をよく読んでから始めてください。

〔注 意 事 項〕
1. 解答時間は、2時間30分です。
2. 問題の解答は、下表に該当する問題を解答してください。

問題No.と選択する解答数
〔No. 1〕～〔No.14〕までの**14問題**のうちから**9問題**を選択し、解答してください。
〔No.15〕～〔No.17〕までの**3問題**は、全問題解答してください。
〔No.18〕～〔No.32〕までの**15問題**のうちから**12問題**を選択し、解答してください。
〔No.33〕～〔No.42〕までの**10問題**は、全問題解答してください。
〔No.43〕～〔No.50〕までの**8問題**のうちから**6問題**を選択し、解答してください。

3. 選択問題の解答数が**指定された解答数**を超えた場合は、減点となりますから注意してください。

※問題番号No.1～No.14までの**14問題**のうちから**9問題**を選択し、**解答**してください。

No. 1 湿度及び結露に関する記述として、**最も不適当なもの**はどれか。

1. 露点温度とは、絶対湿度が100%になる温度である。
2. 冬季暖房時に、室内側から入った水蒸気により壁などの内部で生じる結露を内部結露という。
3. 冬季暖房時に、室内の水蒸気により外壁などの室内側表面で生じる結露を表面結露という。
4. 絶対湿度とは、乾燥空気1kgと共存している水蒸気の質量である。

No. 2 照明に関する記述として、**最も不適当なもの**はどれか。

1. 光源の光色は色温度で表され、単位はK（ケルビン）である。
2. 一般に直接照明による陰影は、間接照明と比べて濃くなる。
3. 照度は、点光源からある方向への光の強さを示す量である。
4. タスク・アンビエント照明は、全般照明と局部照明を併せて行う方式である。

No. 3 色に関する記述として、**最も不適当なもの**はどれか。

1. 色の膨張や収縮の感覚は、一般に明度が高い色ほど膨張して見える。
2. 同じ色でもその面積が大きいほど、明るさや、あざやかさが増して見える。
3. 補色を対比すると、同化し、互いにあざやかさが失われて見える。
4. 暖色は、寒色に比べ一般に近距離に感じられる。

No. 4 木造在来軸組構法に関する記述として、**最も不適当なもの**はどれか。

1. 構造耐力上必要な軸組の長さの算定において、9cm角の木材の筋かいを片側のみ入れた軸組の軸組長さに乗ずる倍率は3とする。
2. 構造耐力上主要な部分である柱の有効細長比は、150以下とする。
3. 3階建の1階の構造耐力上主要な部分である柱の断面は、原則として、小径13.5cm以上とする。
4. 圧縮力を負担する木材の筋かいは、厚さ1.5cm以上で幅9cm以上とする。

No. 5 鉄筋コンクリート構造に関する記述として、**最も不適当なもの**はどれか。

1. 鉄筋は、引張力だけでなく圧縮力に対しても有効に働く。
2. 梁のせん断補強筋をあばら筋という。
3. 柱のせん断補強筋は、柱の上下端部より中央部の間隔を密にする。
4. コンクリートの設計基準強度が高くなると、鉄筋のコンクリートに対する許容付着応力度は高くなる。

No. 6 鉄骨構造の接合に関する記述として、**最も不適当なもの**はどれか。

1. 高力ボルト摩擦接合は、高力ボルトで継手部材を締め付け、部材間に生じる摩擦力によって応力を伝達する接合法である。
2. 普通ボルトを接合に用いる建築物は、延べ面積、軒の高さ、張り間について、規模の制限がある。
3. 溶接と高力ボルトを併用する継手で、高力ボルトを先に締め付ける場合は両方の許容耐力を加算してよい。
4. 隅肉溶接は、母材の端部を切り欠いて開先をとり、そこに溶着金属を盛り込んで溶接継目を形づくるものである。

解説 p.157

地盤及び基礎構造に関する記述として、**最も不適当なもの**はどれか。

1. 直接基礎は、基礎スラブの形式によって、フーチング基礎とべた基礎に大別される。
2. 水を多く含んだ粘性土地盤では、圧密が生じにくい。
3. 洪積層は、沖積層に比べ建築物の支持地盤として適している。
4. 複合フーチング基礎は、隣接する柱間隔が狭い場合などに用いられる。

部材の応力度及び荷重の算定とそれに用いる係数の組合せとして、**最も不適当なもの**はどれか。

1. 引張応力度の算定 ―――――――― 断面二次半径
2. 曲げ応力度の算定 ―――――――― 断面係数
3. せん断応力度の算定 ―――――――― 断面一次モーメント
4. 座屈荷重の算定 ―――――――― 断面二次モーメント

図に示す片持ち梁に等変分布荷重が作用したとき、C点に生じる応力の値として**正しいもの**はどれか。

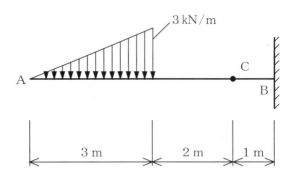

1. せん断力は、3kNである。
2. せん断力は、9kNである。
3. 曲げモーメントは、4.5kN・mである。
4. 曲げモーメントは、13.5kN・mである。

No. 10 図に示す片持ち梁に集中荷重Ｐが作用したときの曲げモーメント図として、**正しいもの**はどれか。ただし、曲げモーメントは材の引張側に描くものとする。

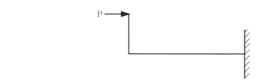

1.

2.

3.

4.

No. 11 コンクリートに関する記述として、**最も不適当なもの**はどれか。

1. コンクリートは、不燃材料であり、長時間火熱を受けても変質しない。
2. コンクリートの圧縮強度が高くなるほど、ヤング係数は大きくなる。
3. コンクリートは、大気中の炭酸ガスやその他の酸性物質の浸透によって徐々に中性化する。
4. コンクリートの線膨張係数は、鉄筋とほぼ同じである。

解説 p.159

☆ **No. 12** JIS(日本産業規格)に規定するセラミックタイルに関する記述として、**最も不適当なもの**はどれか。

1. セラミックタイルの成形方法による種類には、押出し成形とプレス成形がある。
2. セメントモルタルによる外壁タイル後張り工法で施工するタイルの裏あしの形状は、あり状としなくてもよい。
3. 裏連結ユニットタイルの裏連結材は、施工時にそのまま埋め込む。
4. うわぐすりの有無による種類には、施ゆうと無ゆうがある。

No. 13 シーリング材に関する記述として、**最も不適当なもの**はどれか。

1. ポリウレタン系シーリング材は、施工時の気温や湿度が高いと発泡のおそれがある。
2. シリコーン系シーリング材は、耐候性、耐久性に優れている。
3. アクリルウレタン系シーリング材は、ガラス回り目地に適している。
4. ２成分形シーリング材は、施工直前に基剤、硬化剤などを練り混ぜて使用する。

No. 14 ボード類の一般的な性質に関する記述として、**最も不適当なもの**はどれか。

1. インシュレーションボードは、断熱性に優れている。
2. シージングせっこうボードは、普通せっこうボードに比べ吸水時の強度低下が少ない。
3. ロックウール化粧吸音板は、吸音性、耐水性に優れている。
4. 木毛セメント板は、断熱性、吸音性に優れている。

※問題番号№.15〜№.17までの3問題は、**全問題を解答**してください。

No. 15 アスファルト舗装工事に関する記述として、**最も不適当なもの**はどれか。

1. アスファルト舗装は、交通荷重及び温度変化に対してたわみ変形する。
2. 路盤は、舗装路面に作用する荷重を分散させて路床に伝える役割を持っている。
3. プライムコートは、路床の仕上がり面を保護し、路床と路盤との接着性を向上させる役割を持っている。
4. 表層は、交通荷重による摩耗とせん断力に抵抗し、平坦ですべりにくい走行性を確保する役割を持っている。

No. 16 建築物の電気設備及び電気通信設備に関する用語の説明として、**最も不適当なもの**はどれか。

1. キュービクルは、金属製の箱に変圧器や遮断器などを収めたものである。
2. IP−PBXは、施設内のLANを利用して内線電話網を構築できる交換機である。
3. 漏電遮断器は、屋内配線の短絡や過負荷などの際に、回路を遮断するための装置である。
4. 同軸ケーブルは、CATVの配信などの情報通信に用いられる。

No. 17 給排水設備に関する記述として、**最も不適当なもの**はどれか。

1. 水道直結直圧方式は、水道本管から分岐した水道引き込み管に増圧給水装置を直結し、建物各所に給水する方式である。
2. 中水道とは、水の有効利用を図るため、排水を回収して処理再生し、雑用水などに再利用する水道のことである。
3. 排水系統に設ける通気管は、排水トラップの破封を防止するためのものである。
4. 公共下水道の排水方式には、汚水と雨水を同一系統で排除する合流式と、別々の系統で排除する分流式とがある。

解説 p.160〜161

※問題番号No.18〜No.32までの15問題のうちから12問題を選択し、解答してください。

No.18 土工事の埋戻し及び締固めに関する記述として、**最も不適当なもの**はどれか。

1. 透水性のよい山砂を用いた埋戻しでは、水締めで締め固めた。
2. 埋戻し土は、砂に適度の礫やシルトが混入された山砂を使用した。
3. 建設発生土に水を加えて泥状化したものに固化材を加えて混練した流動化処理土を、埋戻しに使用した。
4. 動的な締固めを行うため、重量のあるロードローラーを使用した。

No.19 鉄筋のかぶり厚さに関する記述として、**最も不適当なもの**はどれか。

1. かぶり厚さの確保には、火災時に鉄筋の強度低下を防止するなどの目的がある。
2. 外壁の目地部分のかぶり厚さは、目地底から確保する。
3. 設計かぶり厚さは、最小かぶり厚さに施工精度に応じた割増しを加えたものである。
4. 柱の最小かぶり厚さは、柱主筋の外側表面から確保する。

No.20 型枠工事に関する記述として、**最も不適当なもの**はどれか。

1. 埋込み金物やボックス類は、コンクリートの打込み時に移動しないように、せき板に堅固に取り付けた。
2. 梁の側型枠の寸法はスラブ下の梁せいとし、取り付く底型枠の寸法は梁幅で加工した。
3. 柱型枠は、梁型枠や壁型枠を取り付ける前にチェーンなどで控えを取り、変形しないようにした。
4. コンクリート面に直接塗装仕上げを行うので、コーン付きセパレーターを使用した。

No. 21 型枠の存置に関する記述として、**最も不適当なもの**はどれか。

1. せき板を取り外すことができるコンクリートの圧縮強度は、梁下と梁側とでは同じである。
2. 柱と壁のせき板の最小存置期間は、コンクリートの材齢により定める場合、同じである。
3. 梁下の支柱の最小存置期間は、コンクリートの材齢により定める場合、28日である。
4. 柱のせき板を取り外すことができるコンクリートの圧縮強度は、5 N/mm² 以上である。

No. 22 鉄骨工事における錆止め塗装に関する記述として、**最も不適当なもの**はどれか。

1. 素地調整を行った鉄鋼面は、素地が落ち着くまで数日あけて錆止め塗装を行った。
2. 角形鋼管柱の密閉される閉鎖形断面の内面は、錆止め塗装を行わなかった。
3. コンクリートに埋め込まれる鉄骨梁に溶接された鋼製の貫通スリーブの内面は、錆止め塗装を行った。
4. 組立てによって肌合せとなる部分は、錆止め塗装を行わなかった。

No. 23 在来軸組構法の木工事に関する記述として、**最も不適当なもの**はどれか。

1. 建入れ直し完了後、接合金物を締め付けるとともに、本筋かい、火打材を固定した。
2. 内装下地や造作部材の取付けは、屋根葺き工事が終わってから行った。
3. 土台の据付けは、遣方の心墨や逃げ墨を基準とした。
4. 火打梁は、柱と梁との鉛直構面の隅角部に斜めに入れた。

解説 p.162 〜 163

No. 24 木造建築物の分別解体に係る施工方法に関する記述として、**最も不適当なもの**はどれか。

1. 解体作業は、建築設備を取り外した後、建具と畳を撤去した。

2. 壁及び天井のクロスは、せっこうボードを撤去する前にはがした。

3. 外壁の断熱材として使用されているグラスウールは、細断しながら取り外した。

4. 屋根葺き材は、内装材を撤去した後、手作業で取り外した。

No. 25 ☆ 屋上アスファルト防水工事に関する記述として、**最も不適当なもの**はどれか。

1. 保護コンクリートに設ける伸縮目地は、中間部の縦横間隔を3m程度とした。

2. ルーフィング類は、継目の位置が上下層で同一箇所にならないようにして、水下側から張り付けた。

3. 平場のルーフィングと立上りのルーフィングとの重ね幅は、100㎜とした。

4. 保護コンクリートに入れる溶接金網は、保護コンクリートの厚さのほぼ中央に設置した。

No. 26 内壁空積工法による張り石工事に関する記述として、**最も不適当なもの**はどれか。

1. だぼの取付け穴は、工場で加工した。

2. 一般部の石材は、縦目地あいばにだぼ及び引き金物を用いて据え付けた。

3. 引き金物と下地の緊結部分は、取付け用モルタルを充填し被覆した。

4. 引き金物用の道切りは、工事現場で加工した。

No. 27 金属材料の表面処理及び表面仕上げに関する記述として、**最も不適当なもの**はどれか。

1. ステンレスの表面に腐食溶解処理して模様を付けたものを、エンボス仕上げという。

2. 銅合金の表面に硫黄を含む薬品を用いてかっ色に着色したものを、硫化いぶし仕上げという。

3. アルミニウム合金を硫酸その他の電解液中で電気分解して、表面に生成させた皮膜を陽極酸化皮膜という。

4. 鋼材などを電解液中で通電して、表面に皮膜金属を生成させることを電気めっきという。

No. 28 コンクリート壁下地のセメントモルタル塗りに関する記述として、**最も不適当なもの**はどれか。

1. 下塗り、中塗り、上塗りの各層の塗り厚は、6mm程度とした。

2. 下塗り後、モルタル表面のドライアウトを防止するため、水湿しを行った。

3. 上塗りの塗り厚を均一にするため、中塗り後、むら直しを行った。

4. モルタルの1回の練混ぜ量は、60分以内に使い切れる量とした。

No. 29 鋼製建具に関する記述として、**最も不適当なもの**はどれか。

1. 溶融亜鉛めっき鋼板の溶接痕は、表面を平滑に研磨し、一液形変性エポキシ樹脂さび止めペイントで補修した。

2. フラッシュ戸の組立てにおいて、中骨は鋼板厚さ1.6mmとし、600mm間隔で設けた。

3. くつずりは、あらかじめ裏面に鉄線を付けておき、モルタル詰めを行った後、取り付けた。

4. 建具枠の取付けにおいて、枠の取付け精度は対角寸法差3mm以内とした。

No. 30 塗装の素地ごしらえに関する記述として、**最も不適当なもの**はどれか。

1. 鉄鋼面に付着した機械油の除去は、石油系溶剤を用いて行った。
2. 木部面の穴埋めは、節止めを行ってからパテを充填した。
3. せっこうボード面のパテかいは、合成樹脂エマルションパテを用いて行った。
4. モルタル面の吸込止めは、パテかいを行った後に、シーラーを全面に塗り付けた。

No. 31 壁のせっこうボード張りに関する記述として、**最も不適当なもの**はどれか。

1. せっこう系接着材直張り工法における張付けは、くさびをかってボードを床面から浮かし、床面からの水分の吸い上げを防いだ。
2. せっこう系直張り用接着材の盛上げ高さは、接着するボードの仕上がり面までの高さとした。
3. ボードの重ね張りは、上張りと下張りのジョイント位置が同位置にならないように行った。
4. せっこう系接着材直張り工法における張付けは、調整定規でボードの表面をたたきながら不陸がないように行った。

No. 32 カーテン工事に関する記述として、**最も不適当なもの**はどれか。

1. レースカーテンのカーテンボックスは、窓幅に対して片側各々150mm長くした。
2. カーテンレールがダブル付けのカーテンボックスの奥行き寸法は、100mmとした。
3. 中空に吊り下げるカーテンレールの吊り位置は、間隔を1m程度とし、曲り箇所及び継目部分にも設けた。
4. カーテンレールに取り付けるランナーの数は、1m当たり8個とした。

※問題番号№.33 〜№.42 までの **10問題**は、**全問題を解答**してください。

No. 33 工事契約後に現場で行う事前調査及び確認に関する記述として、**最も不適当なもの**はどれか。

1. 建物設計時の地盤調査は、山留め工事の計画には不十分であったので、追加ボーリングを行うこととした。
2. 防護棚を設置するため、敷地地盤の高低及び地中埋設配管の状況を調査することとした。
3. 敷地内の排水を行うため、排水管の勾配が公設ますまで確保できるか調査することとした。
4. 工事用車両の敷地までの経路において、幼稚園や学校の場所を調査し、資材輸送の制限の有無を確認することとした。

No. 34 仮設計画に関する記述として、**最も不適当なもの**はどれか。

1. 施工者用事務所と監理者用事務所は、同一施設内にそれぞれ分けて設けることとした。
2. 仮囲いを設けなければならないので、その高さは周辺の地盤面から1.5mとすることとした。
3. 仮囲いの出入り口は、施錠できる扉を設置することとした。
4. 工事ゲートは、トラックアジテータが通行するので有効高さを3.8mとすることとした。

平成**30**年度（後期）学科

197

解説 p.166

☆ **No. 35** 建築工事に係る申請や届出等に関する記述として、**最も不適当なもの**はどれか。

1. 延べ面積が20m² の建築物を建築するため、建築工事届を知事に届け出た。

2. 石綿などの除去、封じ込め又は囲い込みの作業を行うため、建設工事計画届を労働基準監督署長に届け出た。

3. 積載荷重が1tの仮設の人荷用エレベーターを設置するため、エレベーター設置届を労働基準監督署長に提出した。

4. 歩道に工事用仮囲いを設置するため、道路占用の許可を警察署長に申請した。

No. 36 工程計画及び工程管理に関する記述として、**最も不適当なもの**はどれか。

1. ネットワーク工程表は、工程における複雑な作業間の順序関係を視覚的に表現することができる工程表である。

2. 山積工程表は、同種の作業を複数の工区や階で繰り返し実施する場合、作業の所要期間を一定にし、各作業班が工区を順々に移動しながら作業を行う手順を示した工程表である。

3. 工程計画を立てるに当たっては、その地域の雨天日や強風日等を推定して作業不能日を設定する。

4. 各作業の所要期間は、作業の施工数量を投入数量と1日当たりの施工能力で除して求める。

No. 37 バーチャート工程表に関する記述として、**最も適当なもの**はどれか。

1. 工事全体を掌握するには都合がよく、作成しやすい。

2. 工程上のキーポイント、重点管理しなければならない作業が判断しやすい。

3. 各作業の順序関係を、明確に把握することができる。

4. 工事を構成する各作業を縦軸に記載し、工事の達成度を横軸にして表す。

解説 p.167 ～ 168　　　　　198

次の用語のうち、品質管理に**最も関係の少ないもの**はどれか。

1. ばらつき
2. ロット
3. マニフェスト
4. サンプリング

品質管理のための試験及び検査に関する記述として、**最も不適当なもの**はどれか。

1. 鉄骨工事において、高力ボルト接合部の締付けの検査のため、超音波探傷試験を行った。
2. シーリング工事において、接着性の確認のため、簡易接着性試験を行った。
3. 塗装工事において、工場塗装した鉄骨の塗膜厚の確認のため、電磁式膜厚計を用いて測定した。
4. 鉄筋工事において、ガス圧接継手の検査のため、抜き取った接合部の引張試験を行った。

コンクリートの試験に関する記述として、**最も不適当なもの**はどれか。

1. スランプの測定値は、スランプコーンを引き上げた後の、平板からコンクリート最頂部までの高さとした。
2. スランプ試験は、コンクリートの打込み中に品質の変化が認められた場合にも行うこととした。
3. 1回の圧縮強度試験の供試体の個数は、3個とした。
4. 受入れ検査における圧縮強度試験は、3回の試験で1検査ロットを構成した。

No. 41 事業者が選任すべき作業主任者として、「労働安全衛生法」上、**定められていないもの**はどれか。

1. 型枠支保工の組立て等作業主任者
2. ガス溶接作業主任者
3. 足場の組立て等作業主任者
4. ALCパネル等建込み作業主任者

No. 42 通路及び足場に関する記述として、**最も不適当なもの**はどれか。

1. 枠組足場の墜落防止設備として、交さ筋かい及び高さ15cm以上の幅木を設置した。
2. 枠組足場に使用する作業床の幅は、30cm以上とした。
3. 屋内に設ける作業場内の通路は、通路面からの高さ1.8m以内に障害物がないようにした。
4. 折りたたみ式の脚立は、脚と水平面との角度を75度以下とし、開き止めの金具で止めた。

※問題番号№.43〜№.50までの**8問題**のうちから**6問題**を選択し、解答
してください。

No. 43　次の記述のうち、「建築基準法」上、**誤っているもの**はどれか。

1. 特定行政庁は、工事の施工者に対して工事の計画又は施工の状況に関
する報告を求めることができる。
2. 建築主は、木造で階数が3以上の建築物を新築する場合、原則として、
検査済証の交付を受けた後でなければ、当該建築物を使用し、又は使
用させてはならない。
3. 工事施工者は、建築物の工事を完了したときは、建築主事又は指定確
認検査機関の完了検査を申請しなければならない。
4. 建築主事は、鉄骨2階建ての建築物の確認申請書を受理した場合、そ
の受理した日から35日以内に、建築基準関係規定に適合するかどう
かを審査しなければならない。

No. 44　地上階にある次の居室のうち、「建築基準法」上、原則として、
採光のための窓その他の開口部を**設けなければならないもの**は
どれか。

1. 中学校の職員室
2. 事務所の事務室
3. 寄宿舎の寝室
4. ホテルの客室

No. 45 建設業の許可に関する記述として、「建設業法」上、**誤っているもの**はどれか。

1. 営業所に置く専任技術者について、代わるべき者があるときは、その者について、書面を提出しなければならない。
2. 許可を受けた建設業の業種の区分について変更があったときは、その旨の変更届出書を提出しなければならない。
3. 営業所の所在地について、同一の都道府県内で変更があったときは、その旨の変更届出書を提出しなければならない。
4. 使用人数に変更を生じたときは、その旨を書面で届け出なければならない。

☆ **No. 46** 工事現場における技術者に関する記述として、「建設業法」上、**誤っているもの**はどれか。

1. 建設業者は、発注者から3,500万円で請け負った建設工事を施工するときは、主任技術者を置かなければならない。
2. 工事現場における建設工事の施工に従事する者は、主任技術者又は監理技術者がその職務として行う指導に従わなければならない。
3. 元請負人の特定建設業者から請け負った建設工事で、元請負人に監理技術者が置かれている場合は、施工する建設業の許可を受けた下請負人は主任技術者を置かなくてもよい。
4. 請負代金の額が8,000万円の工場の建築一式工事を請け負った建設業者は、当該工事現場における建設工事の施工の技術上の管理をつかさどる技術者を、原則として、専任の者としなければならない。

No. 47 次の業務のうち、「労働基準法」上、満17歳の者を**就かせてはならない業務**はどれか。

1. 電気ホイストの運転の業務
2. 動力により駆動される土木建築用機械の運転の業務
3. 最大積載荷重1.5tの荷物用エレベーターの運転の業務
4. 20kgの重量物を断続的に取り扱う業務

No. 48 「労働安全衛生法」上、事業者が、所轄労働基準監督署長へ報告書を提出する**必要がないもの**はどれか。

1. 産業医を選任したとき。
2. 安全管理者を選任したとき。
3. 衛生管理者を選任したとき。
4. 安全衛生推進者を選任したとき。

No. 49 建設工事に使用する資材のうち、「建設工事に係る資材の再資源化等に関する法律（建設リサイクル法）」上、特定建設資材に**該当するもの**はどれか。

1. 内装工事に使用するパーティクルボード
2. 外壁工事に使用するモルタル
3. 防水工事に使用するアスファルトルーフィング
4. 屋根工事に使用するセメント瓦

No. 50 「騒音規制法」上の指定地域内における特定建設作業を伴う建設工事の施工に際し、市町村長への届出書に**記入又は添付の定めのないもの**はどれか。

1. 特定建設作業の開始及び終了の時刻
2. 建設工事の目的に係る施設又は工作物の種類
3. 特定建設作業の場所の附近の見取図
4. 特定建設作業に係る仮設計画図

—— 令和 **4** 年度 ——

2級 建築施工管理技士

第二次検定 問題

解答時間
2時間

2級 建築施工管理技士 　第二次検定

問題 1　あなたが経験した**建築工事**のうち、あなたの受検種別に係る工事の中から、**品質管理**を行った工事を**1つ**選び、工事概要を具体的に記述したうえで、次の**1.**及び**2.**の問いに答えなさい。なお、**建築工事**とは、建築基準法に定める建築物に係る工事とし、建築設備工事を除くものとする。

〔工事概要〕

　イ．工　　事　　名

　ロ．工　事　場　所

　ハ．工 事 の 内 容　　新築等の場合：建物用途、構造、階数、延べ面積又は施工数量、主な外部仕上げ、主要室の内部仕上げ

　　　　　　　　　　　改修等の場合：建物用途、建物規模、主な改修内容及び施工数量

　ニ．工　　期　　等（工期又は工事に従事した期間を年号又は西暦で年月まで記入）

　ホ．あなたの立場

　ヘ．あなたの業務内容

1.　工事概要であげた工事であなたが担当した工種において、**施工の品質低下を防止するために**取り組んだ事例を**3つ**選び、次の①から③について具体的に記述しなさい。

　　ただし、①は同一でもよいが、あなたの受検種別に係る内容とし、②及び③はそれぞれ異なる内容とする。また、③の行ったことは「設計図書どおりに施工した。」等行ったことが具体的に記述されていないものや品質管理以外について記述したものは不可とする。

　① **工種名又は作業名等**

　② 品質低下につながる**不具合**とそう**考えた理由**

　③ ②の不具合を発生させないために**行ったこと**とその際特に**留意したこと**

2. 工事概要であげた工事及び受検種別にかかわらず、あなたの今日までの建築工事の経験を踏まえて、**施工の品質を確保するために**確認すべきこととして、次の①から③をそれぞれ**2つ**具体的に記述しなさい。ただし、①は同一でもよいが、②及び③はそれぞれ異なる内容とする。また、②及び③は「設計図書どおりであることを確認した。」等確認した内容が具体的に記述されていないものや**1.** の②及び③と同じ内容を記述したものは不可とする。

　① **工種名又は作業名等**

　② ①の**着手時の確認事項とその理由**

　③ ①の**施工中又は完了時の確認事項とその理由**

次の建築工事に関する用語の一覧表の中から**5つ**用語を選び、解答用紙の**用語の記号欄**の記号にマークしたうえで、**選んだ用語欄**に用語を記入し、その**用語の説明**と**施工上留意すべきこと**を具体的に記述しなさい。

ただし、 a 及び j 以外の用語については、作業上の安全に関する記述は不可とする。

また、使用資機材に不良品はないものとする。

用語の一覧表

用語の記号	用　　語
a	足場の壁つなぎ
b	帯筋
c	親杭横矢板壁
d	型枠のセパレーター
e	壁のモザイクタイル張り
f	先送りモルタル
g	セッティングブロック
h	タイトフレーム
i	天井インサート
j	ベンチマーク
k	防水工事の脱気装置
l	マスキングテープ
m	木構造のアンカーボルト
n	溶接のアンダーカット

令和**4**年度 第二次

問題 3 鉄骨造2階建て店舗兼商品倉庫建物の新築工事について、工事概要を確認のうえ、右の工程表及び出来高表に関し、次の**1.**から**3.**の問いに答えなさい。

工程表は予定出来高曲線を破線で表示している。また、出来高表は、4月末時点のものを示しており、実績出来高の累計金額は記載していない。

なお、各作業は一般的な手順に従って施工されるものとする。

〔工事概要〕

　用　　　　途：店舗及び事務所（1階）、商品倉庫（2階）

　構造・規模：鉄骨造　地上2階、延べ面積350m²

　　　　　　　鉄骨耐火被覆は、耐火材巻付け工法、外周部は合成工法

　外部仕上げ：外壁は、ALCパネル張り、防水形複層塗材仕上げ

　　　　　　　屋根は、折板葺屋根

　内部仕上げ：店舗、事務所　床は、コンクリート金ごて仕上げ、ビニル床シート張り

　　　　　　　　　　　　　　壁は、軽量鉄骨下地、せっこうボード張り、塗装仕上げ

　　　　　　　　　　　　　　天井は、軽量鉄骨下地、化粧せっこうボード張り

　　　　　　　商　品　倉　庫　床は、コンクリート金ごて仕上げ、無機質系塗床材塗り

　　　　　　　　　　　　　　壁は、軽量鉄骨下地、せっこうボード張り、素地のまま

　　　　　　　　　　　　　　天井は、折板葺屋根裏打材表し

　そ　の　他：荷物用油圧エレベーター設置

　　　　　　　内部建具は化粧扉

解説 p.180

1. 工程表の鉄筋コンクリート工事の⒜、塗装工事の⒝に該当する**作業名**を記入しなさい。

2. 出来高表から、1月末までの実績出来高の累計金額を求め、総工事金額に対する**比率**をパーセントで記入しなさい。

3. 工程表は工事計画時に作成していたものであるが、工程上、完了時期が不適当な作業があり、出来高表についても誤った月次にその予定金額と実績金額が記載されたままとなっている。
   これらに関して、次の①から③について答えなさい。

   ① 工程上、完了時期が不適当な**作業名**を記入しなさい。
   ② ①の作業の適当な**完了時期**を記入しなさい。
      ただし、作業完了時期は月次と旬日で記入し、**旬日**は、**上旬**、**中旬**、**下旬**とする。
   ③ 作業の適当な完了時期に合わせて出来高表の誤りを修正したうえで、3月末までの実績出来高の**累計金額**を記入しなさい。

工 程 表

工程表（バーチャート）　令和4年度 第二次

工種＼月次	1月	2月	3月	4月	5月
仮 設 工 事	仮囲い設置／準備	外部足場組立	外部足場解体	仮囲い解体／クリーニング	完成検査
土 工 事／地 業 工 事	根切り,床付け,捨てコン	埋戻し,砂利地業			
鉄筋コンクリート工事	基礎躯体 Ⓐ	2F床躯体			
鉄 骨 工 事	アンカーフレーム設置／鉄骨建方,本締め,デッキプレート敷込み	スタッド溶接		耐火被覆	
外 壁 工 事		外壁ALC取付け			
屋 根 工 事			折板葺屋根		
防 水 工 事			外部シール		
建 具 工 事		外部建具（ガラス取付けを含む）	内部建具枠取付け		内部建具扉吊込み
金 属 工 事			棟,ケラバ化粧幕板取付け／1F壁,天井,2F壁軽鉄下地		
内 装 工 事			2F壁ボード張り／1F壁,天井ボード張り	2F塗床／ビニル床シート張り	
塗 装 工 事			外壁塗装	Ⓑ	
外 構 工 事				外構	
設 備 工 事		電気,給排水衛生,空調設備		エレベーター設置	

予定出来高曲線

出 来 高 表

単位 万円

工　種	工事金額	予定／実績	1月	2月	3月	4月	5月
仮 設 工 事	600	予定	60	270	210	30	30
		実績	60	270	210	30	
土 工 事／地 業 工 事	500	予定	320	180			
		実績	390	110			
鉄筋コンクリート工事	750	予定	150	600			
		実績	190	560			
鉄 骨 工 事	900	予定	50	790		60	
		実績	50	790		60	
外 壁 工 事	450	予定				450	
		実績				450	
屋 根 工 事	250	予定				250	
		実績				250	
防 水 工 事	50	予定				50	
		実績				50	
建 具 工 事	550	予定				370	140	40
		実績				370	140
金 属 工 事	150	予定			150		
		実績			120	30	
内 装 工 事	300	予定				230	70
		実績				230	
塗 装 工 事	100	予定			50	50	
		実績			50	50	
外 構 工 事	500	予定				400	100
		実績				400	
設 備 工 事	900	予定	90	90	90	580	50
		実績	90	90	90	580	
総 工 事 金 額	6,000	予定	670	1,930	1,620	1,490	290
		実績					

解説 p.180

問題 4 次の**1.** から**3.** の各法文において、□□□に**当てはまる正しい語句**を、下の該当する枠内から**1つ**選びなさい。

1. 建設業法(下請負人の意見の聴取)

第24条の2　元請負人は、その請け負った建設工事を□①□するために必要な工程の細目、□②□その他元請負人において定めるべき事項を定めようとするときは、あらかじめ、下請負人の意見をきかなければならない。

①	① 計画	② 準備	③ 施工	④ 完成
②	① 作業方法	② 作業内容	③ 作業代金	④ 作業人数

2. 建築基準法(工事現場の危害の防止)

第90条　建築物の建築、修繕、模様替又は除却のための工事の□③□は、当該工事の施工に伴う地盤の崩落、建築物又は工事用の□④□の倒壊等による危害を防止するために必要な措置を講じなければならない。

2　(略)

3　(略)

③	① 管理者	② 事業者	③ 施工者	④ 設計者
④	① 機械	② 工作物	③ 事務所	④ 仮設足場

3. 労働安全衛生法(就業制限)

第61条　事業者は、クレーンの運転その他の業務で、政令で定める
ものについては、都道府県労働局長の当該業務に係る[　⑤　]を
受けた者又は都道府県労働局長の登録を受けた者が行う当該業務
に係る[　⑥　]講習を修了した者その他厚生労働省令で定める資
格を有する者でなければ、当該業務に就かせてはならない。

2　(略)

3　(略)

4　(略)

⑤	① 認定	② 免許	③ 許可	④ 通知
⑥	① 技術	② 特別	③ 作業	④ 技能

解説 p.182

※**受検種別：建築**の受検者は**解答**してください。

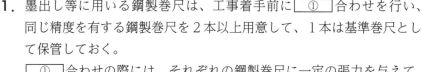

次の**1.** から**8.** の各記述において、 [____] に**当てはまる
最も適当な語句又は数値**を、下の該当する枠内から**1つ**選び
なさい。

1. 墨出し等に用いる鋼製巻尺は、工事着手前に [_①_] 合わせを行い、
同じ精度を有する鋼製巻尺を2本以上用意して、1本は基準巻尺とし
て保管しておく。
　　 [_①_] 合わせの際には、それぞれの鋼製巻尺に一定の張力を与えて、
相互の誤差を確認する。

①	① ゲージ	② テープ	③ 長さ	④ 寸法

2. 大梁鉄筋をガス圧接する際、鉄筋径程度の縮み代を見込んで加工しな
いと、 [_②_] 寸法の不足や、直交部材の配筋の乱れを招くことになる。

②	① あき	② かぶり	③ 付着	④ 定着

3. 鉄筋コンクリート造でコンクリートを打ち継ぐ場合、打継ぎ部の位置
は、構造部材の耐力への影響が最も少ない位置に定めるものとし、梁、
床スラブ及び屋根スラブの鉛直打継ぎ部は、一般にスパンの中央又は
端から [_③_] 付近に設け、柱及び梁の水平打継ぎ部は、床スラブ又
は梁の下端、あるいは床スラブ、梁又は基礎梁の上端に設ける。

③	① 1/4	② 1/5	③ 1/8	④ 1/10

4. 木造の建築物にあっては、地震力等の水平荷重に対して、建築物に
　　　④　を生じないように、筋かい等を入れた軸組を、梁間方向及び
桁行方向にそれぞれにつり合いよく配置する。

④	① ねじれ	② 亀裂	③ 不同沈下	④ 芯ずれ

5. アスファルト防水において、立上り部のルーフィング類を平場部と別
に張り付ける場合、平場部のルーフィング類を張り付けた後、その上
に重ね幅　⑤　mm程度をとって張り重ねる。

⑤	① 50	② 100	③ 150	④ 300

6. 外壁の有機系接着剤によるタイル後張り工法で、裏あしのあるタイル
を張り付ける場合の接着剤の塗付けは、くし目ごてを用いて下地面に
平坦に塗り付け、次に接着剤の塗り厚を確保するために、壁面に対し
てくし目ごてを　⑥　度の角度を保ってくし目を付ける。
タイルの裏あしとくし目の方向が平行になると、タイルと接着剤との
接着率が少なくなることがあるため、裏あしに対して直交又は斜め方
向にくしを立てるようにする。

⑥	① 15	② 20	③ 60	④ 75

解説 p.182

7. 日本産業規格(JIS)による建築用鋼製下地材を用いた軽量鉄骨天井下地工事において、天井のふところが1.5m以上3m以下の場合は、吊りボルトの水平補強、斜め補強を行う。水平補強の補強材の間隔は、縦横方向に □⑦□ m程度の間隔で配置する。

⑦	① 0.9	② 1.8	③ 2.7	④ 3.6

8. 壁紙張りにおいて、表面に付いた接着剤や手垢等を放置しておくと □⑧□ の原因となるので、張り終わった部分ごとに直ちに拭き取る。

⑧	① しみ	② はがれ	③ だれ	④ しわ

※**受検種別**：**躯体**の受検者は**解答**してください。

問題 5-B 次の**1.** から**4.** の各記述において、□□□に**当てはまる最も適当な語句、文字又は数値**を、下の該当する枠内から**1つ選びなさい。**

1. 敷地の地盤の構成や性質などを調査する地盤調査には、一般にロータリーボーリングが行われている。ボーリングによる掘削孔を用いて□①□、試料の採取、地下水位の測定等の調査を行う。

また、採取された試料は各種の土質試験を行い、土質柱状図にまとめられる。

□①□は、ハンマーを自由落下させて、SPTサンプラーが地層を300mm貫入するのに必要な打撃回数を求める試験である。ここで得られた打撃回数を□②□といい、地盤の硬軟や締り具合を推定するのに使われる。

①	①フロー試験	②平板載荷試験	③標準貫入試験	④CBR試験
②	①K値	②NC値	③トルク係数値	④N値

解説 p.183

2. 型枠工事において、コンクリート型枠用合板を用いた柱型枠や壁型枠を組み立てる場合、足元を正しい位置に固定するために ③ を行う。敷桟で行う場合にはコンクリートの漏れ防止に、パッキングを使用する方法やプラスチックアングルを使用する方法等がある。

床型枠においては、設計者との協議を行い、フラットデッキ（床型枠用鋼製デッキプレート）を使用することがある。その場合、梁側板型枠との接合方法として、フラットデッキの長手方向に対する梁へののみこみ代は、原則として、一般階では ④ mmとしている。

③	① 根固め	② 根巻き	③ 根回し	④ 根がらみ

④	① 10	② 20	③ 30	④ 40

3. 鉄筋工事において、鉄筋相互のあきは、鉄筋とコンクリートの間の ⑤ による応力の伝達が十分に行われ、コンクリートが分離することなく密実に打ち込まれるために必要なものである。

柱や梁の主筋の継手に、ガス圧接継手を採用し、異形鉄筋を用いる場合の鉄筋相互のあきの最小寸法は、隣り合う鉄筋の平均径（呼び名の数値）の1.5倍、粗骨材最大寸法の1.25倍、 ⑥ mmのうちで、最も大きい値以上とする。

⑤	① 定着	② 付着	③ 引張	④ 圧縮

⑥	① 20	② 25	③ 30	④ 35

4. 鉄骨工事において、トルシア形高力ボルトを使用した接合部の本締め
   は、梁フランジの場合には図の　⑦　のように行っていく。また、
   本締め後の検査は、ピンテールが破断していること、共回り・軸回り
   がないこと、ボルトの余長がネジ1山から6山までの範囲であること、
   ナットの回転量が平均回転角度±　⑧　度以内であることを目視確
   認する。

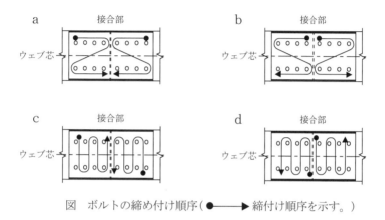

図　ボルトの締め付け順序（● ──▶ 締付け順序を示す。）

⑦	① a	② b	③ c	④ d

⑧	① 15	② 20	③ 30	④ 45

問題 5-C 次の**1**. から**4**. の各記述において、□□に**当てはまる最も適当な語句又は数値**を、下の該当する枠内から**1つ**選びなさい。

1. アスファルト防水の密着工法において、平場部のアスファルトルーフィング類の張付けに先立ち、コンクリート打継ぎ部は、幅50mm程度の絶縁用テープを張った上に、幅□①□mm以上の□②□ルーフィングを増張りする。

アスファルトルーフィング類の張付けは、空隙、気泡、しわ等が生じないよう均一に押し均して、下層に密着させる。

①	① 100	② 150	③ 200	④ 300

②	① 砂付	② ストレッチ	③ あなあき	④ 合成高分子系

☆ **2**. セメントモルタルによる壁タイル張りの工法において、□③□は、張付けモルタルを下地面とタイル裏面の両方に塗ってタイルを張り付ける工法である。

タイルの張付けは、タイル張りに用いるハンマー等でタイル周辺からモルタルがはみ出すまで入念にたたき押し、□④□に向かって張り進める。

張付けモルタルの1回の塗り付け面積は、2m²/人以内とし、1回のタイルを張り終わったら、張付けモルタルの硬化を見ながら、はみ出したモルタルを除去する。

③	① 密着張り	② マスク張り	③ 改良圧着張り	④ 改良積上げ張り

④	① 1段おきに上から下	② 1段おきに下から上
	③ 1段ごとに上から下	④ 1段ごとに下から上

3. 金属屋根工事において、金属板葺の下葺にアスファルトルーフィング
を用いる場合、野地面上に軒先と平行に敷き込み、隣接するアスファ
ルトルーフィングを上下、左右とも重ねながら軒先から棟に向かって
張り進める。アスファルトルーフィングの左右の重ねは、□⑤□mm
程度を標準とし、継ぎ目が相互に近接しないようにする。

アスファルトルーフィングの留付けは、ハンマー式タッカー等を用い、
ステープルで野地板に固定する場合が多く、アスファルトルーフィン
グの重ね部分は□⑥□mm程度、その他の部分は必要に応じ900mm以
内の間隔で留め付けるのが一般的である。

⑤	① 50	② 100	③ 150	④ 200
⑥	① 150	② 300	③ 450	④ 600

4. 塗装工事において、壁面を吹付け塗りとする場合、吹付けはエアスプ
レーやエアレススプレー等を用いて行う。

エアスプレーによる吹付けは、エアスプレーガンを塗り面から□⑦□
cm程度離し、対象面に対し□⑧□に向け、毎秒30cm程度の一定の速
度で平行に動かす。

塗料の噴霧は、一般に中央ほど密で周辺が粗になりやすいため、一列
ごとに吹付け幅が約1/3ずつ重なるように吹き付ける。

⑦	① 20	② 30	③ 40	④ 50
⑧	① 直角	② やや上	③ やや下	④ やや横

令和 **3** 年度

2級 建築施工管理技士

第二次検定 問題

解答時間
2時間

2級 建築施工管理技士 第二次検定

問題 1 あなたが経験した**建築工事**のうち、あなたの受検種別に係る工事の中から、**施工の計画**を行った工事を**1つ**選び、工事概要を具体的に記述したうえで、次の**1.** から**2.** の問いに答えなさい。
なお、**建築工事**とは、建築基準法に定める建築物に係る工事とし、建築設備工事を除くものとする。

〔工事概要〕

  イ. 工　　事　　名

  ロ. 工　事　場　所

  ハ. 工　事　の　内　容　　新築等の場合：建物用途、構造、階数、延べ面積又は施工数量、主な外部仕上げ、主要室の内部仕上げ

                        改修等の場合：建物用途、建物規模、主な改修内容及び施工数量

  ニ. 工　　期　　等（工期又は工事に従事した期間を年号又は西暦で年月まで記入）

  ホ. あなたの立場

  ヘ. あなたの業務内容

1. 工事概要であげた工事であなたが担当した工種において、施工の計画時に着目した**項目**を①の中から異なる**3つ**を選び、②から④について具体的に記述しなさい。

   ただし、②の工種名は同一の工種名でもよいが、③及び④はそれぞれ異なる内容を記述するものとする。また、コストについてのみ記述したものは不可とする。

①　**着目した項目**

  a　施工方法又は作業方法

  b　資材の搬入又は荷揚げの方法

  c　資材の保管又は仮置きの方法

  d　施工中又は施工後の養生の方法（ただし、労働者の安全に関する養生は除く）

  e　試験又は検査の方法

②　**工種名**

③　**現場の状況**と施工の計画時に**検討したこと**

④　施工の計画時に**検討した理由**と**実施したこと**

2. 工事概要であげた工事及び受検種別にかかわらず、あなたの今日までの工事経験を踏まえて、「**品質低下の防止**」及び「**工程遅延の防止**」について、それぞれ①及び②を具体的に記述しなさい。

  ただし、**1.** ③及び④と同じ内容の記述は不可とする。

①　施工の計画時に**検討すること**と**その理由**

②　**防止対策**とそれに対する**留意事項**

解説 p.188

次の建築工事に関する用語の一覧表の中から**5つ**用語を選び、解答用紙の**用語の記号欄**の記号にマークしたうえで、**選んだ用語欄**に用語を記入し、その**用語の説明**と**施工上留意すべきこと**を具体的に記述しなさい。

ただし、g及びn以外の用語については、作業上の安全に関する記述は不可とする。また、使用資機材に不良品はないものとする。

用語の一覧表

用語の記号	用　　語
a	クレセント
b	コンクリート壁の誘発目地
c	ジェットバーナー仕上げ
d	セルフレベリング工法
e	鉄骨の耐火被覆
f	土工事における釜場
g	乗入れ構台
h	腹筋
i	ビニル床シート熱溶接工法
j	フラットデッキ
k	壁面のガラスブロック積み
l	ボンドブレーカー
m	木工事の大引
n	ローリングタワー

鉄骨造3階建て複合ビルの新築工事について、次の**1.**から**4.**の問いに答えなさい。

工程表は工事着手時点のもので、鉄骨工事における耐火被覆工事の工程は未記入であり、予定出来高曲線を破線で表示している。

また、出来高表は、3月末時点のものを示しており、総工事金額の月別出来高、耐火被覆工事の工事金額及び出来高は記載していない。

なお、各作業は一般的な手順に従って施工されるものとする。

〔工事概要〕

```
用     途：店舗（1階）、賃貸住宅（2、3階）
構造・規模：鉄骨造　地上3階、延べ面積300m²
          鉄骨耐火被覆は半乾式工法
外部仕上げ：屋上防水は、ウレタンゴム系塗膜防水絶縁工法、
          脱気装置設置
          外壁は、ALCパネル張り、防水形複層塗材仕上げ
内部仕上げ：店    舗　床は、コンクリート直押さえのまま
                    壁、天井は、軽量鉄骨下地せっこう
                    ボード張り
                    ただし、テナント工事は別途で本工
                    事工程外とする。
          賃貸住宅　床は、乾式二重床、フローリング張り
                    壁、天井は、軽量鉄骨下地せっこう
                    ボード張りの上、クロス張り
                    ユニットバス、家具等（内装工事に含
                    めている）
```

解説 p.192

1. 工程表の仮設工事の®、鉄筋コンクリート工事の®、内装工事の©に該当する**作業名**を記入しなさい。

2. 鉄骨工事のうち、耐火被覆工事**完了日**を月と旬日で定めて記入しなさい。
   ただし、**解答の旬日**は、**上旬、中旬、下旬**とする。

3. 出来高表から、2月末までの実績出来高の累計金額を求め、総工事金額に対する**比率**をパーセントで記入しなさい。

4. 出来高表から、3月末までの実績出来高の**累計金額**を記入しなさい。

工 程 表

月 / 工種	1 月	2 月	3 月	4 月	5 月
仮 設 工 事	仮囲い／準備工事・地足場組立・地足場解体Ⓐ	鉄骨建方段取り		外部足場解体	クリーニング／完成検査
土 工 事／地 業 工 事	山留・根切・捨てコン／杭打設／埋戻し・砂利地業				
鉄筋コンクリート工事	Ⓑ	2,3,RF床／1F床・手摺・パラペット			
鉄 骨 工 事	アンカーフレーム設置／鉄骨建方・本締	デッキプレート敷込／スタッド溶接			
外 壁 工 事			目地シール／ALC取付		
防 水 工 事			屋上防水 外部サッシシール／ベランダ塗膜防水		
建 具 工 事		外部建具(ガラス取付を含む)	内部建具枠取付け	内部建具吊り込み	
金 属 工 事		ベランダ手摺取付	笠木取付 1F壁・天井軽鉄下地	2,3F壁・天井軽鉄下地	
内 装 工 事	予定出来高曲線→		2,3F壁・天井仕上げ工事Ⓒ／ユニットバス 1F壁・天井ボード張り 家具等工事		
塗 装 工 事			外壁塗装		内部塗装
外 構 工 事				外構工事	
設 備 工 事		電気・給排水衛生・空調設備工事			

出来高 %: 100 / 90 / 80 / 70 / 60 / 50 / 40 / 30 / 20 / 10 / 0

出 来 高 表

単位 万円

工 種	工事金額	予定／実績	1 月	2 月	3 月	4 月	5 月
仮 設 工 事	500	予定	50	200	50	150	50
		実績	50	200	50		
土 工 事／地 業 工 事	600	予定	390	210			
		実績	390	210			
鉄筋コンクリート工事	900	予定	450	180	270		
		実績	360	200	340		
鉄 骨 工 事	900	予定	50	760			
		実績	30	780			
外 壁 工 事	400	予定			400		
		実績			400		
防 水 工 事	150	予定			150		
		実績			150		
建 具 工 事	500	予定			400	100	
		実績			400		
金 属 工 事	250	予定			100	150	
		実績			100		
内 装 工 事	500	予定				400	100
		実績					
塗 装 工 事	200	予定				150	50
		実績					
外 構 工 事	200	予定					200
		実績					
設 備 工 事	900	予定	90	90	180	450	90
		実績	90	90	180		
総 工 事 金 額	6,000	予定					
		実績					

229

解説 p.192

次の**1.** から**3.** の各法文において、_____に**当てはまる正しい語句又は数値**を、下の該当する枠内から**1つ**選びなさい。

1. 建設業法(検査及び引渡し)

第24条の4 元請負人は、下請負人からその請け負った建設工事が __①__ した旨の通知を受けたときは、当該通知を受けた日から __②__ 日以内で、かつ、できる限り短い期間内に、その __①__ を確認するための検査を完了しなければならない。

2 (略)

①	① 完了	② 終了	③ 完成	④ 竣工
②	① 7	② 14	③ 20	④ 30

2. 建築基準法(工事現場における確認の表示等)

第89条 第6条第1項の建築、大規模の修繕又は大規模の模様替の工事の __③__ は、当該工事現場の見易い場所に、国土交通省令で定める様式によって、建築主、設計者、工事施工者及び工事の現場管理者の氏名又は名称並びに当該工事に係る同項の確認があった旨の表示をしなければならない。

2 第6条第1項の建築、大規模の修繕又は大規模の模様替の工事の __③__ は、当該工事に係る __④__ を当該工事現場に備えておかなければならない。

③	① 建築主	② 設計者	③ 施工者	④ 現場管理者
④	① 設計図書	② 請負契約書	③ 施工体系図	④ 確認済証

3. 労働安全衛生法(事業者等の責務)

第3条 （略）

2 （略）

3 建設工事の注文者等仕事を他人に請け負わせる者は、施工方法、
　　⑤　等について、安全で衛生的な作業の　⑥　をそこなうお
それのある条件を附さないように配慮しなければならない。

⑤	① 人員配置	② 工期	③ 労働時間	④ 賃金

⑥	① 環境	② 継続	③ 計画	④ 遂行

解説 p.195

※**受検種別：建築**の受験者は**解答**してください。

問題 5-A 次の **1.** から **8.** の各記述において、◯◯◯に**当てはまる最も適当な語句又は数値**を、下の該当する枠内から**1つ**選びなさい。

1. 図面に示される通り心は壁心であることが多く、壁工事が行われるために墨を打つことができない。そのため壁心から離れた位置に補助の墨を打つが、この墨のことを ① という。

①	① 逃げ墨	② 陸墨	③ 地墨	④ 親墨

2. 埋戻し工事における締固めは、川砂及び透水性のよい山砂の類いの場合は水締めとし、上から単に水を流すだけでは締固めが不十分なときは、埋戻し厚さ ② 程度ごとに水締めを行う。

②	① 5cm	② 10cm	③ 30cm	④ 60cm

3. 鉄筋工事における鉄筋相互のあきは、粗骨材の最大寸法の1.25倍、25mm及び隣り合う鉄筋の平均径の ③ のうち最大のもの以上とする。

③	① 1.0倍	② 1.25倍	③ 1.5倍	④ 2.0倍

4. 鉄骨工事における柱脚アンカーボルトの締付けは、特記がない場合、ナット回転法で行い、ボルト頭部の出の高さは、ねじが2重ナット締めを行っても外に ④ 以上出ることを標準とする。

④	① 1山	② 2山	③ 3山	④ 4山

5. ウレタンゴム系塗膜防水の通気緩衝シートの張付けに当たって、シートの継ぎ目は ⑤ とし、下地からの浮き、端部の耳はね等が生じないように注意して張り付ける。

⑤	① 50mm重ね	② 100mm重ね	③ 目透し	④ 突付け

6. 大理石は、模様や色調などの装飾性を重視することが多いため、磨き仕上げとすることが多く、壁の仕上げ材に使用する場合は ⑥ を用いることが多い。

⑥	① 本磨き	② 水磨き	③ 粗磨き	④ ブラスト

7. 塗装工事において、塗膜が平らに乾燥せず、ちりめん状あるいは波形模様の凹凸を生じる現象を ⑦ といい、厚塗りによる上乾きの場合などに起こりやすい。

⑦	① だれ	② しわ	③ にじみ	④ はじき

8. 内装工事において使用される ⑧ せっこうボードは、両面のボード用原紙と心材のせっこうに防水処理を施したもので、屋内の台所や洗面所などの壁や天井の下地材として使用される。

⑧	① 強化	② シージング	③ 化粧	④ 構造用

問題 5-B 次の**1.** から**4.** の各記述において、□□□に**当てはまる
最も適当な語句又は数値**を、下の該当する枠内から**1つ選び
なさい。**

1. 建築物の高さ及び位置の基準となるものを□①□という。高さの基
準は隣接の建築物や既存の工作物に、位置の基準は一般に建築物の縦、
横2方向の通り心を延長して設ける。工事測量を行うときの基準のた
め、工事中に動くことのないよう2箇所以上設けて、随時確認できる
ようにしておく。

また、建築物の位置を定めるため建築物の外形と内部の主要な間仕切
の中心線上に、ビニルひも等を張って建築物の位置を地面に表すこと
を□②□という。このとき、建築物の隅には地杭を打ち地縄を張り
めぐらす。

①	① 親墨	② 逃げ墨	③ ベンチマーク	④ ランドマーク

②	① 縄張り	② 水貫	③ 遣方	④ いすか切り

2. 鉄筋工事において、コンクリートの中性化や火災等の高温による鉄筋
への影響を考えた鉄筋を覆うコンクリートの厚さを「かぶり厚さ」とい
い、建築基準法施行令で規定されており、原則として、柱又は梁にあっ
ては□③□mm以上、床にあっては20mm以上となっている。

また、かぶり厚さを保つためにスペーサーが用いられ、スラブ筋の組
立時には□④□のスラブ用スペーサーを原則として使用する。

③	① 25	② 30	③ 35	④ 40

④	① 木レンガ	② モルタル製	③ 鋼製	④ プラスチック製

解説 p.196

3. コンクリート工事において、日本産業規格(JIS)では、レディーミクストコンクリートの運搬時間は、原則として、コンクリートの練混ぜを開始してからトラックアジテータが荷卸し地点に到着するまでの時間とし、その時間は ⑤ 分以内と規定されている。このため、できるだけ運搬時間が短くなるレディーミクストコンクリート工場の選定をする。

また、コンクリートの練混ぜ開始から工事現場での打込み終了までの時間は外気温が25℃未満の場合 ⑥ 分以内、25℃以上の場合90分以内とする。

⑤	① 60	② 70	③ 80	④ 90
⑥	① 60	② 120	③ 150	④ 180

4. 木造在来軸組構法において、屋根や上階の床などの荷重を土台に伝える鉛直材である柱は、2階建てでは、1階から2階まで通して1本の材を用いる通し柱と、各階ごとに用いる ⑦ とがある。

一般住宅の場合、柱の断面寸法は、通し柱は ⑧ cm角、 ⑦ では10.5cm角のものが主に使用されている。

⑦	① 継柱	② 止柱	③ 間柱	④ 管柱
⑧	① 10.5	② 12	③ 13.5	④ 15

解説 p.196

※**受検種別：仕上げ**の受験者は**解答**してください。

問題 5-C 次の**1.** から**4.** の各記述において、□□□に**当てはまる最も適当な語句又は数値**を、下の該当する枠内から**1つ**選びなさい。

1. 改質アスファルトシート防水トーチ工法において、改質アスファルトシートの張付けは、トーチバーナーで改質アスファルトシートの│①│及び下地を均一にあぶり、│①│の改質アスファルトシートを溶融させながら均一に押し広げて密着させる。改質アスファルトシートの重ねは、2層の場合、上下の改質アスファルトシートの接合部が重ならないように張り付ける。出隅及び入隅は、改質アスファルトシートの張付けに先立ち、幅│②│mm程度の増張りを行う。

①	① 表面	② 裏面	③ 両面	④ 小口面
②	① 100	② 150	③ 200	④ 250

☆**2.** セメントモルタルによるタイル張りにおいて、密着張りとする場合、タイルの張付けは、張付けモルタル塗付け後、タイル用振動機（ビブラート）を用い、タイル表面に振動を与え、タイル周辺からモルタルがはみ出すまで振動機を移動させながら、目違いのないよう通りよく張り付ける。

張付けモルタルは、2層に分けて塗り付けるものとし、1回の塗付け面積の限度は、│③│m² 以下とする。

また、タイル目地詰めは、タイル張付け後│④│時間経過した後、張付けモルタルの硬化を見計らって行う。

③	① 1	② 2	③ 3	④ 4
④	① 8	② 12	③ 16	④ 24

237

解説 p.197

3. 軽量鉄骨天井下地において、鉄筋コンクリート造の場合、吊りボルトの取付けは、埋込みインサートにねじ込んで固定する。野縁の吊下げは、取り付けられた野縁受けに野縁を ⑤ で留め付ける。

平天井の場合、目の錯覚で天井面が下がって見えることがあるため、天井下地の中央部を基準レベルよりも吊り上げる方法が行われている。この方法を ⑥ といい、室内張りのスパンに対して1/500から1/1,000程度が適当とされている。

⑤	① ビス	② 溶接	③ クリップ	④ ハンガー

⑥	① そり	② むくり	③ たわみ	④ テーパー

4. 床カーペット敷きにおいて、 ⑦ カーペットをグリッパー工法で敷き込む場合、張り仕舞いは、ニーキッカー又はパワーストレッチャーを用い、カーペットを伸展しながらグリッパーに引っ掛け、端はステアツールを用いて溝に巻き込むように入れる。

グリッパーは、壁際からの隙間をカーペットの厚さの約 ⑧ とし、壁周辺に沿って均等にとり、釘又は接着剤で取り付ける。

⑦	① ウィルトン	② ニードルパンチ	③ コード	④ タイル

⑧	① 1/2	② 1/3	③ 2/3	④ 1/4

────── 令和 **2** 年度 ──────

2級 建築施工管理技士

─┤ 実地試験問題 ├─

解答時間
2時間

2級 建築施工管理技士　実地試験

問題 1　あなたが経験した**建築工事**のうち、あなたの受検種別に係る工事の中から、**工程の管理**を行った工事を**1つ**選び、工事概要を具体的に記述したうえで、次の**1.** から**2.** の問いに答えなさい。なお、**建築工事**とは、建築基準法に定める建築物に係る工事とし、建築設備工事を除くものとする。

〔工事概要〕

イ. 工　　事　　名

ロ. 工　事　場　所

ハ. 工 事 の 内 容　新築等の場合：建物用途、構造、階数、延べ面積又は施工数量、主な外部仕上げ、主要室の内部仕上げ

改修等の場合：建物用途、建物規模、主な改修内容及び施工数量

ニ. 工　　　　　期（年号又は西暦で年月まで記入）

ホ. あなたの立場

ヘ. 業　務　内　容

1. 工事概要であげた工事であなたが担当した工種において、事例を**3つ**答えなさい。

　その事例ごとに項目Aの a. から c. の中から項目を選び、それらを手配や配置、施工をする際、あなたが**工事を遅延させない**ためにどのようなことに努めたのか、項目Bの①から③について具体的に記述しなさい。

　なお、選んだ項目Aは○で囲み、3つの事例は同じ項目を選んでもよいものとする。

また、項目Bの①**工種名**は同じでもよいが、②**着目したこと**と**その理由**と③**行った対策**は異なる内容の記述とし、品質管理のみ、安全管理のみ、コストのみについて記述したものは不可とする。

項目A a．材　料(本工事材料、仮設材料)
　　　　b．工事用機械・器具・設備
　　　　c．作業員(交通誘導警備員は除く)

項目B ①　**工種名**
　　　　②　工事を遅延させるかも知れないと**着目したこと**と**その理由**
　　　　③　②の遅延を防ぐために実際に**行った対策**

2. 工事概要であげた工事及び受検種別にかかわらず、あなたの今日までの建築工事の経験に照らし、工程を短縮するために**有効な方法や手段**を**2つ**具体的に記述しなさい。また、それらがもたらす工程の短縮以外の工事への**良い影響**を、それぞれ具体的に記述しなさい。
ただし、**有効な方法や手段**が同一のもの及び**1.**の③**行った対策**と同一のものは不可とする。

解説 p.201

次の建築工事に関する用語の一覧表の中から**5つ**用語を選び、解答用紙の**用語の記号欄**の記号にマークしたうえで、**選んだ用語欄**に用語（b及びgについては（ ）内の略語）を記入し、その**用語の説明**と**施工上留意すべきこと**を具体的に記述しなさい。ただし、d及びl以外の用語については、作業上の安全に関する記述は不可とする。また、使用資機材に不良品はないものとする。

用語の一覧表

用語の記号	用　　　語
a	帯筋
b	改質アスファルトシート防水トーチ工法・密着露出仕様（防水トーチ工法）
c	機械ごて
d	クローラークレーン
e	コンクリートのブリーディング
f	スタッド溶接
g	せっこうボード張りにおけるコーナービード（コーナービード）
h	タイル張りのヴィブラート工法
i	天井インサート
j	床付け
k	布基礎
l	パイプサポート
m	ベンチマーク
n	木工事の仕口

鉄骨造 3 階建て事務所ビルの建設工事における右の工程表と出来高表に関し、次の 1．から 5．の問いに答えなさい。

工程表は工事着手時点のものであり、予定出来高曲線を破線で表示している。

また、出来高表は、4 月末時点のものを示している。

ただし、工程表には、建具工事における外部サッシ工事(ガラス取付けを含む。以下同じ。)の工程は未記入であり、出来高表には、総工事金額の月別出来高、外部サッシ工事の工事金額及び出来高は記載していない。なお、各作業は一般的な手順に従って施工されるものとする。

〔工事概要〕

用　　　途：事務所

構造・規模：鉄骨造　地上 3 階建て、塔屋 1 階建て、階高 3.5m
　　　　　　（各階共）、延べ面積 300m²
　　　　　　2 階以上の床は合成床版

地　　　業：既製コンクリート杭

山　留　め：自立山留め

鉄 骨 工 事：建方は、移動式クレーンを使用
　　　　　　耐火被覆は、耐火材巻付け工法、外周部は合成工法

外部仕上げ：屋根は、アスファルト露出断熱防水
　　　　　　外壁は、押出成形セメント板(ECP)張りの上、
　　　　　　45 二丁掛タイル有機系接着剤張り

内部仕上げ：床は、OA フロアー敷設の上、タイルカーペット仕上げ
　　　　　　壁は、軽量鉄骨下地せっこうボード張りの上、
　　　　　　塗装仕上げ
　　　　　　天井は、軽量鉄骨下地せっこうボード下張りの
　　　　　　上、ロックウール化粧吸音板張り

解説 p.206

1. 工程表の鉄骨工事の**A**、内装工事の**B**に該当する**作業名**を記入しなさい。

2. 建具工事の外部サッシ取付け**完了日**を月次と旬日で定めて記入しなさい。
   ただし、**解答の旬日**は、**上旬、中旬、下旬**とする。

3. 出来高表から、2月末までの**実績出来高の累計金額**を記入しなさい。

4. **3.** で求めた2月末までの実績出来高の累計金額と、同月末の予定出来高の累計金額の**差**を求め、総工事金額に対する**比率**をパーセントで記入しなさい。

5. 4月末までの実績出来高の累計金額を求め、総工事金額に対する**比率**をパーセントで記入しなさい。

工 程 表

工種＼月次	1月	2月	3月	4月	5月	6月
仮 設 工 事	準備工事 / 地足場組立	地足場解体	外部足場組立 / 建設用リフト設置		外部足場解体 / 建設用リフト撤去	清掃
土 工 事 地 業 工 事	山留 根切り,地業 / 杭打設	埋戻し				
鉄筋・型枠 コンクリート工事	基礎,地中梁	型枠解体 / 1階床 2階～R階床・パラペット				
鉄 骨 工 事	アンカーボルト設置 / 鉄骨建方・本締め	A / スタッドジベル溶接	耐火被覆			
防 水 工 事		屋上防水	ECP,サッシシール / タイル目地シール	内部シール		
外 壁 工 事		ECP取付け	タイル張り・目地詰め / 外壁クリーニング			
建 具 工 事			内部建具取付け			
金 属 工 事		捨て笠木取付け	アルミ笠木取付け / 壁・天井軽鉄下地	金物取付け		
内 装 工 事	予定出来高曲線		B / 壁ボード張り	床タイルカーペット / OAフロア		
塗 装 工 事			外部塗装 内部塗装			
外 構 工 事			外構工事			
設 備 工 事	電気・給排水衛生・空調設備工事					
検 査	中間検査			完成検査		

出来高%: 100 / 90 / 80 / 70 / 60 / 50 / 40 / 30 / 20 / 10 / 0

出 来 高 表

単位 万円

工 種	工事金額	予定／実績	1月	2月	3月	4月	5月	6月
仮 設 工 事	500	予定	50	70	180	20	150	30
		実績	50	70	150	20		
土 工 事 地 業 工 事	550	予定	350	200				
		実績	350	200				
鉄筋・型枠 コンクリート工事	800	予定	320	150	330			
		実績	300	150	350			
鉄 骨 工 事	800	予定		700	50	50		
		実績		650	80	70		
防 水 工 事	90	予定				60	20	10
		実績				50		
外 壁 工 事	950	予定			550	300	100	
		実績			550	300		
建 具 工 事	400	予定					100	
		実績						
金 属 工 事	100	予定				80	10	10
		実績				80		
内 装 工 事	540	予定					350	190
		実績						
塗 装 工 事	70	予定					50	20
		実績						
外 構 工 事	200	予定					50	150
		実績						
設 備 工 事	1,000	予定	100	100	100	50	550	100
		実績	50	100	100	50		
総 工 事 金 額	6,000	予定						
		実績						

245

解説 p.206

　次の各法文の下線部の語句について、誤っている**語句又は数値
の番号**を１つあげ、それに対する**正しい語句又は数値**を記入し
なさい。

1. 建設業法
　　主任技術者及び監理技術者は、工事現場における建設工事を適正に実
　施するため、当該建設工事の①施工計画の作成、②原価管理、品質管
　理その他の技術上の管理及び当該建設工事の施工に従事する者の技術
　上の③指導監督の職務を誠実に行わなければならない。

2. 建築基準法施行令
　　建築工事等において深さ①2.0m以上の根切り工事を行なう場合にお
　いては、地盤が②崩壊するおそれがないとき、及び周辺の状況により
　危害防止上支障がないときを除き、山留めを設けなければならない。
　この場合において、山留めの根入れは、周辺の地盤の安定を③保持す
　るために相当な深さとしなければならない。

3. 労働安全衛生法
　　建設業に属する事業の元方事業者は、土砂等が崩壊するおそれのある
　場所、機械等が転倒するおそれのある場所その他の厚生労働省令で定
　める場所において①関係請負人の労働者が当該事業の仕事の作業を行
　うときは、当該①関係請負人が講ずべき当該場所に係る②損害を防止
　するための措置が適正に講ぜられるように、③技術上の指導その他の
　必要な措置を講じなければならない。

※**受検種別：建築**の受験者は**解答**してください。

問題 5-A 次の**1.** から**8.** の各記述において、下線部の語句又は数値が**適当なものには○印**を、**不適当なものには適当な語句又は数値**を記入しなさい。

1. 建築物の基礎をべた基礎とする場合にあっては、原則として一体の鉄筋コンクリート造とし、木造の建築物の土台の下にあっては、連続した立上り部分を設け、立上り部分の高さは地上部分で①20cm以上とする。

2. 合板型枠の締付け金物を締めすぎると、内端太、外端太が内側に押され、せき板が②外側に変形する。締めすぎへの対策としては、内端太（縦端太）を締付けボルトにできるだけ近接させて締め付ける。

3. コンクリートの1層の打込み厚さは、締固めに用いる棒形振動機部分の長さ以下とし、挿入に際しては先に打ち込んだコンクリートの層に棒形振動機の先端が入るようにし、引き抜く際にはコンクリートに穴を残さないように加振しながら③急いで引き抜かなければならない。

4. 木造の建築物にあっては、地震力などの水平荷重に対して、建築物に④ねじれを生じないように、筋かい等を入れた軸組を、張り間方向及び桁行方向にそれぞれにつり合いよく配置する。

5. シーリング工事における鉄筋コンクリート外壁の打継ぎ目地、ひび割れ誘発目地、建具回り目地等で動きの小さいノンワーキングジョイントの場合の目地構造は、⑤2面接着を標準とする。

6. 金属板葺き屋根工事における下葺きに使用するアスファルトルーフィングは、軒先より葺き進め、隣接するルーフィングの重ね幅は、シート短辺部（流れ方向）は200mm以上、長辺部（長手方向）は⑥100mm以上とする。

247

解説 p.209

7. 仕上塗材の吹付け塗りにおける吹付けの基本動作は、スプレーガンの
ノズルを常に下地面に対して直角又はやや⑦<u>下向き</u>に保つようにし、
縦横2方向に吹くなど模様むらが生じないように吹き付ける。

8. 壁紙張りにおいて、表面に付いた接着剤や手垢等を放置しておくと
⑧<u>はがれ</u>の原因となるので、張り終わった部分ごとに直ちに拭き取る。

問題 5-B 次の**1.** から**4.** の各記述において、下線部の語句又は数値が**適当なものには○印**を、**不適当なものには適当な語句又は数値**を記入しなさい。

1. 既製コンクリート杭地業におけるセメントミルク工法において、杭径が300〜500mmの場合は、杭径よりも①<u>200</u>mm程度大きいオーガーヘッドを使用する。

また、掘削は、安定液を用いて孔壁の崩壊を防止しながら、杭心に合わせて鉛直に行い、予定の支持層に達した後、根固め液及び杭周固定液を注入しながらアースオーガーを引き抜いていき、その後、既製コンクリート杭を掘削孔内に建て込む。

この施工法は、既製コンクリート杭の②<u>打込み</u>工法に分類される。

2. 鉄骨工事におけるトルシア形高力ボルトを使用する接合部の組立てにおいて、接合部の材厚の差などにより、接合部に③<u>1</u>mmを超える肌すきがある場合には、フィラープレートを用いて肌すきを埋める。

締付け後の検査は、一次締付け後に付けたマーキングのずれやピンテールの破断などを確認し、ナットの回転と共にボルトや座金も一緒に回転する④<u>軸回り</u>を生じているボルトは、新しいボルトセットと交換する。

3. コンクリート工事において、公称棒径45mmの棒形振動機を締固めに用いる場合、コンクリートの1層の打込み厚さは、棒形振動機部分の長さである60〜80cm以下とし、棒形振動機の挿入間隔は⑤<u>90</u>cm以下とする。

また、棒形振動機は、コンクリート表面にセメントペーストが浮き上がる時まで加振し、加振時間は1箇所当り5〜⑥<u>45</u>秒程度とするのが一般的である。

解説 p.210

4. 市街地における、鉄筋コンクリート造建築物の躯体の解体工事を行う場合は、建物の周囲に外部足場を架設し、コンクリート片の飛散防止や騒音防止のため⑦メッシュシートを足場外面に隙間なく取り付ける。

また、階上解体作業による解体をする場合は、屋上に揚重した解体重機で最上階から解体し、各階の解体は⑧中央部から先行して解体していく。解体で発生したコンクリート小片などを利用してスロープをつくり、解体重機を下の階に移動させて順次地上階まで解体していく。

※**受検種別：仕上げ**の受験者は**解答**してください。

問題 5-C 次の**1.**から**4.**の各記述において、下線部の語句又は数値が**適当なものには○印**を、**不適当なものには適当な語句又は数値**を記入しなさい。

1. アスファルト防水の密着工法において、平場のアスファルトルーフィング類の張付けに先立ち、コンクリート打継ぎ部は、幅50mm程度の絶縁用テープを張った上に幅①200mm以上の②ストレッチルーフィングを増張りする。

アスファルトルーフィング類の張付けは、空隙、気泡、しわ等が生じないよう均一に押し均して下層に密着させる。

2. 金属製屋根折板葺における重ね型折板は、各山ごとにタイトフレームに固定ボルト締めとし、折板の流れ方向の重ね部を緊結するボルトの間隔は、③900mm程度とする。

棟の納まりについては、棟包みを設け、タイトフレームに固定ボルト等で取り付ける。折板の④水下には、先端部に雨水を止めるために止水面戸を設け、折板及び面戸に穴をあけないようポンチング等で固定する。

3. 軽量鉄骨壁下地において、コンクリートの床、梁下及びスラブ下に固定するランナーは、両端部から50mm内側をそれぞれ固定し、中間部は⑤1,800mm程度の間隔で固定する。

また、ランナーの継ぎ手は⑥重ね継ぎとし、ともに端部より50mm内側を打込みピンで固定する。打込みピンは、低速式びょう打銃による発射打込みびょうを用い、使用に当たっては、安全管理に十分注意する。

解説 p.211

4. フローリングボード張りにおいて、下張り用合板の上に接着剤を併用してフローリングボードを釘打ちで張り込む場合、張込みに先立ち、フローリングボードの割り付けを行い、接着剤を下張り用合板に塗布し、通りよく敷きならべて押さえ、⑦雌ざねの付け根から隠し釘留めとする。

　下張り用合板は、乱に継ぎ、継ぎ手部は根太心で突付けとし⑧150㎜程度の間隔で釘打ちとする。

————— 令和 **元** 年度 —————

2級 建築施工管理技士

┌─────────────┐
│ 実地試験問題 │
└─────────────┘

解答時間
2時間

問題 **1**
あなたが経験した**建築工事**のうち、あなたの受検種別に係る工事の中から、**施工の計画**を行った工事を**1つ**選び、工事概要を具体的に記入したうえで、次の**1.**から**2.**の問いに答えなさい。なお、**建築工事**とは、建築基準法に定める建築物に係る工事とし、建築設備工事を除くものとする。

〔工事概要〕

イ．工　　事　　名

ロ．工　事　場　所

ハ．工　事　の　内　容　新築等の場合：建物用途、構造、階数、延べ面積又は施工数量、主な外部仕上げ、主要室の内部仕上げ

改修等の場合：建物用途、建物規模、主な改修内容及び施工数量

ニ．工　　　　　期（年号又は西暦で年月まで記入）

ホ．あなたの立場

ヘ．業　務　内　容

1. 工事概要であげた工事であなたが担当した工種において、次の項目a.からe.のうちから**異なる項目**を**3つ**選び、施工の計画に当たり、①**事前に検討したこと**とその検討をもとに実際に**行ったこと**、②何故検討する必要があったのか**その理由**を、**工種名**をあげて具体的に記述しなさい。

ただし、①事前に検討したことと実際に行ったことは、選んだ各項目ごとにそれぞれ異なる内容とし、コストについてのみの記述は不可とする。

なお、工種名については、同一の工種名でなくてもよい。

  項目 a．施工方法又は作業方法
      b．資材の搬入又は荷揚げの方法
      c．資材の保管又は仮置きの方法
      d．施工中又は施工後の養生の方法（ただし、労働者の安全
        に関する養生は除く）
      e．試験又は検査の方法と時期

2. 工事概要であげた工事及び受検種別にかかわらず、あなたの今日までの建築工事の経験に照らし、建設現場で発生する産業廃棄物を減らすため、①**有効な方法や手段**と、②その方法や手段を実際に行う場合に**留意すべきこと**を、**2つ**の事例について具体的に記述しなさい。

ただし、方法や手段が同一の記述及び**1.** の実際に行ったことと同一の記述は不可とする。

問題 2　次の建築工事に関する用語a．からn．のうちから**5つ**選び、その**用語の説明**と**施工上留意すべきこと**を具体的に記述しなさい。

ただし、a．及びn．以外の用語については、作業上の安全に関する記述は不可とする。また、使用資機材に不良品はないものとする。

用語
a．足場の手すり先行工法   h．内壁タイルの接着剤張り工法
b．型枠のセパレータ   i．被覆アーク溶接
c．軽量鉄骨壁下地のスペーサー j．防水工事の脱気装置
d．鋼矢板   k．木工事の大引き
e．コンクリートのスランプ   l．木造住宅の気密シート
f．セルフレベリング材工法   m．ルーフドレン
g．鉄筋工事のスペーサー   n．陸墨

鉄骨造3階建て事務所ビルの建設工事における右の工程表と出来高表に関し、次の**1．**から**4．**の問いに答えなさい。

工程表は工事着手時点のものであり、予定出来高曲線を破線で表示している。

また、出来高表は、4月末時点のものを示している。

ただし、工程表には、外壁工事における押出成形セメント板取付けの工程は未記入であり、出来高表には、総工事金額の月別出来高及び押出成形セメント板の出来高は記載していない。

〔工事概要〕

用　　　途	：事務所
構造・規模	：鉄骨造　地上3階建て　延べ面積470m²
地　　　業	：既製コンクリート杭
山　留　め	：自立山留め
鉄 骨 工 事	：建方は、移動式クレーンで行う。
	耐火被覆は、耐火材巻付け工法、外周部は合成工法
仕　上　げ	：屋根は、アスファルト露出断熱防水
	外壁は、押出成形セメント板（ECP）張り、耐候性塗料塗り
	内装は、壁、天井は軽量鉄骨下地せっこうボード張り
	床はOAフロアー、タイルカーペット仕上げ

1． 工程表の鉄骨工事の**A**に該当する作業名を記入しなさい。

2． 外壁工事の押出成形セメント板取付け**終了日**を月次と旬日で定めて記入しなさい。

ただし、**解答の旬日**は、**上旬**、**中旬**、**下旬**とする。

3． 出来高表から、2月末までの**完成出来高の累計**を金額で記入しなさい。

4． 出来高表から、総工事金額に対する4月末までの**完成出来高の累計**をパーセントで記入しなさい。

工　程　表

工種 ＼ 月次	1月	2月	3月	4月	5月	6月
仮 設 工 事	準備工事	建方用鉄板敷き	外部足場組立	外部足場解体		清掃
土 工 事	自立山留め／砂利・捨コンクリート／根切り	埋戻し	1F床下砂利・捨コンクリート			
地 業 工 事	PHC杭打込み					
鉄筋・型枠コンクリート工事		基礎・地中梁	1F床 3F床パラペット／2F床 RF床			
鉄 骨 工 事		A 鉄骨建方・本締めスタット溶接 耐火被覆／デッキプレート敷き				
防 水 工 事			外部シール	屋根防水	内部シール	内部シール
外 壁 工 事				耐候性塗料塗り		
建 具 工 事				外部サッシ取付け(ガラス共)／内部建具取付け		
金 属 工 事				アルミ笠木取付け／壁・天井軽量鉄骨下地組		
内 装 工 事				壁ボード張り	天井ボード張り／OAフロアー	床仕上げ
塗 装 工 事					壁塗装仕上げ	
設 備 工 事	電気・給排水・空調設備	→	→	→	→	→
検 査			中間検査			検査

予定出来高曲線（右側 % 目盛 0〜100）

出　来　高　表

単位　万円

工　種	工事金額	予定／実績	1月	2月	3月	4月	5月	6月
仮 設 工 事	750	予定	50	200	200	50	150	100
		実績	50	200	200	50		
土 工 事	600	予定	400	120	80			
		実績	400	120	80			
地 業 工 事	200	予定	200					
		実績	200					
鉄筋・型枠コンクリート工事	900	予定	200	300	400			
		実績	200	350	350			
鉄 骨 工 事	950	予定		270	500	180		
		実績		280	490	180		
防 水 工 事	200	予定				150		50
		実績				150		
外 壁 工 事	600	予定				100		
		実績				100		
建 具 工 事	520	予定				420	100	
		実績				400		
金 属 工 事	200	予定				200		
		実績				200		
内 装 工 事	1,000	予定					350	650
		実績						
塗 装 工 事	180	予定					120	60
		実績						
設 備 工 事	1,400	予定	50	100	100	650	300	200
		実績	50	100	100	500		
総工事金額	7,500	予定						
		実績						

257

解説 p.219

1. 建設業法(第19条の2 第1項)

   請負人は、請負契約の①履行に関し工事現場に現場代理人を置く場合においては、当該現場代理人の②権限に関する事項及び当該現場代理人の行為についての③設計者の請負人に対する意見の申出の方法(第3項において「現場代理人に関する事項」という。)を、書面により③設計者に通知しなければならない。

2. 建築基準法施行令(第136条の3 第3項)

   建築工事等において建築物その他の工作物に近接して①根切り工事その他土地の掘削を行なう場合においては、当該工作物の②外壁又は地盤を補強して構造耐力の低下を防止し、急激な排水を避ける等その傾斜又は倒壊による③危害の発生を防止するための措置を講じなければならない。

3. 労働安全衛生法(第60条)

   事業者は、その事業場の業種が政令で定めるものに該当するときは、新たに職務につくこととなった①職長その他の作業中の②労働者を直接指導又は監督する者(作業主任者を除く。)に対し、次の事項について、厚生労働省令で定めるところにより、安全又は衛生のための教育を行なわなければならない。

   1　作業方法の決定及び労働者の③安全に関すること。
   2　労働者に対する指導又は監督の方法に関すること。
   3　前2号に掲げるもののほか、労働災害を防止するため必要な事項で、厚生労働省令で定めるもの

※**受検種別：建築**の受験者は**解答**してください。

問題 5-A 次の１．から８．の各記述において、下線部の語句又は数値が**適当なものには○印**を、**不適当なものには適当な語句又は数値**を記入しなさい。

1. 一般に１階床の基準墨は、上階の基準墨の基になるので特に正確を期す必要がある。２階より上では、通常建築物の四隅の床に小さな穴を開けておき、①自動レベルにより１階から上階に基準墨を上げていく。この作業を墨の引通しという。

2. 鉄筋の継手は、硬化したコンクリートとの付着により鉄筋の応力を伝達する②機械式継手と、鉄筋の応力を直接伝達するガス圧接継手や溶接継手などに大別される。

3. 鉄骨のアンカーボルトに二重ナットを使用する場合、一般にボルト上部の出の高さは、ナット締め後のネジ山がナット面から③2山以上とする。

4. 建設リサイクル法の対象となる木造住宅の解体工事においては、④分別解体の計画書を作成し、原則として屋根葺き材の撤去は手作業で行う。

5. アスファルト防水において、立上りのルーフィング類を平場と別に張り付ける場合、平場と立上りのルーフィング類は、重ね幅を⑤100㎜以上とって張り重ねる。

6. 外壁の陶磁器質タイルを密着張りとする場合、張付けモルタルを塗り付けた後、タイルを⑥下部から一段おきに水糸に合わせて張り付け、その後、その間を埋めていくように張り付ける。

解説 p.221

7. 型板ガラスは、片側表面にいろいろな型模様をつけたガラスで、外部建具に用いる場合、型模様面を、一般に⑦室外側にして取り付ける。

8. 内装工事で使用される⑧シージングせっこうボードは、両面のボード用原紙と心材のせっこうに防水処理を施したもので、屋内の台所や洗面所などの壁や天井の下地材として使用される。

※**受検種別：躯体**の受験者は**解答**してください。

 次の**1．**から**4．**の各記述において、下線部の語句又は数値が**適当なものには○印**を、**不適当なものには適当な語句又は数値**を記入しなさい。

1. 土工事において、軟弱な粘土質地盤を掘削する場合に、根切り底面付近の地盤が山留壁の背面から回り込むような状態で膨れ上がる現象を①液状化という。

また、砂質地盤を掘削する場合に、根切り底面付近の砂質地盤に②上向きの浸透流が生じ、この水流によって砂が沸騰したような状態で根切り底を破壊する現象をボイリングという。

2. 鉄筋(SD345)のガス圧接継手において、同径の鉄筋を圧接する場合、圧接部のふくらみの直径は鉄筋径dの1.4倍以上とし、かつ、その長さを鉄筋径dの③1.0倍以上とする。

また、圧接面のずれは鉄筋径dの1/4以下、圧接部における鉄筋の中心軸の偏心量は鉄筋径dの④1/4以下、圧接部の折曲がりは2度以下、片ふくらみは鉄筋径dの1/5以下とする。

ただし、dは異形鉄筋の呼び名に用いた数値とする。

3. 鉄筋コンクリート造でコンクリートを打ち継ぐ場合、打継ぎ部の位置は、構造部材の耐力への影響が最も少ない位置に定めるものとし、梁、床スラブ及び屋根スラブの鉛直打継ぎ部は、スパンの中央又は端から⑤1/4付近に設け、柱及び壁の水平打継ぎ部は、床スラブ及び梁の上端に設ける。

また、打継ぎ部の形状は、構造部材の耐力の低下が少なく、コンクリート打込み前の打継ぎ部の処理が円滑に行え、かつ、新たに打ち込むコンクリートの締固めが容易に行えるものとし、柱及び梁の打継ぎ面は主筋に⑥平行となるようにする。

令和元年度 実地

解説 p.222

4. 鉄骨工事における露出形式の柱脚ベースプレートの支持方法である
ベースモルタルの後詰め中心塗り工法は、一般にベースプレートの面
積が⑦小さく、全面をベースモルタルに密着させることが困難な場合
や建入れの調整を容易にするために広く使われている。

また、ベースモルタルの厚さは⑧100mm以下、中心塗り部分の大きさ
は200 ～ 300mmの角形又は円形とし、建て方中に柱脚に作用する応
力に見合うものとする。

※**受検種別：仕上げ**の受験者は**解答**してください。

 次の**1.** から**4.** の各記述において、下線部の語句又は数値
が**適当なものには○印**を、**不適当なものには適当な語句又は
数値**を記入しなさい。

1. 鉄筋コンクリート造の外壁面をセメントモルタルによる磁器質タイル
張りとする場合のタイル接着力試験は、夏季を除き、タイル施工後2
週間以上経過してから行うのが一般的である。
　　また、タイル接着力試験では、試験体のタイルの目地部分をダイヤモ
ンドカッターで①モルタル面まで切り込みを入れ、周囲と絶縁した後、
引張試験を行い、引張接着強度と破壊状況を確認する。
　　なお、試験体のタイルの数は、100m²ごと及びその端数につき1個
以上、かつ、全体で②2個以上とする。

2. 木工事において、製材を加工して内装部材に使用する場合、角材の両
面を仕上げる時は、両面合せて5mm程度の削り代を見込んだ③仕上が
り寸法の製材を使用する。
　　また、敷居や鴨居に溝じゃくりを行う際に、溝じゃくりを行う面に木
の表裏がある場合、木の性質として、④木裏側にそる傾向があるため、
④木裏側に溝じゃくりを行う。

☆ **3.** JIS（日本産業規格）の建築用鋼製下地材を用いたせっこうボード壁下
地の場合、スタッドは、スタッドの高さによる区分に応じたものを使
用する。
　　また、せっこうボード1枚張りの壁の場合のスタッド間隔は、⑤450
mm程度として上下ランナーに差し込み、半回転させて取り付ける。
　　なお、スタッドの建込み間隔の精度は、±⑥15mm以下として、せっこ
うボードを張り付ける。

解説 p.223

4. 塩化ビニル系床シートの熱溶接工法では、床シート張り付け後⑦<u>12</u>時間以上の接着剤の硬化時間を置き溶接作業にかかる。

　また、床シートの溶接部は、床シート厚さの1/2 ～ 2/3程度の深さでV字又はU字に溝を切り、熱溶接機を用いて床シートと溶接棒を⑧<u>同時</u>に溶融させて、余盛りができる程度に加圧しながら溶接する。

　なお、余盛りは、溶接部が冷却した後に削り取る。

2級 建築施工管理技士

実地試験問題

解答時間
2時間

2級 建築施工管理技士 実地試験

問題

問題 **1**　あなたが経験した**建築工事**のうち、あなたの受検種別に係る工事の中から、**品質管理**を行った工事を**1つ**選び、工事概要を具体的に記入した上で、次の**1.** から**2.** の問いに答えなさい。
なお、**建築工事**とは、建築基準法に定める建築物に係る工事とし、建築設備工事を除くものとする。

〔工事概要〕

イ. 工　　事　　名

ロ. 工　事　場　所

ハ. 工　事　の　内　容　　新築等の場合：建物用途、構造、階数、
　　　　　　　　　　　　　　　　　　　　　延べ面積又は施工数量、
　　　　　　　　　　　　　　　　　　　　　主な外部仕上げ、主要
　　　　　　　　　　　　　　　　　　　　　室の内部仕上げ
　　　　　　　　　　　　　　改修等の場合：建物用途、建物規模、
　　　　　　　　　　　　　　　　　　　　　主な改修内容及び施工
　　　　　　　　　　　　　　　　　　　　　数量

ニ. 工　　　　　　期（年号又は西暦で年月まで記入）

ホ. あなたの立場

ヘ. 業　務　内　容

1. 工事概要であげた工事であなたが担当した工種において、品質を確保するためにあなたが防ごうとした**不具合**とその不具合を発生させる**要因**、その不具合の発生を防ぐためにあなたが実際に**行ったこと**を、**工種名**をあげて**3つ**具体的に記述しなさい。

   ただし、**3つ**の実際に**行ったこと**はそれぞれ異なる内容とし、「設計図書どおりに施工した。」など行ったことが具体的に記述されていないもの、品質管理以外の工程管理、安全管理などについて記述したものも

解説 p.225　　　　　　　266

不可とする。

なお、工種名については、同一の工種名でなくてもよい。

2. 工事概要であげた工事及び受検種別にかかわらず、あなたの今日までの建築工事の経験に照らし、品質管理の担当者として、品質の良い建物を造るための品質管理の**方法や手段**と、その方法や手段が有効だと考える**理由**を、**2つ**具体的に記述しなさい。

ただし、品質管理の**方法や手段**が同一のもの及び**1.** の実際に**行ったこと**と同一のものは不可とする。

 次の建築工事に関する用語のうちから**5つ**選び、その**用語の説明**と**施工上留意すべき内容**を具体的に記述しなさい。

ただし、仮設工事以外の用語については、作業上の安全に関する記述は不可とする。また、使用資機材に不良品はないものとする。

あばら筋

型枠のフォームタイ

コンクリートポンプ工法の先送りモルタル

テーパーエッジせっこうボードの継目処理

吹付け塗装のエアレススプレー塗り

ボンドブレーカー

床コンクリートの直均し仕上げ

親綱

金属製折板葺きのタイトフレーム

タイル張りのヴィブラート工法

鉄骨の地組

べた基礎

木造在来軸組構法のアンカーボルト

ローリングタワー

鉄骨造3階建て事務所ビルの建設工事における右の工程表と出来高表に関し、次の**1.**から**3.**の問いに答えなさい。

工程表は工事着手時点のものであり、予定出来高曲線を破線で表示している。

また、出来高表は、4月末時点のものを示している。

ただし、鉄骨工事における耐火被覆の工程は未記入であり、総工事金額の月別出来高及びスタッド溶接と耐火被覆の出来高は記載していない。

〔工事概要〕

用 途	：	事務所
構造・規模	：	鉄骨造　地上3階建て　延べ面積450m^2
基 礎	：	直接基礎
山 留 め	：	自立山留め
鉄 骨 工 事	：	建方は、移動式クレーンにて行う。 耐火被覆は、耐火材巻付け工法、外周部は合成工法
仕 上 げ	：	屋根は、合成高分子系ルーフィングシート防水 外壁は、ALCパネル張り、仕上塗材仕上げ 内装は、壁、天井は軽量鉄骨下地せっこうボード張り 床はフリーアクセスフロア、タイルカーペット仕上げ

1. 工程表の土工事・基礎工事の**A**に該当する作業名を記述しなさい。

2. 耐火被覆作業の**開始日**を月次と旬日で定めて記入しなさい。
ただし、**解答の旬日は、上旬、中旬、下旬**とする。

3. 出来高表から、総工事金額に対する4月末までの**完成出来高の累計**をパーセントで記入しなさい。

工　程　表

工　種 ＼ 月次	1月	2月	3月	4月	5月	6月
仮 設 工 事	準備工事	外部足場組立			外部足場解体	清掃
土工事・基礎工事	自立山留め　砂利・捨コンクリート　A					
鉄筋・型枠コンクリート工事		基礎・地中梁　1F床	1F柱脚　2F床　3F床　RF床			
鉄 骨 工 事		アンカーボルト設置　鉄骨建方・本締め　スタッド溶接　デッキプレート敷き				
防 水 工 事			外部シール	屋根シート防水		
外 壁 工 事			ALCパネル取付け	仕上塗材仕上げ		
建 具 工 事			外部サッシ取付け(ガラス共)	内部建具取付け		
金 属 工 事			壁軽量鉄骨下地組	アルミ笠木取付け　天井軽量鉄骨下地組		
内 装 工 事				壁ボード張り　天井ボード張り	フリーアクセスフロア	床仕上げ
塗 装 工 事					壁塗装仕上げ	
設 備 工 事		電気・給排水・空調設備他				
備　　考		中間検査				検査

予定出来高曲線　（出来高 ％：0〜100）

出　来　高　表　　　　単位　万円

工　　種	工事金額	予定／実績	1月	2月	3月	4月	5月	6月
仮 設 工 事	400	予定	50	100	50	50	100	50
		実績	50	100	50	50		
土工事・基礎工事	550	予定	550					
		実績	550					
鉄筋・型枠コンクリート工事	800	予定	400	150	250			
		実績	400	100	300			
鉄 骨 工 事	1,100	予定		900				
		実績		900				
防 水 工 事	100	予定				100		
		実績				100		
外 壁 工 事	600	予定			550	50		
		実績			550	50		
建 具 工 事	500	予定			200	300		
		実績			200	300		
金 属 工 事	200	予定				200		
		実績				200		
内 装 工 事	650	予定				200	250	200
		実績				200		
塗 装 工 事	100	予定					100	
		実績						
設 備 工 事	1,000	予定	50	50	150	350	300	100
		実績	50	50	150	250		
総 工 事 金 額	6,000	予定						
		実績						

269

解説　p.231

次の各法文において、それぞれ下線部の**誤っている語句又は数値の番号**を１つあげ、それに対する**正しい語句又は数値**を記入しなさい。

1. 建設業法(第24条の４ 第１項)

　元請負人は、①<u>下請負人</u>からその請け負った建設工事が完成した旨の通知を受けたときは、当該通知を受けた日から②<u>20</u>日以内で、かつ、できる限り短い期間内に、その完成を確認するための③<u>準備</u>を完了しなければならない。

2. 建築基準法(第90条 第１項)

　建築物の建築、修繕、①<u>模様替</u>又は除却のための工事の②<u>設計者</u>は、当該工事の施工に伴う地盤の崩落、建築物又は工事用の③<u>工作物</u>の倒壊等による危害を防止するために必要な措置を講じなければならない。

3. 労働安全衛生法(第61条 第１項)

　事業者は、クレーンの運転その他の業務で、政令で定めるものについては、都道府県労働局長の当該業務に係る①<u>免許</u>を受けた者又は都道府県労働局長の登録を受けた者が行う当該業務に係る②<u>監理講習</u>を修了した者その他厚生労働省令で定める③<u>資格</u>を有する者でなければ、当該業務に就かせてはならない。

※**受検種別：建築**の受験者は**解答**してください。

問題 5-A 次の**1．**から**8．**の各記述において、下線部の語句又は数値が**適当なものには○印**を、**不適当なものには適当な語句又は数値**を記入しなさい。

1． 建築物の位置を定めるために、建築物の外形と内部の主要な間仕切の中心線上に、縄やビニルひもを張って建築物の位置を地面に表すことを<u>遣方</u>という。このとき、建築物の隅には地杭を打ち、地縄を張りめぐらす。

2． 透水性の悪い山砂を埋戻し土に用いる場合の締固めは、建物躯体等のコンクリート強度が発現していることを確認のうえ、厚さ<u>600mm</u>程度ごとにローラーやタンパーなどで締め固める。

入隅などの狭い個所の締固めには、振動コンパクターやタンパーなどを使用する。

3． 柱や壁の型枠を組み立てる場合、足元を正しい位置に固定するために、<u>根固め</u>を行う。敷桟で行う場合にはコンクリート漏れ防止に、パッキングを使用する方法やプラスチックアングルを使用する方法などがある。

4． 高力ボルトの締付けは、ナットの下に座金を敷き、ナットを回転させることにより行う。ナットは、ボルトに取付け後に等級の<u>表示記号</u>が外側から見える向きに取り付ける。

5． JISによる建築用鋼製下地材を用いた軽量鉄骨天井下地工事において、天井のふところが1.5m以上3m以下の場合は、吊りボルトの水平補強、斜め補強を行う。水平補強の補強材の間隔は、縦横方向に<u>2.7m</u>程度の間隔で配置する。

6. 壁下地に用いるセメントモルタルを現場調合とする場合、セメントモルタルの練混ぜは、機械練りを原則とし、上塗りモルタルの調合は、下塗りモルタルに比べ富調合としてセメントと細骨材を十分に空練りし、水を加えてよく練り合わせる。

7. 塗装工事において、所定の塗膜厚さを得られているか否かを確認する方法として、塗料の搬入量から塗装した面積当たりの塗料の塗付け量を推定する方法や、専用測定器により膜厚を測定する方法がある。

8. 断熱工事における吹付け硬質ウレタンフォームの吹付け工法は、その主な特徴として、窓回りなど複雑な形状の場所への吹付けが容易なこと、継ぎ目のない連続した断熱層が得られること、平滑な表面を得にくいこと、施工技術が要求されることなどがあげられる。

※**受検種別：躯体**の受験者は**解答**してください。

問題 5-B 次の**1.** から**4.** の各記述において、下線部の語句又は数値が**適当なものには○印**を、**不適当なものには適当な語句又は数値**を記入しなさい。

1. 墨出し等に用いる鋼製巻尺は、工事着手前に①ゲージ合わせを行い、同じ精度を有する鋼製巻尺を2本以上用意して、1本は基準鋼製巻尺として保管しておく。
   ①ゲージ合わせの際には、それぞれの鋼製巻尺に一定の張力を与えて、相互の誤差を確認する。
   建築現場では特に規定しない場合は、通常②150Nの張力としている。

2. 木構造の在来軸組構法における和小屋において、次の図の束立て小屋組は、小屋梁を約1,800mm間隔にかけ、その上に約900mm間隔に小屋束を立て、小屋束で棟木や母屋などを支える小屋組である。
   束立て小屋組の中で、小屋梁を軒桁の上に乗せかけるかけ方を③折置組といい、小屋梁を軒桁の上に乗せかける仕口はかぶとあり掛けで納め、羽子板ボルト締めとする。棟木の継手は、小屋束心より約150mm持出し腰掛あり継ぎ、両面かすがい打ちとする。母屋の断面寸法は④90mm角を標準とし、棟木や母屋には、垂木を取り付けるため垂木欠きを行い、垂木の取付けは母屋の上で、そぎ継ぎとして、釘打ちを行う。

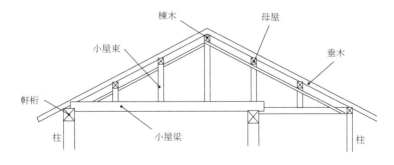

図　束立て小屋組み

平成**30**年度 実地

273　　　　　　　　　　　　　　　　　解説 p.233

3. 鉄筋相互のあきは、鉄筋とコンクリートの間の⑤<u>付着</u>による応力の伝達が十分に行われ、コンクリートが分離することなく密実に打ち込まれるために必要なものである。

柱や梁の主筋の継手に、ガス圧接継手を採用し、異形鉄筋を用いる場合の鉄筋相互のあきの最小寸法は、隣り合う鉄筋の平均径(呼び名の数値)の1.5倍、粗骨材最大寸法の1.25倍、⑥<u>20mm</u>のうちで、最も大きい値以上とする。

4. レディーミクストコンクリートの運搬時間は、JISにおいて、コンクリートの練混ぜ⑦<u>完了</u>からトラックアジテータが荷卸し地点に到着するまでの時間として90分以内と規定されている。

このため、できるだけ運搬時間が短くなるレディーミクストコンクリート工場の選定をする。

また、コンクリートの練混ぜ⑦<u>完了</u>から工事現場での打込み終了までの時間は、外気温が25℃未満で120分以内、25℃以上で⑧<u>100分</u>以内とする。

打込み継続中の打重ね時間の間隔限度は、外気温が25℃未満のときは150分以内、25℃以上のときは120分以内を目安とし、先に打ち込まれたコンクリートの再振動が可能な時間内とする。

次の**1.**から**4.**の各記述において、下線部の語句又は数値が**適当なものには○印**を、**不適当なものには適当な語句又は数値**を記入しなさい。

1. 改質アスファルトシート防水トーチ工法・露出仕様の場合、改質アスファルトシート相互の接続部の重ね幅は、長手方向及び幅方向とも100mm以上とし、出隅及び入隅には、改質アスファルトシートの張付けに先立ち、幅①100mm程度の増張り用シートを張り付ける。
露出用改質アスファルトシートの幅方向の接合部などで、下側のシートの砂面に上側のシートを接合するときには、下側のシートの砂面をあぶって砂を②浮き上がらせるか、砂をかき取ってから、上側シートの裏面を十分にあぶって重ね合わせる。

2. 有機系接着剤による外壁陶磁器質タイル張りにおいては、タイルと接着剤の接着状況を、張付け作業の途中に確認するとよい。
作業の途中に、張り付けた直後のタイルを1枚はがしてみて、タイル裏面に対して接着剤が③40%以上の部分に接着しており、かつ、タイル裏の④全面に均等に接着していることを確認した後、次のタイルの張付け作業にかかる。

3. 重ね形折板を用いた折板葺においては、折板をタイトフレームに固定した後、折板の重ね部を⑤900mm程度の間隔で緊結ボルト止めを行う。軒先の水切れを良くするために⑥雨垂れを付ける場合は、つかみ箸等で軒先先端の溝部分を15°程度折り下げる。

解説 p.235

4. 軽量鉄骨天井下地の水平精度は、一般に、基準レベルに対して±⑦<u>10</u>
㎜以下、水平距離3mに対して±3㎜以下程度とされている。
　　平らな天井の場合、目の錯覚で中央部が下がって見えることがある。
そのため、天井の中央部を基準レベルよりも吊り上げる方法が行われ
ている。この方法を⑧<u>そり</u>といい、室内天井張りのスパンに対して
1/500から1/1,000程度が適当とされている。

他の追随を許さない唯一無二の
「講習システム」と「合格実績」

1級建築士合格実績 No.1

令和4年度
1級建築士 学科+設計製図試験
全国ストレート合格者占有率

57.9%

他講習利用者＋独学者 / 当学院当年度受講生

全国ストレート合格者**1,468**名中／
当学院当年度受講生**850**名
（令和4年12月26日現在）

令和4年度
1級建築士 設計製図試験
全国合格者占有率

52.4%

他講習利用者＋独学者 / 当学院当年度受講生

全国合格者**3,473**名中／
当学院当年度受講生**1,819**名
（令和4年12月30日現在）

令和4年度 1級建築士 設計製図試験 卒業学校別実績（合格者数上位10校）

（令和4年12月26日現在）

右記学校卒業生
当学院占有率

58.1%

右記学校出身合格者 807名中／
当学院当年度受講生 469名

	学校名	卒業合格者数	当学院受講者数	当学院占有率		学校名	卒業合格者数	当学院受講者数	当学院占有率
1	日本大学	149	91	61.1%	6	工学院大学	63	48	76.2%
2	東京理科大学	123	67	54.5%	7	明治大学	60	34	56.7%
3	芝浦工業大学	96	62	64.6%	8	法政大学	56	33	58.9%
4	早稲田大学	79	36	45.6%	9	神戸大学	55	28	50.9%
5	近畿大学	74	46	62.2%	10	千葉大学	52	24	46.2%

総合資格学院なら
建築施工管理技術検定の
合格が現実に！

令和5年度 **1**級建築施工管理 第一次検定

当学院基準達成
当年度受講生合格率

全国合格率41.6%の
2倍以上

90.6%

8割出席・8割宿題提出当年度受講生255名中／合格者231名
（令和5年7月14日現在）

令和4年度 **1**級建築施工管理 第二次検定

当学院基準達成
当年度受講生合格率

全国合格率45.2%と
37%の差

82.3%

8割出席・8割宿題提出当年度受講生401名中／合格者330名
（令和5年1月27日現在）

■ 開講講座一覧

1級建築士	構造設計/設備設計 1級建築士	建築設備士	1級・2級 建築施工管理技士	1級・2級 土木施工管理技士
2級建築士	1級 管工事施工管理技士	宅地建物取引士	賃貸不動産 経営管理士	インテリア コーディネーター

総合資格学院

お問い合わせは最寄校までお気軽にご連絡ください。

あなたの最寄校を
カンタン検索！

株式会社 総合資格
（一社）日本経済団体連合会会員
（一社）日本建築学会会員
（一社）全国産業人能力開発団体連合会会員
監理技術者講習実施機関 登録番号7
宅建登録機関 登録番号 第009号
宅建登録実務講習実施機関 登録番号 第5号

株式会社 総合資格学院法定講習センター
国土交通大臣登録講習機関
●一級建築士定期講習 登録番号 第5号
●二級建築士定期講習 登録番号 第4号
●木造建築士定期講習 登録番号 第7号
●管理建築士講習 登録番号 第2号
経済産業大臣指定講習機関
●第一種電気工事士定期講習 第4号

総合資格学院なら合格が見える!

高い合格実績に裏づけられた学習シス

令和6年度受検

2級建築施工管理

ストレート合格必勝コース（第一次検定対策+第二次検定対策）	一次対策合格必勝コース	二次対策コース

ライブ講義のノウハウを活かした

映像講義

実際の講義映像を覗いてみよう

www.shikaku.co.jp/course/kenseko-2k/pp_mov/

実際に教壇に立つ講師陣が、ライブ講義で培ったノウハウを活かし、理解しやすい講義を配信!!
基礎となる根幹の知識から本試験レベルの解答法まで、受講生目線でわかりやすく解説します。
本試験の出題傾向や受検生の得点分布、受講生の理解度など、様々な要素を徹底的に分析しているため、
本試験攻略に必要なポイントがしっかり学習できます。

講義の模様

演習テスト解説

実務映像や図・グラフを用いて、事象や技術の原理・原則から試験で狙われるポイントなどを解説。

講義後には本試験形式の演習テストで解答力を養成。その後、演習テストの解説を通じて講義内容の再確認を行います。

受講生の状況に合わせてバックアップ

受講生サポートシステム

合格ダイアリー	教務スタッフ	カウンセリング	自習室
学習状況を確認し効果的な学習方法をアドバイス!	試験日まであらゆる面をサポート!	的確なアドバイスが成績に直結!	快適な学習環境を提供

ムでめざせ、2級建築施工管理技士!

ストレート合格必勝コース

第二次検定まで見据えたカリキュラムで 2級建築施工管理ストレート合格へ!!

「2級建築施工管理ストレート合格必勝コース」は、令和6年度の2級建築施工管理技術検定の完全合格をめざす「第一次検定対策」と「第二次検定対策」の総合コース。基礎からの段階的な学習により、着実にレベルアップ。第一次・第二次のストレート合格をめざします。

受講料 **310,000円**(税込**341,000円**)

一次対策合格必勝コース

予習 → 講習 → 合格サイクル → フォローアップ学習 → 復習

規則正しい学習サイクルで実力養成!!

第一次検定攻略において重要なのは、原理・原則の正しい理解と確かな基礎力の習得、そして本試験まで規則正しい学習サイクルを継続し、確実に合格できる得点力を身につけること。当学院の講習システムなら、これを無理なく実現できます。講義の終了後にはフォローアップ学習を行い、その日の講義内容は当日理解とします。

受講料 **225,000円**(税込**247,500円**)

二次対策コース

合格レベルの記述力を鍛える!!

第二次検定での出題形式に則った問題演習と受講生個々の記述内容に対して客観的に添削指導を行うことにより記述力を養成。もちろん「工程表」「法規」「施工法」等、記述問題以外も十分な対策を行い、主任技術者として求められる知識・応用能力を身につけます。

受講料 **140,000円**(税込**154,000円**)

いつでも・どこでも受講できるWEB学習コースもご用意!

令和6年度受検 2級建築施工管理

一次対策コース(通信)
受講料 **120,000円**(税込**132,000円**)

二次対策コース(通信)
受講料 **95,000円**(税込**104,500円**)

※指導内容・受講料などは変更となる場合がございますので、予め、ご了承ください。 <令和5年11月30日現在>

令和6年度版
2級建築施工管理技士 第一次検定・第二次検定 問題解説

発行日	2024年1月1日
編著	総合資格学院（平賀正樹／加納隆宏／多賀谷典子）
	総合資格学院講師（栗原昭一）
発行人	岸和子
発行	株式会社 総合資格
	〒163-0557　東京都新宿区西新宿1-26-2　新宿野村ビル22 F
電話	03-3340-6711（内容に関する問合せ先）
	03-3340-3082（応募者全員プレゼントに関する問合せ先）
	03-3340-6714（販売に関する問合せ先）
U R L	株式会社 総合資格　　　http://www.sogoshikaku.co.jp/
	総合資格学院　　　　　　https://www.shikaku.co.jp/
	総合資格学院 出版サイト　https://www.shikaku-books.jp/
企画・編集	株式会社 総合資格 出版局（金城夏水）
表紙デザイン	株式会社 総合資格 出版局（三宅崇）
デザイン・DTP	タクトシステム 株式会社
表紙画像	PIXTA（ピクスタ）
印刷	シナノ書籍印刷 株式会社

ISBN 978-4-86417-522-7
Printed in Japan

2024
令和6年度版

総合資格学院 編

2級建築
施工管理技士

第一次検定　第二次検定

問題解説

解答・解説［別冊］

図のように別冊を引いて取り外してください。
背表紙部分がのりで接着されていますので、
丁寧に抜き取ってください。取り外した別冊を持ち運び、
学習のチェックにお役立てください。

総合資格学院

解説 目次

2級 建築施工管理技士 第一次検定

解答・解説

No.1 正解 **4**

1. 全般換気とは、室内全体において、偏りなく行われる換気であり、室内全体の空気を外気によって希釈しながら入れ替えるものである。住宅の居室等において、通常用いられる。

2. 正しい記述である。局所換気とは、便所等で発生する臭気や、台所・浴室等で発生する水蒸気等の汚染物質が拡散する前に排出するための換気方式のことである。

3. 第1種機械換気方式は、給気側と排気側にそれぞれ専用の送風機を設けるので、最も確実な換気方式である。室内圧が自由に設定でき、任意の換気量が得られるので、地下街、映画館や劇場など外気から遮断された大きな空間の換気に適している。

4. 室内で発生した**汚染物質が他室に漏れてはならない室**には、室圧を負圧に保つ**第3種機械換気方式**が適している。

No.2 正解 **3**

1. 輝度とは、光源のある方向の単位面積（見かけの面積）当たりの光度のことで、単位はcd/m^2または$lm/m^2 \cdot sr$である。

2. 屋外の明るさが時刻や天候で変化しても、その変化と同じ割合で室内の明るさは増減するので、室内のある点の水平面の明るさと屋外の明るさとの比率は一定となる。この比率を昼光率といい、次式で表す。

   $$昼光率 = \frac{室内のある水平面の照度[lx]}{屋外の全天空照度[lx]} \times 100 (\%)$$

3. 光源の出す光の色を、これと等しい光色を出す黒体の絶対温度で表したものが色温度で、焚火等**赤みを帯びた光は色温度が低**く、色温度の上昇に伴い橙・黄・白と変化し、更に高くなると青味を帯びる。

4. 均斉度は、室内の照度分布の均一性を表す指標で、作業面の最低照度の最高照度に対する比である。均斉度をu、最高照度をUx、最低照度をUiとすると、

   $$u = Ui/Ux \times 100\%$$

   で表され、均斉度uの値が大きいほど、室内の照度分布は均一

になる。

No.3 正解 **1**

1. 吸音率とは、「入射する音のエネルギー」に対する「**反射音以外の音のエネルギー**」すなわち「**壁を透過する音のエネルギーと壁に吸収される音のエネルギーの和**」の割合のことである。

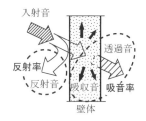

図　吸音率と反射率のイメージ

2. 室内の天井と床、両側壁等が互いに平行で、かつ反射材料でできている場合、拍手の音や足音等がこの平行面間を繰り返し反射して、二重、三重に聞こえる現象が生じやすい。これを、フラッターエコー（鳴竜）という。

3. 4. 透過損失とは、壁体の透過音が入射音に比べてどれだけ弱くなったかを数量的に表したもので、壁体の遮音性能を示し、大きいほど遮音効果がよい。密で均一な材料でできている壁体の透過損失は、比重が大きいものほど、並びに壁厚が厚いものほどその値は大きくなる。

No.4 正解 **1**

1. 大梁は、急激に破壊する**せん断破壊よりも曲げ降伏を先行**するように設計する。

2. 正しい記述である。

3. 床スラブの厚さは80mm以上とし、かつ、短辺方向における有効スパン（スラブの支持部材間の内のり寸法）の1/40以上とする。

4. 耐力壁の厚さは120mm以上、かつ、内法高さの1/30以上とする。

No.5 正解 **1**

1. 圧縮材は、細長比が**大きい方が座屈しやすい**。

2. 正しい記述である。

3. 同じ耐力の部材を比べると鉄筋コンクリート構造より鉄骨構造の部材の方が軽量であり、構造体の軽量化が図れる。つまり、小さな断面部材で大きな荷重に耐えられる。

4. トラス構造は、一般に、各節点がピンで接合され、各部材が三角形を構成する構造である。細い部材で、強い構造をつくることができるのが特徴で、構造体の軽量化を図ることができる。大空間を必要とする建築物（体育館や工場など）に用いる長大

3

な梁など、大きなスパンの屋根を支える構造として、木造や鉄骨造などで用いられている。

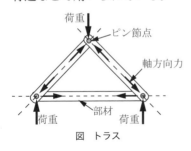

図 トラス

No.6 正解 2

1. フィラープレートは、板厚の差によるすき間を少なくするために用いる。接合部材間にすき間（はだすき）のある場合の処理は、下記の通りである。

表　はだすきがある場合の処理

はだすき量	処理方法
1mm以下	処理不要
1mmを超えるもの	フィラープレートを入れる

2. スプライスプレートとは、高力ボルト接合において、**フランジ・ウェブ等の両側に添えて、その外側から高力ボルトを締め付ける接合用の添え板**である。設問の記述は、スチフナーのことである。

3. 正しい記述である。単一材は、部材として形鋼や鋼管をそのまま用いたものをいい、組立材は、形鋼や鋼板を組み立てて部材としたもので、箱形断面柱やプレート梁、トラス梁（柱）等がある。

4. 合成梁に使用するスタッドとは、鉄筋コンクリートスラブの一部を鉄骨梁のフランジと合体させて、梁の耐力を高めるもので、一体化を図るために梁フランジ上に溶接して取り付ける部材である。

No.7 正解 4

1. 正しい記述である。べた基礎とは、荷重を単一の基礎スラブで直接広範囲の地盤に伝えるものをいう。耐圧スラブと地盤が接する面積が大きいため、独立基礎と比較して、地盤が軟弱な場合に用いられる。

図　独立基礎とべた基礎

2. 基礎底面直下の地盤が軟弱で、過大な沈下が予想される場合や支持力が不足する場合には、杭を使用する。

3. 原則として、建築物には異なる構造方法による基礎を併用してはならない。

4. 直接基礎の底面は、**冬季の地下凍結深度より深くする**。

No.8　正解　**2**

1. 座屈とは、細長い部材が軸方向の圧縮力を受けて、荷重がある限界に達すると、急激に湾曲し、横方向にはらみ出す現象をいう。

2. ヤング係数とは弾性係数の一つで、材料の変形しにくさを表す係数のことであり、**応力度σとひずみ度εの関係式で用いられる比例定数（σ / ε）である。**設問の記述は、線膨張係数のことである。

3. 物体の一軸方向に外力が作用するとき、伸びのひずみ（縦ひずみ）とそれに対し直角方向に収縮するひずみ（横ひずみ）との比をポアソン比という。

4. 中心圧縮力を受ける部材が弾性域で座屈する弾性座屈荷重（P_k）は、次式で求められる。

$$P_k = \frac{\pi^2 EI}{l_k{}^2}$$

　π：円周率（3.14）

　E：ヤング係数

　I：座屈軸まわりの断面二次モーメント

　l_k：座屈長さ

上式で示すとおり、座屈荷重P_kは、座屈軸まわりの断面二次モーメントIに比例する。

No.9　正解　**1**

支点Aに生じる反力を上向きにV_A、支点Bに生じる反力を上向きにV_Bと仮定する。

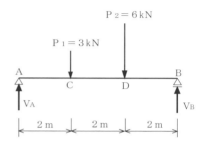

支点Bにおけるモーメントのつり合いを考えると、$\Sigma M_B = 0$より、

$V_A \times 6\,m - 3\,kN \times 4\,m$
$\qquad - 6\,kN \times 2\,m = 0$
$\qquad\qquad V_A = 4\,kN$

CD間で切断して、切断点に下向きのせん断力Q_{CD}を仮定する。

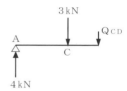

切断点より左側部分の力のつり合いを考えると、$\Sigma Y = 0$より、

$4\,kN - 3\,kN - Q_{CD} = 0$
$\qquad\qquad Q_{CD} = 1\,kN$

切断点には下向きに1kNのせん断力が働いていることになり、CD間には時計回りのせん断力1kNが作用することになる。したがって、**1.** が正しいものである。

問題 p.12 ～ 13

No.10 正解 2

点Aは自由端であり、AC間には荷重が作用していないため、AC間に曲げモーメントは生じない。点Cに反時計回りに回転させようとするモーメント荷重Mが作用しているが、片持ち梁のモーメント荷重は支持点Bまで一定の値で伝わる。AC間に曲げモーメントが作用しておらず、BC間に一定の曲げモーメントが作用している**2.** が正しいものである。

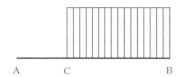

A C   B

No.11 正解 2

1. 鋼の応力度とひずみ度の関係は下図の通りで、弾性限度を超えない範囲を弾性域という。鋼は、弾性域内であれば、引張荷重を取り除くと元の状態に戻る。

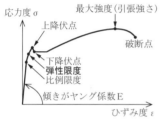

図　応力度－ひずみ度曲線

2. 鋼は、**炭素含有量が増すと、降伏点、引張強さは増加するが、伸び、靭性（ねばり強さ）、溶接性が低下する。**

3. 鋼は、熱処理によりその機械的性質が変化する。

4. 正しい記述である。鋼は耐火・耐食性に乏しく、耐火被覆や防錆処理が必要である。

No.12 正解 4

1. 正しい記述である。

2. 正しい記述である。

3. 正しい記述である。

4. 遮熱性とは、**日射熱を遮る程度**のことをいう。設問の記述は、断熱性のことである。

No.13 正解 3

1. ポリウレタン系シーリング材は、紫外線や硫黄系ガスにより表面が黄色に変色することがある。そのため、ガラス廻り目地に適用できない。

2. ポリサルファイド系シーリング材は、表面の仕上げ材や塗料を軟化、変色させることがある。

3. シリコーン系シーリング材は、**表面に仕上げ材、塗料が付着しにくい。**

4. アクリル系シーリング材は、未硬化の状態では水に弱く、雨に流される欠点があり、また、常

時水に浸される箇所には使用することができない。

No.14 正解 2

1. 正しい記述である。
2. ロックウール化粧吸音板は、吸音性や断熱性に優れており、天井仕上げに多用されるが、**耐水性に劣る**ため、公衆浴場、プール、浴室などには用いない。
3. フレキシブル板は、セメント、繊維及び混和材料を主な原料とし、高圧プレスをかけたものである。床・間仕切・内外装・天井に用いられる。
4. せっこうボードは、せっこうを心材として両面をボード用原紙で被覆し、板状に成形したものである。内装及び天井下地、防火・準耐火・耐火・遮音構造に用いられる。

No.15 正解 3

1. 地中埋設排水管の勾配は、やむを得ない場合を除き1/100以上とする。
2. 硬質塩化ビニル管の場合、マンホール及び桝との取付け部には、管の外面に砂付け加工を行った管（砂付きの桝取付け短管）を使用する。
3. 遠心力鉄筋コンクリート管のソケット管は、**受口を上流に向け**

て、水下から敷設する。

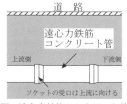
図　遠心力鉄筋コンクリート管

4. 桝の上流側管底と下流側管底との間には、20mm程度の管底差を付ける。

No.16 正解 4

建築物に設ける自動火災報知設備の感知器には、熱感知器・煙感知器・炎感知器がある。なお、**地震感知器**は、**エレベーターの地震時管制運転**を行う際に、地震時のP波及びS波を感知して**エレベーターを最寄階に停止させる機能**として設けられる。

No.17 正解 2

1. パッケージユニット方式とは、冷凍機、ファン、エアフィルター、加湿器、自動制御機器を1つのケーシングに組み込んだパッケージユニットを各階ごとに設置して空調を行う方式で、機械室、配管、ダクト等のスペースが少なくてすむ。
2. ファンコイルユニット方式とは、ボイラーや冷温水発生機等から冷温水の供給を受け、各室に設けたファンとコイル及び

7

フィルターを内蔵したファンコイルユニットで空調を行う方式であり、負荷に応じて**各ユニットごとの温度調節ができる。**

図　ファンコイルユニット方式

3. 二重ダクト方式とは、常に温風と冷風の２本のダクトで必要な箇所に送風し、各々の箇所の熱負荷に応じて混合ボックスで混合し、各室に吹き出す方式で、別々の部屋で暖房と冷房を行うことができる。

4. 単一ダクト方式とは、建物全体あるいはゾーンごとに１台の空調機を設け、その空調機から冷風または温風を１本の主ダクトより分岐して各室に給気する最も基本的な方式である。

No.18 正解 **4**

1. 陸墨（高さの基準）の移動に鉄筋を用いる場合、台直しが済んだ柱主筋や壁筋を用いる。

2. 縄張りとは、建物の位置を最終決定するために、設計図書（配置図等）に基づいて、発注者、設計者等の立会いのもと、敷地に建築物の位置を出すことをいう。一般的に縄、ひも、石灰等が使用される。

3. 各通り心とも柱筋や壁筋があって墨打ちができない場合、通り心より１m返りの逃げ墨を出して、これを基準墨とする。

4. 基準墨の上階への移動は、上階の床スラブのコンクリートを打つ際に、建物四隅の基準墨または逃げ墨の交差する場所に15cm角程度の孔をあけ、コンクリート打込み後、この孔から**下げ振りを下階の基準墨の交点（４点）まで下げ、その位置を上階の床スラブ上に移す。**２点のみを上階に移し、あとはトランシット等を用いて他の基準墨を出すことは、間違いや誤差を生じやすいので、絶対に避ける。

No.19 正解 **2**

1. 中掘り根固め工法は、杭の中空部に挿入したオーガーで、杭先端地盤を掘削しながら、杭中空部から排土し、杭を圧入した後、杭先端部を根固めする工法である。

2. 掘削を終了してアースオーガーを引き上げる時や掘削中に上下させる時、引上げを急速に行うと、吸引現象により負圧が発生し、支持地盤の緩みや孔壁の崩壊が生ずるので、**アースオーガーの引上げはできるだけゆっくりと行う。**

3. 杭周固定液は、杭と掘削孔壁との隙間に充填して固結させ、周面摩擦力を発揮させる目的で使用する。

4. セメントミルク工法の支持層の確認は、予定の支持層に近づいたら掘削速度を一定に保ち、アースオーガー駆動用電動機の電流値または積分電流値の変化を測定し、アースオーガーに付着している土砂と土質調査資料及び設計図書との照合を行う。

No.20 正解 **2**

1. 階段・ハンチ等の斜め型枠で、パイプサポートを斜めにして建て込む場合は、サポート脚部にキャンバーを用い、かつ根がらみを取り付けて安定させるかピポットを用いる。

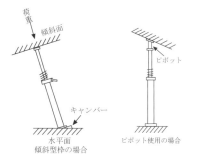

図 傾斜型枠の支柱例

2. パイプサポートと補助サポートの継手は、突合せ継手または**差込み継手とする。**

3. 支保工は、床・梁等を支える根太、大引、支柱（パイプサポート）、支保梁、支柱の座屈を防止する水平つなぎ・ブレースのほか、柱、壁等のせき板の位置を保持するとともに転倒を防ぐ内端太、外端太、建入れ直しサポート、チェーン等から構成される。

4. 型枠支保工に用いる水平材等の接続部及び交差部は、根がらみクランプ等の接続金物を用いて緊結する。

No.21 正解 **1**

1. コンクリート打込み後の養生期間中の温度が過度に低いと強度の発現が著しく遅延し、**温度が過度に高いと長期材齢における強度増進が小さくなる。**

2. 正しい記述である。

3. 打込み後のコンクリートには、直射日光、風等による乾燥を防ぐため湿潤養生を行う。

4. コンクリートの打込み後、少なくとも1日間はその上で作業をしてはならない。やむを得ず歩行したり作業を行う必要がある場合は、工事監理者の承認を受ける。

No.22 正解 1

1. 土台の継手は、腰掛けかま継ぎまたは腰掛けあり継ぎとし、継手の押え勝手の**上木部分**を、アンカーボルトで締め付ける。なお、継手の位置は柱や間柱直下及び床下換気孔の位置は避ける。

2. 棟木・母屋と垂木の取合いは、棟木・母屋に垂木当たり欠きまたは小返し削りを行い、垂木を受ける。

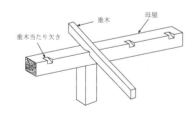

図　垂木当たり欠き

3. 隅通し柱の土台への仕口は、土台へ扇ほぞ差しとする。接合金物は、かすがい打ち、かど金物当て釘打ち、山形プレート当て釘打ち、ホールダウン金物当てボルト締めのいずれかとする。

4. 床束の下部は、束石に突付けとし、根がらみを床束に添え付け釘打ちとする。

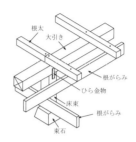

図　床組の例

No.23 正解 3

1. びしゃん仕上げとは、花崗岩の表面を「びしゃん」という多数の格子状突起をもつハンマーでたたいた仕上げである。

2. 小たたき仕上げとは、「びしゃん」でたたいた後、さらに先端がくさび状のハンマーで、約2mmの平行線状に平たんな粗面を作る仕上げである。

3. ジェットバーナー仕上げとは、**石表面をバーナーで加熱し**、それを水で急冷することにより、石材を構成する鉱物の熱膨張率の違いを利用して、表面の一部をはく離させて均一な仕上げにしたものである。設問は、ウォータージェット仕上げのことである。

4. ブラスト仕上げとは、細かい砂や鋼鉄の粉粒を圧縮空気でたたき付け、石材表面を粗面にしたものである。

No.24 正解 3

1. 谷どいにやむを得ず継手を設ける場合は、水上に設け50mm以上重ね合わせて、シーリング材を充てんし、リベット、丸ねじ等で2列に千鳥に留め付ける。

2. 硬質塩化ビニル製縦どいは、継いだといの長さが10m以上になる場合は、製造所の指定するエキスパンション継手等で伸縮を吸収する。

3. 鋼板製のたてどいの長さ方向の継手は、**上にくるたてどいを下のといに**直径寸法程度または60mm程度差し込んで継ぐ。

4. 硬質塩化ビニル製軒どいは、とい受け金物に径1.2mm程度の金属線または金物の金属つめ等で取り付ける。

No.25 正解 1

1. **コンクリートを打ち込む前に**床仕上げに必要な造り方定規を設けたり、レーザーレベルの設置などを行う。仕上げ精度が要求される場合にはガイドレールなどを3.5〜4m間隔に設置し、基準となる造り方木は鉄骨そ

の他、狂いの生じない箇所に設け、常に点検して正確に水平または所要の勾配を保持するようにする。

2. 正しい記述である。

3. 金ごて仕上げの中ずりにおいて、多湿またはブリーディングが多い場合、金ごての代わりに木ごてを用いる。

4. 表面仕上げ後は、コンクリートが急激に乾燥しないように適切な養生を行う。一般には金ごて仕上げのまま、張物下地などでは最終こて押え後、12時間程度を経てから2〜3日間散水養生を行う。

No.26 正解 1

1. アルミニウムに接する小ねじ等の材質は、**ステンレス製**とする。

2. ステンレスに接触する鋼材は、ステンレスの腐食の原因となることがあるため、裏板や補強板等の重要な補強材は、錆止め塗装を行う必要がある。

3. 木製フラッシュ戸の中骨の樹種については、杉、ひば、えぞ松、米つが、米ひば等のむく材とする。

4. 樹脂製建具は、原則として、建具の加工及び組立からガラスの組込みまで一貫して建具製作所

11

にて行うことで、性能・品質を
確保している。

No.27 正解 3

1. タイルカーペットの張付けに
   は、粘着はく離形（簡単にはく
   離できて、ずれが防止できる性
   能）と再接着性（再粘着性）をも
   つ接着剤を使用し、オープンタ
   イムを確保した後張り付ける。
2. フリーアクセスフロア下地の場
   合、タイルカーペットは、パネ
   ルの目地にまたがるように割り
   付ける。
3. グリッパーの取付けは、カー
   ペットの厚さに応じて、**周辺に
   沿って連続して均等な溝（すき
   間）をつくり**、釘または接着剤
   で取り付ける。

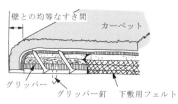
図　グリッパー工法によるカーペット固定

4. 下敷き用フェルトはグリッパー
   の厚さと同等か、やや厚いもの
   を選択する。下敷用フェルトに
   隙間や段差があると、使用中
   に、カーペット表面に段差と
   なって出てくるので、突き付け
   で敷き込む。

No.28 正解 4

1. ビニル床シート、ビニル床タイ
   ル、ゴム床タイル等の除去は、
   カッター等で切断し、スクレー
   パー等により他の仕上材に損傷
   を与えないように行う。
2. 合成樹脂塗床材の除去は、ケレ
   ン棒、電動ケレン棒、電動はつ
   り器具、ブラスト機械等を用い
   て行うが、除去範囲は下地がモ
   ルタル塗りの場合は、モルタル
   下地共、コンクリート下地の場
   合は、コンクリート表面から3
   mm程度とする。
3. フローリング張り床材の撤去に
   おいて、乾式工法によるフロー
   リングは、丸のこ等で適切な寸
   法に切断し、ケレン棒等ではが
   し取る。根太下地の場合は、根
   太下地を損傷しないように十分
   に注意して作業を進める。
4. 床タイルの撤去は、張替え部を
   ダイヤモンドカッター等で存置
   部分と縁切りをしたのち、タイ
   ル片を電動ケレン棒、電動はつ
   り器具等を用いて周辺部を損傷
   しないように注意しながら行
   う。

No.29 正解 4

1. 着工に先立ち、敷地の排水及び
   新設する建築物の排水管の勾配

（通常 1/100 ～ 1/75）が、排水予定の排水本管・公設桝・水路等まで確保できるか、生活・事業系排水（汚水）と雨水との区分の必要があるかなどを確認する。

2. 基礎工事や解体工事を行う際には、騒音・振動による公害防止のため、近隣の商店や工場の業種を調査する。

3. 設計図書の一部として与えられた地盤調査結果資料に不足する項目があれば、施工計画に先立って追加の調査を実施する。特に根切り工事や山留め工事、場所打ちコンクリート杭工事の計画においては、事前に試験掘削（試掘）調査をすることが望ましい。

4. 日影による近隣への影響の調査は、**鉄骨建方の事前調査とは関係がない。**

No.30 正解 4

1. 正しい記述である。仮囲いは、工事現場周辺の道路・隣地との隔離、出入口以外からの入退場の防止、盗難の防止、通行人の安全、隣接地の保護等のために必要である。

2. 正しい記述である。施工者用事務所と監理者用事務所は、両事務所の職員同士が工事のための

打合せを頻繁に行う必要があるため、相互に行き来しやすい配置とすることが望ましい。

3. 正しい記述である。

4. 酸素やアセチレン等のボンベ類の貯蔵小屋は、通気をよくするために、**壁の1面は開口とし、他の3面は上部に開口部を設ける。**

No.31 正解 1

1. セメントの保管は、湿気を防ぐため、床を地表面より30㎝以上高くし、防湿に注意し、**通風や圧力は避ける。**

図　セメントの保管

2. 型枠用合板は、屋外で保管する場合には、直射日光が当たるのを避けるため、シート掛け養生を行う。

3. 長尺のビニル床シートは、乾燥した室内に直射日光を避けて縦置きにする。転倒を防止するため、ロープで柱などに固定しておくとよい。横積みにすると、重量で変形することがあり好ましくない。

4. 鉄筋は、コンクリートの付着強度を低下させる泥、土、油等が付着しないように受材（角材）上に置き、雨露や潮風による有害な錆を生じさせないように必要に応じてシートを掛けて保管する。

No.32 正解 **4**

1. 上下作業は極力避けることが原則であるが、やむを得ず上下作業を行う場合、事前に両者の作業責任者と場所や内容、時間等をよく調整し、安全確保を図る。

2. 鉄骨製品を現場に搬入するためには事前の工程があり、これらの期間も鉄骨工事の工程計画では、大切な要素となる。具体的には、以下のようなものがある。
   ① 積算及び見積期間
   ② ミルメーカーへの材料発注と納入期間（ロール発注）
   ③ 工作図の作成と承認期間
   ④ 現寸図の作成と承認期間
   ⑤ 工場製作期間
   ⑥ 製品の受入検査期間
   工程計画は、これらの期間を考慮に入れて他の工事との関わりを十分検討し、工事期間を決定する。

3. 正しい記述である。多種類の職種が狭い場所で輻輳して作業を行う工事については、工区を分割することによって各職種が工区に分かれて作業を実施するため、作業の生産性が向上する。

4. マイルストーンは、掘削開始日、地下躯体完了日、鉄骨建方開始日、最上階コンクリート打設完了日、屋上防水完了日、外部足場の解体完了日等、**工程の重要な区切りとなる時点に設定する。**

No.33 正解 **2**

1. バーチャート工程表は、作業の流れが左から右へ移行しているので、作業の流れが把握でき、工事全体の掌握に都合がよく、比較的作成も容易である。

2. バーチャート工程表は、各作業の関連が示されないので、**工期に影響する作業やクリティカルパスが明確になりにくい。**

3. バーチャート工程表は、作業の順序関係を厳密に規定する方法ではないため、工程における各作業の順序関係が不明確となりがちであり、前工程の遅れが後工程にいかに影響するかについて理解することが難しい。

4. バーチャート工程表は、作業間の関係は漠然とはわかるが、各作業の順序や関連等を明確に把

握することはできない。

No.34 正解 2

1．正しい記述である。
2．品質管理では、試験や検査に重点を置くより、**工程（プロセス）で品質を造り込む**ことを重視する。
3．建築工事における品質管理とは、設計図書に定められた品質を十分満足するような建築物を、問題点や改善点を見出しながら最も合理的、かつ、経済的に施工を行うことである。
4．検査とは、品物の特性値に対して、測定、試験等を行って、規定要求事項と比較して、適合しているかどうかを判定することをいう。それに伴う試験は、試験によらなければ品質及び性能を証明できない場合に行う。

No.35 正解 4

1．現場における木材の含水率の測定は、電気抵抗式水分計または高周波水分計による。
2．平板載荷試験は、構造物を設置する地盤に載荷板を通じて荷重を加え、荷重と沈下の関係から地盤の支持力を求めるために行う原位置試験で、根切り工事の最終段階で実施することが多い。

3．鉄筋のガス圧接完了後の検査については、圧接箇所の全数について外観検査を行い、その後、超音波探傷試験または引張試験による抜取り検査を行う。
4．隅肉溶接のサイズの測定には、**溶接ゲージ**を用いる。溶接ゲージは、溶接した部分の寸法、のど厚、サイズ、割れ、ビード、アンダーカット及びオーバーラップなどを正確に確認するための器具である。なお、マイクロメーターは精密工作用の長さ測定器具である。

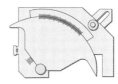

図　溶接ゲージ

No.36 正解 2

フレッシュコンクリート（レディーミクストコンクリート）の工事現場での受入れ時の試験及び確認項目は、スランプ、空気量、単位容積質量、コンクリート温度、塩化物量、アルカリ量、運搬時間等がある。**2.の骨材の粒度は、検査及び確認項目に含まれていない。**

問題 p.23

No.37　正解　3

1. 安全施工サイクルとは、全工程を通じて、毎日・毎週・毎月ごとの基本的な実施事項を計画を立てた上で定型化し、その実施内容の改善、充実を図り継続的に行う活動のことであり、建設作業所の安全衛生管理を進めるためのものである。

2. 正しい記述である。

3. ZE（ゼロ エミッション）とは、産業により排出される様々な廃棄物・副産物について、他の産業の資源などとして再活用することにより、社会全体として**廃棄物の排出をゼロにしようとする**考え方のことである。

4. リスクアセスメントとは、事業場にある危険性や有害性の特定、リスクの見積り、優先度の設定、リスク低減措置の決定の一連の手順をいい、事業者は、その結果に基づいて適切な労働災害防止対策を講じる。

No.38　正解　3

1. 事業者は、高さ2m以上の足場の組立て、解体又は変更の時期、範囲及び順序を当該作業に従事する労働者に周知しなければならない。

2. 事業者は、高さ2m以上の足場の組立て、解体又は変更の作業を行う区域内には、関係労働者以外の労働者の立入りを禁止する措置を講じなければならない。

3. 足場の組立て等作業主任者は、作業の方法と労働者の配置を決定し、作業の進行状況を監視しなければならない。設問の内容は、**事業者の講ずべき措置として定められていない。**

4. 事業者は、材料、器具、工具等を上げ、又は下ろすときは、つり綱、つり袋等を労働者に使用させなければならない。

No.39　正解　2,3

1. 鉄筋の継手には、重ね継手、ガス圧接継手、機械式継手及び溶接継手がある。

2. 重ね継手の長さは、鉄筋の種類、**コンクリートの設計基準強度により異なる。**

3. 重ね継手の長さは、鉄筋の折曲げ起点間の距離とし、**末端のフックは継手長さに含まない。**

4. 鉄筋の継手は、原則として応力の小さいところで、かつ常時はコンクリートに圧縮応力が生じている部分に設ける。

No.40　正解　1,4

1. キンクしたワイヤロープは、玉

掛け用具として使用してはならない。

| キンク | 形崩れ | 腐食 |

図　ワイヤロープの欠損

2．仮ボルトの本数は、最低本数を確保した上で、強風や地震など想定される外力に対する接合部の応力を計算し、発生応力に必要な仮ボルトをとることとする。

3．油まみれの仮ボルトを使用すると、ボルト孔回りのすべり係数を低下させるので、油を除去して使用する。

4．仮ボルトは、建方作業における部材の組立に使用し、本締めまたは溶接までの間、予想される外力に対して架構の変形及び倒壊を防ぐためのボルトである。**本締めに用いるボルトを仮ボルトに使用してはならない。**

No.41 正解 **1，3**

1．**出隅**は、**通りよく面取り**とする。**入隅**は、アスファルト防水層の場合は通りよく三角形の面取りとし、**それ以外の防水層では通りよく直角**とする。

図　入隅下地の形状

2．防水層の施工は、通常は立上り部、平場部の順に施工する。施工はゴムべら、金ごてなどを用い、気泡・ピンホールを生じないように施工する。

3．ウレタンゴム系塗膜防水において、**補強布の張付けは重ね張り**とし、重ね幅は50㎜以上とする。

4．ウレタンゴム系塗膜防水層の仕上塗料塗りは、ローラーばけ、毛ばけまたは吹付け器具を用いて行う。

No.42 正解 **2，4**

1．油類やアスファルト等の付着物は、木部を傷つけないように皮すき等で十分取り除いた後、溶剤でふいて十分乾燥させる。

2．木部の素地ごしらえにおける節止めについては、**木部下塗り用調合ペイントもしくはセラックニス類**を使用する。ジンクリッチプライマーは、鉄鋼面への耐候性塗料塗りの下塗りに使用される。

17

3. 鉄鋼面の錆及び黒皮（ミルスケール）の除去は、サンドブラスト、ショットブラストまたはグリットブラスト等の処理をする。

4. 鉄鋼面の素地ごしらえにおいて、油類の除去は、**錆を除去する前に行う。**

No.43 正解 **4**

1. 建築とは、建築物を新築し、増築し、改築し、又は移転することをいう。

2. 居室とは、居住、執務、作業、集会、娯楽その他これらに類する目的のために継続的に使用する室をいう。したがって、住宅の浴室は居室に該当しない。

3. 特殊建築物とは、学校、体育館、病院、劇場、観覧場、集会場、展示場、百貨店、市場、ダンスホール、遊戯場、公衆浴場、旅館、共同住宅、寄宿舎、危険物の貯蔵所その他これらに類する用途に供する建築物をいう。

4. 建築物とは、土地に定着する工作物のうち、屋根及び柱若しくは壁を有するもの、これに付属する門若しくは塀、観覧のための工作物又は地下若しくは高架の工作物内に設ける事務所、店舗、興業場、倉庫等をいい、建

築設備を含むものとする。

No.44 正解 **1**

1. 居室には、採光のための窓その他の開口部を設けなければならない。ただし、**地階若しくは地下工作物内に設ける居室**その他これらに類する居室又は温湿度調整を必要とする作業を行う作業室その他用途上やむを得ない居室については、**この限りでない。**

2. 幼稚園、小学校、中学校、義務教育学校、高等学校、中等教育学校又は幼保連携型認定こども園の教室の開口部で、採光に有効な部分のその床面積に対する割合は、原則として1/5以上とする。

3. 給気口は、居室の天井の高さの1/2以下の高さに設け、常時外気に開放された構造とする。

4. 居室には換気のための窓その他の開口部を設け、その換気に有効な部分の面積は、その居室の床面積に対して、1/20以上としなければならない。ただし、政令で定める技術的基準に従って換気設備を設けた場合においては、この限りでない。

No.45 正解 **3**

1. 4. 建設業の許可は、建設工事

の種類（29種類）ごとに各建設業に分けて与えられ、2以上の建設工事の種類について許可を受けることができる。

2. 特定建設業の許可は、発注者から直接請け負う1件の建設工事につき、下請代金の総額が、建築工事業で7,000万円（その他の業種で4,500万円）以上となる下請契約を締結して施工しようとする場合に必要である。下請負人として建設業を営むものは、一般建設業の許可を受ければよい。

3. 二以上の都道府県の区域内に営業所を設けて営業をしようとする場合にあっては、**国土交通大臣**の許可を受けなければならない。

No.46 正解 **1**

建設工事の請負契約の当事者は、定める事項を書面に記載し、署名又は記名押印をして相互に交付しなければならない。記載事項の主なものには、次のものがある。

① 工事内容
② 請負代金の額
③ 工事着手の時期及び工事完成の時期
④ 工事を施工しない日又は時間帯の定めをするときは、その内容
⑤ 請負代金の全部又は一部の前金払又は出来形部分に対する支払の定めをするときは、その支払の時期及び方法
⑥ 天災その他不可抗力による工期の変更又は損害の負担及びその額の算定方法に関する定め
⑦ 価格等の変動若しくは変更に基づく請負代金の額又は工事内容の変更
⑧ 工事の施工により第三者が損害を受けた場合における賠償金の負担に関する定め
⑨ 注文者が工事に使用する資材を提供し、又は建設機械その他の機械を貸与するときは、その内容及び方法に関する定め
⑩ 注文者が工事の全部又は一部の完成を確認するための検査の時期及び方法並びに引渡しの時期
⑪ 工事完成後における請負代金の支払の時期及び方法
⑫ 各当事者の履行の遅滞その他債務の不履行の場合における遅延利息、違約金その他の損害金
⑬ 契約に関する紛争の解決方法

なお、**工事の完成又は出来形部分に対する下請代金の支払の時期及び方法並びに引渡しの時期は、請負契約書に記載しなければならない事項ではない。**

No.47　正解　4

労働契約の締結に際し、書面で交付しなければならない労働条件は、労働基準法施行規則第5条第一号から第十一号に定められているが、第四号の二から第十一号までに掲げる事項については、使用者が定めをしない場合においては、除かれている。

1. 「安全及び衛生に関する事項」は、第七号で定められているため、必ずしも書面で交付しなければならない事項には含まれない。
2. 「職業訓練に関する事項」は、第八号で定められているため、必ずしも書面で交付しなければならない事項には含まれない。
3. 「休職に関する事項」は、第十一号で定められているため、必ずしも書面で交付しなければならない事項には含まれない。
4. 「退職に関する事項」は、第四号で定められているため、**書面で交付しなければならない。**

No.48　正解　1

1. 4. 事業者は、その事業場の業種が政令で定めるものに該当するときは、新たに職務につくこととなった職長その他の作業中の労働者を直接指導又は監督する者（作業主任者を除く）に対

し、安全又は衛生のための教育を行わなければならない。**作業主任者は除かれる。**

2. 3. 事業者は、労働者を雇い入れたとき、又は労働者の作業内容を変更したときは、当該労働者に対し、その業務に関する安全又は衛生のための教育を行わなければならない。

No.49　正解　1

産業廃棄物の運搬又は処分の委託契約書に記載しなければならない事項としては、令第6条の2第四号及び規則第8条の4の2に定められている。

1. 産業廃棄物の**運搬を委託するときの運搬の方法**は、令第6条の2第四号及び規則第8条の4の2に**定められていない。**
2. 産業廃棄物の運搬を委託するときの運搬の最終目的地の所在地は、令第6条の2第四号ロに定められている。
3. 委託する産業廃棄物の種類及び数量は、令第6条の2第四号イに定められている。
4. 産業廃棄物の処分を委託するときの処分の方法は、第6条の2第四号ハに掲げる事項に含まれている。

No.50 正解 2

1．3．4．消防設備士、防火管理
　者、危険物取扱者は、消防法で
　定められているものである。

2．特定高圧ガス取扱主任者は、**高
　圧ガス保安法**に定められるもの
　である。特定高圧ガス消費者は、
　事業所ごとに、特定高圧ガス取
　扱主任者を選任し、規定する職
　務を行わせなければならない。

問題 p.29

No.1 正解 **2**

1. 2. 冬季暖房時に、室内の水蒸気により外壁などの室内側表面で生じる結露を表面結露という。表面結露を生じさせないためには、壁体等の表面温度が室内空気の露点温度以下にならないようにする必要がある。具体的には、外壁等に**熱伝導率の小さい材料を用いて断熱性能を高める**対策などがある。

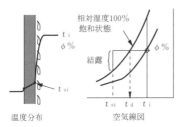

図　表面結露

3. 外壁の室内側表面に近い空気を流動させると、表面温度が上昇するので、表面結露を防止できる。

4. 室内側が入隅となる外壁の隅角部は、2方向から空気が冷やされ壁表面の空気温度が低くなるとともに、空気の流動が少ないことから、表面結露が生じやすい。

No.2 正解 **2**

1. 光束とは、光のエネルギーがある面を通過する割合で、標準比視感度で補正した、単位時間当たりの光の放射エネルギー量で表す。

2. 輝度とは、**光源のある方向の単位面積（見かけの面積）当たりの光度**のことである。設問の記述は、光度のことである。

3. 正しい記述である。建物と一体化して天井や壁に配置された照明で、外観上は見えない照明である。

4. 光害とは、漏れ光によって阻害されている状況、または、それによる悪影響をいう。漏れ光とは、照明器具から照射される光で、その目的とする照明対象範囲外に照射される光をいう。

No.3 正解 **1**

1. 純色とは、各色相のなかで**彩度が最高のもの**をいう。

2. 暖色や明度の高い色は膨張して、実際の位置より近距離に見えるので、進出色（膨張色）といい、反対に、寒色や明度の低

い色は収縮して、遠くに見える
ので、後退色（収縮色）という。

3. 正しい記述である。色料の3原
色とは、シアン（C：青緑）、
マゼンダ（M：赤紫）、イエロー
（Y：黄）をいう。

4. 色の濃淡・明暗や鮮やかさな
ど、色の調子をトーン（色調）
といい、明度と彩度とを合わせ
た概念である。

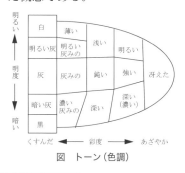
図　トーン（色調）

No.4　正解　2

1. 正しい記述である。

2. 胴差は、建物外周の**2階以上の
床の位置に設け、根太等を受け
る横架材**である。垂木を直接受
けて屋根荷重を柱に伝えるの
は、軒桁である。

3. 筋かいには欠込みをしてはなら
ない。ただし、筋かいをたすき
掛けとするためにやむを得ない
場合において、必要な補強を
行ったときは、この限りでない。

4. 筋かいは、その端部を柱と梁、
その他の横架材との仕口に接近

して、ボルト、かすがい、釘、
その他の金物で緊結しなければ
ならない。

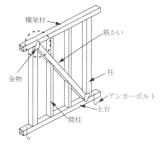
図　筋かいの端部

No.5　正解　3

1. 正しい記述である。

2. 梁の引張側にのみ配筋したもの
を単筋梁、圧縮側にも配筋した
ものを複筋梁という。構造耐力
上主要な梁は全スパンにわた
り、複筋梁とする。

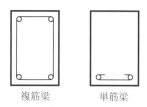
図　複筋梁

3. 柱の帯筋（せん断補強筋）は、
一般に柱の中央部より**上下端部
の間隔を密**にする。

4. 柱の帯筋とは、柱の主筋を囲む
鉄筋のことであり、コンクリー
トとともにせん断力を負担す
る。その他、主筋の座屈防止、
コンクリートの圧壊防止（コン

23

問題　p.33

クリートの拘束）等の働きがある。

No.6 正解 4

1. 正しい記述である。
2. 正しい記述である。
3. 完全溶込み溶接は、突き合わせる部材の全断面積が完全に溶接され、溶接部の強度が母材と同等となるように行う溶接である。
4. 隅肉溶接において、始端と終端に欠陥が出やすいため、隅肉溶接の有効長さは、隅肉溶接の**始端から終端までの長さから、隅肉サイズ（S）の２倍を減じた長さ**とする。

図　溶接長さと有効溶接長さ

No.7 正解 1

1. 場所打ちコンクリート杭工法には、アースドリル工法、リバース工法、オールケーシング工法等があり、いずれもアースオーガーは使用しない。アースオーガーを使用するプレボーリング拡大根固め工法は、**既製コンク**リート杭の埋込み工法に含まれる。
2. アースドリル工法は、機械設備の規模が小さくてすみ、施工能率が高く、比較的狭い敷地においても作業性がよい。
3. 正しい記述である。摩擦杭は、杭周面の摩擦力で荷重を支持するもので、硬い地層が深い位置にあり、そこまで杭を打ち込むことが困難な場合などに用いる。
4. 外殻鋼管付きコンクリート杭はSC杭と呼ばれ、鋼管内部に遠心力でコンクリートを付着させたものをいう。曲げ強度が大きいため、大きな水平力を受ける杭に適している。

No.8 正解 3

1. 雪下ろしを行う慣習のある地方においては、雪下ろしの実況に応じて、垂直積雪量を１ｍまで低減できる。
2. 風力係数は、風洞実験によって定める場合のほか、建築物又は工作物の断面及び平面の形状に応じて、国土交通大臣が定める数値によらなければならない。
3. 建築物の構造耐力上主要な部分に生ずる力の算定において、風圧力は、地震力と**同時に作用しないものとして計算する**。

4. 地震力は建物の各階に作用する地震層せん断力として検討し、地上部分の下層より数えてi番目の階に作用する地震層せん断力Q_iは$Q_i = C_i \times W_i$で求めることができる。W_iはi階より上部の固定荷重及び積載荷重の和であるので、固定荷重及び積載荷重を減ずると地震力は小さくなる。

No.9 正解 2

AB間の中間点を点Cとする。等分布荷重は4kN/mの力が4mにわたって作用しており、反力を求める際は、AC間の中心に$4\,\text{kN/m} \times 4\,\text{m} = 16\text{kN}$の集中荷重が働いていると考えることができる。下図のように各支点に反力を仮定する。

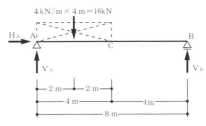

$\Sigma M_A = 0$より

$$16\text{kN} \times 2\,\text{m} - V_B \times 8\,\text{m} = 0$$
$$32\text{kN·m} - 8\,V_B\text{·m} = 0$$
$$8\,V_B = 32\text{kN}$$
$$\therefore V_B = 4\,\text{kN}$$

したがって、**2. が正しいもの**である。

No.10 正解 1

支点Aにはモーメント荷重Mが作用していることから、支点Aの曲げモーメントはMで、モーメント荷重の向きから下側引張となる。また、支点Bはローラー支持で支持点にモーメント荷重が働いていないので、支点Bの曲げモーメントは0である。AB間に作用している外力はないので、曲げモーメントは直線的に変化して、1. の形となる。したがって、**1. が正しいもの**である。

No.11 正解 4

1. コンクリートの引張強度は圧縮強度の1/10程度である。
2. コンクリートの線（熱）膨張係数は、鉄筋とほぼ同じである。
3. 正しい記述である。
4. **加熱によりコンクリートは大きく劣化し、500℃では圧縮強度が60%以下となる。**

No.12 正解 4

1. 木材の強度は、含水率が同じ場合、密度（比重）が大きくなるほど大きくなる。
2. 針葉樹は比較的軽量で加工しやすい。主な樹種は、スギ、ヒノキ、ツガなどで、広葉樹の主な樹種はナラ、タモなどがある。一般的に針葉樹のほうが広葉樹

に比べ、収縮による曲り、ねじれ等が小さい。

3. 木材の節は、枝が材質の中に取り込まれた部分で、加工が困難であり、しかも外観を悪くし、木材の強度を低下させる。

4. 木材の中心部分の心材は、表面部分の辺材に比べ含水率が小さく、心材は、辺材に比べて一般に腐朽菌や虫害に対して**抵抗性が高い**。

No.13　正解　**3**

1. ユニットタイルは、施工しやすいように、多数個のタイルを並べて連結したもので、表張りユニットタイルと裏連結ユニットタイルとがある。表張りユニットタイルとは、タイル表面に表張り台紙を張り付けて連結したものである。

2. 正しい記述である。裏あしは、モルタルとタイルとの接着に関わる機械的なかん合を得るうえで極めて重要である。

3. 素地は、タイルの主体をなす部分をいい、施ゆうタイルの場合、**表面に施したうわぐすりを除いた部分**をいう。

4. 平物とは、一般に建物の壁または床の平面部に用いるタイルで、役物とは、1つの面または複数の面で構成された、開口部または隅角部に用いるタイルである。平物及び役物それぞれに定形タイルと不定形タイルとがある。

No.14　正解　**4**

1. 正しい記述である。

2. 正しい記述である。

3. 正しい記述である。塗膜防水は、ウレタンゴム系、ゴムアスファルト系等の塗膜防水材を塗り重ねて、連続的な膜を構成するものである。

4. 砂付あなあきアスファルトルーフィングは、防水層と下地とを**絶縁させるために最下層に張るルーフィングであり、密着工法には使用しない**。

No.15　正解　**3**

1. 水準測量は、レベルと標尺(箱尺)等によって、地表面の2地点間の高低差を求める測量である。

2. 角測量は、望遠鏡を使って角度(水平角・鉛直角)の測定を行うもので、セオドライト等を用いて行う。セオドライトはトランシットと同じであるが、角度の読取りが数字表示のものをいう。

3. 平板測量は、**巻尺で距離測量した結果**を、三脚に取り付けた平

板上で、**アリダードを用いて現地で直接作図する**方法である。設問の記述は、スタジア測量のことである。

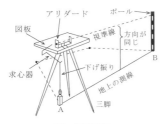

アリダード　ポール
図板
視準線　方向が同じ
B
下げ振り
求心器
地上の測線
三脚
A

図　平板測量

4．距離測量は、巻尺、光波測距儀、ポール等を使い、測点を結ぶ直線の長さを求める測量である。

No.16 正解 4

主な屋内配線の図示記号は、下表のとおりである。

表　主な屋内配線の図示記号

名称	図記号	名称	図記号
分電盤	◣	スイッチ（点滅器）	●
配電盤	⊠	3路スイッチ（3路点滅器）	●₃
蛍光灯	⌖	壁付きコンセント	⬤ ⊟
白熱灯	○	情報用アウトレット（LANケーブル端子）	⬛
換気扇	⊗		

4.は、**情報用アウトレット**ではなく、**壁付きコンセント**の記号である。

No.17 正解 1

1．水道直結直圧方式は、水道本管から引き込み、**直接各水栓に給水を行う方式**である。2階建て程度の戸建て住宅の給水に適している。設問の記述は、水道直結増圧方式のことである。

2．ウォーターハンマー（水撃作用）とは、給水配管内の水流を急に停止したときに、水の慣性で管内に衝撃と高水圧が発生し、振動や衝撃音が発生する現象である。

流水状態

弁急閉！

衝撃波！

図　ウォーターハンマー

3．正しい記述である。

4．通気管は、排水管内の気圧の均衡を保ち、トラップの封水がなくなるのを防ぎ、排水管内の換気を行うなどの目的で設ける。

27

問題 p.38

No.18 正解 4

1. 埋戻し・盛土は、土質による沈み代を見込んで余盛りを行う。粘性土は砂質土より沈み量が大きいため、粘性土の余盛りは砂質土の余盛りより大きく見込む。

2. 正しい記述である。土はある適当な含水比のとき最もよく締め固まり、締固め密度を最大にすることができる。このような含水比を最適含水比という。

3. 小規模な工事や入隅など狭い箇所での締固めには、振動コンパクターなど小型機械を用いて十分締固めを行う。

4. 動的な締固めは、小さな重量で振動により締め固めるもので、**振動ローラー、振動コンパクター**が通常用いられる。重量の大きなロードローラーは、静的な締固めに用いられる。

No.19 正解 3

1. 杭基礎の場合のかぶり厚さは、杭天端からとする。

2. 正しい記述である。

3. 直接土に接する柱・梁・壁・床及び布基礎の立上り部の最小かぶり厚さは、**40mm**である。

4. 土に接しない部分の柱・梁・耐力壁の屋内側の最小かぶり厚さ

は、仕上げの有無にかかわらず30mmである。

No.20 正解 1

1. 梁型枠の存置期間は底型枠と側型枠では異なる。側型枠を底型枠より早く取り外すことを考慮して、一般的には、底型枠は梁幅で裁断し、**側型枠はスラブ下の梁せいよりも長く加工**して組み立てる。

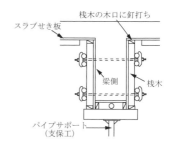

図　梁型枠納まり

2. 柱型枠の建入れ調整は、一般に梁、壁の型枠組立終了までに行い、チェーンなどで控えを取り、その後床の型枠を組み立てる。

3. 外周梁の側型枠の上部は、梁の内側スラブにスラブ引き金物を配置し、それでセパレーター端部を固定し、コンクリートの側圧による型枠の変形を防止する方法がある。

4. 階段型枠の加工は、コンクリート躯体図及び組立図に基づき現寸図を作成してから行う。特

に、側型枠は階段の傾斜、踏込み部の角度に合わせて開口をあけるので合板を型組し、現寸で墨出ししてから加工を行う。

No.**21** 正解 **1**

1. 乾燥収縮によるひび割れを少なくするためには、**細骨材率を小さくして**、単位水量と単位セメント量を減らす。

2. 単位セメント量は、強度の発現のために普通コンクリートの場合で270kg/m³以上とすることが定められているが、水和熱及び乾燥収縮によるひび割れを防止する観点から、その範囲でできるだけ小さくすることが望ましい。

3. AE減水剤は、セメント粒子に対する分散作用と空気連行作用を併有する混和剤で、所要のスランプを得るのに必要な単位水量を減らすことができる。

4. 川砂利と砕石、海砂と砕砂等のように異種類の骨材を混合して使用する場合は、混合前の骨材の品質がそれぞれの規定に適合していなければならない。

No.**22** 正解 **2**

1. 柱に使用する心持ち材には、乾燥による割れを防ぐため、背割りを設ける。

図　背割り

2. 棟木の寸法が真束より小さい場合は、**わなぎほぞ差し**とする。

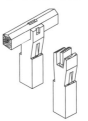

(棟木の寸法が真束より小さい場合)

図　わなぎほぞ差し

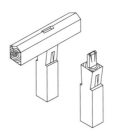

(棟木が真束と同寸法以上の場合)

図　長ほぞ差し

3. 正しい記述である。

4. 軒桁の継手は、梁を受ける柱間を避け、柱心より持ち出し、追掛け大栓継ぎ、腰掛け鎌継ぎまたは腰掛けあり継ぎとする。

No.**23** 正解 **3**

1．2．振動工具による加振は、タイル面に垂直に当て、張付けモルタルがタイルの四周から目地

部分に盛り上がる状態になるまで行う。

3. 密着張りにおける張付けモルタルの1回の塗付け面積は、2m²/人以内とする。

4. 目地詰めは、タイル張付け後、24時間以上経過した後、張付けモルタルの硬化を見計らって行う。

No.24 正解 1

1. ヘアライン（HL）仕上げとは、**長く連続した研磨目をもった仕上げ**の状態で、適当な粒度の研磨ベルトで髪の毛のように長く連続した研磨目を付けたものをいう。設問の記述は、エンボス仕上げのことである。

2. ステンレス板の表面仕上げにおいて、冷間圧延後、熱処理、酸洗いしたもの又はこれをつや消しロールで軽く冷間圧延し、にぶい灰色のつや消し仕上げ（ダル仕上げ）にしたものをNo.2Dという。

3. エッチング仕上げとは、化学処理により模様付けされた仕上げをいう。

4. 鏡面とは、研磨目のない最も反射率の高い仕上げの状態で、順々に細かい粒度の研磨材で研磨したあと、鏡面用のバフにより研磨したものをいう。

No.25 正解 4

1. 下塗りは、2週間以上できるだけ長期間放置して、ひび割れを十分発生させた後に中塗りを行う。

2. 保水剤は混和剤の一種で、モルタルの乾燥収縮によるひび割れの防止、接着力の強化、作業性の向上を目的として用いられ、メチルセルロースが一般に使用されている。

3. モルタルの1回の練混ぜ量は、60分以内に使い切れる量とする。

4. モルタルの調合は、**下地側に塗られるものほど強度を大きくする（富調合にする）**。

No.26 正解 3

1. くつずりの材料は、ステンレス鋼板とし、厚さは1.5mmとする。

2. 鋼製建具の四方枠に装着する気密材は、合成ゴム（クロロプレンゴムなど）または合成樹脂（塩化ビニルなど）等が使用される。

3. 鋼製建具のフラッシュ戸の中骨は、**間隔300mm以下**に配置し、中骨の厚さは1.6mmとする。

4. 建具の仮止めは、軽量な部分は木くさびで、また、大型の部分は位置調整用金物またはジグなどを用いる。この場合、高低・

出入り・傾き・ねじれなどの狂いを容易に生じないように堅固に止め付ける。

No.27 正解 2

1. アクリル樹脂系非水分散形塗料塗りでは、下塗り、中塗り、上塗りとも、JISに規定する同一材料を使用する。
2. クリヤラッカー塗りにおける着色は、**下塗りのウッドシーラー塗布前**に行う。
3. エアレススプレーによる吹付け塗りは、塗料自体に圧力を加えるもので、空気圧により霧化するため、高粘度、高濃度の塗料が塗装でき、厚膜に仕上げられ、飛散ロスも少なく、効率的な施工ができる。
4. 合成樹脂エマルションペイント塗りにおいては、天井面等の見上げ部分は、研磨紙ずりを省略する。

No.28 正解 4

1. 共通独立脚方式とは、パネルの四隅の交点に共通する支持脚を設けて支持するもので、耐震性を与えるための斜材、根がらみ等の耐震補強材を併用するタイプと強度の大きい自立する脚を用いるタイプがある。電算機室には、耐震性のある方杖式など

が用いられる。
2. 脚付きパネル方式とは、1つのパネルの四隅や中間に支持脚をもつもので、低い二重床に向き、事務室等に用いる。
3. パネルの長さの精度は、各辺の長さが500mmを超える場合は±0.1％以内とし、500mm以下の場合は±0.5mm以内とする。
4. 隣接するパネル間の高さの差は、**調整式で0.5mm以下、調整なしで1mm以下**とする。また、いずれの方式も3mの範囲では高さの差を5mm以内とする。

No.29 正解 4

1. 前面道路、周辺地盤や敷地境界の高低の現状調査は、根切り工事の残土搬出や山留め計画に必要な調査である。
2. 正しい記述である。工事用車両の敷地までの経路において、交通量や交通規制（特に通学路）を調査するとともに、道路の幅員や構造を確認する。
3. 掘削工事等を行う際には、騒音・振動による公害防止のため、近隣の商店や工場の業種を調査する。
4. 工作物の新築、改築又は除去に伴って生じた木くずは、**産業廃棄物**である。したがって、**産業廃棄物の処分場所**を調査する。

No.30 正解 1

1. 塗料や溶剤等の保管場所は、**不燃材料で造った独立した平屋建て**とし、周囲の建物から規定どおり離す。建物内に保管場所を設ける場合は、**耐火構造の室**を選ぶ。

2. 木造の建築物で高さが13m若しくは軒の高さが9mを超えるもの、または、木造以外で2以上の階数を有する建築物の工事の場合、地盤面からの高さが1.8m以上の板塀か、これに類する仮囲いを設けなければならない。ただし、これらと同等以上の効力のある他の囲いがある場合は、この限りでない。

3. 車両や作業員などの出入りの必要が無い場合は、車両用のゲートや通用口は閉鎖し、特に車両の出入りや通行人、交通量が多い場合などは、必要に応じて誘導員の配置や車両入退場時のブザー、標示灯などの設置を行う。

4. 仮囲いの出入口・通用口等は、引戸、シャッター、折りたたみ戸等とし、扉は内開きとする。また、工事に必要がない限り閉鎖しておく。

No.31 正解 1

1. 建築物除却届は、施工者が建築主事を経由して**都道府県知事**に届け出る。ただし、当該建築物または当該工事に係る部分の床面積の合計が10m²以内である場合においては、届出の必要はない。

2. 特定元方事業者は、特定元方事業者の事業開始報告を工事開始後遅滞なく労働基準監督署長に提出する。

3. つり足場、張出し足場、高さ10m以上の足場については、60日以上存続させる場合、工事開始日の30日前までに、足場の設置届を労働基準監督署長に届け出る。

4. つり上げ荷重3t以上のクレーンを設置する場合、工事開始日の30日前までに、クレーンの設置届を労働基準監督署長に届け出る。

No.32 正解 2

1. 暦日とは、休日及び天候などを考慮した実質的な作業可能日数のことである。

2. Sチャート工程表は、工程の進度を的確に把握するため、工事出来高の累計を縦軸に、工期の時間的経過を横軸にして表示す

る工程表である。着工直後は準
備工事、竣工前には諸検査など
があるため出来高は低下するこ
とから、進捗度グラフは、一般
に**S字形の曲線**となる。

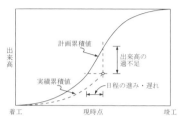

図　Sチャートにおける計画値と実績値の比較

3. 正しい記述である。ネットワー
ク工程表は、工事を完成させる
ために必要な作業の順序関係が
表示されるので、作業の前後関
係を把握することができる。
4. 正しい記述である。

1. ネットワーク工程表は作成が難
しいのに対し、バーチャート工
程表は比較的作成が容易であ
る。
2. バーチャート工程表は、各作業
の関連が示されないので、クリ
ティカルパスが明確になりにく
く、**工程上のキーポイント、重
点管理しなければならない作業
が判断しにくい。**
3. バーチャート工程表は、各作業
の開始時期、終了時期、所要日
数を把握することができる。

4. バーチャート工程表は、出来高
の累計を単位期間（週間または
月）ごとにプロットしてグラフ
を重ねて表現すれば、工事出来
高の進捗状況が把握しやすい。

1. 特性要因図は、特定の結果（特
性）と要因との関係を系統的に
表した図である。重要と思われ
る原因の究明と対策の手を打っ
ていくために用いられる。図の
形が似ていることから「魚の
骨」と呼ばれている。

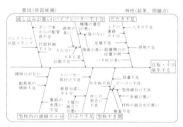

図　特性要因図

2. 正しい記述である。
3. 正しい記述である。管理項目と
は、「そこに注意すれば、目標
とする品質特性が得られる」項
目として定めたものである。
4. 生産管理を行う上では、所定の
品質 Q（quality）・**原価** C
（cost）・**工程** D（delivery）で
生産を行うが、建設業において
は**安全** S（safety）も含めて、
これらのサイクルを確実、か
つ、継続的に回してプロセスの

33

レベルアップを図る。なお、設問の記述はPDCAのデミングサイクルのことである。

No.35 正解 4

1. 鉄筋のガス圧接部のふくらみの長さや直径は、一般に、デジタルノギスや測定用ゲージを用いて測定する。
2. スランプ試験においては、スランプゲージにより、スランプコーンを引き上げた直後に測った頂部からの下がりを計測する。
3. 外壁タイル等では、施工後2週間以上経過した時点で、油圧式簡易引張試験器等を用いて引張接着強度を測定する。
4. 硬質ウレタンフォームによる断熱材現場発泡工法における吹付け厚さは、**確認ピン**を用いて確認する。なお、ダイヤルゲージは微小な長さや変位などを測定する器具で、断熱材の吹付け厚さの測定には用いられない。

No.36 正解 3

1. トルシア形高力ボルトの締付け後の検査は、締付けを完了したすべてのボルトについて、目視検査を行う。その検査項目は、次のとおりである。
   ① 1次締め後に付したマーク

のずれによって共回り、軸回りの有無、ナット回転量を確認する。
   ② ナット面から突き出したボルトの余長（ねじ山が1～6山）の過不足を確認する。
   ③ ピンテールの破断を確認する。
2. スタッド溶接完了後の試験は、100本または主要部材1本または1台に溶接した本数のいずれか少ない方を1ロットとし、1ロットにつき1本に対して打撃曲げ試験を行う。
3. ブローホールとは、溶着金属内部に発生した空洞であり、**目視で確認することはできない**。内部欠陥の検査は、一般に超音波探傷試験、放射線透過試験により行う。
4. 正しい記述である。

No.37 正解 4

事業者は、型枠支保工の組立て等作業主任者に、次の事項を行わせなければならない。
① 作業の方法を決定し、作業を直接指揮すること。
② 材料の欠点の有無並びに器具及び工具を点検し、不良品を取り除くこと。
③ 作業中、要求性能墜落制止用器具等及び保護帽の使用状況を監

視すること。

4．の型枠支保工の組立図の作成
は、**事業者の責務**である。

No.38 正解 **3**

1．脚立については、脚と水平面との角度を75度以下とし、かつ、折りたたみ式のものにあっては、脚と水平面との角度を確実に保つための金具等を備えなければならない。

2．移動式足場（ローリングタワー）は、作業床の周囲には床面より90cm以上の高さに手すりを設け、その中間に中さん及び高さ10cm以上の幅木を設ける。

3．単管足場の建地の間隔は、**けた行方向1.85m以下、はり間方向1.5m以下**とする。

4．足場（一側足場を除く）における高さ2m以上の作業床は、幅を40cm以上とし、床材間のすき間は3cm以下とする。ただし、つり足場の場合は、床材間のすき間があってはならない。

No.39 正解 **1,4**

1．加熱加工の場合は、**赤熱状態（850〜900℃）**で行い、青熱ぜい性域（200〜400℃）で行ってはならない。

2．鋼材の切断方法は、機械（せん断）切断法・ガス切断法・プラ

ズマ切断法、レーザー切断法等がある。ガス切断とする場合は、原則として自動ガス切断機を用いる。

3．ボルト、アンカーボルト、鉄筋貫通孔は、ドリルあけを原則とするが、板厚が13mm以下のときは、せん断孔あけとすることができる。

4．高力ボルト、溶融亜鉛めっき高力ボルトのねじの呼び径に対する孔径は、ねじの呼び径が**27未満の場合径に2mmを加えた値以下、27以上の場合径に3mmを加えた値以下**とする。

No.40 正解 **2,3**

1．建築物等の解体に伴い、事前に各種設備機器の停止、及び給水、ガス、電力、通信の供給が停止していることを確認する。また、解体に伴い建築物等から落下のおそれがある付属物は、事前に撤去する。

2．内壁及び天井のクロスと下地の石こうボードをはがす順序としては、**石こうボードを撤去する前にクロスをはがす**のがよい。

3．解体工事に用いる足場は、解体時の散水作業や作業通路として設置するとともに、騒音防止やコンクリート片の飛散防止のため、**防音パネル**等を取り付け

問題 p.46〜47

る。

4．鉄筋コンクリート造の圧砕機に
よる破砕解体による場合、躯体
の外周部は、その階の内部の解
体が終了するまで残し、最後に
内側へ倒してから破砕する。

No.41 正解 1,4

1．アスファルトルーフィング類は
原則として、**水下側のアスファ
ルトルーフィング類が重ね部の
下側になるように水下側から張
り付ける**。また、重ね部は、各
層で同じ箇所にならないように
する。

2．ルーフドレン回りは、最下層に
300㎜以上のストレッチルー
フィングを用いて、ドレンのつ
ばに100㎜程度、残りをスラブ
面に張り掛けて増張りし、平場
のルーフィング類を張り重ね
る。

3．保護コンクリートの動きによる
防水層の損傷を防ぐため、パラ
ペットと保護コンクリートの間
に成形緩衝材を用いる。

4．防水層保護コンクリートの伸縮
目地の深さは、**保護コンクリー
ト表面から防水層上部の絶縁用
シートに達するもの**とする。

No.42 正解 3,4

1．張付け用の接着剤は、所定のく

し目ごて等を用い、下地面に均
一に塗布する。

2．ビニル床シートの張付けは、圧
着棒を用いて空気を押し出すよ
うに行い、その後45kgロー
ラーで圧着する。

3．熱溶接工法による継目の溝切り
は、**接着剤が完全に硬化してか
ら行う**。接合部の溝は、Ｖ字形
またはU字形とし、均一な幅に
床シート厚さの2/3程度まで溝
切りする。(JASS26はシート厚
さの1/2 〜 2/3)

4．熱溶接工法によるビニル床シー
ト張りにおいて、**溶接部が完全
に冷却してから余盛りを削り取
り平滑にする**。

No.43 正解 2

1．完了検査申請は、建築主が、工
事完了から4日以内に到達する
ように、建築主事又は指定確認
検査機関に提出する。

2．**工事の施工者**は、工事現場の見
易い場所に、建築主事又は指定
確認検査機関の確認があった旨
の表示をしなければならない。

3．工事の施工者は、当該工事に係
る設計図書を当該工事現場に備
えておかなければならない。

4．建築主事が完了検査の申請を受
理した場合、建築主事等は、受
理した日から7日以内に検査し

なければならない。

1. 階段に代わる傾斜路は、次号に定めるところによらなければならない。
   ① 勾配は、1/8を超えないこと。
   ② 表面は、粗面とし、又はすべりにくい材料で仕上げること。
   ③ 手すり等を設けなければならない。

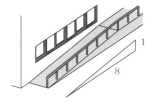

図 階段に代わる傾斜路

2. 下水道法に規定する処理区域内においては、便所は、水洗便所（汚水管が下水道法第2条第三号に規定する公共下水道に連結されたものに限る。）以外の便所としてはならない。

3. 集会場の客用の屋内階段及び踊場の幅は、**140cm以上**とする。

4. 建築物に設ける昇降機は、安全な構造で、かつ、その昇降路の周壁及び開口部は、防火上支障がない構造でなければならない。

1. 1の都道府県内に営業所を設けて営業する場合は当該営業所の所在地を管轄する都道府県知事の許可を、2以上の都道府県内に営業所を設けて営業する場合は国土交通大臣の許可を受けなければならない。

2. 建設業の許可は、5年ごとに更新を受けなければ、その期間の経過により効力を失う。

3. 指定建設業とは、建設業29業種のうち、土木工事業、建築工事業、電気工事業、管工事業、鋼構造物工事業、舗装工事業、造園工事業の7業種をいう。

4. 特定建設業の許可は、元請業者が、一定の金額以上となる下請契約を締結する場合に必要となる。下請業者として請け負う場合や、**発注者から直接請け負う場合の請負代金（受注金額）そのものには、関係がない。**

1. 2. 公共性のある施設若しくは工作物又は多数の者が利用する施設若しくは工作物に関する建設工事において、工事1件の請負代金の額が**建築一式工事では8,000万円（その他の工事では4,000万円）以上**のものを施工

しようとするときの主任技術者又は監理技術者は、原則として、専任の者としなければならない。工事1件の請負代金の額が3,000万円の場合は、専任である必要はない。

3. 正しい記述である。

4. 発注者から直接工事を請け負った特定建設業者は、工事を施工するために締結した下請契約の総額が、建築一式工事では7,000万円（その他の工事では4,500万円）以上となる場合、監理技術者を置かなければならない。下請負人の建設業者であれば、主任技術者を置けばよい（ただし、特定専門工事における下請負人はこの限りでない）。

No.47 正解 4

1. 正しい記述である。

2. 使用者は、満18才に満たない者について、その年齢を証明する戸籍証明書を事業場に備え付けなければならない。

3. 未成年者は、独立して賃金を請求することができる。なお、親権者又は後見人は、未成年者の賃金を代って受け取ってはならない。

4. 親権者又は後見人は、未成年者に代って労働契約を締結してはならない。

No.48 正解 3

特定元方事業者は、労働者の数が常時50人以上である場合、労働者及び関係請負人の労働者の作業が同一の場所で行われることによって生ずる労働災害を防止するため、統括安全衛生責任者及び元方安全衛生管理者を選任しなければならない。したがって、3. が正しいものである。

No.49 正解 2

「特定建設資材」とは、コンクリート、コンクリート及び鉄からなる建設資材、木材、アスファルト・コンクリートをいう。せっこうボードは含まれない。したがって、2. が該当しないものである。

No.50 正解 3

1. 歩道の上部に防護構台を組んで、構台上に現場事務所を設置する場合は、道路法により、道路占用者が、道路占用許可申請書を道路管理者に提出する。

2. 道路の上部にはみ出して、防護棚（朝顔）を設置する場合は、道路法により、道路占用者が、道路占用許可申請書を道路管理者に提出する。

3. コンクリート打設等で短期間道路を使用する場合は、道路交通法により、施工者が、道路使用

　　　　許可申請書を警察署長に提出す
　　　　る。

4. 道路の一部を掘削して、下水道
　　本管へ下水道管の接続を行う場
　　合は、道路法により、道路占用
　　者が、道路占用許可申請書を道
　　路管理者に提出する。

2級 建築施工管理技士 第一次検定

解答・解説

No.1 正解 **1**

1. 露点温度とは、**相対湿度**が100％となる温度（飽和状態となる温度）である。

2. 断熱性の良い壁の一部に鉄骨などがあると熱が通りやすくなり、この部分を熱橋（ヒートブリッジ）という。

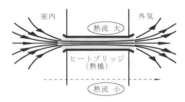

図　熱橋（ヒートブリッジ）

3. 表面結露とは、湿った室内空気が外気によって冷却された外壁面などに接することにより冷却され、表面に発生する結露である。

4. ある状態の空気中に含まれる水蒸気の絶対量を表すものが絶対湿度であるが、これには重量絶対湿度（乾き空気1kgに対する水蒸気の質量比）と、容積絶対湿度（空気1m³中の水蒸気量）がある。

No.2 正解 **3**

1. 照明方式には、光源からの直接光を利用する直接照明と、間接光を利用する間接照明とがある。直接照明は、間接照明よりも陰影が濃くなる。

2. 光度I[cd]の点光源からの距離r[m]の位置における法線面（進行方向に垂直な面）の照度E[lx]は、次式のように、距離の2乗（自乗）に反比例する。

$$E = I/r^2 （逆自乗の法則）$$

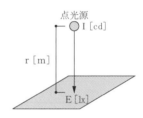

図　点光源による水平面直接照度

3. 色温度とは、光源の出す光の色を、これと等しい光色を出す黒体の絶対温度によって表したものである。**単位はK（ケルビン）**である。

4. タスク・アンビエント照明は、全般照明で作業面周囲を一様に照らし、必要とする作業面に局部照明を併用するものである。必要以外のところまで全体的に照明する方式に比べて、省エネルギーに効果的である。

No.3　正解　**2**

1. 暖色や明度の高い色は膨張して、実際の位置より近距離に見えるので、進出色（膨張色）といい、反対に、寒色や明度の低い色は収縮して、遠くに見えるので、後退色（収縮色）という。

2. 同じ色でも、**大面積の色は**小面積の色に比べて**明度、彩度とも強く感じる**。これを面積効果という。

3. 2つの色を混合すると無彩色（灰色）になる色を補色という。マンセル色相環では向かい合った色が補色関係となる。

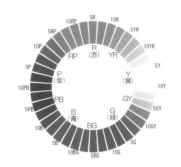

図　マンセル色相環

4. 2つの色を混合すると無彩色（灰色）になる色を補色という。補色を並べると、互いに彩度を高めあって鮮やかさを増す。このことを補色対比という。

No.4　正解　**3**

1. 構造耐力上主要な柱の有効細長比は150以下とする。

2. 引張力を負担する筋かいは、厚さ1.5cm以上で幅9cm以上の木材、または径9mm以上の鉄筋としなければならない。

3. 地震力に対して**有効な耐力壁の必要長さ**は、各階の床面積が同一の場合、**上階になるほど小さくなる**。

4. 地階を除く階数が2を超える建築物の1階の構造耐力上主要な部分である柱の小径は、13.5cmを下回ってはならない。

No.5　正解　**4**

1. 異形鉄筋の末端部には、次の部分にフックを付ける。
   ① 柱の四隅にある主筋の重ね継手及び最上階の柱頭
   ② 梁の出隅及び下端の両隅にある梁主筋の重ね継手（基礎梁を除く）
   ③ 煙突の鉄筋（壁の一部となる場合を含む）
   ④ 杭基礎のベース筋
   ⑤ 帯筋、あばら筋及び幅止め筋

2. 梁の圧縮側断面においては、クリープによってコンクリートが縮もうとする。このため、圧縮側鉄筋を増やして圧縮力を負担させれば、クリープによるコンクリートの変形を軽減できる。

問題 p.55

3. 正しい記述である。コンクリートは、打込み後、硬化するまでに若干の沈みを生じるため、特に鉄筋コンクリートの梁上端筋などのように、その下に300mm以上のコンクリートが打ち込まれると、鉄筋下面に空隙が生じ、付着強度が小さくなることがある。

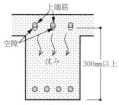

図　付着強度の低下

4. コンクリートの設計基準強度が高くなると、鉄筋のコンクリートに対する許容付着応力度は、**大きくなる**。

No.6　正解 2

1. 高力ボルト摩擦接合の接合面は、所定のすべり係数0.45が確保できる処理が必要で、一般には、鋼板表面の異物を除去した後、浮き錆にならない程度に発錆させた赤さび程度のもの、もしくはブラスト処理のいずれかを用いる。
2. 隅肉溶接は、**隅角部に溶着金属を盛って接合する溶接継目である**。

図　溶接継目の形式

3. 正しい記述である。
4. 溶接と高力ボルトを併用する継手においては、高力ボルトを先に締め付ける場合のみ、両方の許容耐力を加算してよい。

No.7　正解 3

1. 4. 直接基礎はフーチング基礎とべた基礎に分けられ、フーチング基礎は独立基礎、複合フーチング基礎、連続フーチング基礎に分けられる。複合フーチング基礎は2本以上の柱のフーチングを一体化したもので、隣接する柱の間隔が狭い場合などに用いる。
2. 水を多く含んだ粘性土地盤では、建物や盛土等の荷重を受けることにより、土中の間隙水が除々にしぼり出されて、間隙が減少し、長時間かけて土全体の体積が鉛直方向に圧縮されることにより、沈下する。この沈下を圧密沈下という。

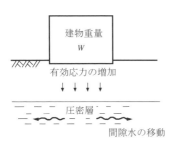

図　圧密沈下

3．地盤が堆積した時代により分類すると、**沖積層は**地質時代のうちで最も新しい時代に堆積したもので、それより古い時代に堆積した**洪積層より軟弱である**。地層は、一般に古いものほど地耐力が大きく、安定している。

No.8　正解　4

1．せん断応力度τは、次式によって求められる。

$$\tau(y) = Q \cdot S(y)/b \cdot I$$

b　　：梁幅
I　　：中立軸に関する断面二次モーメント
S(y)：中立軸から距離yにおける断面一次モーメント

したがって、せん断応力度の算定には、断面一次モーメントが関係する。

2．曲げ応力度は、曲げモーメントを断面係数で除して求める。断面係数は断面二次モーメントより求められることから、曲げ応力度の算定には、断面二次モー

メントが関係する。

3．最外縁の曲げ応力度［縁応力度］は、曲げモーメントを断面係数で除して求める。したがって、縁応力度の算定には、断面係数が関係する。

4．引張応力度は、軸方向力を断面積で除して求める。したがって、引張応力度の算定には、**断面二次半径は関係ない**。

No.9　正解　1

反力を図のように仮定する。

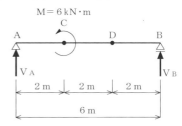

支点Aのモーメントのつり合い条件（ΣM_A = 0）により、

$$-6\,kN \cdot m - V_B \times 6\,m = 0$$
$$-6\,kN - 6\,V_B = 0$$
$$V_B = -1\,kN$$

V_Bは「−」であったので、反力V_Bの向きは仮定した向きとは逆で、下向きとなる。

∴ V_B = 1 kN（下向き）

鉛直方向の力のつり合いから、V_Aは上向き1 kNの反力となる。したがって、AB間には時計回りの組合せ（↑・↓）で1 kNのせん断力が働くことになり、点Dのせん断力は

43

1kNとなる。

次に、点Dで構造物を切断し、切断点Dに時計回りのモーメントM_Dを仮定する。

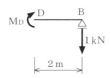

点Dにおけるモーメントのつり合い条件$(\Sigma M_D = 0)$により、

$M_D + 1\,kN \times 2\,m = 0$

$M_D = -2\,kN\cdot m$

M_Dは「－」であるから、M_Dの向きは仮定した向きとは逆で、反時計回りとなる。

∴ $M_D = 2\,kN\cdot m$（上側引張）

したがって、**1.** が正しいものである。

片持ち梁に作用する荷重は、下記のように分けて考えることができる。

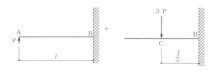

それぞれの曲げモーメント図を考え、合成して考える。

曲げモーメントは、曲げ変形による部材の引張側に描く。

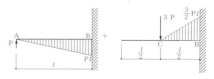

2つの曲げモーメントを合成すると

したがって、**2.** が正しいものである。

1. スランプは、フレッシュコンクリートの軟らかさの程度を示す指標の一つで、スランプコーンを引き上げた直後に測った頂部からの下がりで表す。スランプの値が大きいほど、軟らかく、流動性が大きくなる。

2. **水セメント比が小さいほどコンクリートの乾燥収縮は小さく、圧縮強度が大きくなる。**また、水密性・耐久性が高く、分離も少なくなるが、流動性が低くなり、一般に打込みが困難になる。

表 コンクリートの性質

コンクリートの性質	水セメント比 小 ⇔ 大	
圧縮強度	大	小
中性化	遅い	速い
乾燥収縮	小	大
水密性・耐久性	高い	低い
分離	少ない	多い

3. 単位セメント量や細骨材率を大きくするとフレッシュコンクリートの粘性は大きくなり、粗骨材の分離は生じにくくなる。
4. 正しい記述である。

No.12 正解 3

1. 屋外床及び屋内床に使用可能なタイルの耐摩耗性には、耐素地摩耗性及び耐表面摩耗性がある。
2. セメントモルタルによるタイル後張り工法またはタイル先付けプレキャストコンクリート工法で施工するタイルには裏あしがなくてはならないが、有機系接着剤によるタイル後張り工法で施工するタイルには、裏あしがなくてもよい。
3. 裏連結ユニットタイルとは、タイルの裏面や側面を裏連結材で連結したものである。裏連結材にはネット、台紙、樹脂などがあり、**施工時に剥がさず、そのまま埋め込む**。
4. 正しい記述である。

No.13 正解 2

1. 正しい記述である。
2. シリコーン系シーリング材の特徴は、次の通りである。
    ① **耐候性**、耐熱性、耐寒性、**耐久性に優れている**。

② 表面に仕上げ材、塗料が付着しにくい。
③ 乾式工法による外壁石張りの目地には、はっ水汚染を生じるため使用できない。
3. 正しい記述である。ガラス回り目地には、シリコーン系、ポリサルファイド系（2成分形）のシーリング材を用いる。変成シリコーン系シーリング材は、ガラス越し耐光接着性に劣るため用いない。
4. 正しい記述である。ガラス回り目地には、シリコーン系、ポリサルファイド系（2成分形）のシーリング材が適する。

No.14 正解 4

1. 木毛セメント板は、軽量で断熱性・難燃性・吸音性に優れるが、遮音性はない。
2. 正しい記述である。
3. パーティクルボードは、木材等の小片を接着剤を用いて成形熱圧したものである。床張り用面材として使用することが多い。
4. 強化石こうボードは、心材に**ガラス繊維を混入したもの**で、防火性能を必要とする箇所等に用いられる。

No.15 正解 3

1. 正しい記述である。

2. 表層は舗装の最上部にあり、ア
   スファルトで皮膜し、交通車両
   による摩擦とせん断力に抵抗
   し、路面を平たんで滑りにく
   く、かつ快適な走行性を確保す
   るなどの役割がある。
3. プライムコートは、路盤の上に
   散布されるもので、**路盤の仕上
   がり面を保護し、その上に施工
   するアスファルト混合物とのな
   じみをよくする**ために用いられ
   る。
4. タックコートは、基層と表層の
   接着を図るために行うものであ
   る。

No.16 正解 1

1. 同軸ケーブルとは、断面が円形
   状の主に**電気通信用として使用
   される通信ケーブル**である。
2. コードペンダントとは、天井か
   ら吊り下げる照明器具のこと
   で、照明設備である。
3. PBX(プライベート ブランチ
   エクスチェンジ)とは、公衆交
   換電話網に多数の構内電話機を
   接続する電話交換機であり、電
   話設備に使用される。
4. LAN(ローカル エリア ネット
   ワーク)とは、構内情報通信網
   のことで、同一建物内等に分散
   配置されたパソコンやプリン
   ター等の端末同士をつないで、

データのやりとりの合理化を図
る情報通信設備である。

No.17 正解 3

1. 圧力水槽方式は、受水槽の水を
   ポンプで密閉タンクに押し込
   み、タンク内の圧縮された空気
   の圧力で給水する方式である。
   水圧の変動が大きく、停電時に
   は給水ができない。

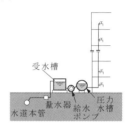
図　圧力水槽方式

2. 地中埋設排水管において、桝を
   設ける場合、雨水桝には深さ
   150mm以上の泥だめを、汚水桝
   にはインバートを設ける。
3. 水道直結直圧方式は、水道本管
   から引き込み、直接各水栓に給
   水を行う方式である。**2階建て
   程度の戸建て住宅の給水に適し
   ている。**

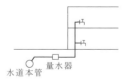
図　水道直結直圧方式

4. トラップは、下水管からの臭気
   やガスが室内へ侵入するのを防

ぐため、排水管の一部に常時水
（封水）を溜めるようにした装
置のことである。

No.18 正解 **3**

1. 埋戻しに川砂及び透水性のよい
山砂を用いる場合は、厚さ30
cm程度ずつ水締めを行う。
2. 埋戻し・盛土の材料としては、
粒度分布のよい礫・砂、砂質
土、シルト等の粘性土に対して
セメント・石灰等を添加し改良
したもの、流動化処理土等が用
いられる。流動化処理土の一般
的な製造工程は、下記の通りで
ある。
　① 建設発生土に水または泥水
　　を添加し、密度を調整した
　　泥水を製造する。
　② 調整した泥水をふるいに通
　　して不純物を除去し、水槽
　　等に仮置きする。
　③ 仮置きした泥水と固化材を
　　混練する。
3. 埋戻しに砂を用いる場合は、**均
等係数の大きいもの**（大小様々
な粒径の土粒子が含まれている
もの）が適している。
4. 埋戻し土は、砂質土の中でも、
均等係数の大きい（大小様々な
粒径の土粒子が含まれる）山砂
が最も適している。砂への適度
の礫やシルトの混入は、均等係

数を大きくする上で有効であ
る。

No.19 正解 **4**

1. 最小かぶり厚さを確保するため
に、施工誤差を考慮して、施工
に当たっては、かぶり厚さの最
小値に10mmを割増しする。こ
れが設計かぶり厚さである。
2. かぶり厚さには、熱に弱い鉄筋
をコンクリートで覆うことによ
り、鉄筋が熱による影響を受け
にくくして、火災時に鉄筋の強
度低下を防止するなどの役割が
ある。
3. 目地部の鉄筋に対するかぶり厚
さは、目地底から最小かぶり厚
さを確保する。
4. **屋内の耐力壁の最小かぶり厚さ
は、仕上げがある場合とない場
合、ともに30mmで同じである。**
屋外の柱、梁、耐力壁の最小か
ぶり厚さは、モルタル塗り等の
鉄筋の耐久性上有効な仕上げが
ある場合は、仕上げがない場合
（40mm）より10mm小さい30mm
となる。

No.20 正解 **3**

1. 2. 錆止め塗装しない部分は、
次のとおりである。
　① コンクリートに密着する部
　　分及び埋め込まれる部分

47

② 高力ボルト摩擦接合部の摩擦面

③ 密閉される閉鎖形断面の内面

④ ピン・ローラー等密着する部分及び回転又は摺動面で削り仕上げした部分

⑤ 組立てによって肌合せとなる部分

3. 素地調整を行った鉄鋼面は活性となり、錆びやすいため、**直ちに塗装**を行う。

4. 正しい記述である。

No.21 正解 **2**

1. 胴差の継手でせいが異なる場合、梁または上階柱を受ける柱間を避け、柱心より150mm内外持ち出し、腰掛けかま継ぎとし、ひら金物両面当て釘打ち、もしくは、短ざく金物を当ててボルトで締め付ける。

2. 大引の継手は、**床束心から150mm程度持ち出した位置に**設け、腰掛けあり継ぎ、釘2本打ちとする。

3. 筋かいが間柱と取り合う部分は、間柱を筋かいの厚さだけ欠き取り、筋かいを通し、釘2本を平打ちする。

4. ラグスクリューのスクリュー部の孔あけ加工は、スクリュー径の50〜70％程度とし、その長さはスクリュー部の長さと同じとする。

No.22 正解 **3**

1. 障子、ふすま、ドア等の内部建具や、たたみ類の撤去は1階から実施する。

2. 天井、床、外壁等に、断熱材としてグラスウールが多用されている。その撤去に当たっては、可能な限り原形を崩さないように努める。

3. 蛍光ランプ及びHIDランプは、放電管中に有害物質である金属水銀（3mg〜85mg）が封入使用されているので、使用済みランプの処理に当たっては専用の箱等を設け、**破損等がないように**十分注意して取り扱い、**処理は専門の回収業者に委託する。**

4. 屋根葺材（瓦類、住宅屋根用化粧スレート板類、金属類）は、内装材撤去後、原則として、手作業で撤去する。また、屋根葺材は下地より先に取り外す。

No.23 正解 **3**

1. 入隅は、アスファルト防水層の場合は通りよく45°の面取りとし、それ以外の防水層では通りよく直角とする。出隅は、通りよく45°の面取りとする。

2. ルーフィング類の重ね幅は、長

手及び幅方向とも100㎜以上として、水下側のルーフィングが水上側の下になるように張り付ける。

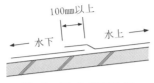

図　ルーフィングの重ね部

3．平場のルーフィングは流し張りとし、**両端からアスファルトがはみ出すように**張り付ける。重ね部からはみ出したアスファルトは、その都度はけを用いて塗り均しておく。

4．絶縁工法によるアスファルト防水工事において、一般平場に砂付あなあきルーフィングを用いる場合、立上り部は砂付あなあきルーフィングを省略し、ストレッチルーフィングを張り付ける。

No.24 正解 **3**

1．外壁乾式工法は、躯体と石材との間が空洞になっているため、台車等の衝突で張り石が破損しやすい。

2．外壁乾式工法は、石材を1枚ごとにファスナーで固定する工法で、裏込めモルタルを用いない。したがって、白華現象、凍結による被害を受けにくい。

3．外壁湿式工法は、石材と躯体との間に裏込めモルタルを全面に充填するため、地震時等の躯体の挙動に追従しにくいが、**外壁乾式工法**は、石材を1枚ごとにファスナーで固定する工法であるため、比較的、**躯体の挙動に追従しやすい**。

4．外壁乾式工法は、裏込めモルタルの工程等が不要のため、工期短縮が図れる。

No.25 正解 **2**

1．アルミニウム合金の表面処理には、陽極酸化皮膜の上にクリヤ（無着色）塗装を施す陽極酸化塗装複合皮膜がある。

2．硫黄を含む薬品を用いて褐色に着色する**硫化いぶし仕上げ**は、**銅及び銅合金の表面処理**に用いる。アルミニウム合金の表面処理には用いない。

3．アルミニウム合金の表面処理には、化成皮膜の上に樹脂塗料を焼付け塗装するカラーアルミ塗膜がある。

4．アルミニウム合金の表面処理において、陽極酸化皮膜の生成と同時に発色させる自然発色皮膜には、電解液として有機酸を使用する電解液発色法がある。

No.26 正解 3

1. 鋼製建具枠の取付け精度において、枠の対角寸法差は3mm以内とする。

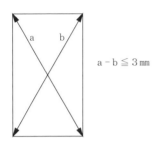

$$a - b \leqq 3\,mm$$

図 建具枠の対角寸法差

2. 外部に面するステンレス製くつずりは、両端を縦枠より延ばし、縦枠の裏面で溶接する。屋内のくつずりは、縦枠内に納め、くつずり裏面から溶接する。

3. 外部に面するフラッシュ戸は、**下部を除き三方の見込み部を表面板で包む三方曲げ**とする。また、内部に面する戸は、上下部を除き二方の見込み部を表面板で包む二方曲げとする。

4. 建具枠の下枠（くつずり、皿板等）の裏面で、後でモルタルの充填が不可能な部分は、破損及び発音防止の目的で、取付け前にモルタルを充填しておく。

No.27 正解 1

1. モルタル面の素地ごしらえは、汚れ・付着物除去、**吸込み止め（シーラー）**、穴埋め、パテかい、研磨紙ずりの順で行う。モルタル面の素地ごしらえにおける吸込み止めには、一般に合成樹脂エマルションシーラーを使用する。

2. 石こうボード面の素地ごしらえのパテかいには、合成樹脂エマルションパテ（一般形）または石こうボード用目地処理材（ジョイントコンパウンド）を用いる。

3. 不透明塗料塗りを行う木部の節止めは、節及び杉や松などの赤みの部分でやにが出ると思われる部分に、セラックニスを1～2回塗る。

4. 鉱物油（機械油等）は、アルカリ性溶液では分解できないので、石油系溶剤等を用いる。

No.28 正解 4

1. 上部折返しの縫上げにおいて、折返し長さは、使用するひるかんの長さを考慮する。

2. 両開き（引分け）式の場合は、中央召合せ（交差部分）を300mm以上とり、下端は、窓の下枠より400～500mm長く仕上げる。

3. カーテンボックスの幅は、窓幅に対して、片側各々100～150

mm伸ばして、遮光性を確保する。

4. レースカーテンの上端の縁加工は、ひだのつまみによって決まるので、**心地を入れて二つ折縫いとする。**

心地
カーテンきれ地　　心地を入れ
　　　　　　　　　2回折り返す
① ② ③

図　レースカーテンの上端の縁加工

No.29　正解　4

1. 敷地周辺の電柱及び架空電線の現状調査は、総合仮設計画に必要な調査である。

2. 建設リサイクル法の特定建設資材である木材は、建設工事の中で特に再資源化を行う必要がある。木材は、他の特定建設資材廃棄物と比較して再資源化施設が少ないため、調査をしておくことが好ましい。

3. 根切り工事や杭工事など地盤を掘削または削孔する工事においては、工事に先立って特に地中障害物の有無を調査しておく必要がある。地中障害物としては、既存建物の地下躯体、使用中の上下水道管及びガス管、遺跡及び文化財など、様々なものが挙げられる。

4. 防護棚の設置位置は、**歩車道や隣接建物**への**飛来物落下及び飛**散防止を考慮して計画する。

No.30　正解　2

1. 仮囲いの材料には、鋼板、合板パネル等の木製材料等がある。

2. 工事に先立ち工事現場の周囲に第三者の危害防止のため、地盤面からの高さが**1.8m以上の板べい**その他これに類する仮囲いを設けなければならない。

3. 門扉は、重量と風圧を軽減するために、上部を吹抜けにしたり、網を張ったりする。

4. ゲートの有効高さは、使用する資材運搬車両、建設機械等が入退場できる高さ、空荷時の生コン車（全高は最大3.7m程度）が通過できる高さとする。

No.31　正解　3

1. 道路使用許可申請書は、工事に際して道路を使用する場合、例えば、道路上に高所作業車を駐車して作業するなどで短期間道路を使用する場合に、施工者が警察署長に届け出る。

2. 特定建設作業実施届出書は、特定建設作業の開始の日の7日前までに、市町村長に届け出る。

3. 建築工事届は、建築主が建築主事を経由して**都道府県知事**に届け出る。ただし、当該建築物または当該工事に係る部分の床面

51

積の合計が10m²以内である場合においては、届出の必要はない。

4. 支柱の高さが3.5m以上の型枠支保工を設置する場合には、当該工事の開始の日の30日前までに、型枠支保工の設置届を労働基準監督署長に届け出る。

No.32 正解 4

1. ネットワーク工程表は、工事を完成させるために必要な作業の順序関係が表示されるので、作業の前後関係を把握することができる。

2. 正しい記述である。基本工程表は、主要な工事項目とともに、各工事の作業手順と工期等を示したものである。

3. 正しい記述である。

4. 各作業の所要期間は、作業の施工数量を投入数量と1日当たりの施工能力で除して求める。

No.33 正解 4

1. 設問の記述は、出来高工程表のことである。

2. バーチャート工程表は、作業間の関係は漠然とは分かるが、各作業の順序や関連等を明確に把握することはできない。

3. バーチャート工程表は、各作業の順序関係が明確でないため、作業間調整に伴う修正が困難である。

4. ネットワーク工程表は作成が難しいのに対し、バーチャート工程表は比較的作成が容易である。

No.34 正解 1

1. SMWとは、山留め工事のソイルセメント壁で造成される山留め壁をいう。したがって、SMWが品質管理に最も関係の少ないものである。

2. PDCAとは、デミング博士が提唱した品質管理のサイクル、計画（Plan）→実施（Do）→検討（Check）→処置（Act）のことで、デミングサイクルと呼ばれている。

3. ばらつきとは、観測値・測定結果の大きさがそろっていないこと、または、不ぞろいの程度を表す品質管理の用語である。

4. トレーサビリティとは、対象の履歴、適用または所在を追跡できることであり、品質管理の用語である。

No.35 正解 1

1. 鉄骨の高力ボルト接合は、外観検査として全数について共回り、軸回り、ボルトの余長を確認する。また、トルシア形であ

ればピンテールの破断とナット回転量、JIS形であれば、トルク値またはナット回転量について確認する。**超音波探傷試験は行わない。**

2. 外部に面するシーリング材は、施工に先立ち接着性試験（特記がなければ、簡易接着性試験）を行う。同じ材料の組合せで実施した試験成績書がある場合は、監督職員の承諾を受けて、試験を省略することができる。

3. コンクリートの受入れ検査には、レディーミクストコンクリートの強度、スランプまたはスランプフロー、空気量及び塩化物含有量などの項目がある。

4. ガス圧接部の抜取試験には超音波探傷試験と引張試験がある。引張試験による抜取検査の場合、試験片の採取数は1検査ロットに対して3本とする。

No.36 正解 **1**

1. スランプは、フレッシュコンクリートの軟らかさの程度を示す指標の一つで、スランプコーンを引き上げた直後に測った**頂部からの下がり**で表す。

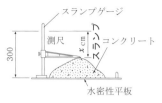

図　スランプ試験

2. 試験材齢が28日の場合の構造体コンクリート強度の判定に用いる供試体の養生方法は、標準養生または現場水中養生とする。

3. コンクリートの受入れ検査における圧縮強度試験は、3回の試験で1検査ロットを構成する。

4. スランプ及び空気量の試験は、受入れ検査における圧縮強度試験用供試体採取時、構造体コンクリートの強度検査用供試体採取時及び打込み中に品質変化が認められた場合に行う。

No.37 正解 **4**

1. 吊り足場、張出し足場または高さ5m以上の構造の足場の組立て、解体または変更の作業においては、作業主任者を選任する。

2. 土止め支保工の切梁または腹起しの取付け・取外しの作業においては、作業主任者を選任する。

3. 軒の高さが5m以上の木造建築物の構造部材の組立てまたは

53

屋根下地もしくは外壁下地の取付け作業においては、作業主任者を選任する。

4. ALCパネル等を建て込む作業においては、**作業主任者を選任する必要はない。**

No.38 正解 1

1. 高さ2m以上の場所に設ける作業床は、**幅40cm以上**、すき間は3cm以下とする。ただし、つり足場の場合はすき間があってはならない。

2. 枠組足場において、高さ2m以上の位置に設ける作業床で、墜落により労働者に危険を及ぼすおそれのある箇所には、次に掲げるいずれかの設備を設ける。

  ① 交さ筋かい及び高さ15cm以上40cm以下のさん（下さん）

  ② 交さ筋かい及び高さ15cm以上の幅木

  ③ 手摺枠

3. 移動式足場の作業床では、脚立を使用してはならない。

4. 移動式足場での作業中は、移動中を除き、ブレーキ等で脚輪を固定させ、足場の一部を建物の一部に固定させる。

No.39 正解 2,4

1. セパレーターとせき板の角度が大きくなるとセパレーターの破断強度が大幅に低下することから、セパレーターはせき板に対してできるだけ垂直に近くなるように取り付ける。

2. コーン付きセパレーターを使用する目的は、次の通りである。

  ① 止水（地下外壁等）

  ② 表面の平滑化（防水下地、薄い仕上げ下地等）

  ③ 金物を露出させない（**打放し仕上げ面**、断熱材埋込み面等）

3. フォームタイと座金の種類は、締め付け方式によりねじ式とくさび式があり、一般に、打放し仕上げとなる壁コンクリートの型枠に使用する場合はねじ式を、塗り仕上げとなる壁コンクリートの型枠に使用する場合はくさび式を用いることが多い。

4. コラムクランプは、柱型枠を四方から水平に締め付けるもので、主として独立柱の型枠を組み立てる場合に用いられる。**セパレーターと組み合わせて使用するものではない。**

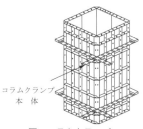

コラムクランプ
本　体

図　コラムクランプ

No.40　正解 **1, 3**

1. スランプの許容差は次表に示すとおり、**スランプの値により異なる**。

表　スランプの許容差

スランプ	許容差
8～18cm	±2.5cm
21cm	±1.5cm

2. 塩分を含んでいる骨材を使用すると、鉄筋の腐食を生じやすくなる。コンクリートに含まれる塩化物量は、塩化物イオン量として、$0.30kg/m^3$ 以下とする。

3. 空気量の許容差は、**普通コンクリート、高強度コンクリートともに±1.5%**である。

表　空気量の標準値

コンクリートの種類	空気量	許容差
普通コンクリート	4.5%	
軽量コンクリート	5.0%	±1.5%
高強度コンクリート	4.5%	

4. 単位水量の最大値は $185kg/m^3$ とする。単位水量が大きくなると、鉄筋コンクリート造の品質、特に耐久性上好ましくな

い。したがって、所要のワーカビリティーが得られる範囲内でできるだけ小さくする。

No.41　正解 **3, 4**

1. 仕上塗材は、下塗り材、主材及び上塗り材の組合せにより総合塗料として品質が規定されているので、それぞれの材料は同一製造所のものを使用しなければならない。

2. 仕上塗材を施工する場合の所要量は、単位面積当たりの希釈前の塗材の使用質量で表す。

3. 合成樹脂エマルションパテは、**屋内で水のかからない箇所**の下地調整に用いる。

4. シーリング面に仕上塗材仕上げを行う場合は、シーリング材が**硬化した後**に行うものとし、塗重ね適合性を確認し、必要な処理を行う。

No.42　正解 **1, 4**

1. フローリング類に生じた目違いは、養生期間を経過した後、**サンディング**して削り取る。

2. フローリングボードを張込み後、すぐに塗装工事を行わない場合は、傷、汚れ、しみ、雨等のかからないようにポリエチレンシート等を用いて養生を行う。

3. 下張り用合板は、板そば、継手

とも突き付けて根太上に小ねじ留めとし、割付けは、下張り板の長手方向と根太が直交するように割り付ける。

4. フローリングボード張りにおいて、張込みに先立ち板の割付けを行い、**隣接する板の継手は150mm程度離す**。

No.43 正解 **3**

1. 工事が特定工程を含む場合において、特定工程に係る工事を終えたときは、その都度、建築主事又は指定確認検査機関の検査（中間検査）を申請しなければならない。特定工程後の工程に係る工事は、中間検査合格証の交付を受けた後でなければ、これを施工してはならない。

2. 建築主事は、木造で階数3以上、又は延べ面積500m^2、高さが13m又は軒の高さが9mを超える建築物の確認申請書を受理した場合においては、その受理した日から35日以内に、申請に係る建築物の計画が建築基準関係規定に適合するかどうかを審査しなければならない。

3. **建築主は**、建築確認を受けた建築物の工事が完了したときは、建築主事又は指定確認検査機関の**検査を申請しなければならない**。

4. 正しい記述である。

No.44 正解 **3**

1. 居室の天井の高さは、室の床面から測り、1室で天井の高さの異なる部分がある場合においては、その平均の高さによる。

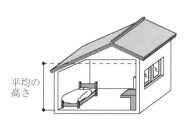

平均の高さ

図　居室の天井の高さ

2. 正しい記述である。

3. 階数が2以上の住宅の**最上階に在する調理室**の内装は、内装制限を受けないことから、**準不燃材料とする必要はない**。

4. 階段に代わる傾斜路は、次号に定めるところによらなければならない。

① 勾配は、1/8を超えないこと。

② 表面は、粗面とし、又はすべりにくい材料で仕上げること。

③ 手すり等を設けなければならない。

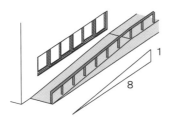

図 階段に代わる傾斜路

No.45 正解 2

1. 営業所の名称及び同一の都道府県内で所在地について変更があったときは、30日以内に、その旨の変更届出書を国土交通大臣又は都道府県知事に提出しなければならない。

2. 建設業の許可は、建設工事の種類ごとに29の業種に分けて与えられる。その業種の区分について変更する場合は、変更届出書の提出ではなく、変更後の業種について**改めて許可を受けなければならない**。

3. 使用人数に変更を生じたときは、毎事業年度経過後4か月以内にその旨を書面で国土交通大臣又は都道府県知事に届け出なければならない。

4. 営業所に置く専任技術者については、代わるべき者があるときは、その者について、専任の技術者としての基準を満たしていることを証する書面を2週間以内に国土交通大臣又は都道府県知事に提出しなければならない。

No.46 正解 2

1. 正しい記述である。

2. 密接な関係のある2以上の工事を同一の建設業者が同一の場所又は近接した場所で施工する場合、同一の専任の主任技術者がこれらの工事を**管理することができる**。

3. 工事現場に置く主任技術者は、その建設業に係る建設工事に関し10年以上実務経験を有する者であれば、その資格要件に該当する。

4. 正しい記述である。

No.47 正解 2

1. 満18歳に満たない者を就かせてはならない業務に、屋外の建設現場での労働は含まれない。

2. 使用者は、満18歳に満たない者を、**動力により駆動される土木建築用機械の運転の業務**に就かせてはならない。

3. 使用者は、満18歳に満たない者を、最大積載荷重が2t以上の人荷共用若しくは荷物用のエレベーター又は高さが15m以上のコンクリート用エレベーターの運転の業務に就かせてはならない。

問題 p.73

4. 使用者は、満18歳に満たない者を、女性であれば25kg、男性であれば30kg以上の重量物を断続的に取り扱う業務に就かせてはならない。

No.48 正解 **4**

1. 事業者は、産業医を選任すべき事由が発生した日から14日以内に選任し、遅滞なく、報告書を所轄労働基準監督署長に提出しなければならない。

2. 事業者は、安全管理者を選任すべき事由が発生した日から14日以内に選任し、遅滞なく、報告書を所轄労働基準監督署長に提出しなければならない。

3. 事業者は、総括安全衛生管理者を選任すべき事由が発生した日から14日以内に選任し、遅滞なく、報告書を所轄労働基準監督署長に提出しなければならない。

4. 事業者は、安全衛生推進者を選任すべき事由が発生した日から14日以内に選任し、その**氏名を作業場の見やすい箇所に掲示**するなどにより、関係労働者に周知させなければならない。労働基準監督署長に報告書を提出する必要はない。

No.49 正解 **1**

「特定建設資材廃棄物」とは、**コンクリート、コンクリート及び鉄から成る建設資材、木材、アスファルト・コンクリート**が廃棄物となったものをいう。したがって、1．が該当するものである。

No.50 正解 **4**

指定地域内において特定建設作業を伴う建設工事を施工しようとする者は、当該特定建設作業の開始の日の7日前までに、建設工事の目的に係る施設又は工作物の種類、特定建設作業の場所及び実施の期間や騒音の防止の方法、特定建設作業の開始及び終了の時刻等を市町村長に届け出なければならない。また、届出書には、当該特定建設作業の場所の附近の見取図や特定建設作業の工程を明示した工事工程表などを添付しなければならない。**4．仮設計画図は、**届出書に記入又は添付の**定めのないもの**である。

解答・解説

No.1 正解 **3**

1. 風上側と風下側に外部開口部を
もつ室における風圧力による自
然換気量は、風向きが一定であ
れば、開口部面積と外部風速に
比例する。

2. 温度差換気は、空気の温度差が
つくり出す浮力によって生じる
圧力差を利用した、上下の開口
部によって行われる換気であ
る。開口部の高低差が大きいほ
ど、室内外の温度差が大きいほ
ど、換気量は多くなる。

3. 事務室における必要換気量は、
在室者の呼吸による二酸化炭素
（CO₂）の発生量によって変化
するので、**在室者の人数が関係**
する。

4. 通風とは、可感風速以上の気流
を取り入れ、人体からの放熱を
促進させて涼しさを感じさせる
ように、大量の空気を入れ替え
ることをいう。夏期の防暑対策
として利用される。

No.2 正解 **1**

1. **実際に日の照っていた時間を日
照時間といい、日の出から日没**
までの時間（障害物のない所で、
晴れていれば日照があるはずの
時間）を可照時間という。

図　日照時間・可照時間

2. 正しい記述である。

3. 建築物の配置や平面形によって
は、一日中、日の当たらない
（日影になる）部分ができる。
これを終日日影という。また、
最も日照に有利な夏至の日でも
終日日影となる部分は、一年
中、日影になるので、この部分
を永久日影という。

図　終日日影の例（北緯35°）

4. 太陽の直射によるエネルギーを
直達日射量といい、水蒸気や塵
埃、空気等の分子による散乱光
である青空からの放射エネル
ギーを天空日射量という。

問題 p.76

No.3 正解 **1**

1. 昼光率は、**時刻や天候等の影響に関係なく**室内各所の明るさを比較するため、ある点の明るさを示す指標として、採光設計に用いられている。

2. 昼光率は、直接昼光率D_dと間接昼光率D_rとの和で表される。ある点における間接昼光率は、壁や天井等の室内表面の反射率の影響を受ける。

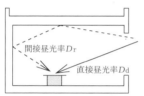

間接昼光率D_r
直接昼光率D_d

昼光率＝直接昼光率D_d＋間接昼光率D_r

図 昼光率

3. 全天空照度は、全天空が望める水平面の天空光のみによる照度であり、直射日光による照度は含まない。

4. モデリングとは、照明によって物の立体感や材質感を、適切に表現する手法である。

No.4 正解 **3**

1. シェル構造とは、屋根部分などに構造体として薄い曲面板や球面板を用いた立体的な構造である。スパンを大きくでき、体育館等に用いられる。

円筒形シェル   球形シェル

図 シェル構造

2. 壁式構造とは、板状の壁体と屋根スラブや床スラブを一体的に組み合わせた構造である。柱形や梁形がないので室内が広く感じる。

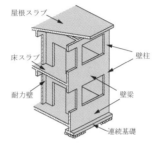

屋根スラブ
床スラブ
耐力壁
壁柱
壁梁
連続基礎

図 壁式構造

3. フラットスラブ構造とは、**梁を設けず床板を直接柱で支持する構造**である。梁がないため、室内空間を有効に利用できる。腰壁が梁を兼ねる構造ではない。

スラブ
柱

図 フラットスラブ構造

4. ラーメン構造とは、一般に、各節点で部材が剛に接合されている骨組による構造である。鉄筋コンクリート造や、鉄骨造などで用いられる。

図　ラーメン構造

No.5　正解　4

1. トラス構造は、一般に、各節点がピンで接合され、各部材が三角形を構成する構造である。細い部材で、強い構造をつくることができるのが特徴で、体育館や工場など、大きなスパンの屋根を支える構造として、木造や鉄骨造などで用いられている。

2. H形鋼（大梁）など、強弱の軸を持つ断面では、強軸まわりに曲げを受ける場合、圧縮側フランジが、横方向にはらみ出す横座屈が生じる。これを防止するために、圧縮側フランジに横補剛材（小梁）を配置する。

3. 鉄骨構造の柱脚の形式には、露出形式、根巻き形式、埋込み形式の3通りがある。

4. 鋼材は温度が250℃を超えると強度が低下し、500℃で強度が半減、1,000℃でほぼ0になる。そのため、**耐火被覆が必要**である。

No.6　正解　4

1. ダイアフラムとは、梁と柱の相互で曲げ応力を伝達できるように配置する鉄骨プレートで、通しダイアフラムと内ダイアフラムがある。

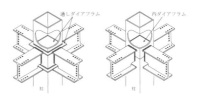

図　通しダイアフラムと内ダイアフラム

2. エンドタブとは、溶接の始端と終端に生じやすい溶接欠陥を、本溶接継手内に残存させないために取り付ける鋼製の板である。

3. 鉄骨構造では、筋かいは棒鋼や形鋼を用いるが、主に引張力に働く部材である。

4. スチフナーとは、主に**板材が座屈しないように補強する材（補剛材）**である。設問の記述は、スプライスプレートのことである。

図　スチフナー

61

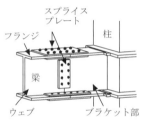

図　スプライスプレート

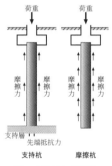

図　支持杭と摩擦杭

No.7　正解 **3**

1. 中掘り工法は、杭中空部にアースオーガーなどを挿入し、杭先端地盤を掘削しながら、杭中空部から排土し、杭を設置する工法であり、比較的杭径の大きなものの施工に適している。

2. 代表的な遠心力高強度プレストレストコンクリート杭（PHC杭）は、全長にわたり同一断面の杭（ストレート杭）であるが、その他拡径断面を有する杭（ST杭）や節部付きの杭（節杭）等がある。ST杭は、杭の先端部を太径にした拡底PHC杭で、大きな地盤支持力が得られる。

3. 杭には支持杭と摩擦杭があり、支持杭は杭を堅固な地盤に達するまで挿入し、主としてその先端支持力で荷重を支持する。**摩擦杭は先端を中間層にとどめ、杭周面の摩擦抵抗力**で支持する。

4. 場所打ちコンクリート杭は、掘削バケットやビットによって孔あけされた孔内に鉄筋かごを挿入し、コンクリートを打設する方法や、円筒管を揺動圧入し、その中の土を排出後、鉄筋かごを挿入し、コンクリートを打設しながら円筒管を引き抜く方法等がある。

No.8　正解 **3**

1. 床の積載荷重は、部屋の用途ごとに床設計用、骨組（大梁・柱・基礎）設計用、地震力算定用に分けて定められている。

2. 屋根面の積雪荷重は、屋根面の積雪量が溶けたり、ふきだまりになったりして、不均等になるおそれのある場合、その影響を考慮しなければならない。

図　積雪量が不均等となるおそれのある場合

3．風圧力は、強風により建築物の外壁面や屋根面が受ける圧力で、**速度圧 (q)** とそれが壁や屋根に当たる角度により決まる風力係数 (Cf) の積で求める。

4．地上階における地震力は、算定しようとする階の支える荷重に、その階の地震層せん断力係数を乗じて計算する。

No.9　正解　**2**

まず、AB間の距離を l とし、等変分布荷重を集中荷重に置き換えると、集中荷重の作用する位置は、A点から $l/3$ となり、部材ABを支点Aから１：２に分ける位置となる。等変分布荷重のみが部材AB全体に作用している場合、逆に鉛直反力 (V_A、V_B) の大きさの比率は２：１となる。したがって、**2．が正しい**ものである。

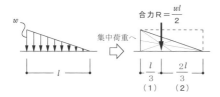

No.10　正解　**2**

支点Aはピン支持、支点Bはローラー支持なので、ともに曲げモーメントは０となる。このことから、選択肢３．と４．は不適当である。また、部材AC間には外力が働いていないため、AC間の曲げモーメントは直線的に変化する。このことから、曲線となっている選択肢１．は不適当である。したがって、**2．が正しい**ものである。

No.11　正解　**4**

1．SN400のように、鋼材の記号にある数値は、引張強さの下限値を表している。つまり、SN400の引張強さの下限値は、400N/mm^{2}である。

2．鋼は、200℃ (250℃) 〜 300℃程度で引張強さが最大になる。300℃を超えると温度上昇とともに強度は急激に低下する。さらに、500 ℃ 付 近 で 半 減、1,000℃でほぼ０となる。

3．正しい記述である。

4．鋼材のヤング係数とは、応力度とひずみ度の関係式における比例定数をいう。なお、鋼のヤン

63

グ係数は**2.05 × 10⁵N/mm²**で、鋼材の強度に関係なくほぼ一定である。

No.12 正解 1

建築基準法施行令における木材の基準強度を下記に示す。

表 木材の基準強度 (N/mm²)

樹種		基準強度
		圧縮 (Fc)
針葉樹	ひのき・からまつ	20.7
	すぎ・スプルース	17.7
広葉樹	かし	27.0
	けやき・なら・くり	21.0

上表より、樹種別の圧縮強度の大小関係は、「**すぎ ＜ ひのき ＜ けやき**」となる。
したがって、**1.が正しいもの**である。

No.13 正解 3

1. 耐風圧性試験における測定項目は、変位・たわみである。
2. 遮音性試験における測定項目は、音響透過損失である。
3. 結露防止性試験における測定項目は、**温度低下率や結露状況で**ある。熱貫流率を測定する試験は、断熱性試験である。
4. 遮熱性試験における測定項目は、日射熱取得率である。

No.14 正解 4

1. 防水層に金属系防水シートを用いる工法では、ステンレスシートまたはチタンシートどうしを、シーム溶接によって連続溶接し、一体化して防水層を形成する。
2. 塗膜防水は、ウレタンゴム系やゴムアスファルト系の塗膜防水材を塗り重ねて連続的な膜を形成する。
3. アスファルトプライマーは、防水下地に塗布することにより、その表面に一部浸透して強固に付着したアスファルト皮膜を形成し、下地と防水層の接着性を向上させるものである。
4. 防水剤を混入したモルタルは、一般に防水材入モルタルと呼ばれ、層塗り、サッシ周りのモルタル詰め等に用いる。**塗り付ける下地に浸透して防水効果を高めるものではない。**

No.15 正解 2

1. 排水桝の内法が600mmを超え、かつ、深さ1.2mを超える排水桝には、足掛け金物を取り付ける。
2. 地中埋設排水管において、桝を設ける場合、雨水桝には深さ**150mm以上の泥だめ**を、汚水

桝にはインバートを設ける。

3. 地中埋設排水管を設ける場合は、埋設管の長さがその内径または内法幅の120倍を超えない範囲内の箇所に、桝またはマンホールを設ける。

4. 給水管と排水管が平行して埋設される場合には、両配管の水平間隔を500mm以上とし、かつ、給水管は排水管の上方に埋設する。

No.16 正解 2

1. LEDは、熱に弱いため、高温の場所への設置は避ける。

2. LEDは、他の光源の種類に比べ、**格段に寿命が長く、消費電力が少ない。**したがって、**高い天井やランプの交換がしにくい場所への使用に適している。**

3. LEDは、紫外線をほとんど出さないため、屋外で使用しても虫が寄り付きにくい。

4. 正しい記述である。LEDは、電気を直接光に変えるため、光源自体の発熱量は非常に少ない。

No.17 正解 4

1. バキュームブレーカーとは、使用した水が逆サイホン作用により上水系統へ逆流するのを防止する装置であり、給水管内に生じた負圧に対して自動的に空気を補充する給水設備である。

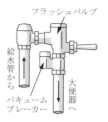

図　バキュームブレーカー

2. 通気管は、排水管内の気圧の均衡を保ち、トラップの封水がなくなる（破封）のを防ぎ、排水管内の換気を行うなどの目的で設ける排水設備である。

3. マイコンメーターは、マイクロコンピューターを内蔵し、ガスの使用状態を監視し、異常な場合はガスを止める保安機能を有するガスメーター（ガス設備）である。

4. バスダクトとは、大きな電流が流れる幹線に使用され、金属製ダクトの内部に銅帯が絶縁して取り付けられているものである。したがって、バスダクトは**電気設備に用いる。**

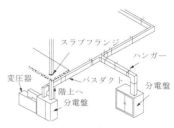

図　バスダクト

No.18　正解　2

1. 建築物等の高低及び位置の基準であるベンチマークは、既存の工作物あるいは新設した杭等に基準を印したものである。また、ベンチマークは、通常2箇所以上設け、相互にチェックできるようにする。

2. 1階の基準高さは、ベンチマークから直接レベルで移す。2階から上の基準高さは、鉄骨や柱主筋等の鉛直部材で比較的剛強なものを利用して、**1階の基準高さからスチールテープで移す。**

3. 水貫は、上端をかんな掛けした貫で、高さの基準とするものである。水杭（やり方杭）に印した墨に合わせて、水貫上端を水平に打ち付けるものである。

4. やり方に使用する検査用鋼製巻尺は、JIS 1級の鋼製巻尺をその工事現場専用の巻尺として使用する。JIS 1級の鋼製巻尺でも誤差が生じる可能性があるため、通常は工事着手前にテープ合わせを行い、同じ精度を有する巻尺を2本以上用意して、1本は基準巻尺として保管する。

No.19　正解　1

1. 土間コンクリート（土間スラブ）に設ける防湿層のポリエチレンフィルムは、**土間コンクリートの直下**に敷き込む。また、断熱材がある場合は断熱材の直下に敷き込む。

2. 砂利及び砂地業においては、締固めによる沈下量を見込んでおき、締固め後に、地業表面が所定の高さになるようにする。締固めによるくぼみ等には、砂利または砂を用いて表面を平らにする。

3. 砂利地業に使用する砂利は、再生クラッシャラン、切込砂利または切込砕石とする。切込砕石とは、砕石場で破砕したままの砕砂と砕石を混合したものである。

4. 捨てコンクリート地業は、砂利地業、砂地業の表面を固め、基礎、柱、基礎梁等の墨出し及び鉄筋・型枠の組立のために施す。掘削底面の安定化や、基礎スラブ、基礎梁のコンクリートの流出あるいは脱水を防ぐために、粗雑にならないように施工する。

No.20　正解　1

1. 柱型枠の長さは、階高からスラブ厚さとスラブ用せき板及び木毛セメント板等があればその厚さを差し引いた寸法より、下階

のスラブコンクリート面の**不陸**
を考慮して、20〜30mmくら
い短めにしておく。

2. 柱型枠の足元は、垂直精度の保
持、変形防止及びセメントペー
ストの漏出防止のために根巻き
を行う。

3. 壁開口部の下部は、コンクリー
トが打ち込みにくく空洞ができ
やすいので、点検用の開口を設
けてコンクリートの充填具合を
確認する。コンクリートの吹出
しを防ぐために、端部にはふた
をしておく。

4. デッキプレートの端部は、梁型
枠の横桟木に釘打ちし、確実に
固定する。デッキプレートから
伝わる力を梁のせき板のみで支
持することは危険なので、縦桟
木を間隔600mm以下で入れる。

No.21 正解 **1**

1. **柱のせき板の最小存置期間**は、
計画供用期間の級が短期及び標
準でコンクリートの圧縮強度によ
る場合、**5N/mm²に達するまで**と
する。一方、**スラブ下のせき板**
の最小存置期間は、コンクリー
トの圧縮強度が、設計基準強度
の85%以上又は**12N/mm²以上**
であり、かつ、構造計算によっ
て安全が確認されるまでとす
る。

2. 鉛直（基礎、梁側、柱及び壁）
のせき板の最小存置期間は、計
画供用期間の級が短期及び標準
でコンクリートの圧縮強度によ
る場合、$5\,N/mm^2$に達するまで
とする。壁と梁側のせき板は同
じである。

3. 4.計画共用期間の級が短期及
び標準の場合、コンクリートの
材齢によるせき板の最小存置期
間は、鉛直（基礎、梁側、柱及
び壁）のせき板は同じである。

No.22 正解 **4**

1. 高力ボルトの締付けにおいて、
セットを構成する座金及びナッ
トには、表裏があるのでボルト
を接合部に組み込むときは、逆
使いしないようにする。座金は
内側面取りのある側を表とし、
ナットは等級の表示記号のある
側を表として取り付ける。

ナットは表示記号　　座金は内側面取りの
のある側が表　　　　ある側が表

図　ナット・座金の表裏

2. フィラープレートの材質は母材の
材質にかかわらず、400N/mm²
級鋼材でよい。なお、両面とも
摩擦面としての処理をする。

3. 正しい記述である。

67

4．高力ボルトの締付け作業は、1群をなしているボルトの継手位置中央から外に向かって行う。

No.23　正解　3

1．プライマーの塗布は、下地の表面を清掃したのち、その日に張り付けるルーフィングの範囲にむらなく塗布する。

2．接着剤の塗布は、プライマーの乾燥を確認した後、ローラーばけまたは毛ばけ等を用いて規定量をむらなく塗布する。

3．シート防水工事の接着工法において、ルーフィングシートの張付けは、**接着剤のオープンタイムの範囲内**で行う。

4．加硫ゴム系シート防水では、美観や保護を目的として、表面に塗装仕上げを行う。

No.24　正解　4

1．嵌合形折板は、タイトフレーム取付け後、仮葺せずに本締め（本葺）を行う。

2．はぜ締め形折板は、折板をタイトフレームに、固定金具で固定する。はぜは上下をなじみよくはめ合わせる。本締めの前に、タイトフレームの間を手動はぜ締め機を用いて1m間隔程度で部分締めする。

3．けらば包みを用いない重ね形折板葺のけらば先端には、1.2m以下の間隔で、折板の山間隔の3倍（3山ピッチ）以上の長さの変形防止材を取り付ける。

4．タイトフレームと下地材との接合は**隅肉溶接**とし、溶接後はスラグを除去し、錆止め塗料を塗り付ける。

No.25　正解　4

1．モルタル3回塗りの下塗り、中塗り、上塗りの各層の塗り厚は、3〜10mmとする。また、全塗り厚は25mm以下とする。

2．吸水調整材塗布後、下塗りまでの間隔時間は施工時の気象条件によって異なるが、一般的には1時間以上とする。長時間放置するとほこり等が付着し、接着を阻害することがあるため、1日程度で下塗りを行うことが望ましい。

3．左官で用いる砂の粒度の種別には、粗い順からA種、B種、C種がある。セメントモルタル塗り（下塗り、むら直し、中塗り）及び床モルタルは、A種を用いる。

4．**吸水調整材は塗りすぎると**、下地とモルタルの界面の膜が厚くなり、塗り付けたモルタルがずれやすくなり、**モルタルの付着力が低下**するおそれがある。

No.26 正解 2

1. モノロックは、外側の握り玉の中心にシリンダー、内側の握り玉の中心には押しボタンが設けられている。

図　モノロック

2. ピボットヒンジは、**開き戸を上下から軸で支える機構**で、持出し吊りと中心吊りがある。設問の記述は、フロアヒンジのことである。

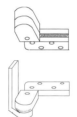

図　ピボットヒンジ

3. 空錠は、ラッチボルトのみを有し、仮締まり状態を保ち、鍵を用いないでハンドルで開閉できる錠である。

4. 本締り錠は、デッドボルトのみを有し、鍵またはサムターンで施解錠できる錠である。

図　本締り錠

No.27 正解 2

1. 目透し工法は、目地を見せてボードの上に仕上げをする場合に適用される。一般的には、スクエアエッジのボードを使用する。

図　石こうボードのエッジの種類

2. 鋼製下地に張り付ける場合のドリリングタッピンねじの頭は、仕上げ面の精度の確保のために、**ボード面に沈み込むまで十分締め込む。**

3. 鋼製下地にボードを張り付ける場合のドリリングタッピンねじの留付け間隔は、ボードの周辺部では200mm程度、中間部では300mm程度とする。

4. 石こうボードを重ね張りする場合、上張りと下張りのジョイントが同位置にならないようにし、上張りは、縦張りとする。

No.28 正解 3

1. 既存防水層撤去後に新規アス

ファルト防水を行う場合、コンクリート面及びモルタル面の既存下地のひび割れは、アスファルト防水工事用シール材で補修する。なお、ひび割れ幅が2㎜以上の場合は、Uカットのうえ、ポリウレタン系シーリング材等を充填する。

2. 高圧水洗工法は、高圧水を当てて、劣化の著しい既存塗膜の除去や素地の脆弱部分を除去する工法である。

3. 既存露出アスファルト防水層を撤去せずに、その上から新規アスファルト防水を施す場合、既存露出防水層表面の砂は、既存防水層を損傷しないよう可能な限り取り除き、清掃後、**溶融アスファルトまたはアスファルト系下地調整材**を塗布する。

4. シーリング再充填工法は、被着体及びその周辺部を損傷しないように注意しながら既存シーリング材を可能な限り除去し、同種または異種のシーリング材を再充填する。

No.29　正解　3

1. 杭工事で打込み工法が予定されている場合、地中の土を押しのけて杭などが設置されるため、地盤が側方へ移動し、近接する工作物などに有害な影響を及ぼ

すことがあるため、事前の調査を十分行う必要がある。

2. 揚水による地下水位低下に伴う井戸枯れの影響を考慮して、近隣で井戸を使用している場合には、使用状況等の調査を行う必要がある。

3. タワークレーン等の揚重機の設置計画に当たっては、テレビ等の**電波障害の影響範囲の調査を実施する**。また、必要に応じてそれを軽減する措置を講ずる。

4. 正しい記述である。

No.30　正解　4

1. 正しい記述である。

2. 作業員詰所は、職種数や作業員の増減に対応でき、異業種間のコミュニケーションや整理整頓、空調設備等のコストを考慮して大部屋方式が多く採用されている。また、できるだけ現場事務所の近くで、連絡や管理がしやすい位置に設ける。

3. 下小屋は、材料置場に近く、運搬に便利な場所を選び、加工用に機械を設置する場合は、電力及び水道等の設備を設ける。

4. 仮囲いは、工事中の飛散物や落下物、あるいは現場内からの雨水などが流出しないように、幅木やコンクリート製の土手を設置するなど、**すき間のない構造**

とする。

No.31 正解 **1**

1. ルーフィング類は、屋内の乾燥した場所に**縦置き**にして保管する。

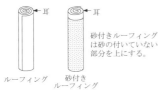

耳

耳

砂付きルーフィングは砂の付いていない部分を上にする。

ルーフィング　砂付きルーフィング

図　ルーフィングの保管

2. ALCパネルは、台木を使用し平積みとする。1単位（1山）の積上げ高さは1m以下、総高を2m以下とする。

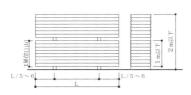

1単位（1山）

1m以下

2m以下

L/5〜6　　　L　　　L/5〜6

図　ALCパネルの積上げ高さ

3. 壁紙など巻いた材料は、くせが付かないように立てて保管する。

4. アルミニウム製建具は、搬出時に生じやすい傷の防止、及び自重による変形等を防止するため、縦置きとする。また、必要に応じ損傷・汚れを防ぐために養生を行う。

No.32 正解 **3**

1.　2.　4.　それぞれ工程計画（総合工程表）の立案段階に考慮すべき内容である。

3. 工種別の施工組織体系は、ある工種における施工組織を表したものであり、**工程計画の立案段階において考慮すべき事項ではない。**

No.33 正解 **4**

1. バーチャート工程表は、棒工程表といわれるもので、縦軸に工事名（仮設工事、土工事等）、横軸に年月日を記載して、作業の所要日数を棒線の長さで表したものである。

2. バーチャート工程表は、建築工事における主要な工事項目が工程表に表現されるように作成し、主要な工事の節目はマイルストーンとして工程表に付加する。

3. バーチャート工程表は、各作業の関連が示されないので、工期に影響する作業やクリティカルパスが明確になりにくい。

4. バーチャート工程表に配置する作業の数が多くなると、工程の内容を容易に把握することができなくなるため、**1枚のバーチャートに多数の作業を示した**

71

り、作業を過度に細分化しない。

No.34 正解 3

1. 正しい記述である。
2. 正しい記述である。
3. 施工品質管理表（QC工程表）は、工程のどこで、何を、いつ、だれが、どのように管理するかを決め、**工程の流れに沿って整理**したもので、品質管理の要点を明確にした管理のための標準である。
4. 正しい記述である。

No.35 正解 2

トルシア形高力ボルトの1次締め後のマーキングには、次のような目的がある。
① 1次締め完了の確認
② 本締め完了後、マークのずれの位置による共回り及び軸回りのないことの確認
③ マークのずれによる本締め完了の確認
④ マークのずれによるナットの回転量の確認
なお、**トルク値は、軸力計によって確認する**もので、マークのずれによっては確認できない。

No.36 正解 3

1. 正しい記述である。

2. レディーミクストコンクリートの受入れ時の1回の圧縮強度試験は、打込み工区ごと、打込み日ごと、かつ、150m³以下にほぼ均等に分割した単位ごとに3個の供試体を用いて行う。
3. スランプは、コンクリートの中央部において下がりを**0.5cm単位**で測定する。
4. スランプコーンの寸法は、上端内径100mm、下端内径200mm、高さ300mm及び厚さ5mm以上とし、適切な位置に押さえ及び取っ手を付ける。

No.37 正解 2

1. 3m以上の高所から物体を投下するときは、飛散防止のためダストシュート等の投下設備を設け、監視人を置くなど労働者の危険を防止する。
2. 工事用車両による道路の汚れを防止するためには、**洗車場を設ける**ことが有効である。沈砂槽は、泥水中の砂や小さな石を沈降除去するための水槽のことである。
3. 作業員の墜落事故防止、高所作業による工具等の落下による落下事故防止のため、一般に水平に安全ネットを張る。
4. 解体工事では、粉塵の飛散を防止して、近隣被害が起こらない

ようにする。そのために、散水設備の設置が必要となる。

No.38 正解 **2**

1. 作業場所の巡視（毎作業日に1回以上）は、特定元方事業者の講ずべき措置に定められている。

2. 足場の組立て作業において、材料の欠点の有無を点検し、不良品を取り除くのは、**足場の組立て等作業主任者の職務**であり、特定元方事業者の講ずべき措置として定められていない。

3. 関係請負人が行う労働者の安全または衛生のための教育に対する指導及び援助を行うこと（資料の提供等）は、特定元方事業者の講ずべき措置に定められている。

4. クレーン等の運転についての合図を統一的に定めることは、特定元方事業者の講ずべき措置に定められている。

No.39 正解 **3, 4**

1. 鉄筋の切断、曲げ等の加工作業は、常温（冷間）で行う。

2. 正しい記述である。また、柱、梁に接する周辺部の第1鉄筋と開口端部については、全数結束とする。

3. 鉄筋のあきの最小寸法は、粗骨材の最大寸法及び鉄筋径により決まる。**鉄筋の強度は関係がない**。

4. 鉄筋の末端部のフックの余長は、下図のとおり、**折曲げ角度が大きいほど短くなる**。

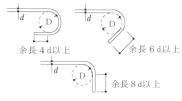

図　フックの余長

No.40 正解 **2, 3**

1. アンカーボルトの埋設は、土台切れの箇所、土台継手及び土台仕口箇所の上木端部とし、当該箇所が出隅の場合は、できるだけ柱に近接した位置とする。また、耐力壁の部分は、その両端の柱の下部にそれぞれ近接した位置とする。

2. 根太の継手は、**大引の心で突付け継ぎ**、釘打ちとする。

3. 火打梁は、木造床組や小屋組において、**水平の剛性を確保する**ため、**梁と胴差、梁と桁等の隅角部**を斜めに接合する部材である。

4. 内装下地や造作部材の取付けは、雨に濡れることのないよう、屋根葺き工事が完了した後に行う。

問題 p.91 ～ 92

No.41 正解 **1,4**

1. タイル後張り工法の密着張りは、**上部より下部へと行う**。振動の影響で他のタイルにずれが生じることがあるため、水糸をタイル1段置きに張り、これに沿って張り進めた後、それらの間を埋めていくようにする。
2. 改良積上げ張りにおいて、タイルの1日の張付け高さの限度は、1.5m程度とする。
3. モザイクタイル張りにおけるタイルの張付けは、目地にモルタルがはみ出すまでたたき押えをし、タイル目地に盛り上がった張付けモルタルの水分で紙張りの目地部分が濡れてくるまで行う。
4. 改良圧着張りの張付けモルタルの1回の塗付け面積は、**2m²/人以内**とする。

No.42 正解 **1,3**

1. モヘアのローラーブラシは、アンゴラや山羊の毛を素材としたもので腰があり、ローラーマークも少ない。ほとんどの塗装材料に使用できるが、**強溶剤系の塗装材料には使用できない**。
2. オイルステイン塗りの色濃度の調整（色調）は、シンナーによって調整する。

3. 合成樹脂調合ペイント塗りは、木部及び錆止め塗料を施した鉄鋼面や亜鉛めっき鋼面等に適する。塗膜が耐アルカリ性に劣るため、**コンクリート面やモルタル面には適さない**。
4. ローラーブラシ塗りは、1回で広い面積に対して能率よく塗装できる。隅やちり回りなどは、専用ローラー、小ばけ等であらかじめ塗っておく。

No.43 正解 **2**

1. 正しい記述である。
2. コンビニエンスストアは、**物品販売業を営む店舗に該当する**。**物品販売業を営む店舗は、特殊建築物**である。
3. 設計図書とは、建築物、その敷地又は一定の工作物に関する工事用の図面（現寸図その他これに類するものを除く）及び仕様書をいう。
4. 建築物とは、土地に定着する所定の工作物が該当するが、ただし書きにより鉄道及び軌道の線路敷地内の運転保安に関する施設並びに跨線橋、プラットホームの上家、貯蔵槽等は除かれている。

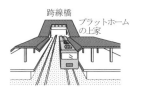

図　跨線橋とプラットホームの上家

No.44　正解 1

住宅、学校、病院、診療所、寄宿舎、下宿その他これらに類する建築物で政令で定めるものの居室には、採光のための窓その他の開口部を設けなければならない。

1. 政令で定めるものの居室として、病院であれば病室は該当するが、**診察室は該当しない**。
2. 寄宿舎の寝室は、居室に該当するため、採光のための窓その他の開口部を設けなければならない。
3. 4. 政令で定める居室には、保育所及び幼保連携型認定こども園の保育室、診療所の病室、児童福祉施設等（有料老人ホームを含む）の寝室（入所する者の使用するものに限る）、児童福祉施設等の居室のうち、これらに入居し、又は通う者に対する保育、訓練、日常生活に必要なもの等には採光のための窓その他の開口部を設けなければならない。

No.45　正解 3

1. 2. 発注者から直接請け負う1件の建設工事につき、その工事の全部又は一部を、下請代金の総額が、建築工事業で7,000万円以上、その他の業種で4,500万円以上となる下請契約を締結して施工しようとする者は、特定建設業の許可が必要である。
3. 工事1件の**請負代金の額が、建築一式工事にあっては1,500万円に満たない工事又は延べ面積が150m²に満たない木造住宅工事、建築一式工事以外の建設工事にあっては500万円に満たない工事のみを請け負うことを営業とする者は、建設業の許可を受けなくてもよい。**
4. 正しい記述である。記載事項としては、営業所の名称及び所在地の他、商号又は名称、営業所に置かれる専任の技術者の氏名、許可を受けようとする建設業などがある。

No.46　正解 2

建設工事の請負契約の当事者は、定める事項を書面に記載し、署名または記名押印をして相互に交付しなければならない。記載事項の主なものには、次のものがある。
① 工事内容

② 請負代金の額

③ 工事着手の時期及び工事完成の
時期

④ 工事を施工しない日又は時間帯
の定めをするときは、その内容

⑤ 請負代金の全部又は一部の前金
払又は出来形部分に対する支払
の定めをするときは、その支払
の時期及び方法

⑥ 天災その他不可抗力による工期
の変更又は損害の負担及びその
額の算定方法に関する定め

⑦ 価格等の変動若しくは変更に基
づく請負代金の額又は工事内容
の変更

⑧ 工事の施工により第三者が損害
を受けた場合における賠償金の
負担に関する定め

⑨ 注文者が工事に使用する資材を
提供し、又は建設機械その他の
機械を貸与するときは、その内
容及び方法に関する定め

⑩ 注文者が工事の全部又は一部の
完成を確認するための検査の時
期及び方法並びに引渡しの時期

⑪ 工事完成後における請負代金の
支払の時期及び方法

⑫ 各当事者の履行の遅滞その他債
務の不履行の場合における遅延
利息、違約金その他の損害金

⑬ 契約に関する紛争の解決方法

なお、**工事の履行に必要となる建設
業の許可の種類及び許可番号は、請**
負契約書に記載しなければならない
事項ではない。

No.47 正解 **1**

1．使用者は、前借金その他**労働す
ることを条件とする前貸の債権
と賃金を相殺してはならない。**

2．労働者は、明示された労働条件
が事実と相違する場合において
は、即時に労働契約を解除する
ことができる。

3．使用者は、労働者が業務上負傷
し、又は疾病にかかり療養のた
めに休業する期間及びその後
30日間は、原則として解雇し
てはならない。

4．正しい記述である。

No.48 正解 **4**

事業者は、その事業場の業種が政令
で定めるものに該当するときは、新
たに職務に就くこととなった職長そ
の他の作業中の労働者を直接指導又
は監督する者（作業主任者を除く）
に対し、次の事項について、厚生労
働省令で定めるところにより、安全
又は衛生のための教育を行わなけれ
ばならない。

① 作業方法の決定及び労働者の配
置に関すること

② 労働者に対する指導又は監督の
方法に関すること

③ 危険性又は有害性等の調査とそ

の結果に基づき講ずる措置に関すること

④ 異常時等における措置に関すること

⑤ その現場監督者として行うべき労働災害防止活動に関すること

したがって、**4．作業環境測定の実施に関すること**は、**定められていない**。

No.49 正解 1

1．工作物の新築、改築又は除去に伴って発生した紙くずは、**産業廃棄物**である。

2．現場事務所や作業員詰所から排出された図面、新聞、雑誌等は、一般廃棄物である。

3．工作物の新築、改築又は除去に伴って生じたコンクリートの破片その他これに類する不要物は、産業廃棄物である。

4．ゴムくずは、産業廃棄物である。

No.50 正解 3

1．自動火災報知設備は、警報設備である。

2．救助袋は、避難設備である。

3．**連結散水設備は、消火活動上必要な施設**であり、消火設備ではない。

4．防火水槽は消防用水である。

問題 p.96

2級 建築施工管理技士　学科試験

解答・解説

No.1　正解　2

1. 第1種機械換気方式は、給気側と排気側にそれぞれ専用の送風機を設けるので、最も確実な換気方式である。室内圧が自由に設定でき、任意の換気量が得られるので、地下街、映画館や劇場など外気から遮断された大きな空間の換気に適している。
2. 室内で発生した**汚染物質が他室に漏れてはならない室**には、室圧を負圧に保つ**第3種機械換気方式**が適している。
3. 事務室における必要換気量は、在室者の呼吸による二酸化炭素（CO_2）の発生量によって変化するので、在室者の人数が関係し、室の容積に関係しない。
4. 温度差換気は、空気の温度差がつくり出す浮力によって生じる圧力差を利用した、上下の開口部によって行われる換気である。室内の温度が屋外の温度よりも高い場合には、空気は下方の開口部より流入するので、給気のための開口部は低い位置に、排気のための開口部は高い位置に設ける。開口部の高低差が大き

いほど、室内外の温度差が大きいほど、換気量は多くなる。

No.2　正解　3

1. 光束とは、光のエネルギーがある面を通過する割合で、標準比視感度で補正した、単位時間当たりの光の放射エネルギー量で表す。
2. 照度とは、受照面に入射する単位面積当たりの光束の量をいい、単位はlxである。
3. 輝度とは、**光源のある方向の単位面積（見かけの面積）当たりの光度**のことである。設問の記述は、光度のことである。
4. グレアとは、視野内の高輝度な点・面あるいは極端な輝度対比などにより引き起こされた視力低下や、目の疲労・不快感（まぶしさ）などの障害をいう。

No.3　正解　1

1. 遮音とは、**ある空間で発生した音を他の空間へ透過させないようにすること**をいう。設問の記述は、吸音のことである。
2. 透過音が入射音に比べてどれだけ弱くなったかを数量的に表し

たものを透過損失という。透過損失の値を高めると音が透過する割合が小さくなり、騒音防止の効果が向上する。

3. 有孔板のような孔あき板は、背後に空気層があると、孔と背後の空気層とが共鳴器として機能し、主に中音域の音を吸音する。

4. グラスウールなどの多孔質材料は、一般的に低音域では吸音率が低く、高音域ほど吸音率が高い。

No.4 正解 2

1. 片持ちスラブの厚さの最小値は、持出し長さの1/10とする。

2. 柱の小径については、その構造耐力上主要な支点間距離（上下の梁の内法）の**1/15以上**とする。

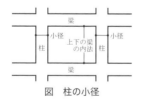

図　柱の小径

3. 腰壁や垂れ壁の付いた柱は、短柱（短い部材）となり、地震時に水平力がその柱に集中し、他の柱よりも早く、曲げ降伏の前にせん断破壊してしまう可能性が高くなる。それを防ぐために、耐震スリットを入れる方法

がある。

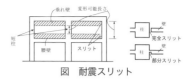

図　耐震スリット

4. 大梁は、急激に破壊するせん断破壊よりも曲げ降伏を先行するように設計する。

No.5 正解 3

1. 鉄骨構造は、製鋼工場で製造された鋼材を加工工場で切断・加工し、現場では組み立てるだけのため、鉄筋コンクリート構造に比べ、現場作業が少ない。つまり、工期短縮がしやすい。

2. **4.** 同じ耐力の部材を比べると鉄筋コンクリート構造より鉄骨構造の部材の方が軽量であり、構造体の軽量化が図れる。つまり、小さな断面の部材で、大きな荷重に耐えられる。

3. 鉄骨構造は、鉄筋コンクリート構造に比べ、**たわみやすく、振動障害が生じやすい**。

No.6 正解 2

1. ガセットプレートは、鉄骨構造において、柱、梁等の接合部やトラス節点等に集合する部材を接合するために用いるプレートである。

2. スプライスプレートは、高力ボ

ルト接合において、**フランジ・ウェブ等の両側に添えて、その外側から高力ボルトを締め付ける接合用の添え板**である。設問の記述は、スチフナーのことである。

3. ダイアフラムは、柱と梁の接合部において、梁のフランジをつなぐように設けて、柱の変形を防止する補強材である。

4. 合成梁に使用するスタッドとは、鉄筋コンクリートスラブの一部を鉄骨梁のフランジと合体させて、梁の耐力を高めるもので、一体化を図るために梁フランジ上に溶接して取り付ける部材である。

No.7 正解 **1**

1. 場所打ちコンクリート杭工法には、アースドリル工法、リバース工法、オールケーシング工法等があり、いずれもアースオーガーは使用しない。アースオーガーを使用するプレボーリング拡大根固め工法は、**既製コンクリート杭の埋込み工法に含まれる**。

2. 外殻鋼管付きコンクリート杭（SC杭）は、大きな水平力が作用する場合に使用するために開発された杭で、鋼管に膨張性コンクリートを遠心力で張り付か

せて一体化させた複合構造であり、一般にPHC杭の上杭として使用される。

3. 鋼杭は、腐食防止のために塗装等の防錆処理やライニングが行われるが、腐食しろを見込んで肉厚の厚い鋼管を使うこともある。

4. 既製杭工法には、ハンマーで杭頭部を打撃して地盤中に所定の深さまで貫入させる「打込み工法」や、掘削液を注入しながらアースオーガーで所定の深さまで掘削し、コンクリート製の杭を建て込む「埋込み工法」、先端部に羽根（翼）の付いた鋼管を回転し、杭を貫入させる「回転貫入工法」がある。

No.8 正解 **4**

1. 固定荷重は、建築物を構成する躯体及び仕上げの重量であるが、正式には「単位体積質量」×「重力加速度」×「体積」で求める。

2. 雪下ろしを行う慣習のある地方においては、雪下ろしの実況に応じて、垂直積雪量を1mまで低減できる。

3. 地震力は建物の各階に作用する地震層せん断力として検討し、地上部分の下層より数えてi番目の階に作用する地震層せん断

力 Q_i は $Q_i = C_i \times W_i$ で求める
ことができる。W_i は i 階より
上部の固定荷重及び積載荷重の
和であるので、固定荷重及び積
載荷重を減ずると地震力は小さ
くなる。

4. 建築物の構造耐力上主要な部分
に生ずる力の算定において、風
圧力は、地震力と**同時に作用し
ないものとして計算する。**

No.9 正解 3

単純梁において、片方の支点の鉛直
反力を求めるには、求める鉛直反力
を仮定して、もう一方の支点におけ
るモーメントのつり合いを考えれば
よい。
支点Aに上向きの鉛直反力 V_A を仮
定して、支点Bにおけるモーメント
のつり合いを考える。

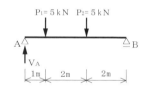

$\Sigma M_B = 0$ より

$V_A \times 5\,m - 5\,kN \times 4\,m$
$\qquad - 5\,kN \times 2\,m = 0$
$5\,V_A \cdot m - 20kN \cdot m$
$\qquad\qquad - 10kN \cdot m = 0$
$\qquad\qquad 5\,V_A = 30kN$
$\qquad\qquad V_A = 6\,kN$

したがって、**3.** が正しいものであ
る。

No.10 正解 3

設問図の左の支点のようなピン支持
や右の支点のようなローラー支持に
おいては、曲げモーメントは発生し
ないので、選択肢1. 及び2. は除
かれる。また、等分布荷重や等変分
布荷重が作用している範囲の曲げ
モーメント図は曲線となる。
したがって、**3.** が正しいものであ
る。

No.11 正解 1

1. **3.** 鋼は、炭素含有量が増す
と、降伏点、引張強さは増加す
るが、**伸び、靭性(ねばり強
さ)、溶接性が低下**する。

2. 鋼の応力度とひずみ度の関係は
下図の通りで、弾性限度を超え
ない範囲を弾性域という。鋼
は、弾性域内であれば、引張荷
重を取り除くと元の状態に戻
る。

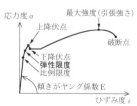

図 応力度－ひずみ度曲線

4. 鋼は、熱処理によりその機械的
性質が変化する。

81

No.12 正解 2

1. 木材の乾燥収縮の割合は、幹軸（繊維）方向を1とすると半径方向は約5倍、接線方向は約10倍程度である。よって、乾燥収縮の大小関係は、接線方向＞半径方向＞幹軸（繊維）方向となる。

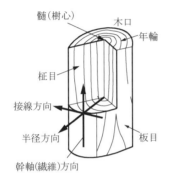

図　木材の3軸

2. 木材の強度は、繊維飽和点（含水率30%程度）以下では、**含水率の低下とともに向上する**。繊維飽和点以上の含水率では、強度はほぼ一定となる。

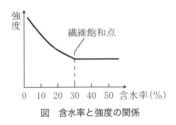

図　含水率と強度の関係

3. 木材の圧縮強度及びヤング係数は、繊維方向の方が繊維に直交する方向（接線方向、半径方向）

よりも大きい。

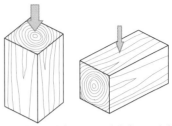

繊維方向の強度＞繊維に直角方向の強度
図　木材の強度

4. 針葉樹は比較的軽量で加工しやすい。主な樹種は、スギ、ヒノキ、ツガなどで、広葉樹の主な樹種はナラ、タモなどがある。一般的に針葉樹のほうが広葉樹に比べ、収縮による曲り、ねじれ等が小さい。

No.13 正解 3

1. 正しい記述である。
2. 正しい記述である。
3. 遮熱性とは、**日射熱を遮る程度**のことをいう。設問の記述は、断熱性のことである。
4. 正しい記述である。

No.14 正解 1

1. アスファルトルーフィングは、原紙にアスファルトを浸透、被覆し、**表裏面に鉱物質粉末を付着させたもの**である。
2. 正しい記述である。
3. 正しい記述である。
4. 正しい記述である。

No.15 正解 **2**

1. 温度については、測定時に標準温度を設定することは、事実上不可能なので、補正をしなければならない。

2. 鋼製巻尺を用いて精密な距離測定を行う場合は、必要に応じて、温度・尺定数・傾斜・準拠だ円体面への補正を行うが、**湿度による補正は行わない**。

3. 尺定数とは、正しい長さと使用した巻尺の長さとの差をいう。尺定数が正（＋）のときは、巻尺が伸びていることを示し、負（－）のときは、縮んでいることを示す。このことから、尺定数が正の巻尺で測定した距離には、正（＋）の補正を行い、負の巻尺で測定した距離には、負（－）の補正を行う。

4. 測定区間に傾斜地があれば、高低差を測定して水平距離を求める。一般に、この2つから補正量を求めて、傾斜による補正を行う。

No.16 正解 **2**

1. 階段または傾斜路に設けるもの以外の通路誘導灯は、避難の方向の明示を目的とする避難設備である。また、階段または傾斜路に設ける通路誘導灯は、避難

の方向の確認、かつ、避難上必要な床面照度の確保を目的とした避難設備である。

2. 客席誘導灯は、**避難上必要な床面照度の確保**を主な目的とする避難設備である。

3. 自動火災報知設備は、火災の初期の段階で発生した熱または煙を自動的に感知し、ベルやサイレンなどの音響装置によって人々に知らせる警報設備である。

4. 正しい記述である。照明は直接照明とし、床面において1ルクス以上の照度を確保する。

No.17 正解 **1**

1. 定風量単一ダクト（CAV）方式とは、建物全体またはゾーンごとに1台の空調機を設け、その空調機から冷風または温風を1本の主ダクトから分岐して各室に給気する最も基本的な方式である。負荷特性のほぼ等しいゾーンに対しては、安定した質の高い空調を行うことができる。各室で送風をオン・オフできるが、**送風量の調整は不可能で、各室の熱負荷変動への対応は難しい**。

2. 二重ダクト方式とは、常に温風と冷風を2本のダクトで必要な箇所に送風し、各々の箇所の熱

負荷に応じて混合ボックスで混合し、各室に吹き出す方式である。

3. パッケージユニット方式とは、冷凍機、ファン、冷却コイルや加熱コイル、エアフィルター、加湿器、自動制御機器を1つのケーシングに組み込んだパッケージユニットを各階ごとに設置して空調を行う方式である。

4. ファンコイルユニット (FCU) 方式とは、中央機械室で冷水または温水をつくり、屋内の各空調区域や各室に設置されたファンコイルユニットに冷温水をパイプで供給し、冷風や温風で空調を行う方式である。中央機械室とファンコイルユニットは冷温水配管だけで結ばれるため、大きなダクトスペースを必要としない。負荷に応じて各ユニットごとの温度調節ができる。

No.18 正解 4

1. 正しい記述である。
2. 正しい記述である。例えば、柱や壁等の鉛直面に出入り口・窓などの中心線を表示する。
3. 正しい記述である。
4. 親墨とは、**基準となる墨のこと**である。一般に、型枠などの位置に付ける墨は型枠用小墨という。

No.19 正解 2

1. 砂利地業で使用する砂利は、切込み砂利、砕石または再生砕石とし、硬質なものとする。
2. 砂利地業に使用する砂利の粒径は、あまり大きくない方がよく、**粒径がそろっていない砂混じりの方がよい**。
3. 捨てコンクリートは、基礎、柱、基礎梁等の墨出し及び鉄筋、型枠の組立てを容易にするため施すコンクリートのことであり、表面は平たんに仕上げる。
4. 捨てコンクリートは、砂・砂利または地肌地業の上に施工する。床付け地盤面が堅固で良質な場合は地肌地業となるため、地盤上に捨てコンクリートを直接打設することができる。

No.20 正解 1

1. 耐圧スラブが付く基礎梁には、端部で下側引張、中央部で上側引張となる。鉄筋の継手は弱点となる部分であり、引張力が働く位置に鉄筋の継手を設けることは避ける。耐圧スラブ付きの基礎梁における鉄筋の継手位置は、下端筋はスパンの中央部分、上端筋は柱面から、**梁の内法寸法の1/4以内**に設ける。
2. 梁主筋を柱内に折り曲げて定着

する場合は、下端筋は柱せいの3/4以上のみ込ませて、原則として曲げ上げる。

3. 鉄筋の重ね継手の長さは、鉄筋の種類、コンクリートの設計基準強度により異なる。

4. フック付き鉄筋の定着長さは、定着起点から鉄筋の折曲げ開始点までの距離とし、折曲げ開始点以降のフック部は定着長さに含まない。

No.21 正解 1

1. 型枠支保工に用いる水平材等の接続部及び交差部は、**根がらみクランプ**等の専用金物を用いて緊結する。

2. 上下階の支柱が同一位置にないと、強度が十分に発現していないコンクリートスラブに悪影響を与えることになるので、できるだけ同じ位置に支柱を配置する。

3. 支柱の最小存置期間は、材齢による場合とコンクリートの圧縮強度による場合がある。梁下の支柱の解体をコンクリートの圧縮強度により管理する場合は、圧縮強度が設計基準強度以上であり、かつ、施工中の外力について、構造計算により安全であることが確認されるまでとする。

4. スラブ下の支柱の最小存置期間をコンクリートの材齢により管理する場合は、存置期間中の平均気温とセメントの種類から決定する。

No.22 正解 3

1. コンクリートは水セメント比が小さいほど分離が少なく、水密性・耐久性も高くなる。ただし、一般に打込みが困難になる。

表 コンクリートの性質

コンクリートの性質	水セメント比 小 ⇔ 大	
圧縮強度	大	小
中性化	遅い	速い
乾燥収縮	小	大
水密性・耐久性	高い	低い
分離	少ない	多い

2. スランプの大きいコンクリートは、細骨材率が小さすぎると、がさがさのコンクリートとなり、分離しやすくなる。

3. スランプは、運搬中の変化などを見込んで、**荷卸し地点における値**を指定する。

4. AE減水剤は、セメント粒子に対する分散作用と空気連行作用を併有する混和剤で、所要のスランプを得るのに必要な単位水量を減らすことができる。

No.23 正解 2

1. ひずみの矯正は、常温加圧もし

問題 p.106

くは加熱して矯正する。常温加
圧で矯正する場合は、プレスあ
るいはローラー等を使用する。
2. 溶融亜鉛めっき高力ボルトの孔
径は、**同じ呼び径の高力ボルト
の孔径と同じである。**
3. 鉄骨鉄筋コンクリート造におい
ては、ウェブ部分にはフープ等
による貫通孔を設けることがで
きるが、フランジにおいては、
耐力低下を招くので貫通孔を設
けてはならない。
4. 開先の加工は、自動ガス切断ま
たは機械加工とし、精度が不良
なものは修正する。

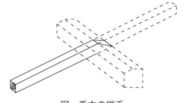

図　垂木の継手

No.25 正解 **4**

1. マスキングテープの除去は、
シーリング材の表面仕上げ（へ
ら仕上げ）直後に行う。
2. シーリングの対象となる目地
は、発生するムーブメントによ
り、「ワーキングジョイント」
と「ノンワーキングジョイン
ト」に大別される。鉄筋コンク
リート造の打継ぎ目地や収縮目
地（ひび割れ誘発目地）等のノ
ンワーキングジョイントの目地
深さの最小値は、10mmとする。
3. バックアップ材は、裏面に粘着
剤が付いているものは目地幅よ
り1mm程度小さいもの、丸形
（粘着剤の付いていないもの）
は、目地幅より2mm程度大きい
ものを使用する。
4. 異種シーリング材を打ち継ぐ場
合、**先打ち材が十分に硬化して
から、**後打ち材を施工する。

No.24 正解 **1**

1. 土台の継手は、腰掛けかま継ぎ
または腰掛けあり継ぎとし、継
手の押え勝手の**上木部分**を、ア
ンカーボルトで締め付ける。な
お、継手の位置は柱や間柱直下
及び床下換気孔の位置は避ける。
2. 隅通し柱の土台への仕口は、土
台へ扇ほぞ差しとする。接合金
物は、かすがい打ち、かど金物
当て釘打ち、山形プレート当て
釘打ち、ホールダウン金物当て
ボルト締めのいずれかとする。
3. 正しい記述である。
4. 垂木の継手位置は乱に、母屋の
上でそぎ継ぎとし、釘打ちとす
る。

No.26 正解 **1**

1. 2. 床タイル張りの張付けモル
タルは、**2層に分けて塗り付け**

るものとし、1層目はこて圧を
かけて塗り付ける。合計の塗り
厚は、ユニットタイルは3～5
㎜、その他のタイルは5～7㎜
とし、1回の塗付け面積はタイ
ル工1人当たり2㎡以下とす
る。

3. 張付け面積が小さい場合は、容
積比で、セメント1に対して細
骨材3～4に少量の水を加えた
敷モルタル（貧調合）を用いて
たたき締め、その硬化具合を見
計らい、張付けモルタルを用い
てタイルを張り付ける。

4. 一般床タイルまたはユニットタ
イルは、下地に張付けモルタル
を塗り付けて、木づち、たたき
板等で目地部分に張付けモルタ
ルが盛り上がるまでたたき押さ
えて、張り付ける。

No.27 正解 **3**

1. たてどいの継手は、専用の部品
を用い、接着剤で継ぐ。

2. たてどいのとい受け金物は、
1.2m以下の間隔で通りよく取
り付ける。

3. 軒どいの伸縮は、集水器部分等
で吸収するようにする。した
がって、**軒どいの両端を接着剤
で集水器に固定してはならな
い**。

4. 軒どいの受け金物は、所定の流

れ勾配を取り、取付け間隔は特
記がない場合、1m以下とす
る。

No.28 正解 **2**

1. 下地の乾燥期間は、コンクリー
ト下地の場合28日以上、モル
タル下地の場合夏期14日以上、
冬期21日以上とする。

2. セルフレベリング材の流し込み
は、吸水調整材が**十分に乾燥し
てから行う**。

3. セルフレベリング材が硬化する
前に風に当たると、表層部分だ
けが動いて硬化後にしわが発生
する場合があるため、流し込み
作業中はできる限り通風をなく
し、施工後もセルフレベリング
材が硬化するまでは、はなはだ
しい通風は避ける。

4. セルフレベリング材の流し込み
後の養生期間は、標準的な塗り
厚であれば7日以上が目安とな
るが、低温の場合は14日以上
必要とする。

No.29 正解 **3**

1. 熱線反射ガラスの反射膜コー
ティング面は、室内側とする。

2. セッティングブロックとは、建
具下辺のガラス溝内に置き、ガ
ラスの自重を支え、建具とガラ
スの接触を妨げる小片であり、

87

一般的に、ガラスの横幅寸法のおおよそ1/4の所に2箇所設置する。

3. グレイジングチャンネルをガラスに巻き付ける際、継目は**上辺中央**とし、すき間が生じないようにする。

4. 正しい記述である。グレイジングガスケット構法は、固定する力が弱いため、複層ガラス、厚さ8mm以上の単板ガラス、合わせガラスには採用しない。

No.30 正解 **4**

1. 上塗り用塗料は、指定した色の色彩や品質にばらつきが生じないよう、製造所において調合を行う。一度に調色することが可能な少量の場合に限って、現場調色としてもよい。

2. 合成樹脂エマルションペイント塗りにおいては、天井面等の見上げ部分は、研磨紙ずりを省略する。

3. 木部のクリヤラッカー塗り（CL）は、特記がない場合、下塗りにウッドシーラー、研磨紙ずりを行い、上塗にクリヤラッカーを用いる。

4. **エアレススプレー**による吹付け塗りは、塗料自体に圧力を加えるもので、空気圧により霧化するため、**高粘度、高濃度の塗料**が塗装でき、厚膜に仕上げられ、飛散ロスも少なく、効率的な施工ができる。なお、エアスプレーによる吹付け塗りは、塗料を圧縮空気により霧化させながら吹き付けて塗装する方式で、あまり高い粘度では霧化せず、塗料は低粘度に希釈するため、一般に塗膜は薄い。

No.31 正解 **3**

1. ニトリルゴム系接着剤は、合成ゴム系溶剤形接着剤の一種で、硬い皮膜が得られ、可塑剤の移行を受けにくいので、ビニル床シートや軟質塩化ビニル幅木等に使用される。

2. 接着剤が完全に硬化してから、継目の溝切りを行う。接合部の溝は、V字形またはU字形とし、均一な幅に床シート厚さの2/3程度まで溝切りする。（JASS26はシート厚さの1/2〜2/3）

3. 溶接作業は熱風溶接機を用い、床シートの溝部分と溶接棒を**180〜200℃**の熱風で加熱溶融させて、溶接棒を余盛りができる程度に加圧しながら溶接する。

4. 熱溶接工法によるビニル床シート張りにおいて、溶接部が完全に冷却してから余盛りを削り取

り平滑にする。

No.32 正解 **3**

1. 塗床材は、ケレン棒、電動ケレン棒、電動はつり器具、ブラスト機械等により除去する。除去範囲は、コンクリート下地の場合は、コンクリート表面から3mm程度とする。

2. ビニル床シート、ビニル床タイル、ゴム床タイル等の除去において、接着剤等は、ディスクサンダー等により、新規仕上げの施工に支障のないよう除去する。

3. 床タイルの撤去は、張替え部を**ダイヤモンドカッター等で存置**部分と縁切りをしたのち、タイル片を電動ケレン棒、電動はつり器具等を用いて周辺部を損傷しないように注意しながら行う。

4. フローリング張り床材の撤去において、乾式工法によるフローリングは、丸のこ等で適切な寸法に切断し、ケレン棒等ではがし取る。根太下地の場合は、根太下地を損傷しないように十分に注意して作業を進める。

No.33 正解 **2**

1. 解体工事に先立ち、当該工事対象建築物、埋設物、周辺状況

（近接する建物等の現況）を十分に把握し、適切な施工管理体制を確立し、工程、安全、建設副産物処理等の施工管理を行う。

2. 日影による近隣への影響の調査は、**鉄骨建方の事前調査とは関係がない。**

3. 着工に先立ち、敷地の排水及び新設する建築物の排水管の勾配（通常1/100 ～ 1/75）が、排水予定の排水本管・公設桝・水路等まで確保できるか、生活・事業系排水（汚水）と雨水との区分の必要があるかなどを確認する。

4. 前面道路、周辺地盤や敷地境界の高低の現状調査は、根切り工事の残土搬出や山留め計画に必要な調査である。

No.34 正解 **4**

1. 正しい記述である。施工者用事務所と監理者用事務所は、両事務所の職員同士が工事のための打合せを頻繁に行う必要があるため、相互に行き来しやすい配置とすることが望ましい。

2. 正しい記述である。

3. 正しい記述である。

4. 工事現場の仮囲いについては、高さが1.8m以上の板塀その他これに類する仮囲いを設けなけ

ればならない。ただし、これら
と同等以上の効力を有する他の
囲いがある場合または工事現場
の周辺若しくは工事の状況によ
り**危害防止上支障がない場合
は、仮囲いを設けなくてもよ
い**。

No.35 正解 **3**

1. 高力ボルトの保管は、乾燥した
場所に、等級別、ねじの呼び
別、長さ別に整理し、作業に応
じて搬出しやすいようにしてお
く。箱の積上げ高さは3～5段
程度とする。

2. 型枠用合板は、屋外で保管する
場合には、直射日光が当たるの
を避けるため、シート掛け養生
を行う。

3. セメントの保管は、湿気を防ぐ
ため、床を地表面より30cm以
上高くし、防湿に注意し、**通風
や圧力は避ける**。

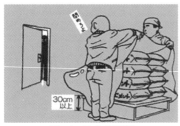

図 セメントの保管

4. アスファルトを屋外に保管する
場合は、雨露に当たらないよう
に、また、土砂で汚染されない

ようにシートを掛けるなどの処
置をする。なお、袋入りアス
ファルトを積み重ねるときは、
10段を超えて積まないように
して荷崩れに注意する。

No.36 正解 **1**

1. マイルストーンは、掘削開始
日、地下躯体完了日、鉄骨建方
開始日、最上階コンクリート打
設完了日、屋上防水完了日、外
部足場の解体完了日等、**工程の
重要な区切りとなる時点に設定
する**。

2. 正しい記述である。多種類の職
種が狭い場所で輻輳して作業を
行う工事については、工区を分
割することによって各職種が工
区に分かれて作業を実施するた
め、作業の生産性が向上する。

3. 正しい記述である。型枠工事は
躯体工事の工程の主要な部分を
占めており、全体の工事の工程
にも大きな影響を及ぼす。その
中でも、せき板や支保工の転用
については、コンクリート及び
躯体の品質確保の面から、存置
期間を遵守した工程計画とする
必要がある。

4. 工程計画で考慮すべき事項の1
つに、地域による労務、資材、
機材の調達状況がある。労務の
調達はその地域による供給能力

に影響を受ける。また、短期的には祭りその他により影響を受ける場合がある。

No.37 正解 1

1. バーチャート工程表は、作業の流れが左から右へ移行しているので、作業の流れが把握でき、工事全体の掌握に都合がよく、比較的作成も容易である。

2. バーチャート工程表は、棒工程表といわれるもので、縦軸に工事名（仮設工事、土工事等）、**横軸に年月日**を記載して、作業の所要日数を棒線の長さで表したものである。設問の記述は、ガントチャート工程表のことである。

3. バーチャート工程表は、各作業の関連が示されないので、クリティカルパスが明確になりにくく、**工程上のキーポイント、重点管理しなければならない作業が判断しにくい。**

4. バーチャート工程表は、多くの種類の関連工事間の**工程調整には不向き**である。多くの施工業者が関連する工程調整に有利な工程表は、ネットワーク工程表である。

No.38 正解 4

1. 正しい記述である。

2. 正しい記述である。

3. 正しい記述である。

4. 品質管理とは、品質計画における目標を施工段階で実現するために行う管理項目、方法等をいう。**試験または検査は、品質管理を行うなかの一つの手段**であり、これのみが品質管理であるとはいえない。なお、品質管理では、試験や検査に重点を置くより、工程（プロセス）で品質を造り込むことを重視する。

No.39 正解 3

1. 吹付けロックウールによる耐火被覆材の厚さの確認は、厚さ測定器、ゲージ及び確認ピンにより行う。

2. 外壁タイル等では、施工後2週間以上経過した時点で、油圧式簡易引張試験器等を用いて引張接着強度を測定する。

3. 鉄筋のガス圧接部のふくらみの長さや直径の測定等に一般的に用いられるのは、**デジタルノギスや圧接部測定用ゲージ**である。設問のダイヤルゲージは、微小な長さや変位などを測定する器具である。

4. スランプフローとは、スランプ試験時に円状に広がったコンクリートの直径をいう。試験には、スランプ試験と同様にスラ

ンプコーンを使用する。

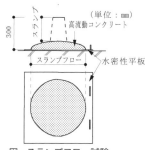

図　スランプフロー試験

No.40　正解 1

1. 鉄筋のガス圧接継手部の試験では、**圧縮試験は行わない**。圧縮試験は、コンクリート等の圧縮強度を求めるための試験である。

2. 鉄筋のガス圧接継手部の引張試験とは、現場で行われた継手部の試験片を引張試験機で切断するまで引っ張り、継手部が所定の強度以上かどうか確認する試験である。

3. 鉄筋のガス圧接継手部の外観試験とは、ふくらみの直径・長さ、圧接面のずれ、圧接部における鉄筋中心軸の偏心量、圧接部の折れ曲がり、片ふくらみ、過熱による著しい垂れ下がり、へこみ及び焼き割れについて、目視または必要に応じてノギス、スケールなどの器具を用いて行う試験である。

4. 超音波探傷試験とは、非破壊試験の1つであり、継手部に超音波を照射し、その反射波を検出することにより、内部欠陥の有無を測定する試験であり、鉄筋のガス圧接継手部の試験等に用いる。

No.41　正解 4

1. 安全施工サイクルとは、全工程を通じて、毎日・毎週・毎月ごとの基本的な実施事項を計画を立てた上で定型化し、その実施内容の改善、充実を図り継続的に行う活動のことであり、建設作業所の安全衛生管理を進めるためのものである。

2. 正しい記述である。

3. TBM（ツール ボックス ミーティング）とは、現場において作業前に行う作業手順・安全等に関しての簡単な話し合いのことをいう。

4. ZE（ゼロ エミッション）とは、産業により排出される様々な廃棄物・副産物について、他の産業の資源などとして再活用することにより、社会全体として**廃棄物の排出をゼロにしよう**とする考え方のことである。

No.42　正解 4

1. 事業者は、型枠支保工の組立て又は解体の作業において、材

料、器具又は工具を上げ、又は
おろすときは、つり網、つり袋
等を労働者に使用させなければ
ならない。

2. 事業者は、型枠支保工の組立て
又は解体の作業を行うときは、
型枠支保工の組立て等作業主任
者を選任しなければならない。

3. 事業者は、型枠支保工の組立て
又は解体の作業を行うときは、
当該作業を行う区域には、関係
労働者以外の労働者の立入りを
禁止しなければならない。

4. 作業方法を決定し、作業を直接
指揮するのは、事業者ではな
く、**型枠支保工の組立て等作業
主任者が行う職務**である。

No.43 正解 2

1. 建築とは、建築物を新築し、増
築し、改築し、又は移転するこ
とをいう。

2. 居室とは、居住、執務、作業、
集会、娯楽その他これらに類す
る目的のために継続的に使用す
る室をいう。住宅の浴室は、居
室に該当しないが、**公衆浴場の
浴室は、居室に該当する**。

3. 正しい記述である。

4. 主要構造部とは、壁、柱、床、
はり、屋根又は階段をいう。基
礎は構造耐力上主要な部分に含
まれるが、主要構造部には含ま

れない。

No.44 正解 2

1. 居室には、採光のための窓その
他の開口部を設けなければなら
ない。ただし、地階若しくは地
下工作物内に設ける居室その他
これらに類する居室又は温湿度
調整を必要とする作業を行う作
業室その他用途上やむを得ない
居室については、この限りでな
い。

2. ふすま、障子その他随時開放す
ることができるもので仕切られ
た2室は、居室の採光及び換気
の規定の適用に当たっては、1
室とみなす。

3. 給気口は、居室の天井の高さの
1/2以下の高さに設け、常時外
気に開放された構造とする。

4. 居室には換気のための窓その他
の開口部を設け、その換気に有
効な部分の面積は、その居室の
床面積に対して、1/20以上と
しなければならない。ただし、
政令で定める技術的基準に従っ
て換気設備を設けた場合におい
ては、この限りでない。

No.45 正解 3

1. 工事1件の請負代金の額が、建
築一式工事にあっては1,500万
円に満たない工事又は延べ面積

93

問題 p.114

が 150m^2 に満たない木造住宅
工事、建築一式工事以外の建設
工事にあっては 500 万円に満
たない工事のみを請け負うこと
を営業とする者は、建設業の許
可を受けなくてもよい。

2. 建設業の許可は、建設工事の種
類（29種類）ごとに各建設業に
分けて与えられ、2以上の建設
業の種類について許可を受ける
ことができる。

3. 建設業において、発注者から直
接請け負う1件の建設工事の下
請代金の総額が、建築工事業で
7,000万円以上、その他の業種
で4,500万円以上となる下請契
約を締結して施工しようとする
者は、特定建設業の許可が必要
である。**発注者が国や地方公共
団体であることと特定建設業の
許可とは関係がない。**

4. 特定建設業の許可は、発注者か
ら直接請け負う1件の建設工事
につき、下請代金の総額が、建
築工事業で7,000万円（その他
の業種で4,500万円）以上とな
る下請契約を締結して施工しよ
うとする場合に必要である。下
請負人として建設業を営むもの
は、一般建設業の許可を受けれ
ばよい。

No.46 正解 2

建設工事の請負契約の当事者は、定
める事項を書面に記載し、署名又は
記名押印をして相互に交付しなけれ
ばならない。記載事項の主なものに
は、次のものがある。

① 工事内容
② 請負代金の額
③ 工事着手の時期及び工事完成の
時期
④ 工事を施工しない日又は時間帯
の定めをするときは、その内容
⑤ 請負代金の全部又は一部の前金
払又は出来形部分に対する支払
の定めをするときは、その支払
の時期及び方法
⑥ 天災その他不可抗力による工期
の変更又は損害の負担及びその
額の算定方法に関する定め
⑦ 価格等の変動若しくは変更に基
づく請負代金の額又は工事内容
の変更
⑧ 工事の施工により第三者が損害
を受けた場合における賠償金の
負担に関する定め
⑨ 注文者が工事に使用する資材を
提供し、又は建設機械その他の
機械を貸与するときは、その内
容及び方法に関する定め
⑩ 注文者が工事の全部又は一部の
完成を確認するための検査の時
期及び方法並びに引渡しの時期

⑪　工事完成後における請負代金の支払の時期及び方法

⑫　各当事者の履行の遅滞その他債務の不履行の場合における遅延利息、違約金その他の損害金

⑬　契約に関する紛争の解決方法

なお、**工事の完成又は出来形部分に対する下請代金の支払の時期及び方法並びに引渡しの時期は、請負契約書に記載しなければならない事項ではない。**

No.47 正解 **4**

労働契約の締結に際し、書面で交付しなければならない労働条件は、労働基準法施行規則第5条第一号から第十一号に定められているが、第四号の二から第十一号までに掲げる事項については、使用者が定めをしない場合においては、除かれている。

1．「職業訓練に関する事項」は、第八号で定められているため、必ずしも書面で交付しなければならない事項には含まれない。

2．「安全及び衛生に関する事項」は、第七号で定められているため、必ずしも書面で交付しなければならない事項には含まれない。

3．「災害補償及び業務外の傷病扶助に関する事項」は、第九号に定められているため、必ずしも書面で交付しなければならない

事項には含まれない。

4．「就業の場所及び従事すべき業務に関する事項」は、第一号の三で定められているため、**書面で交付しなければならない。**

No.48 正解 **1**

1．2．事業者は、その事業場の業種が政令で定めるものに該当するときは、新たに職務につくこととなった職長その他の作業中の労働者を直接指導又は監督する者（作業主任者を除く）に対し、安全又は衛生のための教育を行わなければならない。**作業主任者は除かれる。**

3．4．事業者は、労働者を雇い入れたとき、又は労働者の作業内容を変更したときは、当該労働者に対し、その業務に関する安全又は衛生のための教育を行わなければならない。

No.49 正解 **2**

1．工作物の新築、改築又は除去に伴って発生した紙くずは、産業廃棄物である。

2．建設工事により発生した**土砂は、産業廃棄物には該当しない。**

3．工作物の新築、改築又は除去に伴って生じた木くずは、産業廃棄物である。

4. 事業活動に伴って生じた汚泥
   は、産業廃棄物である。

No.50 正解 **4**

1. 仮囲いなどで長期間道路や歩道
   を使用する場合は、道路法によ
   り、道路占用者が、道路占用許
   可申請書を道路管理者に提出す
   る。
2. 道路の上部にはみ出して、防護
   棚（朝顔）を設置する場合は、
   道路法により、道路占用者が、
   道路占用許可申請書を道路管理
   者に提出する。
3. 工事用電力の引込みのために、
   仮設電柱を道路に設置する場合
   は、道路法により、道路占用者
   が、道路占用許可申請書を道路
   管理者に提出する。
4. 機器揚重のためにラフターク
   レーンを道路上に設置するな
   ど、短期間道路を使用する場合
   は、道路交通法により、施工者
   が、**道路使用許可申請書**を警察
   署長に提出する。

2級 建築施工管理技士　学科試験

解答・解説

No.1　正解　3

1. 通風とは、可感風速以上の気流を取り入れ、人体からの放熱を促進させて涼しさを感じさせるように、大量の空気を入れ換えることをいう。夏期の防暑対策として利用される。

2. 一般居室の必要換気量は、$30m^3/(人 \cdot h)$ を推奨値とする。ただし、喫煙の多い場所では $40 \sim 50m^3/(人 \cdot h)$ とすることが多い。

3. **機械換気**は、給気及び排気の方式により、第1種から第3種の3種類に区分される。機械換気を行う場合は、**給気口と排気口の両方、またはその片方に換気設備用の機械を取り付ける**。設問の記述は、自然換気のことである。

図　第1種換気方式

図　第2種換気方式

図　第3種換気方式

4. 換気回数は、換気量を室の容積で除した値をいい、室の空気が1時間当たりに入れ替わる回数で示す。

$$換気回数(回/h) = \frac{換気量(m^3/h)}{室容積(m^3)}$$

No.2　正解　1

外壁の室内側表面温度が室内空気の露点温度よりも低くなると、表面結露が発生する。

1. 室内の水蒸気量（絶対湿度）が少なくなるように、**室内より絶対湿度の低い外気と換気を行う**ことは、結露を防止するための対策として有効である。

2. 結露とは、水蒸気が水滴となることである。室内の水蒸気の発

問題 p.118

生を抑制することは、結露を防止するための対策として有効である。

3. 外壁の室内側表面に近い空気を流動させると、表面温度が上昇するので、表面結露を防止できる。

4. 外壁の断熱性を高めることは、熱貫流抵抗が大きくなり、外壁の室内側表面温度が低下しにくくなるので、表面結露を防止できる。

No.3 正解 2

1. 色のはで、じみの感覚は、明度や彩度に大きく関係し、明度や彩度が高いほどはでに感じられる。

2. 純色とは、各色相のなかで**彩度が最高のもの**をいう。

3. 無彩色とは、色の三属性である色相、明度、彩度のうち、明度だけをもつ白、灰色、黒をいう。

4. 色の温度感覚には、暖かい感情を与える赤、黄赤、黄の暖色、涼しい感情を与える青緑、青、青紫の寒色、暖色、寒色に属さない黄緑、緑、紫、赤紫の中性色がある。

No.4 正解 3

1. 筋かいには欠込みをしてはなら

ない。ただし、筋かいをたすき掛けとするためにやむを得ない場合において、必要な補強を行ったときは、この限りでない。

2. 一般に、木造の接合部（継手・仕口）には、釘、ボルトなど様ざまな金物を用いて緊結（補強）する。

3. 筋かいは、その端部を柱と梁、その他の**横架材との仕口に接近して**、ボルト、かすがい、釘、その他の金物で緊結しなければならない。

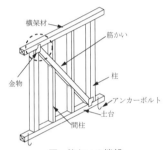

図　筋かいの端部

4. 2階建以上の建築物の隅柱は、通し柱とする。ただし、接合部を通し柱と同等以上の耐力をもつように、金物で補強した場合は管柱としてよい。

No.5 正解 1

1. コンクリート全断面積に対する柱主筋の全断面積の割合は、**0.8%以上**とする。

2. 柱の帯筋量は、コンクリート全断面積の0.2％以上（帯筋比

0.2%以上）とする。

3．正しい記述である。

4．梁の引張側にのみ配筋したものを単筋梁、圧縮側にも配筋したものを複筋梁という。構造耐力上主要な梁は全スパンにわたり、複筋梁とする。

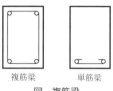

複筋梁　　単筋梁

図　複筋梁

No.6　正解　**2**

1．完全溶込み溶接は、突き合わせる部材の全断面積が完全に溶接され、溶接部の強度が母材と同等となるように行う溶接である。

2．隅肉溶接は、母材の隅角部に溶着金属を盛って接合する溶接継目で、**重ね継手**のほか、T継手、十字継手などに使用される。

3．普通ボルト接合とする場合は、ボルトが緩まないような措置を講ずる。その方法としては次のようなものがある。

　①　ナットを二重にする。

　②　ナットの部分を溶接する。

　③　緩み防止用特殊ナットを使用する。

4．正しい記述である。

No.7　正解　**4**

1．鋼管杭は、コンクリート杭と比較して質量が軽く、破損しにくく、運搬、仮置きに際して、取扱いが容易である。

2．外殻鋼管付コンクリート杭（SC杭）は、大きな水平力が作用する場合に使用するために開発された杭で、鋼管に膨張性コンクリートを遠心力で張り付かせて一体化させた複合構造であり、一般にPHC杭の上杭として使用される。

3．代表的な遠心力高強度プレストレストコンクリート杭（PHC杭）は、全長にわたり同一断面の杭（ストレート杭）であるが、その他拡径断面を有する杭（ST杭）や節部付きの杭（節杭）等がある。ST杭は、杭の先端部を太径にした拡底PHC杭で、大きな地盤支持力が得られる。

4．杭の支持力は、一般に、**杭先端の抵抗力と杭周面の摩擦抵抗力**とから成り立っている。場所打ちコンクリート杭については、杭周面の摩擦抵抗力は杭表面の平滑度が小さいので、既製杭と比較して大きくなる傾向がある。

No.8　正解　**2**

1．クリープとは、材に荷重を継続

してかけると、時間の経過に伴い、歪み（たわみ）が増大する現象で、木材やコンクリートで生じる。

2. **弾性**とは、物体に外力を加えて変形した後に、**その外力を取り去れば**、**原形に戻る性質**のことをいう。設問の記述は、塑性のことである。

3. ヤング係数とは弾性係数の一つで、材料の変形しにくさを表す係数のことであり、応力度 σ とひずみ度 ε の関係式で用いられる比例定数（σ / ε）である。

4. 座屈とは、細長い部材が軸方向の圧縮力を受けて、荷重がある限界に達すると、急激に湾曲し、横方向にはらみ出す現象をいう。

No.9 正解 **3**

反力を図のように仮定する。

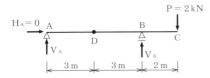

構造物には、水平荷重は作用していないので、$H_A = 0$ となる。

支点Aにおけるモーメントのつり合い条件（$\Sigma M_A = 0$）により、

$$2kN \times 8m - V_B \times 6m = 0$$
$$6V_B = 16kN$$
$$V_B = 8/3kN$$

V_B は「＋」の値であったので、仮定した反力の向きは正しく上向きである。

鉛直方向のつり合い条件（$\Sigma Y = 0$）により、

$$V_A + V_B - 2kN = 0$$
$$V_A = -2/3kN$$

V_A は「－」の値であったので、仮定した反力の向きは逆であり下向きである。

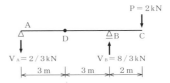

したがって、D点のせん断力は、2/3kNである。

次に、D点で切断して左側のつり合いを考える。

切断面に時計回りの曲げモーメント M_D を仮定すると、D点における曲げモーメントのつり合い条件（$\Sigma M_D = 0$）により、

$$M_D - V_A \times 3m = 0$$
$$M_D = 3V_A \cdot m$$
$$M_D = 2kN \cdot m$$
（上側引張り）

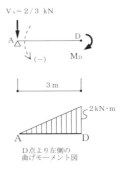

D点より左側の曲げモーメント図

したがって、3．が正しいものである。

No.10 正解 2

各支点をA、B、荷重Pが作用する点をC、各柱の柱頭の節点をD、Eとする。支点Aの水平反力H_Aを左向き、鉛直反力V_Aを上向き、支点Bの鉛直反力V_Bを上向きに仮定する。

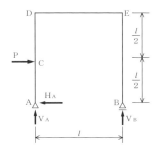

水平方向のつり合い条件（$\Sigma X = 0$）により、

$$P - H_A = 0$$
$$H_A = P（左向き）$$

支点Aにおけるモーメントのつり合い条件（$\Sigma M_A = 0$）により、

$$P \times l/2 - V_B \times l = 0$$
$$V_B = P/2（上向き）$$

鉛直方向のつり合い条件（$\Sigma Y = 0$）により、

$$V_A + V_B = 0$$
$$V_A + P/2 = 0$$
$$V_A = -P/2$$

V_Aは、「−」であるから、仮定した向きが逆であったことになる。

$$V_A = P/2（下向き）$$

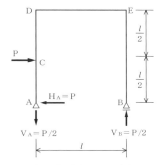

次に、C点で切断して下側のつり合いを考える。切断面に反時計回りの曲げモーメントM_Cを仮定すると、

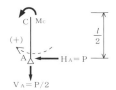

C点におけるモーメントのつり合い条件（$\Sigma M_C = 0$）により、

$$-M_C + P \times l/2 = 0$$
$$M_C = Pl/2$$
$$（右側引張り）$$

CD間はせん断力が働かないため、D点での曲げモーメントは、C点と変わらず$Pl/2$（右側引張り）である。次に、E点で切断して下側を考える。

作用する反力・荷重をみると、鉛直

問題 p.122

反力V_Bのみである。

V_Bの作用線上には、B点、E点があり、回転を起こさないため、BE間の曲げモーメントは、0となる。

以上の各点の曲げモーメントを結ぶと全体の曲げモーメント図が描ける。

したがって、2．が正しいものである。

No.11 正解 4

1. コンクリートの引張強度は圧縮強度の1/10程度である。
2. 単位水量が大きくなると、乾燥収縮、ブリーディング、打込み後の沈下等が大きくなり、コンクリートに乾燥収縮ひび割れが生じやすくなる。
3. コンクリートは水セメント比が小さいほど分離が少なく、水密性・耐久性も高くなる。ただし、一般に打込みが困難になる。

表　コンクリートの性質

コンクリートの性質	水セメント比 小 ⇔ 大	
圧縮強度	大	小
中性化	遅い	速い
乾燥収縮	小	大
水密性・耐久性	高い	低い
分離	少ない	多い

4. **セメント粒子が細かいほど、コ**ンクリートの水和反応が速く、**早期強度は大きくなる。**その反面、発熱によるひび割れ等の弊害を伴うことがある。

No.12 正解 3

1. 正しい記述である。

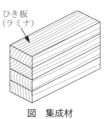

図　集成材

2. 正しい記述である。
3. **単板積層材とは、切削した単板を主としてその繊維方向を互いにほぼ平行にして積層接着した**ものである。設問の記述は、構造用パネルである。
4. 合板とは、切削した単板（心板にあっては小角材を含む）3枚以上を主としてその繊維方向を互いにほぼ直角にして、接着したものである。

No.13 正解 1

1. 素地は、タイルの主体をなす部分をいい、施ゆうタイルの場合、**表面に施したうわぐすりを除いた部分**をいう。
2. ユニットタイルは、施工しやすいように、多数個のタイルを並べて連結したもので、表張りユニットタイルと裏連結ユニットタイルとがある。表張りユニッ

トタイルとは、タイル表面に表張り台紙を張り付けて連結したものである。

3. 裏連結ユニットタイルとは、タイル裏面や側面を裏連結材で連結したものである。裏連結材には、ネット、台紙、樹脂などがあり、施工時にそのまま埋め込む。

4. 平物とは、一般に建物の壁または床の平面部に用いるタイルで、役物とは、1つの面または複数の面で構成された、開口部または隅角部に用いるタイルである。平物及び役物それぞれに定形タイルと不定形タイルとがある。

No.14 正解 4

1. アスファルトプライマーは、防水下地に塗布することにより、その表面に一部浸透して強固に付着したアスファルト皮膜を形成し、下地と防水層の接着性を向上させるものである。

2. 砂付あなあきアスファルトルーフィングは、防水層と下地とを絶縁させるために最下層に張るルーフィングである。

3. 網状アスファルトルーフィングは、引張り、引裂き等の強度が大きく、一般に原紙を基材としたルーフィングと比べてなじみ

がよいので、立上り防水層の張りじまい、貫通配管回り等の増張りに用いられる。

4. **絶縁用テープ**とは、テープ状の紙などに粘着剤などを付着させた幅50mm程度のもので、ALCパネルの支持部の目地、PCコンクリート部材の継目目地等の**動きが予想される部分やコンクリート打継ぎ部に張り付け、防水層に直接応力が及ばないようにするためのもの**である。設問の記述は、押え金物のことである。

No.15 正解 3

1. アスファルト舗装の表層から路盤までの厚さは、路床の設計CBR値が高いほど薄くできる。

2. クラッシャランとは、岩石をクラッシャで割り砕いたままのものである。安価で比較的支持力が低く、一般に下層路盤に使用する。

3. コンクリート舗装等に使用するコンクリートの所要スランプは、一般に8cmとされ、**建築物に使用されるスランプ（15〜21cm）より小さい**。

4. 路床は、通常は現地盤の土をそのまま利用するが、地盤が軟弱な場合には、路床の改良が必要になる。改良工法としては、置

103

換工法と安定処理工法がある。

主な屋内配線の図示記号は、下表のとおりである。

表 主な屋内配線の図示記号

名称	図記号	名称	図記号
分電盤	◣	スイッチ（点滅器）	●
配電盤	⊠	3路スイッチ（3路点滅器）	●₃
蛍光灯	⊂○⊃	壁付きコンセント	Ⓑ ◐
白熱灯	○	情報用アウトレット（LANケーブル端子）	◖
換気扇	∞		

4. は、**分電盤ではなく、配電盤**の記号である。

1. ヒートポンプは、蒸発器の冷却作用を利用する冷凍機において、凝縮器から放熱される排熱を加熱作用に利用できるようにした装置である。したがって、ヒートポンプは**空気調和設備に用いる**。

2. トラップは、下水管等からのネズミ、害虫の侵入や悪臭を遮断する目的で設けるものである。したがって、トラップは排水設備に用いる。

3. バスダクトとは、大きな電流が流れる幹線に使用され、金属製ダクトの内部に銅帯が絶縁して取り付けられているものである。したがって、バスダクトは電気設備に用いる。

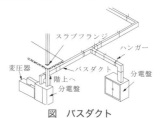

図 バスダクト

4. 2重ダクト方式とは、常に温風と冷風の2本のダクトで必要な箇所に送風し、各々の箇所の熱負荷に応じて混合ボックスで混合し、各室に吹き出す方式である。したがって、2重ダクトは空気調和設備に用いる。

1. 必要な打撃回数は、100mm貫入ごとに記録する。ただし、打撃1回ごとの貫入量が100mmを超えた場合は、その貫入量を記録する。

2. 3. 4. 標準貫入試験の試験方法は、ロッドの頭部に質量63.5kgのハンマーを76cmの高さから自由落下させる。本打ちはサンプラーを地盤に**30cm貫**入させ、この貫入に要した打撃回数でN値を求める。本打ちの打撃回数が50回に達しても、

貫入量が30cmに達しないときには、特に必要のない限り、打撃回数50回に対する累計貫入量を測定する。したがって、2.が最も不適当なものである。

No.19 正解 1

1. 柱及び梁のかぶり厚さは、主筋の外周りを包んでいる帯筋、**あばら筋の外側から測定する。**
2. 主筋にD29以上を使用する場合、付着割裂破壊を考慮して、主筋のかぶり厚さを鉄筋径の1.5倍以上とすることが望ましい。
3. 直接土に接する柱・梁・壁・床及び布基礎の立上り部の最小かぶり厚さは40mmである。
4. 杭基礎の場合のかぶり厚さは、杭天端からとする。

No.20 正解 2

1. コラムクランプは、柱型枠を四方から水平に締め付けるもので、主として独立柱の型枠を組み立てる場合に用いられる。

コラムクランプ本体

図 コラムクランプ

2. コーン付きセパレーターを使用する目的は、次のとおりである。
   ① 止水（地下外壁等）
   ② 表面の平滑化（防水下地、薄い仕上げ下地等）
   ③ 金物を露出させない（打放し仕上げ面、断熱材埋込み面等）
3. 外周梁の側型枠の上部は、梁の内側スラブにスラブ引き金物を配置し、それでセパレーター端部を固定し、コンクリートの側圧による型枠の変形を防止する方法がある。
4. コーンを使用しないセパレーターの場合は、コンクリート表面に座金及び頭（ねじ部分）が露出する。座金の部分はそのまま残し、頭（ねじ部分）はハンマーでたたいて折り取り、破断面に錆止め塗料を塗り付ける。

No.21 正解 4

1. 塩分を含んでいる骨材を使用すると、鉄筋の腐食を生じやすくなる。コンクリートに含まれる塩化物量は、塩化物イオン量として、$0.30\mathrm{kg/m^3}$以下とする。
2. 単位セメント量は、強度の発現のために普通コンクリートの場合で$270\mathrm{kg/m^3}$以上とすることが定められているが、水和熱及び乾燥収縮によるひび割れを防

止する観点から、その範囲でできるだけ小さくすることが望ましい。

3. 単位水量の最大値は185kg/m³とする。単位水量が大きくなると、鉄筋コンクリート造の品質、特に耐久性上好ましくない。したがって、所要のワーカビリティーが得られる範囲内でできるだけ小さくする。

4. 乾燥収縮によるひび割れを少なくするためには、**細骨材率を小さくして**、単位水量と単位セメント量を減らす。

No.22 正解 **4**

1. 高力ボルトの締付けにおいて、セットを構成する座金及びナットには、表裏があるのでボルトを接合部に組み込むときは、逆使いしないようにする。座金は内側面取りのある側を表とし、ナットは等級の表示記号のある側を表として取り付ける。

ナットは表示記号　座金は内側面取りの
のある側が表　　　ある側が表
図　ナット・座金の表裏

2. ナット回転法による場合、ナット回転量が不足しているボルトについては、所要の回転量まで追締めする。

3. ナットとボルト、座金等が共回り・軸回りを生じた場合、ナット回転量に異常が認められた場合、またはナット面から突き出た余長が過大または過小の場合には、新しいセットに取り替える。

4. 高力ボルトの締付け作業は、1群をなしているボルトの継手位**置中央から外に向かって行う。**

No.23 正解 **3**

1. 正しい名称である。
2. 正しい名称である。
3. 設問の図は、**腰掛け鎌継ぎ**である。腰掛けあり継ぎと腰掛け鎌継ぎは、ともに土台などの継手に用いられる。

図　腰掛けあり継ぎ

図　腰掛け鎌継ぎ

4. 正しい名称である。

No.24 正解 **4**

1. 地上作業による解体では、通常、ブームの長い圧砕機（解体重機）が使用されるが、原則と

して上階から下階に向かってスラブ、梁、壁、柱の順番に解体を進める。

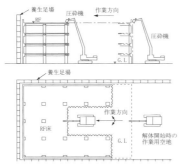

図　圧砕機の地上作業による解体手順例

2. 階上作業による解体では、解体重機を屋上にクレーンで揚重し、最上階から解体する。解体したコンクリート塊でスロープを作成し、解体重機を下の階に降ろす。

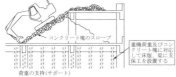

図　コンクリート塊のスロープを降りる重機

3. 鉄筋コンクリート造建築物の外周部を解体する場合、転倒体が転倒する位置に、鉄筋ダンゴなどのクッション材を設置する。

4. 転倒解体工法の一般的な手順は、**壁下部の水平方向の縁切り→壁端部及び梁端部の垂直方向の縁切り→柱主筋の切断**の順に行う。また、**柱脚部の主筋は、内側の主筋を逆転防止のため最**

後まで残し、側面の主筋、外側の主筋の順に切断する。

図　外壁転倒工法による解体

No.25 正解 **2**

1. 塩化ビニル樹脂系シート防水接着工法のルーフィングシートの重ね幅は、幅方向、長手方向とも40㎜以上とし、接合部は、熱風融着または溶剤溶着により接合し、その端部を液状シール材でシールする。

2. 塩化ビニル樹脂系ルーフィングシートの張付けにおいて、プライマーは、コンクリート下地には使用せず、**ALCパネル下地のみに使用する。**

3. 立上り部の防水層末端部は、端部にテープ状シール材を張り付けたのちにルーフィングシートを張り付け、押え金物を用いて留め付けて、不定形シール材で処理する。

4. 塩化ビニル樹脂系ルーフィングシートの張付けに、エポキシ樹脂系またはウレタン樹脂系接着剤を用いる場合、下地面のみに接着剤をむらなく塗布する。

107

No.26 正解 2

1. 入隅等でのみ込みとなる部分は、見え隠れとなる部分でも、施工上の誤差を考慮して、あらかじめ所定の目地位置より15mm以上、表面仕上げと同じ仕上げを行う。

2. 乾式工法は、石材を1枚ごとにファスナーで固定する工法で、**裏込めモルタルは用いない。**

3. 石材間の目地には、シーリング材を充填する。なお、目地幅は、特記がない場合、幅・深さとも8mm以上とする。

4. 壁最下部の幅木石は、台車等の衝突による破損が多い。衝撃対策として、幅木部の石裏には裏込めモルタルを充填する。

No.27 正解 2

1. No.2Bとは、冷間圧延後、熱処理、酸洗またはこれに準ずる処理を行った後、適当な光沢を与える程度の軽い冷間圧延をしたものをいう。

2. ヘアライン（HL）とは、**長く連続した研磨目をもった仕上げ**の状態で、適当な粒度の研磨ベルトで髪の毛のように長く連続した研磨目を付けたものをいう。設問の記述は、BAである。

3. エッチング仕上げとは、化学処理により模様付けされた仕上げをいう。

4. 鏡面とは、研磨目のない最も反射率の高い仕上げの状態で、順々に細かい粒度の研磨材で研磨したあと、鏡面用のバフにより研磨したものをいう。

No.28 正解 4

1. 仕上塗材は、下塗り材、主材及び上塗材の組合せにより総合塗料として品質が規定されているので、それぞれの材料は同一製造所のものを使用しなければならない。

2. コンクリート面の仕上塗材仕上げにおける下地調整塗材には、セメント系下地調整塗材、合成樹脂エマルション系下地調整塗材がある。

3. シーリング面に仕上塗材仕上げ行う場合は、シーリング材が硬化した後に行うものとし、**塗重ね適合性を確認し、必要な処理を行う。**

4. 複層仕上塗材の仕上げ形状を凹凸状とする場合は、**吹付け工法**とする。なお、仕上げ形状をゆず肌状とする場合はローラー塗り工法とする。

No.29 正解 3

1. モノロックは、外側の握り玉の

中心にシリンダー、内側の握り
玉の中心には押しボタンが設け
られている。

握り玉
図　モノロック

2. グラビティヒンジは、トイレ
　 ブースの扉に使用する金具で、
　 丁番式と軸吊式がある。扉側と
　 枠側のヒンジ部にテーパー（勾
　 配）があるため、勾配を利用し
　 て常時開または常時閉鎖を設定
　 できる。
3. ピボットヒンジは、**開き戸を上
　 下から軸で支える機構**で、持出
　 し吊りと中心吊りがある。設問
　 の記述は、フロアヒンジのこと
　 である。

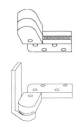
図　ピボットヒンジ

4. ドアクローザは、金属ばねと緩
　 衝油の組合せによって構成され
　 るもので、戸と枠に取り付け、
　 戸を手で開き、自動的に閉じる
　 機能と閉鎖速度を制御する機能
　 をもつ。

図　ドアクローザ

No.30　正解　2

1. 透明塗料塗りは、木質系素地が
　 もつ木材特有の持ち味を生かす
　 塗装である。木部面に著しい色
　 むら、変色がある場合は着色剤
　 を用いて色むら直しをする。
2. けい酸カルシウム板の場合は、
　 汚れや付着物を除去した後、**吸
　 込み止め**として反応形合成樹脂
　 シーラーまたは弱溶剤系反応形
　 合成樹脂シーラーを**全面に塗り
　 付けてから、穴埋めやパテかい
　 を行う**。
3. ALCパネル面の素地ごしらえ
　 において、吸込み止め処理は、
　 下地調整塗り前に行う。なお、
　 吸込み止めには、一般に、合成
　 樹脂エマルションシーラーを用
　 いる。
4. 鉄鋼面の錆及び黒皮（ミルス
　 ケール）の除去は、サンドブラ
　 スト、ショットブラストまたは
　 グリットブラスト等の処理をす
　 る。

No.31　正解　1

1. 体育館用のフローリングボード
　 張りにおいて、**壁との取合いに**

109　　　　　　問題 p.130 ～ 131

はすき間を開けて、エキスパンション（空隙20〜30mm）を設ける。

2. 根太張り工法において、釘打ちと併用する接着剤については、エポキシ樹脂系、ウレタン樹脂系または変成シリコーン樹脂系とする。

3. 張込みに先立ち、板の割付けを行い、通りよく敷き並べ、板そばと木口のさね肩を損傷しないように、雄ざねの付け根から隠し釘留めとする。また、必要に応じて接着剤を塗布し、釘と接着剤との併用で留め付ける。

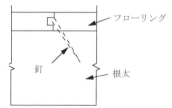

図　釘打ち留め工法

4. フローリング類に生じた目違いは、養生期間を経過した後、サンディングして削り取る。

No.32 正解 4

1. パネルの取付け金物（Zクリップ）は、下地鋼材に30mm以上のかかり代を確保して取り付ける。

2. パネルの取付け金物（Zクリップ）は、取付けボルトがZク

リップのルーズホールの中心に位置するように取り付ける。

3. パネルに欠込み等を行う場合は、パネル欠込み幅はパネル幅の1/2以下、かつ、300mmを限度とする。

4. パネルへの孔あけは、ドリルにより行う。振動ドリルを用いるとパネルが破損するおそれがあるので用いてはならない。

No.33 正解 3

1. 敷地境界は、関係者の間で紛議を起こしやすい事項である。工事に先立ち、発注者、設計者、隣地所有者及び工事監理者の立会いのもとに測量を行うことを原則とする。

2. 騒音・振動による公害防止のため、近隣の商店や工場の業種を調査する。

3. ベンチマークは、通常2箇所以上設け相互にチェックできるようにする。また、ベンチマークは、正確に設置し、移動のないようにその**周囲を養生する必要がある**。ベンチマークを複数設けても、周囲の養生柵を省略することはできない。

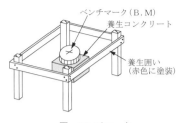

ベンチマーク（B.M）
養生コンクリート
養生囲い
（赤色に塗装）

図　ベンチマーク

4．敷地内の地中障害の有無は、施工方法の選定及び工事工程に大きく影響する。既存の図面があっても、既存建物の地下躯体、杭、既存山留め壁等が残っている場合があるので、事前に掘削（試掘）調査をすることが望ましい。

No.34　正解　4

1．酸素やアセチレン等のボンベ類の貯蔵小屋は、通気をよくするために、壁の1面は開口とし、他の3面は上部に開口部を設ける。

2．仮囲いの出入口・通用口等は、引戸、シャッター、折りたたみ戸等とし、扉は内開きとする。また、工事に必要がない限り閉鎖しておく。

3．木造の建築物で高さが13m若しくは軒の高さが9mを超えるもの、または、木造以外で2以上の階数を有する建築物の工事の場合、地盤面からの高さが1.8m以上の板塀か、これに類

する仮囲いを設けなければならない。ただし、これらと同等以上の効力のある他の囲いがある場合は、この限りでない。

4．ゲートの有効高さは、使用する資材運搬車両、建設機械等が入退場できる高さ、**空荷時の生コン車が通過できる高さ**とする。コンクリート満載時の生コン車の高さとすると、荷卸し後に退場できなくなる場合がある。

No.35　正解　3

1．次の工事に関して、事業者は、建設工事計画届を工事開始の日の14日前までに労働基準監督署長に届け出る。
　①　高さ31mを超える建築物または工作物の建築など（解体も含む）の仕事
　②　掘削の高さまたは深さが10m以上である地山の掘削の作業を行う仕事
　③　石綿などの除去、封じ込めまたは囲い込みの作業を行う仕事　など

2．ゴンドラを設置する場合には、その工事開始の日の30日前までにゴンドラ設置届を労働基準監督署長に届け出なければならない。

3．建築物除却届は、建築物の除却の工事を施工しようとする者

111　　　問題 p.132 ～ 133

が、建築主事を経由して**都道府県知事**に届け出る。ただし、当該建築物または当該工事に係る部分の床面積の合計が10m²以内である場合においては、届出の必要はない。

4. 寄宿舎設置届は、使用者が、工事着手14日前までに労働基準監督署長に届け出る。

No.36 正解 4

1. 暦日とは、休日及び天候などを考慮した実質的な作業可能日数のことである。

2. 正しい記述である。

3. 正しい記述である。

4. Sチャート工程表は、工程の進度を的確に把握するため、工事出来高の累計を縦軸に、工期の時間的経過を横軸にして表示する工程表である。着工直後は準備工事、竣工前には諸検査などがあるため出来高は低下することから、進捗度グラフは、一般に**S字形の曲線**となる。

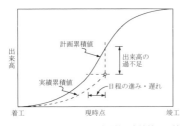

図 Sチャートにおける計画値と実績値の比較

No.37 正解 3

1. バーチャート工程表は、作業の順序関係を厳密に規定する方法ではないため、工程における各作業の順序関係が不明確となりがちであり、前工程の遅れが後工程にいかに影響するかについて理解することが難しい。

2. バーチャート工程表は、各作業の開始時期、終了時期、所要日数を把握することができる。

3. バーチャート工程表に配置する作業の数が多くなると、工程の内容を容易に把握することができなくなるため、**1枚のバーチャートに多数の作業を示したり、作業を過度に細分化しない**。

4. バーチャート工程表は、建築工事における主要な工事項目が工程表に表現されるように作成し、主要な工事の節目はマイルストーンとして工程表に付加する。

No.38 正解 2

1. 正しい記述である。

2. 生産管理を行う上では、所定の**品質**Q(quality)・**原価**C(cost)・**工程**D(delivery)で生産を行うが、建設業においては**安全S**(safety)も含めて、これらの

サイクルを確実、かつ、継続的に回してプロセスのレベルアップを図る。なお、設問の記述はPDCAのデミングサイクルのことである。

3．特性要因図は、特定の結果（特性）と要因との関係を系統的に表した図である。重要と思われる原因の究明と対策の手を打っていくために用いられる。図の形が似ていることから「魚の骨」と呼ばれている。

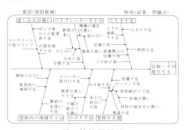
図　特性要因図

4．正しい記述である。

No.39　正解　**4**

1．高力ボルト摩擦接合の接合面は、すべり係数0.45を確保する処理が必要である。すべり係数試験は、この処理状況を確認する試験である。

2．平板載荷試験は、構造物を設置する地盤に載荷板を通じて荷重を加え、荷重と沈下の関係から地盤の支持力を求めるために行う原位置試験で、根切り工事の最終段階で実施することが多

い。

3．鉄筋のガス圧接完了後の検査については、圧接箇所の全数について外観検査を行い、その後、超音波探傷試験または引張試験による抜取り検査を行う。

4．針入度試験とは、一定温度に保った**アスファルトの試料**に、規定の針が一定時間内に**進入する長さを測定する試験**である。埋込み杭の根固め液の管理のために行うものではない。

No.40　正解　**2**

1．レディーミクストコンクリートの受入れ時の1回の圧縮強度試験は、打込み工区ごと、打込み日ごと、かつ、150m³以下にほぼ均等に分割した単位ごとに3個の供試体を用いて行う。

2．スランプは、コンクリートの中央部において下がりを0.5cm単位で測定する。

3．高流動コンクリートに使用する粗骨材の最大寸法は、25mm、20mmまたは15mmとする。また、荷卸し時の受入れ検査では、スランプ試験時に円状に広がったコンクリートの直径で表されるスランプフローを用いるのが適切である。

4．レディーミクストコンクリートの空気量の許容差は、±1.5%

113　　　　　　　問題 p.134

とする。

No.41 正解 2

1. 型枠支保工の組立てまたは解体の作業については、その高さにかかわらず作業主任者を選任する。
2. **鉄筋の組立ての作業については、作業主任者の選任は規定されていない。**
3. 高さが5m以上のコンクリート造の工作物の解体または破壊の作業については、作業主任者を選任する。
4. 石綿もしくは石綿をその重量の0.1％を超えて含有する製剤その他の物を取り扱う作業については、石綿作業主任者を選任しなければならない。

No.42 正解 1

1. 足場の脚部には、足場の滑動または沈下を防止するため、**ベース金物を用い**、かつ、敷板、敷角等を用い、根がらみを設ける等の措置を講じなければならない。
2. 単管足場の建地の間隔は、けた行方向1.85m以下、はり間方向1.5m以下とする。
3. 単管足場の建地は単管を用いるため、単管同士のジョイントが生じる。このジョイントは構造上の弱点となるため、隣接する建地のジョイント部は、同一レベルにならないよう（千鳥）にする。
4. 単管足場の地上第一の布の高さは、2m以下とする。

No.43 正解 4

1. 確認済証の交付を受けた後でなければ、建築確認申請が必要な建築物の工事をすることはできない。
2. 工事の施工者は、当該工事に係る設計図書を当該工事現場に備えておかなければならない。
3. 建築主は、建築確認を受けた建築物の工事が完了したときは、建築主事又は指定確認検査機関の検査を申請しなければならない。
4. **工事の施工者**は、工事現場の見易い場所に、建築主事又は指定確認検査機関の確認があった旨の表示をしなければならない。

No.44 正解 3

1. 共同住宅を除く住宅の階段の蹴上げは23cm以下、踏面は15cm以上とする。
2. 最下階の居室の床が木造である場合における床の高さは、直下の地面からその床の上面まで45cm以上とする。

3. 集会場の客用の屋内階段及び踊場の幅は、**140cm以上**とする。
4. 階段に代わる傾斜路は、次号に定めるところによらなければならない。
   ① 勾配は、1/8を超えないこと。
   ② 表面は、粗面とし、又はすべりにくい材料で仕上げること。
   ③ 手すり等を設けなければならない。

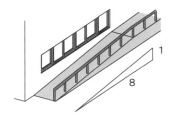

図　階段に代わる傾斜路

No.45 正解 **4**

1. 建設業の許可は、1の都道府県内に営業所を設けて営業する場合は都道府県知事の許可を、2以上の都道府県内に営業所を設けて営業する場合は国土交通大臣の許可を受けなければならない。
2. 一般建設業の許可を受けた者が、当該許可に係る建設業について、特定建設業の許可を受けたときは、一般建設業の許可は効力を失う。

3. 建設業の許可を受けようとする者は、その営業所ごとに、専任の技術者を置かなければならない。
4. 特定建設業の許可は、元請業者が、一定の金額以上となる下請契約を締結する場合に必要となる。下請業者として請け負う場合や、発注者から直接請け負う場合の**請負代金（受注金額）そのものには、関係がない。**

No.46 正解 **1**

1. 公共性のある施設若しくは工作物又は多数の者が利用する施設若しくは工作物に関する建設工事において、工事1件の請負代金の額が**建築一式工事では8,000万円**（その他の工事では4,000万円）**以上**のものを施工しようとするときの主任技術者又は監理技術者は、原則として、専任の者としなければならない。工事1件の請負代金の額が建築一式工事で7,000万円の場合は、専任である必要はない。
2. 発注者から直接建設工事を請け負った特定建設業者であっても、下請契約の総額が政令で定める金額（建築一式工事で7,000万円、その他の工事で4,500万円）未満であれば主任

115

技術者を置けばよい。

3. 密接な関係のある2以上の工事を同一の建設業者が同一の場所又は近接した場所で施工する場合、同一の専任の主任技術者がこれらの工事を管理することができる。

4. 工事現場に置く主任技術者は、その建設業に係る建設工事に関し10年以上実務経験を有する者であれば、その資格要件に該当する。

No.47 正解 1

1. 親権者又は後見人は、未成年者に代って労働契約を締結してはならない。

2. 使用者は、満18才に満たない者について、その年齢を証明する戸籍証明書を事業場に備え付けなければならない。

3. 未成年者は、独立して賃金を請求することができる。なお、親権者又は後見人は、未成年者の賃金を代って受け取ってはならない。

4. 使用者は、満18才に満たない者を午後10時から午前5時までの間において使用してはならない。ただし、交代制によって使用する満16才以上の男性については、この限りでない。

No.48 正解 2

一の場所において、主要構造部が鉄骨造又は鉄骨鉄筋コンクリート造の建築物の建設の仕事を行う元方事業者は、その労働者及び関係請負人の労働者の総数が**常時20人以上**となる場合、店社安全衛生管理者を選任しなければならない。なお、労働者の総数が常時50人以上となる場合は、統括安全衛生責任者、元方安全衛生管理者を選任しなければならない。したがって、2. が正しいものである。

No.49 正解 2

「特定建設資材」とは、**コンクリート、コンクリート及び鉄からなる建設資材、木材、アスファルト・コンクリート**をいう。せっこうボードは含まれない。したがって、2. が該当しないものである。

No.50 正解 3

1. 2. 4. それぞれの作業は騒音規制法の特定建設作業に該当する。

3. くい打ち作業は特定建設作業に含まれるが、**くい打機とアースオーガーを併用する作業は、騒音が小さいため除かれる。**

2級 建築施工管理技士 学科試験

解答・解説

No.1 正解 2

1. 冬至における建物の水平面及び鉛直面が受ける終日日射量の大小関係は、「東・西面＜水平面＜南面」となり、南向き鉛直面がどの向きの面よりも大きい。

2. **実際に日の照っていた時間を日照時間といい、日の出から日没までの時間**（障害物のない所で、晴れていれば日照があるはずの時間）**を可照時間という。**

図 日照時間・可照時間

3. 夏至における建物の水平面及び鉛直面が受ける終日日射量の大小関係は、「北面＜南面＜東・西面＜水平面」となり、水平面がどの向きの面よりも大きい。

4. 太陽の直射によるエネルギーを直達日射、水蒸気や塵埃、空気等の分子による散乱光である青空からの放射エネルギーを天空日射といい、大気透過率が大きい（高い）ほど、直達日射が強

くなり、天空日射は弱くなる。

No.2 正解 2

1. 直射日光とは、大気中を通り抜けて直接地表に達するものである。

2. **昼光率は下の式で求められ、全天空照度が時刻や天候で変化しても、室内のある点における水平面照度もその変化と同じ割合で変化するため、昼光率は一定の値となる。**

昼光率＝

$$\frac{室内のある水平面の照度[lx]}{屋外の全天空照度[lx]}$$

$\times 100$（%）

3. 正しい記述である。昼光率は、時刻や天候等の影響に関係なく室内各所の明るさを比較するため、ある点の明るさを示す指標として、採光設計に用いられている。

4. 基準昼光率とは、全天空照度を普通の日の15,000lxとして、JISの照度基準を満足するように定めた昼光率をいう。居間の基準昼光率は0.7%、事務室の基準昼光率は2.0%であり、居間より事務室の方が大きい。

問題 p.142

1. 吸音率とは、「入射する音のエネルギー」に対する「反射音以外の音のエネルギー（すなわち壁を透過する音のエネルギーと壁に吸収される音のエネルギーの和）」の割合のことである。

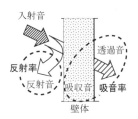

図　吸音率と反射率のイメージ

2. 床衝撃音には、子供の飛びはねなどの重量床衝撃音と、靴音や食器の落下など軽くて硬い軽量床衝撃音がある。

3. 透過損失は壁体の遮音性能を示し、透過損失の値が高いほど、遮音効果が高い。密で均一な材料でできている壁体の透過損失は、面密度が高い（比重が大きく、壁厚が厚い）ものほどその値は大きくなる。

4. 客席後部については、エコーの障害を避けるために、特に舞台の対向面の**吸音率を高くする**。

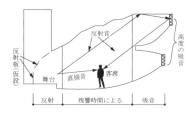

図　オーディトリアムの仕上げ

1. 耐震壁は、鉛直荷重だけでなく、地震力等の水平力を分担する重要な構造体であり、**上階よりも下階が多くなる**。

2. 3. 大梁と柱を剛に接合した骨組は、ラーメン構造を形成し、床の荷重を支えると同時に、地震等の水平荷重にも抵抗する。

4. 正しい記述である。

1. 正しい記述である。

2. 鋼材は、強くてしかも粘り（塑性変形能力＝靭性）があるため、鋼構造物は一般に変形能力が大きく、この意味で鋼構造は基本的に耐震的な構造である。

3. 鋼材は温度が250℃を超えると強度が低下し、500℃で強度が半減、1,000℃でほぼ0になる。そのため、**耐火被覆が必要である**。

4. 鉄骨構造は、鉄筋コンクリート構造に比べ、軽量のため大スパ

ンの梁（建築物）が可能である。

No. 6　正解　2

1．鉄骨構造では、筋かいは棒鋼や形鋼を用いるが、主に引張力に働く部材である。

2．スチフナーとは、主に**板材が座屈しないように補強する材（補剛材）**である。設問の記述は、ガセットプレートのことである。

中間スチフナー

図　スチフナー

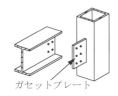

ガセットプレート

図　ガセットプレート

3．エンドタブとは、溶接の始端と終端に生じやすい溶接欠陥を、本溶接継手内に残存させないために取り付ける鋼製の板である。

4．正しい記述である。

No. 7　正解　4

1．それぞれの柱ごとに独立した基礎を設ける独立フーチング基礎

は、不同沈下を生じやすいため、強固な基礎梁で連結する必要がある。

2．原則として、建築物には異なる構造方法による基礎を併用してはならない。

3．直接基礎の鉛直支持力は、基礎スラブの根入れ深さが深くなるほど大きくなる。

4．直接基礎の底面は、**冬季の地下凍結深度より深くする。**

No. 8　正解　3

1．地震力は、建物の各階に作用する地震層せん断力として検討し、建築物の弾性域における固有周期と地盤の種別に応じて算定する。

2．正しい記述である。

3．一般地域では、地震力の算定に用いる荷重は、建築物の固定荷重と積載荷重の和であるが、多雪区域では、積雪期間が長いので、この間に地震があることを考慮して、**積雪荷重に0.35を乗じた値を加算した荷重で地震力を算定する。**

4．建築物に近接して、その建築物を風の方向に対して有効にさえぎる物がある場合には、速度圧を1/2まで低減することができる。

反力を図のように仮定する。

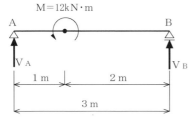

つり合い条件式により、反力を求める。

$\Sigma M_A = 0$ より、

$-12kN \cdot m - V_B \times 3\,m = 0$

$-12kN - 3V_B = 0$

$3V_B = -12kN$

$V_B = -4\,kN$

V_B は「－」であるから、反力 V_B の向きは仮定した上向きではなく、下向きとなる。

よって、$V_B = 4\,kN$（下向き）

したがって、**3.** が正しいものである。

各支点と力の荷重点を左からA、B、C、Dとして、反力を図のように仮定する。

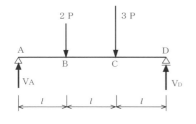

つり合い条件式により、反力を求める。

$\Sigma M_D = 0$ より、

$-3P \times l - 2P \times 2l + V_A \times 3l = 0$

$3V_A \cdot l = 7P \cdot l$

$V_A = 7/3P$（上向き）

$\Sigma Y = 0$ より、

$V_A - 2P - 3P + V_D = 0$

$7/3P - 5P + V_D = 0$

$V_D = 8/3P$

（上向き）

支点Aには上向きに $7/3P$、支点Dには上向きに $8/3P$ の反力が働くことになる。

次に、B点で構造物を切断し、曲げモーメントを考える。B点より左側について、片持ち梁として考えると、AB間の曲げモーメントは、A点からB点に向かうにしたがい徐々に大きくなり、B点で最大となることがわかる。AB間は下側引張となり、B点の曲げモーメントは、

$7/3P \times l = 7/3P \cdot l$

同様に、CD間の曲げモーメントは、D点からC点に向かうにしたがい徐々に大きくなり、C点で最大となることがわかる。CD間は下側引張となり、C点の曲げモーメントは、

$8/3P \times l = 8/3P \cdot l$

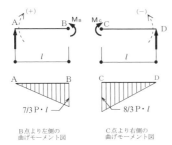

B点より左側の
曲げモーメント図

C点より右側の
曲げモーメント図

荷重点Bと荷重点Cにモーメント荷
重がないことから、曲げモーメント
図は連続的につながり、

また、BC間に外力がないことから、
BC間の曲げモーメント図は直線的
に変化する。

したがって、2．が正しいものであ
る。

No.11 正解 4

1．建築構造用圧延鋼材は、SN材
と呼ばれており、性能によりA
種、B種、C種に分類される。

2．溶接構造用圧延鋼材は、SM材
と呼ばれており、溶接性に優れ
た鋼材である。

3．建築構造用炭素鋼鋼管は、
STKN材と呼ばれており、SN
材と同等の性能を有した円形鋼
管である。

4．一般構造用圧延鋼材は、**SS材**
と呼ばれており、一般的に使用
される鋼材である。設問の
SSC材は、一般構造用軽量形
鋼のことで、冷間成形された軽
量形鋼である。

No.12 正解 1

1．結露防止性試験における測定項
目は、**温度低下率や結露状況で
ある**。熱貫流率を測定する試験
は、断熱性試験である。

2．耐風圧性試験における測定項目
は、変位・たわみである。

3．気密性試験における測定項目
は、通気量である。

4．水密性試験における測定項目
は、漏水である。

No.13 正解 2

1．ポリサルファイド系シーリング
材は、表面の仕上げ材や塗料を
軟化、変色させることがある。

2．ポリウレタン系シーリング材
は、耐熱性、耐候性が劣るた
め、**ガラス回り目地には用いな
い**。

3．シリコーン系シーリング材は、
耐候性、耐熱性、耐寒性及び耐
久性に優れており、紫外線によ
る変退色がないことからガラス
回り目地に使用される。

4．アクリルウレタン系シーリング
材は、表面にタック（ベタ付き）
が残ることがある。

No.14 正解 1

1．タフテッドカーペットは、普及
用として考案された**機械刺しゅ**

う敷物で、一列に並んだ千数百本のミシン針によって基布にパイルを植え付け、パイルの変形、抜けを防ぐため基布の裏から固着剤で加工したものである。

2. ウィルトンカーペットは、機械織りで織られたカーペットである。パイルの長さを自由に変えられるので、無地物でも表面のテクスチャーに変化をつけた柄が出せる。

3. ニードルパンチカーペットは、綿状の繊維で基布を挟み、かぎの付いた針で突き刺してフェルト状とし、バックコーティング材で補強等を施した床敷物である。

4. タイルカーペットは、タフテッドカーペット等を基材として、裏面に強固なバッキング材(塩化ビニル樹脂、オレフィン樹脂等)を裏打ちしたタイル状カーペットであり、大きさは、500×500mmの正方形が多い。

No.15 正解 2

1. 4. 排水桝(桝またはマンホール)は、次の箇所に設ける。
   ① もっぱら雨水を排除すべき管きょの始まる箇所
   ② 下水の流路の方向または勾配が変化する箇所
   ③ 排水経路が合流する箇所
   ④ 排水管の長さがその内径または内法幅の120倍を超えない範囲内の箇所

2. 地中埋設排水管において、桝を設ける場合、雨水桝には深さ150mm以上の**泥だめ**を、汚水桝には**インバート**を設ける。

3. 給水管と排水管が平行して埋設される場合には、両配管の水平間隔を500mm以上とし、かつ、給水管は排水管の上方に埋設する。

No.16 正解 3

1. LEDは、他の光源の種類に比べ、格段に寿命が長く、消費電力が少ない。よって、省エネ対策として用いられる。

2. Hf蛍光ランプは、白熱電球、ハロゲン電球等と比較して、発光効率が高く、長寿命である。熱放射やちらつきが少なく、一般事務室、住宅等の照明に適している。

3. ハロゲン電球は、昼光色、**高輝度**で、**劇場・商店のスポットライト等の照明に適している**。低輝度であり、道路やトンネルの照明に用いられるのは、低圧ナトリウムランプである。

4. 正しい記述である。

No.17 正解 3

1. 定風量単一ダクト（CAV）方式
は、機械室に設置した空調機か
ら、1本の主ダクトとその分岐
ダクトにより、一定温度の冷風
または温風を送り、各室の吹出
し口より供給し空調を行う。送
風量と送風温度の設定は、機械
室で行う。各室ごとに送風量を
調整することは不可能で、各室
の熱負荷変動には対応できな
い。

2. 二重ダクト方式とは、常に温風
と冷風の2本のダクトで必要な
箇所に送風し、各々の箇所の熱
負荷に応じて混合ボックスで混
合し、各室に吹き出す方式で、
別々の部屋で暖房と冷房を行う
ことができる。

3. パッケージユニット方式とは、
冷凍機、ファン、冷却コイルや
加熱コイル、エアフィルター、
加湿器、自動制御機器を1つの
**ケーシングに組み込んだパッ
ケージユニット**を各階ごとに設
置して空調を行う方式である。
設問の記述は、ファンコイルユ
ニット方式である。

4. 各階ユニット方式とは、建物の
各フロアに空調機を設置するこ
とでフロア全体の空調を調整す
る方法である。

No.18 正解 3

1. 水貫は、上端をかんな掛けした
貫で、高さの基準とするもので
ある。水杭（やり方杭）に印し
た墨に合わせて、水貫上端を水
平に打ち付けるものである。

2. やり方には、建築物等の位置及
び水平の基準を明確に表示し、
監理者の検査を受ける。

3. 建築物等の高低及び位置の基準
であるベンチマークは、既存の
工作物あるいは新設した杭等に
基準を印したものである。ま
た、ベンチマークは、通常2箇
所以上設け、相互にチェックで
きるようにする。

4. やり方に使用する検査用鋼製巻
尺は、JIS 1級の鋼製巻尺をそ
の工事現場専用の巻尺として使
用する。JIS 1級の鋼製巻尺で
も誤差が生じる可能性があるた
め、通常は工事着手前にテープ
合わせを行い、同じ精度を有す
る巻尺を2本以上用意して、1
本は基準巻尺として保管する。

No.19 正解 1

1. 再生砕石（再生クラッシャラン）
は、**コンクリート塊を破砕した
もの**であり、品質のばらつきが
大きい。

2. 防湿層は、土間スラブ（土間コ

ンクリートを含む）の直下、断
熱材がある場合は断熱材の直下
とする。

3. 締固めを過度に行うと床付け地
盤を破壊し、さらに深い地盤を
も乱すこともあるので、注意し
て適度な締固めを行う。

4. 砂利及び砂地業においては、締
固めによる沈下量を見込んでお
き、締固め後に、地業表面が所
定の高さになるようにする。締
固めによるくぼみ等には、砂利
または砂を用いて表面を平らに
する。

No.20 正解 3

1. 正しい記述である。

2. 鉄筋の折曲げ内法直径は、鉄筋
の種類及び径により決められて
いる。鉄筋の種類と径が同じで
あれば、折曲げ内法直径の最小
値は同じである。

3. 異形鉄筋の末端部には、次の部
分にフックを付ける。
① 柱の四隅にある主筋の重ね
継手及び最上階の柱頭
② 梁の出隅及び下端の両隅に
ある梁主筋の重ね継手（基
礎梁を除く）
③ 煙突の鉄筋（壁の一部とな
る場合を含む）
④ 杭基礎のベース筋
⑤ 帯筋、あばら筋及び幅止め

筋
したがって、壁の開口部補強筋
の末端には、**フックを設けなく
てもよい**。

4. 鉄筋の切断、曲げ等の加工作業
は、常温（冷間）で行う。

No.21 正解 1

1. パイプサポートと補助サポート
の継手は、突合せ継手または**差
込み継手とする**。

2. パイプサポートを継いで用いる
ときは2本までとし、4以上の
ボルトまたは専用金具（差込み
式）を用いて継ぐ。

3. 支保工は、床・梁等を支える根
太、大引、支柱（パイプサポー
ト）、支保梁、支柱の座屈を防
止する水平つなぎ・ブレースの
ほか、柱、壁等のせき板の位置
を保持するとともに転倒を防ぐ
内端太、外端太、建入れ直しサ
ポート、チェーン等から構成さ
れる。

4. コンクリートの打込み方法に
よっては偏心荷重が働くことが
あるので、支柱を支保工として
いる場合、支柱は計算値よりも
安全側を見込んで多く入れ、大
梁など梁のサポートは鳥居型に
組み立てるようにする。

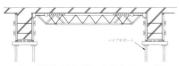

図　軽量型支保梁による支保工の例

No.22 正解 4

1. 正しい記述である。ただし、圧縮強度を満足してせき板を取り外した場合でも、所定の湿潤養生期間中は、養生を続けなければならない。
2. 湿潤養生には、透水性が小さいせき板による被覆、養生マット及び水密シートによる被覆、散水、噴霧、膜養生剤の塗布等がある。
3. 正しい記述である。
4. 加熱養生中は、コンクリートが乾燥しないように散水等によって**湿潤養生を行い保湿に努める**。

No.23 正解 2

1. 溶接継手におけるエレクションピース等に使用する仮ボルトは、高力ボルトを使用して全数締め付ける。
2. ターンバックル付き筋かいを有する鉄骨構造物においては、**その筋かいを用いて建入れ直しを行ってはならない**。
3. 鉄骨柱が現場溶接接合の場合、建入れ直しにワイヤロープを用

いずに、柱接合部のエレクションピースに建入れ及び食違い調整機能の付いたジグを使用する方法がある。

4. 建方精度の測定等、工事現場における寸法計測は、風の少ない曇天時の明け方が最も好ましい。鉄骨に直射日光が当たると、その部分が膨張するので、正しい形状として計測できないためである。

No.24 正解 3

1. アンカーボルトの埋設は、土台切れの箇所、土台継手及び土台仕口箇所の上木端部とし、当該箇所が出隅の場合は、できるだけ柱に近接した位置とする。また、耐力壁の部分は、その両端の柱の下部にそれぞれ近接した位置とする。
2. 柱に使用する心持ち材には、乾燥による割れを防ぐため、背割りを設ける。
3. 根太の継手は、**大引の心で突付け継ぎ**、釘打ちとする。
4. 軒桁の継手は、梁を受ける柱間を避け、柱心より持ち出し、追掛け大栓継ぎ、腰掛け鎌継ぎまたは腰掛けあり継ぎとする。

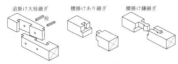

図　継手の例

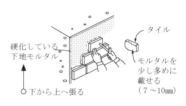

硬化している
下地モルタル

下から上へ張る

タイル

モルタルを
少し多めに
載せる
（7〜10mm）

図　改良積上げ張り

No.25 正解 2

1. 充填箇所以外の部分に付着した
シーリング材は直ちに取り除
く。ただし、シリコーン系シー
リング材は、硬化後に取り除
く。

2. 目地深さがシーリング材の寸法
より深い場合は、**バックアップ
材を装着**し、所要の深さが得ら
れるようにする。

3. コンクリートの打継ぎ目地、ひ
び割れ誘発目地のように、被着
体の動きが予想されないノン
ワーキングジョイントの場合、
水みちを遮断するために、3面
接着とする。

4. コンクリートの打継ぎ目地及び
ひび割れ誘発目地は、幅20mm
以上、深さ10mm以上とする。

No.26 正解 3

1. 改良積上げ張りは、タイル裏面
に張付けモルタルを塗り付け、
下部から上部へタイルを張り上
げる工法である。また、タイル
のはく落を防ぐため、1日の施
工高さを1.5m以内とする。

2. 密着張りは、張付けモルタルを
下地面に塗り付けた後、直ちに
タイルをモルタルに押し当て、
タイル張り用振動機（ヴィブ
ラート）を用いてタイルを張り
付ける工法である。張付けは上
部より下部へと行い、水糸をタ
イル一段置きに張り、これに
沿って張り進めたのち、それら
の間を埋めていくようにする。

3. マスク張りは、**ユニットタイル
の裏面に**モルタル塗布用のマス
クを乗せて**張付けモルタルを塗
り付け**、マスクを外してからユ
ニットタイルをたたき押さえて
張り付ける工法である。設問の
記述は、モザイクタイル張りの
ことである。

4. 改良圧着張りは、張付けモルタ
ルを下地面に塗り、モルタルが
軟らかいうちにタイル裏面に同
じモルタルを塗って、壁タイル
をたたき押さえてタイルを張り
付ける工法である。

No.27 正解 4

1. 正しい記述である。重ね形折板

のボルト孔は、ドリル開口もしくは呼び出しポンチを使用する。

図　呼び出しポンチによる開孔

2. 重ね形折板は、各山ごとにタイトフレーム上の固定ボルトに固定し、折板の重ね部に使用する緊結ボルトの間隔は600mm程度とする。

3. けらば包みを用いない重ね形折板葺のけらば先端には、1.2m以下の間隔で、折板の山間隔の3倍（3山ピッチ）以上の長さの変形防止材を取り付ける。

4. 止水面戸は、折板の**水上端部**の先端部分に雨水を止めるために設ける部材である。止水面戸の周囲は、不定形シーリング材でシールする。

図　止水面戸

No.28 正解 1

1. **コンクリートを打ち込む前に床**仕上げに必要な造り方定規を設けたり、レーザーレベルの設置などを行う。仕上げ精度が要求される場合にはガイドレールなどを3.5〜4m間隔に設置し、

基準となる造り方定木は鉄骨その他、狂いの生じない箇所に設け、常に点検して正確に水平または所要の勾配を保持するようにする。

2. 正しい記述である。

3. 最終金ごて押えに機械式ごて（トロウェル）を用いる場合であっても、必ず最終仕上げは金ごてで行う。

4. 表面仕上げ後は、コンクリートが急激に乾燥しないように適切な養生を行う。一般には金ごて仕上げのまま、張物下地などでは最終こて押え後、12時間程度を経てから2〜3日間散水養生を行う。

No.29 正解 3

1. 鋼製建具等で、両面フラッシュ戸の表面板裏側部分（中骨、力骨等を含む）については、戸の組立段階における溶接により塗膜が焼失することや、密閉部分で錆の進行がほとんどないことから、塗装しなくてもよい。

2. 木製フラッシュ戸の中骨の樹種については、杉、ひば、えぞ松、米つが、米ひば等のむく材とする。

3. アルミニウムに接する小ねじ等の材質は、**ステンレス製**とする。

4. 樹脂製建具は、原則として、建具の加工及び組立からガラスの組込みまで一貫して建具製作所にて行うことで、性能・品質を確保している。

No.30 正解 3

1. 正しい記述である。オイルステイン塗りは、屋内の木部の塗り仕上げに用いられる。なお、ピグメントステインは屋外の木部の塗り仕上げに用いることができる。

2. つや有り合成樹脂エマルションペイント塗りに用いるパテは、JISに規定する耐水形の合成樹脂エマルションパテを使用する。

3. 木部のクリヤラッカー塗り（CL）は、特記がない場合、下塗りに**ウッドシーラー**、研磨紙ずりを行い、**上塗**にクリヤラッカーを用いる。なお、サンジングシーラーは、クリヤラッカー塗りの中塗りに用いられる。

4. 木材保護塗料塗りの塗料は原液で使用することを基本とし、希釈はしない。

No.31 正解 2

1. タイルカーペットの張付けには、粘着はく離形（簡単にはく離できて、ずれが防止ができる性能）と再接着性（再粘着性）をもつ接着剤を使用し、オープンタイムを確保した後張り付ける。

2. 全面接着工法では、仮敷したカーペットを折り返し、下地全面にカーペット製造所の指定するくし目ごてを用いて接着剤を塗布し、接着剤の乾燥状態を見計らい、張り付ける。なお、ニーキッカーは、**グリッパー工法に用いられる**。

3. グリッパーの取付けは、カーペットの厚さに応じて、周辺に沿って連続して均等な溝（すき間）をつくり、釘または接着剤で取り付ける。

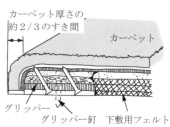

図　グリッパー工法のカーペット固定

4. 織じゅうたんのはぎ合わせは、切断部分のほつれ止め処置を行ったのち、ヒートボンド工法または丈夫な綿糸、亜麻糸または合成繊維糸で手縫いとし、間ぜまにつづり縫いとする。

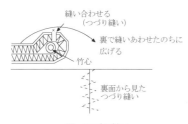

縫い合わせる
(つづり縫い)

裏で縫いあわせたのちに
広げる

竹心

裏面から見た
つづり縫い

図　つづり縫い

1. 浮き部分に対するアンカーピン本数は特記による。特記がなければ、一般部分は16本/m²、指定部分（見上げ面、ひさしのはな、まぐさ隅角部分などをいう）は25本/m²とする。

2. アンカーピン固定部の穿孔は、コンクリート用ドリルを用い、使用するアンカーピンの直径より約1〜2mm大きい直径とし、構造体コンクリート中に30mm程度の深さに達するまで行う。

3. 穿孔後の孔内の切粉等は、接着の妨げとなるので除去する必要があるが、圧搾空気だけでは完全に除去できないので、孔内をブラシで清掃後に圧搾空気または吸引機で除去する。

4. エポキシ樹脂の充填に当たっては、穿孔された直径より細い充填用ノズルを用い、その先端を**孔内最深部まで挿入した後、ノズルを手前に引きながら行う。**

1. 敷地内の地中障害物の有無の調査は、杭が所定の場所に施工可能か、杭施工機械の選定等、場所打ちコンクリート杭の工事計画に必要な調査である。

2. 近隣の商店や工場の業種については、騒音・振動による公害防止のため、基礎工事や解体工事などを行う際に調査を行う。鉄骨の建方は大きな騒音・振動が発生しないため、**鉄骨の建方計画においては、一般的に、近隣の商店や工場の業種の調査は行わない。**

3. 地下水の排水計画に当たっては、排水方法、排水経路（公共桝の有無と排水能力）を確認し、当該下水道及び河川の管理者に届け出る。

4. 設計図書の一部として与えられた地盤調査結果資料に不足する項目があれば、施工計画に先立って追加の調査を実施する。特に根切り工事や山留め工事、場所打ちコンクリート杭工事の計画においては、事前に試験掘削（試掘）調査をすることが望ましい。

1. 守衛所は、出入口が数箇所ある

129

場合には、メインの出入口に設置し、その他の出入口には、守衛所は設けず、警備員を配置する立哨所（りっしょうじょ）程度とする。

2. 作業員詰所は、職種数や作業員の増減に対応でき、異業種間のコミュニケーションや整理整頓、空調設備等のコストを考慮して大部屋方式が多く採用されている。また、できるだけ現場事務所の近くで、連絡や管理がしやすい位置に設ける。

3. 塗料や溶剤等の保管場所は、**不燃材料で造った独立した平屋建**てとし、周囲の建物から規定どおり離す。建物内に保管場所を設ける場合は、**耐火構造の室**を選ぶ。

4. 車両用のゲートや通用口などは、通行人の安全や交通の妨げにならないような位置に設置する。特に車両の出入りや通行人・交通量が多い場合などは、必要に応じて誘導員の配置や車両入退場時のブザー・標示灯などの設置を行う。

No.35 正解 4

1. 鉄筋は、コンクリートの付着強度を低下させる泥、土、油等が付着しないように受材（角材）上に置き、雨露や潮風による有害な錆を生じさせないように必

要に応じてシートを掛けて保管する。

2. 壁紙など巻いた材料は、くせがつかないように立てて保管する。直射日光を受けないよう、また、塵埃（じんあい）その他による汚れを生じないように、ポリエチレンフィルムを掛けるなど適切な養生を行う。

3. ALCパネルは、台木を使用し平積みとする。1単位（1山）の積上げ高さは1m以下、総高を2m以下とする。

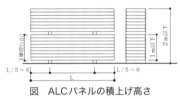

図　ALCパネルの積上げ高さ

4. 裸台で運搬してきたガラスは、床にゴム板または木板を敷き、壁にも同材を配し、**立てかけて保管する**。

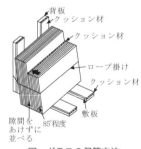

図　ガラスの保管方法

No.36 正解 3

総合工程表は、施工計画に基づき各

工事の作業手順と工期を定めて作成する。コンクリート工事の検査項目は、工種別施工計画書に含まれる品質管理計画書などに記載すべき事項であり、**3.** が最も必要性の少ないものである。

No.37 正解 1

1. バーチャート工程表は、各作業の関連が示されないので、**工期に影響する作業やクリティカルパスが明確になりにくい。**
2. 正しい記述である。
3. バーチャート工程表は、作成が比較的容易である。また、視覚的に理解しやすく、予定のバーチャートと実施のバーチャートを比較することにより、工事の進捗状況を把握するのが容易である。
4. バーチャート工程表は、出来高の累計を単位期間（週間または月）ごとにプロットしてグラフを重ねて表現すれば、工事出来高の進捗状況が把握しやすい。

No.38 正解 3

1. 建築工事における品質管理とは、設計図書に定めれた品質を十分満足するような建築物を、問題点や改善点を見出しながら最も合理的、かつ、経済的に施工を行うことである。

2. PDCAサイクルとは、計画（Plan）→実施（Do）→検討（Check）→処置（Action）の4段階を経て、その工事で出た問題点に対して検討した結果を次の工事の計画に反映させて品質を向上していくものである。PDCAサイクルを廻せば廻す程よりよい管理ができ、よりよい品質を造り込むことができる。

図　PDCAサイクル

3. 品質管理では、試験や検査に重点を置くより、**工程（プロセス）で品質を造り込む**ことを重視する。
4. 検査とは、品物の特性値に対して、測定、試験等を行って、規定要求事項と比較して、適合しているかどうかを判定することをいう。それに伴う試験は、試験によらなければ品質及び性能を証明できない場合に行う。

No.39 正解 4

トルシア形高力ボルトの1次締め後のマーキングには、次のような目的がある。

① 1次締め完了の確認

② 本締め完了後、マークのずれの位置による共回り及び軸回りのないことの確認

③ マークのずれによる本締め完了の確認

④ マークのずれによるナットの回転量の確認

なお、**トルク値は、軸力計によって確認する**もので、マークのずれによっては確認できない。

No.40 正解 4

1. 隅肉溶接の検査は、一般に外観検査と浸透探傷試験等が採用される。

2. 現場における木材の含水率の測定は、電気抵抗式水分計または高周波水分計による。

3. 鉄筋のガス圧接部の外観試験は、原則として、圧接箇所全数について行う。これは圧接部の状態を検査すると同時に、圧接のし忘れ箇所を点検するためでもある。また、抜取り検査としては、超音波探傷試験、引張試験がある。

4. **すべり係数試験は、**鉄骨工事における**高力ボルト接合の摩擦面の処理状況を確認するための試験**である。摩擦杭の周面摩擦力の確認のために行うものではない。

No.41 正解 1

1. 防護棚とは、**歩道や隣地への飛来物落下及び飛散防止を目的**とし、上部からの落下物を受け止める水平養生と飛散防止のための垂直養生を兼ねて、一般に地上の足場に設置するものである。掘削による周辺地盤の崩壊を防ぐためには山留め壁等を設ける。

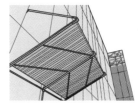

図　防護棚

2. 高さ2m以上の作業床で、作業のため物体が落下することにより、労働者に危険を及ぼすおそれのある場所には、高さ10cm以上の幅木、メッシュシート若しくは防網またはこれらと同等以上の機能を有する設備を設ける。

3. 工事用車両による道路の汚れを防止するためには、洗車場を設けることが有効である。

4. 解体工事では、粉塵の飛散を防止して、近隣被害が起こらないようにする。そのために、散水設備の設置が必要となる。

No.42 正解 4

1. 高所作業車を荷のつり上げ等、当該高所作業車の主たる用途以外の用途に使用してはならない。ただし、労働者に危険を及ぼすおそれのないときは、この限りでない。
2. 高所作業車を用いて作業を行うときは、乗車席及び作業床以外の箇所に労働者を乗せてはならない。
3. 高所作業車を用いて作業を行うときは、その日の作業を開始する前に、制動装置、操作装置及び作業装置の機能について点検を行わなければならない。
4. 高所作業車を用いて作業を行うときは、**当該作業の指揮者を定め**、その者に作業計画に基づき作業の指揮を行わせなければならない。

No.43 正解 4

1. 正しい記述である。
2. 正しい記述である。
3. 建築物とは、土地に定着する工作物のうち、屋根及び柱若しくは壁を有するもの、これに付属する門若しくは塀、観覧のための工作物又は地下若しくは高架の工作物内に設ける事務所、店舗、興業場、倉庫等をいい、建築設備を含むものとする。
4. コンビニエンスストアは、**物品販売業を営む店舗に該当**する。**物品販売業を営む店舗は、特殊建築物**である。

No.44 正解 4

1. 正しい記述である。
2. 居室には換気のための窓その他の開口部を設け、その換気に有効な部分の面積は、その居室の床面積に対して、1/20以上としなければならない。ただし、政令で定める技術的基準に従って換気設備を設けた場合においては、この限りでない。
3. 居室には、採光のための窓その他の開口部を設けなければならない。ただし、地階若しくは地下工作物内に設ける居室その他これらに類する居室又は温湿度調整を必要とする作業を行う作業室その他用途上やむを得ない居室については、この限りでない。
4. 住宅、学校、病院、診療所、寄宿舎、下宿その他これらに類する建築物で政令で定めるものの居室には、採光のための窓その他の開口部を設けなければならない。政令で定めるものの居室として、病院であれば病室は該当するが、**診察室は該当しな**

い。

No.45 正解 3

1. ２以上の都道府県の区域内に営業所を設けて営業をしようとする場合にあっては、国土交通大臣の許可を受けなければならない。

2. 建設業の許可は、建設工事の種類ごとに与えられるので、建築工事業で特定建設業の許可を受けている者は、土木工事業で一般建設業の許可を受けることができる。

3. 4. 発注者から直接請け負う1件の建設工事につき、その工事の全部又は一部を、**下請代金の総額が、**建築工事業で7,000万円以上、**その他の業種で4,500万円以上**となる下請契約を締結して施工しようとする者は、特定建設業の許可が必要である。業種にかかわらず、下請代金の総額が3,000万円の工事であれば、一般建設業の許可を受けている者でも施工することができる。

No.46 正解 2

建設工事の請負契約の当事者は、定める事項を書面に記載し、署名又は記名押印をして相互に交付しなければならない。記載事項の主なものに

は、次のものがある。

① 工事内容

② 請負代金の額

③ 工事着手の時期及び工事完成の時期

④ 工事を施工しない日又は時間帯の定めをするときは、その内容

⑤ 請負代金の全部又は一部の前金払又は出来形部分に対する支払の定めをするときは、その支払の時期及び方法

⑥ 天災その他不可抗力による工期の変更又は損害の負担及びその額の算定方法に関する定め

⑦ 価格等の変動若しくは変更に基づく請負代金の額又は工事内容の変更

⑧ 工事の施工により第三者が損害を受けた場合における賠償金の負担に関する定め

⑨ 注文者が工事に使用する資材を提供し、又は建設機械その他の機械を貸与するときは、その内容及び方法に関する定め

⑩ 注文者が工事の全部又は一部の完成を確認するための検査の時期及び方法並びに引渡しの時期

⑪ 工事完成後における請負代金の支払の時期及び方法

⑫ 各当事者の履行の遅滞その他債務の不履行の場合における遅延利息、違約金その他の損害金

⑬ 契約に関する紛争の解決方法

なお、**工事の履行に必要となる建設業の許可の種類及び許可番号は、請負契約書に記載しなければならない事項ではない。**

No.47 正解 1

1．使用者は、前借金その他**労働することを条件とする前貸の債権と賃金を相殺してはならない。**

2．正しい記述である。

3．労働者は、明示された労働条件が事実と相違する場合においては、即時に労働契約を解除することができる。

4．使用者は、労働契約の不履行について違約金を定め、又は損害賠償額を予定する契約をしてはならない。

No.48 正解 4

事業者は、その事業場の業種が政令で定めるものに該当するときは、新たに職務に就くこととなった職長その他の作業中の労働者を直接指導又は監督する者（作業主任者を除く）に対し、次の事項について、厚生労働省令で定めるところにより、安全又は衛生のための教育を行わなければならない。

① 作業方法の決定及び労働者の配置に関すること

② 労働者に対する指導又は監督の方法に関すること

③ 危険性又は有害性等の調査とその結果に基づき講ずる措置に関すること

④ 異常時等における措置に関すること

⑤ その現場監督者として行うべき労働災害防止活動に関することしたがって、**4．作業環境測定の実施に関することは、定められていない。**

No.49 正解 2

産業廃棄物の運搬又は処分の委託契約書に記載しなければならない事項としては、令第6条の2第四号及び規則第8条の4の2に定められている。

1．委託する産業廃棄物の種類及び数量は、令第6条の2第四号イに定められている。

2．**産業廃棄物の運搬を委託するときの運搬の方法は、令第6条の2第四号及び規則第8条の4の2に定められていない。**

3．産業廃棄物の処分を委託するときの処分の方法は、令第6条の2第四号ハに掲げる事項に含まれている。

4．委託者が受託者に支払う料金は、規則第8条の4の2第二号に定められている。

問題 p.161 〜 162

No.50 正解 2

1．3．4．消防設備点検資格者、
消防設備士、防火対象物点検資
格者は、消防法で定められてい
るものである。

2．建築設備等検査員とは、**建築基
準法第12条第3項に基づき**、
建築設備に関して、建築士と同
様に、建築物を定期的に検査し
て特定行政庁に報告することの
できる資格者のことである。し
たがって、消防法とは関係がな
い。

2級 建築施工管理技士　学科試験

解答・解説

No.1　正解 3

1. 室内の二酸化炭素（CO$_2$）濃度は、室内の臭気、浮遊粉塵、細菌等の空気汚染の程度を示すバロメーターとされており、室内の空気汚染の指標として用いられている。

2. 温度差換気は、空気の温度差がつくり出す浮力によって生じる圧力差を利用した、上下の開口部によって行われる換気である。室内の温度が屋外の温度よりも高い場合には、空気は下方の開口部より流入するので、給気のための開口部は低い位置に、排気のための開口部は高い位置に設ける。開口部の高低差が大きいほど、室内外の温度差が大きいほど、換気量は多くなる。

3. 事務室における必要換気量は、在室者の呼吸による二酸化炭素（CO$_2$）の発生量によって変化するので、**在室者の人数が関係し、室の容積は関係しない。**

4. 第1種機械換気方式は、給気側と排気側にそれぞれ専用の送風機を設けるので、最も確実な換気方式である。室内圧が自由に設定でき、任意の換気量が得られるので、地下街、映画館や劇場など外気から遮断された大きな空間の換気に適している。

No.2　正解 3

1. 照度とは、受照面に入射する単位面積当たりの光束の量をいい、単位はlxである。

2. 天窓採光は、側窓採光に比べ採光量が多い。ただし、夏の日射、雨仕舞、破損、眺望など不利な要素もある。

3. 光源の出す光の色を、これと等しい光色を出す黒体の絶対温度で表したものが色温度で、焚火等**赤味を帯びた光は色温度が低**く、色温度の上昇に伴い橙・黄・白と変化し、更に高くなると青味を帯びる。

4. 輝度とは、光源のある方向の単位面積（見かけの面積）当たりの光度のことで、単位はcd/m^{2}またはl m/m^2・srである。

No.3　正解 4

1. 音の強さは、距離の2乗に反比例して減衰する。したがって、

音源からの距離が2倍になると、音の強さは1/4になる。音の強さが1/4になると音の強さのレベルは約6dB減衰する。

2. 残響時間とは、一定の強さの音を急に止め、音の強さのレベルが60dB下がるのに要する時間をいう。残響時間は、室の容積が大きいほど、部屋の総吸音力が小さいほど、在室者が少なくなるほど長くなる。

3. 同じ音圧レベルの騒音源が2つの場合、1つの場合よりも3dB上昇する。したがって、2つの騒音源が1つなくなると3dB減少する。

4. 透過損失とは、壁体の透過音が入射音に比べてどれだけ弱くなったかを数量的に表したもので、壁体の遮音性能を示し、大きいほど遮音性がよい。密で均一な材料でできている壁体の**透過損失**は、比重が大きいものほど、並びに**壁厚が厚いほどその値は大きくなる**。

No.4 正解 3

1. 片持ちスラブの厚さの最小値は、持出し長さの1/10とする。

2. コンクリートの長期許容圧縮応力度は、設計基準強度（Fc）の1/3とする。短期は、その2倍とする。

3. 腰壁や垂れ壁の付いた柱は、短柱（短い部材）となり、地震時に水平力がその柱に集中し、他の柱よりも早く、**曲げ降伏**の前に**せん断破壊**してしまう可能性が高くなる。それを防ぐために、耐震スリットを入れる方法がある。

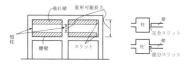

図　耐震スリット

4. 耐震壁は、地震時に大きな水平力を負担し、それを囲む柱には大きな軸方向力が生じる。上階が耐震壁付きの柱で、その下階に耐震壁がない場合、受梁に大きな力が加わり、曲げが生じるので大きな断面が必要となる。これを避けるため、耐震壁は上下階同位置とするか、市松状に配置するのがよい。

No.5 正解 1

1. 圧縮材は、細長比が**大きい方が**座屈しやすい。

2. 鉄骨構造の柱脚の形式には、露出形式、根巻き形式、埋込み形式の3通りがある。

3. 同じ耐力の部材を比べると鉄筋コンクリート構造より鉄骨構造の部材の方が軽量であり、構造

体の軽量化が図れる。

4. トラス構造は、一般に、各節点がピンで接合され、各部材が三角形を構成する構造である。細い部材で、強い構造をつくることができるのが特徴で、体育館や工場など、大きなスパンの屋根を支える構造として、木造や鉄骨造などで用いられている。

No.6　正解　2

1. フィラープレートは、板厚の差によるすき間を少なくするために用いる。接合部材間にすき間（はだすき）のある場合の処理は、下記の通りである。

表　はだすきがある場合の処理

はだすき量	処理方法
1mm以下	処理不要
1mmを超えるもの	フィラープレートを入れる

2. 一般に、ダイアフラムの板厚は、梁フランジの板厚よりも**厚**くする。

3. スプライスプレートは、高力ボルト接合において、フランジ・ウェブ等の両側に添えて、その外側から高力ボルトを締め付ける接合用の添え板である。

4. 合成梁に使用するスタッドとは、鉄筋コンクリートスラブの一部を鉄骨梁のフランジと合体させて、梁の耐力を高めるもので、一体化を図るために梁フランジ上に溶接して取り付ける部材である。

No.7　正解　2

1. アースドリル工法は、機械設備の規模が小さくてすみ、施工能率が高く、比較的狭い敷地においても作業性がよい。

2. セメントミルク工法は、**伏流水があると**、セメントミルクや杭周固定液が逸散しやすくなるため、**適さない**。

3. 鋼杭は、腐食防止のために塗装等の防錆処理やライニングが行われるが、腐食しろを見込んで肉厚の鋼管を使うこともある。

4. 正しい記述である。

No.8　正解　1

1. 風圧力は、強風により建築物の外壁面や屋根面が受ける圧力で、**速度圧 (q)** とそれが壁や屋根に当たる角度により決まる風力係数 (Cf) の積で求める。

2. 地上階における地震力は、算定しようとする階の支える荷重に、その階の地震層せん断力係数を乗じて計算する。

3. 床の積載荷重は、部屋の用途ごとに床設計用、骨組（大梁・柱・基礎）設計用、地震力算定用に分けて定められている。

139

問題　p.166

4. 雪下ろしを行う慣習のある地方においては、雪おろしの実況に応じて、垂直積雪量を1mまで低減できる。

設問の単純梁には、等分布荷重2kN/mが3mにわたって作用している。反力を求める際は、等分布荷重の中心に2kN/m×3m=6kNの集中荷重が働いていると置き換えて考える。各支点をA、Bとして、支点Aに鉛直反力V_Aを上向き、支点Bに水平反力H_Bを右向き、鉛直反力V_Bを上向きにそれぞれ仮定する。なお、構造物には、水平荷重は作用していないので、$H_B = 0$となる。

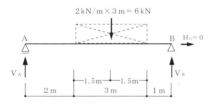

支点Bにおけるモーメントのつり合い条件（$\Sigma M_B = 0$）により、

$$V_A \times 6\,\text{m} - 6\,\text{kN} \times 2.5\,\text{m} = 0$$
$$6\,V_A = 15\,\text{kN}$$
$$\therefore V_A = 2.5\,\text{kN}$$

V_Aは「＋」の値であったので、仮定した反力の向きは正しく上向きである。

鉛直方向のつり合い条件（$\Sigma Y = 0$）

により、

$$V_A - 6\,\text{kN} + V_B = 0$$
$$2.5\,\text{kN} - 6\,\text{kN} + V_B = 0$$
$$-3.5\,\text{kN} + V_B = 0$$
$$\therefore V_B = 3.5\,\text{kN}$$

V_Bは「＋」の値であったので、仮定した反力の向きは正しく上向きである。

設問では反力の大きさを求められているので、$V_A = 2.5\,\text{kN}$、$V_B = 3.5\,\text{kN}$となり、**2. が正しいもの**である。

各支点をA、B、モーメント荷重Mが作用する点をCとする。支点Aの鉛直反力V_Aを上向き、支点Bの鉛直反力V_Bを上向きにそれぞれ仮定する。

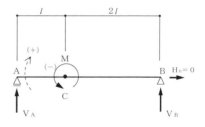

支点Bにおけるモーメントのつり合い条件（$\Sigma M_B = 0$）により、

$$V_A \times 3l - M = 0$$
$$3\,V_A l = M$$
$$V_A = M / 3l$$

V_Aは「＋」の値であったので、仮定した反力の向きは正しい。

$$\therefore V_A = M / 3l \quad （上向き）$$

鉛直方向のつり合い条件（ΣY＝0）により、

$$V_A + V_B = 0$$
$$M / 3l + V_B = 0$$
$$V_B = -M / 3l$$

V_Bは「－」であるから、仮定した向きが逆であったことになる。

$$\therefore V_B = M / 3l \quad （下向き）$$

次に、C点より左側の任意の点で構造物を切断し、曲げモーメントを考える。C点より左側について片持ち梁として考えると、下側引張となり、AC間の曲げモーメントは、A点からC点に向かうにしたがい徐々に大きくなる。

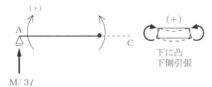

同様に、C点より右側の任意の点で構造物を切断し、曲げモーメントを考える。BC間の曲げモーメントは、上側引張となり、B点からC点に向かうにしたがい徐々に大きくなる。

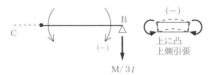

それぞれの区間の曲げモーメント図を合成すると、構造物全体の曲げモーメント図となる。

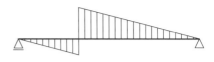

したがって、**1.** が正しいものである。

No.11　正解 **3**

1. 鋼の応力度とひずみ度の関係は下図の通りで、弾性限度を超えない範囲を弾性域という。鋼は、弾性域内であれば、引張荷重を取り除くと元の状態に戻る。

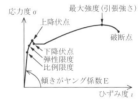

図　応力度－ひずみ度曲線

2. 鋼は、200℃（250℃）〜300℃程度で引張強さが最大になる。300℃を超えると温度上昇とともに強度は急激に低下する。さらに、500℃付近で半減、1,000℃でほぼ0となる。

3. 鋼は、炭素含有量が増すと、降伏点、引張強さは増加するが、**伸び、靭性（ねばり強さ）、溶接性が低下**する。

4. 鋼材のヤング係数とは、応力度とひずみ度の関係式における比例定数をいう。なお、鋼のヤング係数は$2.05 \times 10^5 \text{N/mm}^2$で、

141

問題 p.168

鋼材の強度に関係なくほぼ一定
である。

No.12 正解 **2**

1. 木材の強度は、繊維に直角方向
  （接線方向、半径方向）の方が、
  繊維方向の強度よりも小さい。

2. 木材の中心部分の心材は、表面
  部分の辺材に比べ含水率が小さ
  く、心材は、辺材に比べて一般
  に腐朽菌や虫害に対して**抵抗性
  が高い**。

3. 木材の節は、枝が材質の中に取
  り込まれた部分で、加工が困難
  であり、しかも外観を悪くし、
  木材の強度を低下させる。

4. 木材の乾燥収縮の割合は、幹軸
  （繊維）方向を1とすると半径
  方向は約5倍、接線方向は約
  10倍程度である。よって、乾
  燥収縮の大小関係は、接線方向
  ＞半径方向＞幹軸（繊維）方向
  となる。

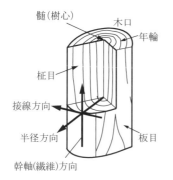

髄（樹心）　木口　年輪
柾目
接線方向
半径方向　板目
幹軸（繊維）方向

図　木材の3軸

No.13 正解 **4**

1. 正しい記述である。
2. 正しい記述である。
3. 正しい記述である。
4. 耐候性とは、構造、強度、表面
  状態などがある期間にわたり**使
  用に耐え得る品質**を保持してい
  る程度をいう。設問の記述は、
  形状安定性のことである。

No.14 正解 **3**

1. 正しい記述である。
2. 正しい記述である。
3. 砂付ストレッチルーフィング
  は、原反に、アスファルトを浸
  透、被覆し、隣接ルーフィング
  との重ね部となる表面の**片側
  100mmを除いて**砂粒を密着さ
  せ、残りの表裏面に鉱物質粉末
  を付着させたものである。
4. 正しい記述である。

No.15 正解 **3**

1. 鋼巻尺（鋼製巻尺）は、距離測
  量等で使用する機器である。
2. セオドライトとは、望遠鏡を
  使って角度（水平角・鉛直角）
  の測定（角測量）を行う光学機
  器で、水平角の測定に多く使わ
  れる。トランシットと同じであ
  るが、角度の読取りが数字表示
  のものをセオドライトという。

3. レベルとは、**水準測量**（高低測量）等で使用する機器であり、平板測量で使用する機器ではない。

4. 箱尺とは、水準測量を行うときに高さを測定する機器である。標尺ともいう。

No.16 正解 **1**

1. 差動式分布型熱感知器は、感知部の周囲温度が一定の温度上昇率以上になった（周囲温度が急上昇した）ときに火災信号を発する感知器であり、**体育館**や**工場等**の広範囲な大空間に適している。

2. 定温式スポット型熱感知器は、感知器の周囲温度が一定の温度以上になったときに火災信号を発するもので、一局所の熱効果により作動する感知器である。

3. 光電式スポット型煙感知器は、感知器の内部に煙が入ると、発光部から出る光が煙の粒子にあたって乱反射し、それを受光部で感知して火災信号を発する感知器である。

4. 光電式分離型煙感知器は、赤外光を発する送光部とそれを受ける受光部を 5 〜 100 m の距離に対向設置し、この光路上を煙が遮ったときの受光量の変化で火災信号を発する感知器であ

る。吹抜けなど高天井大空間に適している。

No.17 正解 **2**

1. 二重ダクト方式とは、常に温風と冷風を 2 本のダクトで必要な箇所に送風し、各々の箇所の熱負荷に応じて混合ボックスで混合し、各室に吹き出す方式である。

2. ファンコイルユニットは、中央機械室で冷水または温水をつくり、各空調区域や各室に設置されたファンコイルユニットに冷温水をパイプで供給し、空調を行う方式である。冷温水コイル、送風機（ファン）、エアフィルターなどを納めた小型の箱形ユニットであり、**圧縮機**や**加熱器**は**内蔵されていない**。

3. 変風量単一ダクト（VAV）方式は、各室の変風量（VAV）ユニットごとに、冷暖房負荷に応じて吹出し風量を制御する方式である。

4. 全熱交換器は、排気経路と給気経路を特殊なフィルターを介して交差させて、室空気の温度（顕熱）及び湿度（潜熱）を給気側に移し変えて換気する装置である。

問題 p.170

No.18 正解 2

1. 各通り心とも柱筋や壁筋があって墨打ちができない場合、通り心より1m返りの逃げ墨を出して、これを基準墨とする。
2. 1階の基準高さは、ベンチマークから直接レベルで移す。2階から上の基準高さは、鉄骨や柱主筋等の鉛直部材で比較的剛強なものを利用して、**1階の基準高さからスチールテープで移す**。
3. 陸墨（高さの基準）の移動に鉄筋を用いる場合、台直しが済んだ柱主筋や壁筋を用いる。
4. 基準高さ、通り心、逃げ心等（ベンチマーク、基準点）は、建物内の墨出し及び検査のための基準となる。これを図面化し、「墨出し基準図」として種々の要点を記入しておくとよい。

No.19 正解 3

1. 捨てコンクリートは、砂・砂利または地肌地業の上に施工する。床付け地盤面が堅固で良質な場合は地肌地業となるため、地盤上に捨てコンクリートを直接打設することができる。
2. 砂利地業では、締固め、突固め後の地業の表面が所定の高さに

なるよう、あらかじめ沈下量を見込んでおく。
3. 土間コンクリート（土間スラブ）に設ける防湿層のポリエチレンフィルムは、**土間コンクリートの直下**に敷き込む。また、断熱材がある場合は断熱材の直下に敷き込む。
4. 砂利地業に使用する砂利の粒径は、あまり大きくない方がよく、粒径がそろっていない砂混じりの方がよい。

No.20 正解 2

1. 耐圧スラブが付く基礎梁には、端部で下側引張、中央部で上側引張となる。鉄筋の継手は弱点となる部分であり、引張力が働く位置に鉄筋の継手を設けることは避ける。耐圧スラブ付きの基礎梁における鉄筋の継手位置は、下端筋はスパンの中央部分、上端筋は柱面から、梁の内法寸法の1/4以内に設ける。
2. スパイラル筋の末端にはフックを設け、末端の定着は、**1.5巻き以上の添え巻き**とする。
3. フック付き鉄筋の定着長さは、定着起点から鉄筋の折曲げ開始点までの距離とし、折曲げ開始点以降のフック部は定着長さに含まない。
4. 隣り合う鉄筋の重ね継手の位置

は、1箇所に集中しないよう継手長さの0.5倍ずらすか、1.5倍以上ずらす。

No.21 正解 4

1. 壁付梁の場合、壁に隣接している支保工については、壁が梁を支えるものとして、せき板と同時に取り外してよい。ただし、壁の一部に開口部がある場合、その直下の梁支保工は、一般の梁部材と同様に扱うため、せき板と同時に取り外すことはできない。
2. パイプサートの頭部及び脚部は、倒壊を防止するため、大引及び敷板に釘止めで固定する。
3. 地盤上に直接支柱を立てる場合には、支柱がコンクリート打込み中、あるいは打込み後に沈下しないように、支柱の下に敷板を敷くなど必要な処置をとる。
4. 型枠支保工に用いる水平材等の接続部及び交差部は、**根がらみクランプ**等の専用金物を用いて緊結する。

No.22 正解 1

1. 細骨材率を**大きくする**と、所要のスランプを得るためのセメントペーストを多く必要とすることになり、**単位水量及び単位セメント量が増大**する。

2. 高強度コンクリートには、高い減水性とスランプ保持性を有する高性能AE減水剤の使用が有効である。
3. 単位セメント量が過小であるとコンクリートのワーカビリティーが悪くなり、型枠内へのコンクリートの充填性が低下し、水密性、耐久性が低下する。
4. 川砂利と砕石、海砂と砕砂等のように異種類の骨材を混合して使用する場合は、混合前の骨材の品質がそれぞれの規定に適合していなければならない。

No.23 正解 4

1. けがき寸法は、加工中に生ずる収縮・変形及び仕上げ代を考慮した値とする。
2. レーザー切断法は、光エネルギーの集光熱による切断法であり、適用可能板厚は0.1 ～ 25mm程度である。高速切断が可能で切断溝幅が狭く、孔あけ加工が可能である。
3. 鋼材を加熱矯正する場合の温度は、下記を標準とする。
   ① 加熱後空冷する場合
      850 ～ 900℃
   ② 加熱後ただちに水冷する場合
      600 ～ 650℃
   ③ 空冷後水冷する場合

850 〜 900℃（ただし、水冷開始温度は650℃以下）

4. 加熱加工の場合は、**赤熱状態 (850〜900℃)** で行い、青熱ぜい性域（200 〜 400 ℃）で行ってはならない。

No.24 正解 **2**

1. 胴差の継手でせいが異なる場合、梁または上階柱を受ける柱間を避け、柱心より150mm内外持ち出し、腰掛けかま継ぎとし、ひら金物両面当て釘打ち、もしくは、短ざく金物を当ててボルトで締め付ける。

2. 土台の継手は、腰掛けかま継ぎまたは腰掛けあり継ぎとし、継手の押え勝手の**上木部分**を、アンカーボルトで締め付ける。なお、継手の位置は柱や間柱直下及び床下換気孔の位置は避ける。

3. 垂木の継手位置は乱に、母屋の上でそぎ継ぎとし、釘打ちとする。

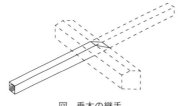

図 垂木の継手

4. 大引の継手は、床束心から150mm程度持ち出した位置に設け、腰掛けあり継ぎ、釘2本打ちとする。

No.25 正解 **4**

1. 目地への打ち始めは、原則として、目地の交差部または角部から行い、すき間、打残し、気泡がないよう目地の隅々まで充填する。なお、打ち継ぐ場合は、目地の交差部及び角部を避けてそぎ継ぎとする。

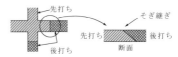

図 シーリングの打継ぎ

2. 目地深さがシーリングの寸法より深い場合は、バックアップ材を装着し、所定の深さが得られるようにする。

3. シーリング材が十分硬化した後に、指触やへら押えによりシーリング材の硬化状態及び接着状態に異常がないかを確認する。

4. プライマーの塗布は、**当日のシーリング工事範囲のみ**とし、充填が翌日に持ち越された場合には、再塗布を行う。

No.26 正解 **3**

1. 屋外に使用する有機系接着剤は、一液反応硬化形の変成シリコーン樹脂系またはウレタン樹脂系とする。

2. 接着剤の塗付けは、まず、くし目ごてを用いて、下地面に平たんにこて圧をかけ塗り付ける。次に接着剤の塗厚を均一にし、かつ厚みを確保するために、くし目を立てる。

3. くし目立ては、くし目ごてを壁面に対して60°の角度を保って高さが均一になるようにくし目を付ける。

4. 二丁掛け等のタイル1枚張りの場合は、手でもみ込んだのちに、タイル張りに用いるハンマーでたたき押さえるか、または密着張りで使用する振動工具（ヴィブラート）で加振して張り付ける。

No.27　正解　**2**

1. 谷どいにやむを得ず継手を設ける場合は、水上に設け50mm以上重ね合わせて、シーリング材を充てんし、リベット、丸ねじ等で2列に千鳥に留め付ける。

2. 鋼板製のたてどいの長さ方向の継手は、**上にくるたてどいを下のといに直径寸法程度または60mm程度差し込んで継ぐ。**

3. 軒どいの受け金物は、所定の流れ勾配を取り、取付け間隔は特記がない場合、1m以下とする。

4. 丸軒どいの両端（縁）部分は径6mm程度に耳巻きし、ひずみのないように円形に丸める。継手部は、径6mm程度の心線を相互の耳巻きに差し込み、40mm程度重ね継ぎ（重ね部ははんだ付けまたはリベット留め）とするか、または軒継手を用いて接続する。

No.28　正解　**3**

1. 下地の乾燥期間は、コンクリート下地の場合28日以上、モルタル下地の場合夏期14日以上、冬期21日以上とする。

2. セルフレベリング材の塗厚が均一でない場合、塗厚の大きい部分にひび割れが生じるおそれがあるので、あらかじめモルタルで補修を行っておく。

3. セルフレベリング材の流し込みは、吸水調整材が**十分に乾燥してから行う。**

4. セルフレベリング材は、塗厚が大きくなると、ひび割れや浮きが発生しやすくなるので、標準塗厚を10mmとする。

No.29　正解　**2**

1. エッジ強度の低下を防ぐため、ガラスの切り口はクリーンカット（クリアカット）とする。

2. セッティングブロックは、建具下辺のガラス溝内に置き、自重

を支え、建具とガラスの接触を妨げる小片であり、一般に**ガラスの横幅寸法のおおよそ1/4のところに2箇所設置する。**

3. 合わせガラスは、破損しても中間膜によって破片の大部分が飛散しない性質がある。用途としては、住宅や学校用の安全ガラスのほか、高層階のバルコニーや吹抜け部分等の手すりに用いる。

4. 外部に面する複層ガラス、合わせガラス、網（線）入板ガラスを用いる下辺ガラス溝には、万が一、建具のガラス溝内に雨水が浸入した場合、速やかに雨水を排出させるため、径6mm以上の水抜き孔を設ける。

No.30 正解 1

1. モヘアのローラーブラシは、アンゴラや山羊の毛を素材としたもので腰があり、ローラーマークも少ない。ほとんどの塗装材料に使用できるが、**強溶剤系の塗装材料には使用できない。**

2. 木部のクリヤラッカー塗り（CL）は、特記がない場合、下塗りにウッドシーラー、研磨紙ずりを行い、上塗にクリヤラッカーを用いる。

3. スプレーガンは、塗り面から30cm前後離れた位置から直角

に吹き付ける。塗料の噴霧は、一般に中央ほど密で周辺部は粗になりがちであるから、一行ごとに吹付け幅が約1/3ずつ重なるように運行する。

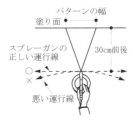

図　スプレーガンの運行

4. 合成樹脂調合ペイントの上塗りの塗付け量は、$0.08kg/m^2$とする。

No.31 正解 4

1. 床シートは、長手方向に縮み幅の方向に伸びる性質があるので、長めに裁断して、仮敷きし、24時間以上放置して巻きぐせをとり、なじむようにする。

2. ビニル床シートの張付けは、圧着棒を用いて空気を押し出すように行い、その後45kgローラーで圧着する。

3. 溶接作業は、床シートを張り付けた後12時間以上放置し、張付け用接着剤が硬化した後に行う。

4. 熱溶接工法によるビニル床シート張りにおいて、**溶接部が完全に冷却してから余盛りを削り取**

り平滑にする。

1. アンカーピンニング部分エポキシ樹脂注入工法は、モルタル塗り仕上げの浮き部分のうち、通常の打撃でははく落しない部分を、アンカーピンとエポキシ樹脂で構造体のコンクリートに固定する工法である。

2. タイルカーペットの接着剤は、カーペット製造所が指定する粘着はく離（ピールアップ）形を使用し、**下地面に平均に塗布**する。

3. 天井下地の吊りボルト受け等のあと施工アンカーには、一般的に金属拡張アンカーが使用されている。

4. 高速カッターなどによる切断面には、亜鉛の犠牲防食作用が期待できるため、錆止め塗料塗りは行わなくてよい。

1. 杭工事で打込み工法が予定されている場合、地中の土を押しのけて杭などが設置されるため、地盤が側方へ移動し、近接する工作物などに有害な影響を及ぼすことがあるため、事前の調査を十分行う必要がある。

2. 揚水による地下水位低下に伴う

井戸枯れの影響を考慮して、近隣で井戸を使用している場合には、使用状況等の調査を行う必要がある。

3. タワークレーン等の揚重機の設置計画に当たっては、テレビ等の**電波障害の影響範囲の調査を実施する**。また、必要に応じてそれを軽減する措置を講ずる。

4. 搬入道路の計画に当たっては、敷地までの通行経路における道路幅員、構造や架空電線の有無等の調査を行う。

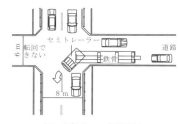

図　現場までの経路調査

1. 門扉は、重量と風圧を軽減するために、上部を吹抜けにしたり、網を張ったりする。

2. 下小屋は、材料置場に近く、運搬に便利な場所を選び、加工用に機械を設置する場合は、電力及び水道等の設備を設ける。

3. 休憩所内は、受動喫煙を防止するため、喫煙室と非喫煙室とを区画したり、喫煙室には、たばこの煙を屋外に排出する方式の

換気扇等の設置や、火災予防の観点から消火器の設置が望ましい。

4. 仮囲いは、工事中の飛散物や落下物、あるいは現場内からの雨水などが流出しないように、幅木やコンクリート製の土手を設置するなど、**すき間のない構造**とする。

No.35 正解 4

1. 型枠用合板は、屋外で保管する場合には、直射日光が当たるのを避けるため、シート掛け養生を行う。

2. 木毛セメント板は、できるだけ平滑なコンクリートの床の上に置く。地面に置く場合は必ず3本の台木（枕木）を用いて木毛セメント板を地面から離す。

3. 砂、砂利の置場は、泥土等の混入がないように周辺地盤より高くする。また、コンクリート土間とし、水はけをよくするため水勾配をつける。

4. カーペットの保管場所は、直射日光や湿気による変色や汚れ防止のため屋内とし、乾燥した平たんな床の上に保管する。ロールカーペットは縦置きせず、**横に倒して、2～3段までの俵積みとする**。

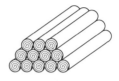

図　俵積み

No.36 正解 2

1. 鉄骨製品を現場に搬入するためには事前の工程があり、これらの期間も鉄骨工事の工程計画では、大切な要素となる。具体的には、以下のようなものがある。

① 積算及び見積期間
② ミルメーカーへの材料発注と納入期間（ロール発注）
③ 工作図の作成と承認期間
④ 現寸図の作成と承認期間
⑤ 工場製作期間
⑥ 製品の受入検査期間

工程計画は、これらの期間を考慮に入れて他の工事との関わりを十分検討し、工事期間を決定する。

2. 工種別の施工組織体系は、ある工種における施工組織を表したものであり、**総合工程表の立案段階において考慮すべき事項ではない**。

3. マイルストーンは、掘削開始日、地下躯体完了日、鉄骨建方開始日、最上階コンクリート打設完了日、屋上防水完了日、外

部足場の解体完了日等、工程の重要な区切りとなる時点に設定する。

4. 上下作業は極力避けることが原則であるが、やむを得ず上下作業を行う場合、事前に両者の作業責任者と場所や内容、時間等をよく調整し、安全確保を図る。

No.37 正解 3

1. ネットワーク工程表は作成が難しいのに対し、バーチャート工程表は比較的作成が容易である。

2. バーチャート工程表は、出来高の累計を単位期間（週間または月）ごとにプロットしてグラフを重ねて表現すれば、工事出来高の進捗状況が把握しやすい。

3. バーチャート工程表は、多くの種類の関連工事間の**工程調整には不向き**である。多くの施工業者が関連する工程調整に有利な工程表は、ネットワーク工程表である。

4. バーチャート工程表は、棒工程表といわれるもので、縦軸に工事名（仮設工事、土工事等）、横軸に年月日を記載して、作業の所要日数を棒線の長さで表したものである。

No.38 正解 1

1. 試験とは、検査の目的で、材料・部材・部品・工場製品・施工法などの**物理的・化学的特性を調べること**をいう。良否の判断を下す等、判定を行うのは「検査」である。

2. 正しい記述である。

3. 正しい記述である。

4. 検査した結果は、直ちに記録を作成し、次の計画や設計にフィードバックして、より良い品質を造るために生かす必要がある。

No.39 正解 2

1. スランプ試験においては、スランプゲージにより、スランプコーンを引き上げた直後に測った頂部からの下がりを計測する。

2. 鉄筋のガス圧接部のふくらみの長さや直径の測定等に一般的に用いられるのは、**デジタルノギスや圧接部測定用ゲージ**である。設問のダイヤルゲージは、微小な長さや変位などを測定する器具である。

3. 吹付けロックウールによる耐火被覆材の厚さの確認は、厚さ測定器、ゲージ及び確認ピンにより行う。

4. 外壁タイル等では、施工後2週間以上経過した時点で、油圧式簡易引張試験器等を用いて引張接着強度を測定する。

No.40 正解 1

トルシア形高力ボルトの1次締め後のマーキングには、次のような目的がある。
① 1次締め完了の確認
② 本締め完了後、マークのずれの位置による共回り及び軸回りのないことの確認
③ マークのずれによる本締め完了の確認
④ マークのずれによるナットの回転量の確認

なお、**軸力の値は、軸力計によって確認する**もので、マークのずれによっては確認できない。

No.41 正解 4

1. 安全施工サイクルとは、全工程を通じて、毎日・毎週・毎月ごとの基本的な実施事項を計画を立てた上で定型化し、その実施内容の改善、充実を図り継続的に行う活動のことであり、建設作業所の安全衛生管理を進めるためのものである。
2. 正しい記述である。
3. 正しい記述である。
4. ZE（ゼロエミッション）とは、産業により排出される様々な廃棄物・副産物について、他の産業の資源などとして再活用することにより、社会全体として**廃棄物の排出をゼロにしようとする**考え方のことである。

No.42 正解 3

1. 事業者は、労働者に要求性能墜落制止用器具（安全帯）等を使用させるときは、要求性能墜落制止用器具（安全帯）等及びその取付け設備等の異常の有無について、随時点検しなければならない。
2. 事業者は、多量の発汗を伴う作業場においては、労働者に与えるために、塩及び飲料水を備えなければならない。
3. 足場の組立て作業において、材料の欠点の有無を点検し、不良品を取り除くのは、**足場の組立て等作業主任者の職務**であり、事業者の講ずべき措置として定められていない。
4. 事業者は、労働者が有効に利用することができる休憩の設備を設けるように努めなければならない。

No.43 正解 1

1. 法第2条第五号ただし書きにより、**建築物の構造上重要でない**

間仕切壁は主要構造部から除かれている。

2．正しい記述である。

3．建築とは、建築物を新築し、増築し、改築し、又は移転することをいう。

4．居室とは、居住、執務、作業、集会、娯楽その他これらに類する目的のために継続的に使用する室をいう。したがって、住宅の浴室は居室に該当しない。

No.44 正解 1

1．居室には、採光のための窓その他の開口部を設けなければならない。ただし、**地階若しくは地下工作物内に設ける居室**その他これらに類する居室又は温湿度調整を必要とする作業を行う作業室その他用途上やむを得ない居室については、**この限りでない。**

2．階段の幅が3mを超える場合においては、中間に手すりを設けなければならない。ただし、けあげが15cm以下で、かつ、踏面が30cm以上のものにあっては、この限りでない。

3．回り階段の部分における踏面の寸法は、踏面の狭い方の端から30cmの位置において測定する。

4．建築物の敷地には、雨水及び汚水を排出し、又は処理するため

の適当な下水管、下水溝又はためますその他これらに類する施設をしなければならない。

No.45 正解 2

1．3．建設業の許可は、建設工事の種類（29種類）ごとに各建設業に分けて与えられ、2以上の建設業の種類について許可を受けることができる。

2．2以上の都道府県の区域内に営業所を設けて営業をしようとする場合にあっては、**国土交通大臣の許可**を受けなければならない。

4．工事1件の請負代金の額が、建築一式工事にあっては1,500万円に満たない工事又は延べ面積が150m^{2}に満たない木造住宅工事、建築一式工事以外の建設工事にあっては500万円に満たない工事のみを請け負うことを営業とする者は、建設業の許可を受けなくてもよい。

No.46 正解 3

建設工事の請負契約の当事者は、定める事項を書面に記載し、署名又は記名押印をして相互に交付しなければならない。記載事項の主なものには、次のものがある。

① 工事内容
② 請負代金の額

153

③ 工事着手の時期及び工事完成の時期

④ 工事を施工しない日又は時間帯の定めをするときは、その内容

⑤ 請負代金の全部又は一部の前金払又は出来形部分に対する支払の定めをするときは、その支払の時期及び方法

⑥ 天災その他不可抗力による工期の変更又は損害の負担及びその額の算定方法に関する定め

⑦ 価格等の変動若しくは変更に基づく請負代金の額又は工事内容の変更

⑧ 工事の施工により第三者が損害を受けた場合における賠償金の負担に関する定め

⑨ 注文者が工事に使用する資材を提供し、又は建設機械その他の機械を貸与するときは、その内容及び方法に関する定め

⑩ 注文者が工事の全部又は一部の完成を確認するための検査の時期及び方法並びに引渡しの時期

⑪ 工事完成後における請負代金の支払の時期及び方法

⑫ 各当事者の履行の遅滞その他債務の不履行の場合における遅延利息、違約金その他の損害金

⑬ 契約に関する紛争の解決方法

なお、**予定する下請代金の額は、請負契約書に記載しなければならない事項ではない。**

No.47 正解 4

労働契約の締結に際し、書面で交付しなければならない労働条件は、労働基準法施行規則第5条第一号から第十一号に定められているが、第四号の二から第十一号までに掲げる事項については、使用者が定めをしない場合においては、除かれている。

1. 「就業の場所及び従事すべき業務に関する事項」は、第一号の三で定められているため、書面で交付しなければならない。

2. 「退職に関する事項」は、第四号で定められているため、書面で交付しなければならない。

3. 「賃金の支払の時期に関する事項」は、第三号で定められているため、書面で交付しなければならない。

4. 「職業訓練に関する事項」は、第八号で定められているため、必ずしも書面で交付しなければならない事項には**含まれない**。

No.48 正解 2

1. 事業者は、労働者を雇い入れたとき、又は労働者の作業内容を変更したときは、当該労働者に対し、その業務に関する安全又は衛生のための教育を行わなければならない。

2. 当該業務に就くことができる者

は、これに係る**免許証その他その資格を証する書面**を携帯していなければならない。

3. 正しい記述である。
4. 正しい記述である。

No.49 正解 3

1. ガラスくずは、産業廃棄物である。
2. 工作物の新築、改築又は除去に伴って発生した紙くずは、産業廃棄物である。
3. 建設工事により発生した**土砂は、産業廃棄物には該当しない。**
4. 金属くずは、産業廃棄物である。

No.50 正解 3

1. 仮囲いなどで長期間道路や歩道を使用する場合は、道路法により、道路占用者が、道路占用許可申請書を道路管理者に提出する。
2. 道路の上部にはみ出して、防護棚（朝顔）を設置する場合は、道路法により、道路占用者が、道路占用許可申請書を道路管理者に提出する。
3. コンクリート打設等で短期間道路を使用する場合は、道路交通法により、施工者が、**道路使用許可申請書を警察署長に提出す**

る。
4. 工事用電力の引込みのために、仮設電柱を道路に設置する場合は、道路法により、道路占用者が、道路占用許可申請書を道路管理者に提出する。

2級 建築施工管理技士 学科試験

解答・解説

No.1 正解 **1**

1. 露点温度とは、**相対湿度**が
100％となる温度（飽和状態と
なる温度）である。

2. 冬季暖房時に、室内側から入っ
た高温・高湿の空気が壁体内部
で冷却され、水蒸気圧が高まっ
たことにより生じる結露を内部
結露という。

3. 表面結露とは、湿った室内空気
が外気によって冷却された外壁
面などに接することにより冷却
され、表面に発生する結露であ
る。

4. ある状態の空気中に含まれる水
蒸気の絶対量を表すものが絶対
湿度であるが、これには重量絶
対湿度（乾き空気1kgに対する
水蒸気の質量比）と、容積絶対
湿度（空気1m³中の水蒸気量）
がある。

No.2 正解 **3**

1. 色温度とは、光源の出す光の色
を、これと等しい光色を出す黒
体の絶対温度によって表したも
のである。単位はK（ケルビン）
である。

2. 照明方式には、光源からの直接
光を利用する直接照明と、間接
光を利用する間接照明とがあ
る。直接照明は、間接照明より
も陰影が濃くなる。

3. 照度とは、受照面に入射する単
位面積当たりの**光束の量**をい
い、単位はlxである。

4. タスク・アンビエント照明は、
全般照明で作業面周囲を一様に
照らし、必要とする作業面に局
部照明を併用するものである。
必要以外のところまで全体的に
照明する方式に比べて、省エネ
ルギーに効果的である。

No.3 正解 **3**

1. 4. 暖色や明度の高い色は膨張
して、実際の位置より近距離に
見えるので、進出色（膨張色）
といい、反対に、寒色や明度の
低い色は収縮して、遠くに見え
るので、後退色（収縮色）とい
う。

2. 同じ色でも、大面積の色は小面
積の色に比べて明度、彩度とも
強く感じる。これを面積効果と
いう。

3. 補色を並べると、互いに**彩度を**

高めあって鮮やかさを増す。このことを補色対比という。

No.4 正解 **4**

1．4．構造耐力上必要な軸組の長さの算定において、9cm角の木材の筋かいを片側のみ入れた軸組の軸組長さに乗ずる倍率は3である。また、**圧縮力を負担する筋かいは、厚さ3cm以上で幅9cm以上の木材を使用しなければならない。**

2．構造耐力上主要な柱の有効細長比は150以下とする。

3．地階を除く階数が2を超える建築物の1階の構造耐力上主要な部分である柱の小径は、13.5cmを下回ってはならない。

No.5 正解 **3**

1．コンクリートは引張力を負担できないので、引張力は全て鉄筋が負担すると同時に、圧縮力の一部を負担する。

2．正しい記述である。

3．柱の帯筋（せん断補強筋）は、一般に柱の中央部より**上下端部の間隔を密**にする。

4．正しい記述である。

No.6 正解 **4**

1．高力ボルト摩擦接合は、締付け機を用いて接合部を強く締め付

け、これによって生ずる接合部材間の圧縮による摩擦力によって応力を伝達する形式の接合方法である。

2．軒の高さが9m以下で、かつ、はり間が13m以下の建築物（延べ面積が3,000m²を超えるものを除く）にあっては、ボルトが緩まない措置を講じた場合は、ボルト接合（普通ボルトを用いた接合）によることができる。

3．溶接と高力ボルトを併用する継手においては、高力ボルトを先に締め付ける場合のみ、両方の許容耐力を加算してよい。

4．隅肉溶接は、**隅角部に溶着金属を盛って接合する溶接継目**である。

図 溶接継目の形式

No.7 正解 **2**

1．4．直接基礎はフーチング基礎とべた基礎に分けられ、フーチング基礎は独立基礎、複合フーチング基礎、連続フーチング基礎に分けられる。複合フーチング基礎は2本以上の柱のフーチングを一体化したもので、隣接する柱の間隔が狭い場合などに

157 問題 p.187～188

用いる。

2. 水を多く含んだ粘性土地盤では、建物や盛土等の荷重を受けることにより、土中の間隙水が除々にしぼり出されて、間隙が減少し、**長時間かけて土全体の**体積が鉛直方向に圧縮されることにより、**沈下する**。この沈下を圧密沈下という。

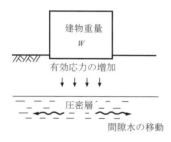

図　圧密沈下

3. 地盤が堆積した時代により分類すると、沖積層は地質時代のうちで最も新しい時代に堆積したもので、それより古い時代に堆積した洪積層より軟弱である。地層は、一般に古いものほど地耐力が大きく、安定している。

No.8　正解　**1**

1. 引張応力度は、軸方向力を断面積で除して求める。したがって、引張応力度の算定には、**断面二次半径は関係ない**。

2. 曲げ応力度は、曲げモーメントを断面係数で除して求める。したがって、曲げ応力度の算定に

は、断面係数が関係する。

3. せん断応力度τは、次式によって求められる。

$$\tau(y) = Q \cdot S(y) / b \cdot I$$

　b　　：梁幅

　I　　：中立軸に関する断面二次モーメント

　S(y)：中立軸から距離yにおける断面一次モーメント

したがって、せん断応力度の算定には、断面一次モーメントが関係する。

4. (弾性)座屈荷重は、$P_k = \dfrac{\pi^2 EI}{l_k{}^2}$で表される。

　π：円周率(3.14)

　E：ヤング係数

　I：弱軸の断面二次モーメント

　l_k：座屈長さ

したがって、(弾性)座屈荷重P_kの算定には、断面二次モーメントIが関係する。

No.9　正解　**4**

C点の応力を求めるため、C点で構造物を切断し、左側の釣り合いを考えるものとする。

まず、与えられた条件の等変分布荷重を集中荷重に置き換える。

置き換える集中荷重をPとすると、大きさは

　P＝(3×3)／2＝4.5kN(下向き)

Pは荷重範囲を荷重の小さい方か

ら、2：1に分割した位置、すなわちA点より右へ2mの位置に作用する。

C点より左側を選択し、C点にせん断力Qcを上向き、曲げモーメントMcを時計回りにそれぞれ仮定する。

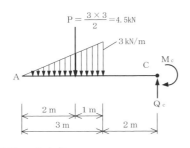

$\Sigma Y = 0$ より

$\quad$ Qc − 4.5kN = 0

$\qquad\qquad$ Qc = 4.5kN

$\Sigma Mc = 0$ より

$\quad$ − 4.5kN × 3m + Mc = 0

$\quad$ − 13.5kN・m + Mc = 0

$\qquad$ Mc = 13.5kN・m

したがって、**4．が正しいもの**である。

No.10 正解 **1**

設問のように力が加わった時の変形は図のようになる。立ち上がり部分は左側（外側）が引張りとなり、水平部分は下側が引張りとなる。ただし書きより、曲げモーメントは、材の引張側に描くので、**1．が正しい**ものである。

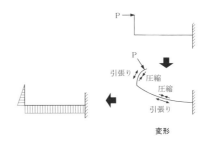

変形

No.11 正解 **1**

1．**加熱によりコンクリートは大きく劣化し、500℃では圧縮強度が60％以下となる。**

2．正しい記述である。

3．正しい記述である。

4．コンクリートの線（熱）膨張係数は、鉄筋とほぼ同じである。

No.12 正解 **2**

1．セラミックタイルの成形方法による種類には、押出し成形とプレス成形がある。

2．セメントモルタルによるタイル後張り工法では、外壁または内壁でも吹抜けなどの高さが2階以上に相当する部分においては、施工するタイルには裏あしがなくてはならない。その場合、**形状はあり状とし**、製造業者が定める。

3．裏連結ユニットタイルとは、タイルの裏面や側面を裏連結材で連結したものである。裏連結材

には、ネット、台紙、樹脂など
があり、施工時に剥がさずその
まま埋め込む。
4．正しい記述である。

No.13 正解 3

1．正しい記述である。
2．正しい記述である。シリコーン
系シーリング材の特徴は、次の
通りである。
　①　耐候性、耐熱性、耐寒性、
耐久性に優れている。
　②　表面に仕上げ材、塗料が付
着しにくい。
　③　乾式工法による外壁石張り
の目地には、はっ水汚染を
生じるため使用できない。
3．ガラス回り目地には、**シリコー
ン系、ポリサルファイド系（2
成分形）**のシーリング材が適す
る。
4．2成分形シーリング材とは、施
工直前に基剤と硬化剤を調合
し、練り混ぜて使用するシーリ
ング材である。

No.14 正解 3

1．正しい記述である。
2．シージング石こうボードは、普
通石こうボードに比べ吸水時の
強度低下、変形が少ない。洗面
所、浴室など多湿箇所の壁下地
等に使用する。

3．ロックウール化粧吸音板は、吸
音性や断熱性に優れており、天
井仕上げに多用されるが、**耐水
性に劣る**ため、公衆浴場、プー
ル、浴室などには用いない。
4．木毛セメント板は、軽量で断熱
性・難燃性・吸音性に優れる
が、遮音性はない。

No.15 正解 3

1．正しい記述である。
2．正しい記述である。
3．プライムコートは、路盤の上に
散布されるもので、**路盤の仕上
がり面を保護し、その上に施工
するアスファルト混合物とのな
じみをよくする**ために用いられ
る。
4．表層は舗装の最上部にあり、ア
スファルトで皮膜し、交通車両
による摩擦とせん断力に抵抗
し、路面を平たんで滑りにく
く、かつ快適な走行性を確保す
るなどの役割がある。

No.16 正解 3

1．正しい記述である。
2．正しい記述である。
3．漏電遮断器は、**漏電による感電
事故や火災が発生する前に電路
を遮断する遮断器**である。屋内
配線の短絡や過負荷などの際
に、回路を遮断するための装置

は、配線用遮断器である。

4. 正しい記述である。

No.17 正解 1

1. 水道直結直圧方式は、水道本管から引き込み、**直接各水栓に給水を行う方式**である。2階建て程度の戸建て住宅の給水に適している。設問の記述は、水道直結増圧方式のことである。

2. 中水（再利用水）とは、水の有効利用を図るため、雨水や排水を再生処理し、便器洗浄・散水等の雑用水に再利用するものである。水栓に飲用不適の表示や管理を変えるなど十分な対策が必要である。

3. 通気管は、排水管内の気圧の均衡を保ち、トラップの封水がなくなるのを防ぎ、排水管内の換気を行うなどの目的で設ける。

4. 正しい記述である。

No.18 正解 4

1. 埋戻しに川砂及び透水性のよい山砂を用いる場合は、厚さ30cm程度ずつ水締めを行う。

2. 埋戻し土は、砂質土の中でも、均等係数の大きい（大小様々な粒径の土粒子が含まれる）山砂が最も適している。砂への適度の礫やシルトの混入は、均等係数を大きくする上で有効であ

る。

3. 埋戻し・盛土の材料としては、粒度分布のよい礫・砂、砂質土、シルト等の粘性土に対してセメント・石灰等を添加し改良したもの、流動化処理土等が用いられる。流動化処理土の一般的な製造工程は、下記の通りである。
   ① 建設発生土に水または泥水を添加し、密度を調整した泥水を製造する。
   ② 調整した泥水をふるいに通して不純物を除去し、水槽等に仮置きする。
   ③ 仮置きした泥水と固化材を混練する。

4. 動的な締固めは、小さな重量で振動により締め固めるもので、**振動ローラー、振動コンパクター**が通常用いられる。重量の大きなロードローラーは、静的な締固めに用いられる。

No.19 正解 4

1. かぶり厚さには、熱に弱い鉄筋をコンクリートで覆うことにより、鉄筋が熱による影響を受けにくくして、火災時に鉄筋の強度低下を防止するなどの役割がある。

2. 目地部の鉄筋に対するかぶり厚さは、目地底から最小かぶり厚

問題 p.191〜192

さを確保する。

3. 最小かぶり厚さを確保するために、施工誤差を考慮して、施工に当たっては、かぶり厚さの最小値に10mmを割増しする。これが設計かぶり厚さである。

4. 柱の最小かぶり厚さは、主筋からではなく、**帯筋（フープ）の表面**から計測する。

No.20 正解 **2**

1. ボックス、スリーブ、埋込み金物等を構造躯体に埋め込む場合は、コンクリートの打込み時の流れによって位置がずれないように、型枠のせき板に堅固に取り付ける。

2. 梁型枠の存置期間は底型枠と側型枠では異なる。側型枠を底型枠より早く取り外すことを考慮して、一般的には、底型枠は梁幅で裁断し、**側型枠はスラブ下の梁せいよりも長く加工して**組み立てる。

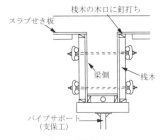

図 梁型枠納まり

3. 柱型枠の建入れ調整は、一般に

梁、壁の型枠組立終了までに行い、チェーンなどで控えを取り、その後床の型枠を組み立てる。

4. コーン付きセパレーターを使用する目的は、次の通りである。
   ① 止水（地下外壁等）
   ② 表面の平滑化（防水下地、薄い仕上げ下地等）
   ③ 金物を露出させない（打放し仕上げ面、断熱材埋込み面等）

No.21 正解 **1**

1. 梁下などの水平せき板は、原則として支保工を取り外した後に取り外すため、梁側などの**鉛直せき板の方が早く解体できる**。

2. 計画供用期間の級が短期及び標準の場合、コンクリートの材齢によるせき板の最小存置期間は、鉛直（基礎、梁側、柱及び壁）のせき板は同じである。

3. コンクリートの材齢による梁下の支柱の存置期間は、セメントの種類、存置期間中の平均気温にかかわらず28日である。

4. 基礎、梁側、柱及び壁のせき板は、計画供用期間の級が短期及び標準の場合はコンクリートの圧縮強度が $5\,N/mm^2$ 以上、長期及び超長期の場合は $10\,N/mm^2$ 以上に達したことが確認されれ

ば、日数に関係なく取り外すことができる。

1. 素地調整を行った鉄鋼面は活性となり、錆びやすいため、**直ちに塗装**を行う。
2. 角形鋼管柱等の密閉される閉鎖形断面の内面は、塗装しない。
3. 鉄骨鉄筋コンクリート造の鋼製スリーブで鉄骨に溶接されたものの内面は、錆止め塗装を行う。
4. 正しい記述である。

1. 正しい記述である。
2. 内装下地や造作部材の取付けは、雨に濡れることのないよう、屋根葺き工事が完了した後に行う。
3. 正しい記述である。
4. 火打梁は、木造床組や小屋組において、**水平の剛性**を確保するため、**梁と胴差、梁と桁等の隅角部**を斜めに接合する部材である。

1. 解体作業は、最初に建築設備撤去、次に建具及び内装材撤去の順に行う。
2. 内壁及び天井のクロスと下地の

石こうボードをはがす順序としては、石こうボードを撤去する前にクロスをはがすのがよい。
3. 天井、床、外壁等に、断熱材としてグラスウールが多用されている。その撤去にあたっては、可能な限り**原形を崩さないよう**に努める。
4. 屋根葺材（瓦類、住宅屋根用化粧スレート板類、金属類）は、内装材撤去後、原則として、手作業で撤去する。また、屋根葺材は下地材より先に取り外す。

1. 伸縮目地の割付けは、縦・横の間隔3m程度、立上りパラペット周辺の際及び塔屋等の立上り際から600mm程度の位置とする。

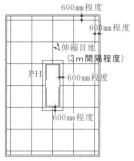

図　伸縮目地の目地割り

2. アスファルトルーフィング類は原則として、水下側のアスファルトルーフィング類が重ね部の下側になるように水下側から張り付け

問題 p.193 〜 194

る。また、重ね部は、各層で同じ箇所にならないようにする。

3. 立上りルーフィング類を平場と別に張り付ける場合は、平場のルーフィング類を張り付けた後、その上に重ね幅150mm程度をとって張り重ねる。

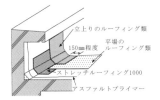

図 立上りのルーフィング類の張付けの例

4. 保護コンクリートには、ひび割れを防止するため、溶接金網を伸縮目地内ごとに敷き込む。コンクリート厚さの中間部にコンクリート製スペーサーを用いて設置する。

No.26 正解 2

1. だぼを取り付ける穴は、精度をよくしなければならないので、工場加工を原則とする。

2. 一般部の石材は、**下段の石材の横目地合端に**上下の石材を緊結するだぼ及び所定の目地幅となる厚さのスペーサーを設置し、その上に目違いを生じないように据え付け、上端を引き金物で下地に緊結する。

3. 内壁空積工法は、コンクリート躯体に固定した鉄筋に石材を引き金物で緊結し、緊結部分をH50mm×W100mm程度にわたって取付け用モルタルを充填することにより被覆する工法である。

4. 石材取付け用の金物のための穴あけと座彫りの加工は、施工精度に大きく影響を及ぼすため、工場加工を原則とする。ただし、引き金物用の道切りは、下地鉄筋との位置を調整する必要があるため工事現場において据付け前に行う。

No.27 正解 1

1. ステンレスの表面に**機械的に凹凸の浮出し模様を付けた仕上げ**をエンボス仕上げという。設問の記述は、エッチング仕上げである。

2. 硫化いぶし仕上げは、銅及び銅合金の表面を、硫黄を含む薬品を用いてかっ色に着色したものである。

3. 陽極酸化皮膜とは、アルミニウムを陽極として、硫酸、その他の電解液で電気分解する際に、表面に生成されるち密な酸化皮膜のことである。

4. 電気めっきとは、金属、または金属表面に、（電解液中などで）金属を電気化学的に電着させる方法である。

No.28 正解 3

1. モルタル3回塗りの下塗り、中塗り、上塗りの各層の塗り厚は、3 〜 10㎜とする。また、全塗り厚は25㎜以下とする。
2. 正しい記述である。
3. むら直しは、塗り厚または仕上げ厚が大きいとき、あるいはむらが著しいときに下塗りの上にモルタルを塗り付けることである。
4. モルタルの1回の練混ぜ量は、60分以内に使い切れる量とする。

No.29 正解 2

1. 鋼製ドアの組立による溶融亜鉛めっき鋼板の傷（溶接痕）は、表面を平滑に研磨仕上げし、一液形変性エポキシ樹脂錆止めペイントまたは水系錆止めペイントで補修する。
2. 鋼製建具のフラッシュ戸の中骨は、間隔300㎜以下に配置し、中骨の厚さは1.6㎜とする。
3. 建具枠の下枠（くつずり、皿板等）の裏面で、後でモルタルの充填が不可能な部分は、破損及び発音防止の目的で、取付け前にモルタルを充填しておく。
4. 鋼製建具枠の取付け精度において、枠の対角寸法差は3㎜以内

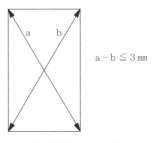

$a - b \leqq 3$ ㎜

図　建具枠の対角寸法差

No.30 正解 4

1. 鉱物油（機械油等）は、アルカリ性溶液では分解できないので、石油系溶剤等を用いる。
2. 不透明塗料塗りの場合は、節止めの後に、合成樹脂エマルションパテで穴埋め・パテかいを行う。
3. 石こうボード面の素地ごしらえのパテかいには、合成樹脂エマルションパテ（一般形）または石こうボード用目地処理材（ジョイントコンパウンド）を用いる。
4. モルタル面の素地ごしらえは、汚れ・付着物除去、吸込み止め（シーラー）、穴埋め、パテかい、研磨紙ずりの順で行う。モルタル面の素地ごしらえにおける吸込み止めには、一般に合成樹脂エマルションシーラーを使用する。

No.31 正解 2

1. ボード張付けの際、床面からの水分の吸上げを防ぐため、くさび等をかい、床面から10mm程度浮かして張り付ける。

2. 石こう系直張り用接着材の盛上げ高さは、ボード仕上がり面の**2倍以上の高さに接着材を盛り上げ**、ボード裏面との接着面が直径120～150mm得られるように押さえ付ける。

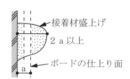

図　接着材の盛上げ高さ

3. 石こうボードを重ね張りする場合、上張りと下張りのジョイントが同位置にならないようにし、上張りは、縦張りとする。

4. ボードの不陸調整は、定規でボードの表面をたたきながら行う。

No.32 正解 2

1. カーテンボックスの幅は、窓幅に対して、片側各々100～150mm伸ばして、遮光性を確保する。

2. カーテンレールがダブル付けのカーテンボックスの奥行きサイズは、**180mm以上**とする。

3. 中空に吊り下げるレールは中間吊りレールとし、レールを吊る位置は、間隔1m程度とし、曲がり箇所及び継目部分にも設置する。

4. カーテンレールに取り付けるランナーの個数は、1m当たり8～12個とする。

No.33 正解 2

1. 設計図書の一部として与えられた地盤調査結果資料に不足する項目があれば、施工計画に先立って追加の調査を実施する。

2. 防護棚の設置位置は、**歩車道や隣接建物への飛来物落下及び飛散防止**を考慮して計画する。

3. 着工に先立ち、敷地の排水及び新設する建築物の排水管の勾配（通常1/100～1/75）が、排水予定の排水本管・公設桝・水路等まで確保できるか、生活・事業系廃水（汚水）と雨水との区分の必要があるかなどを確認する。

4. 工事用車両の敷地までの経路において、交通量や交通規制（特に通学路）を調査するとともに、道路の幅員や構造を確認する。

No.34 正解 2

1. 正しい記述である。施工者用事務所と監理者用事務所は、両事

務所の職員同士が工事のための打合せを頻繁に行う必要があるため、相互に行き来しやすい配置とすることが望ましい。

2. 工事に先立ち工事現場の周囲に第三者の危害防止のため、地盤面からの高さが**1.8m以上**の板べいその他これに類する仮囲いを設けなければならない。

3. 仮囲いに出入り口を設ける場合おいては、施錠できる構造とし、出入り口は必要のない限り閉鎖しておく。

4. ゲートの有効高さは、使用する資材運搬車両、建設機械等が入退場できる高さ、空荷時の生コン車（全高は最大3.7m程度）が通過できる高さとする。

No.35 正解 **4**

1. 建築工事届は、建築主が建築主事を経由して都道府県知事に届け出る。ただし、当該建築物または当該工事に係る部分の床面積の合計が10m²以内である場合においては、届出の必要はない。

2. 次の工事に関して、事業者は、建設工事計画届を工事開始の日の14日前までに労働基準監督署長に届け出る。
   ① 高さ31mを超える建築物または工作物の建築など

（解体も含む）の仕事
   ② 掘削の高さまたは深さが10m以上である地山の掘削の作業を行う仕事
   ③ 石綿などの除去、封じ込めまたは囲い込みの作業を行う仕事　など

3. 積載荷重1t以上のエレベーターの設置に当たっては、エレベーター設置届を、工事開始日の30日前までに、労働基準監督署長に提出しなければならない。

4. 道路占用許可申請書は、工事に際して道路を占用する場合、例えば工事用仮囲い等で長期間道路や歩道を占用する場合に、道路占用者が**道路管理者に提出**する。

No.36 正解 **2**

1. ネットワーク工程表は、工事を完成させるために必要な作業の順序関係が表示されるので、作業の前後関係を把握することができる。

2. 山積工程表は、各作業に必要となる**工事資源（資材、労務、機械等）の1日当たりの数量を積み重ねて表し、その変化を図等に表す**工程表である。設問の記述は、タクト工程表である。

3. 正しい記述である。

167

4. 正しい記述である。

1. バーチャート工程表は、作業の流れが左から右へ移行しているので、作業の流れが把握でき、工事全体の掌握に都合がよく、比較的作成も容易である。

2. バーチャート工程表は、各作業の関連が示されないので、クリティカルパスが明確になりにくく、**工程上のキーポイント、重点管理しなければならない作業が判断しにくい。**

3. バーチャート工程表は、作業間の関係は漠然とはわかるが、各作業の順序や関連等を**明確に把握することはできない。**

4. バーチャート工程表は、棒工程表といわれるもので、縦軸に工事名（仮設工事、土工事等）、**横軸に年月日を記載して、**作業の所要日数を棒線の長さで表したものである。設問の記述は、ガントチャート工程表のことである。

1. ばらつきとは、観測値・測定結果の大きさがそろっていないこと、または、不ぞろいの程度を表す品質管理の用語である。

2. ロットとは、サンプリングの対象となる母集団として本質的に同じ条件で構成された、母集団の明確に分けられた部分を表す品質管理の用語である。

3. マニフェストとは、**産業廃棄物の適正処分を管理**するためのものであり、品質管理との関係は少ない。

4. サンプリングとは、サンプルを採り出すまたは構成する行為を表す品質管理の用語である。

1. 鉄骨の高力ボルト接合は、外観検査として全数について共回り、軸回り、ボルトの余長を確認する。また、トルシア形であればピンテールの破断とナット回転量、JIS形であれば、トルク値またはナット回転量について確認する。**超音波探傷試験は行わない。**

2. 外部に面するシーリング材は、施工に先立ち接着性試験（特記がなければ、簡易接着性試験）を行う。同じ材料の組合せで実施した試験成績書がある場合は、監督職員の承諾を受けて、試験を省略することができる。

3. 塗装工事において、工場塗装における膜厚の確認については、電磁式膜厚計その他適切な測定器具により行う。

4. ガス圧接部の抜取試験には超音波探傷試験と引張試験がある。引張試験による抜取検査の場合、試験片の採取数は1検査ロットに対して3本とする。

No.40 正解 **1**

1. スランプは、フレッシュコンクリートの軟らかさの程度を示す指標の一つで、スランプコーンを引き上げた直後に測った**頂部からの下がり**で表す。

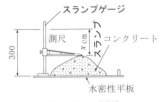

図　スランプ試験

2. スランプ及び空気量の試験は、受入れ検査における圧縮強度試験用供試体採取時、構造体コンクリートの強度検査用供試体採取時及び打込み中に品質変化が認められた場合に行う。

3. コンクリートの圧縮強度試験の1回の試験は、打込み工区ごと、打込み日ごと、かつ150m³以下にほぼ均等に分割した単位ごとに3個の供試体を用いて行う。

4. コンクリートの受入れ検査における圧縮強度試験は、3回の試験で1検査ロットを構成する。

No.41 正解 **4**

1. 型枠支保工の組立てまたは解体作業を行う場合、「型枠支保工の組立て等作業主任者」を選任しなければならない。

2. アセチレン溶接装置またはガス集合溶接装置を用いて行う金属の溶接、溶断または加熱の作業を行う場合、「ガス溶接作業主任者」を選任しなければならない。

3. つり足場、張出し足場または高さ5m以上の構造の足場の組立て、解体または変更の作業を行う場合、「足場の組立て等作業主任者」を選任しなければならない。

4. ALCパネル等を建て込む作業においては、**作業主任者を選任する必要はない。**

No.42 正解 **2**

1. 枠組足場において、高さ2m以上の位置に設ける作業床で、墜落により労働者に危険を及ぼすおそれのある箇所には、次に掲げるいずれかの設備を設ける。
   ① 交さ筋かい及び高さ15cm以上40cm以下のさん（下さん）
   ② 交さ筋かい及び高さ15cm以上の幅木

③ 手摺枠

2. 高さ2m以上の場所に設ける作業床は、**幅40cm以上**、すき間は3cm以下とする。ただし、つり足場の場合はすき間があってはならない。

3. 屋内に設ける通路については、通路面から高さ1.8m以内に障害物を置いてはならない。

4. 脚立については、脚と水平面との角度を75度以下とし、かつ、折りたたみ式のものにあっては、脚と水平面との角度を確実に保つための金具等を備えなければならない。

No.43 正解 3

1. 特定行政庁、建築主事又は建築監視員は、建築主、設計者、工事監理者、工事施工者などに対して、建築物の敷地、構造、建築設備若しくは用途又は建築物に関する工事の計画若しくは施工の状況に関する報告を求めることができる。

2. 正しい記述である。

3. **建築主は**、建築確認を受けた建築物の工事が完了したときは、建築主事又は指定確認検査機関の**検査を申請しなければならない**。

4. 建築主事は、木造以外の建築物で2以上の階数を有し、又は延べ面積が200m^{2}を超える建築物の確認申請書を受理した場合においては、その受理した日から35日以内に、申請に係る建築物の計画が建築基準関係規定に適合するかどうかを審査しなければならない。

No.44 正解 3

住宅、学校、病院、診療所、**寄宿舎**、下宿その他これらに類する建築物で政令で定めるものの居室には、採光のための窓その他の**開口部を設けなければならない**。寄宿舎の寝室は居室に該当するため、**3.** が該当する。

No.45 正解 2

1. 営業所に置く専任技術者については、代わるべき者があるときは、その者について、専任の技術者としての基準を満たしていることを証する書面を2週間以内に国土交通大臣又は都道府県知事に提出しなければならない。

2. 建設業の許可は、建設工事の種類ごとに29の業種に分けて与えられる。その業種の区分について変更する場合は、変更届出書の提出ではなく、変更後の業種について**改めて許可を受けなければならない**。

3. 営業所の名称及び同一の都道府

県内で所在地について変更があったときは、30日以内に、その旨の変更届出書を国土交通大臣又は都道府県知事に提出しなければならない。

4. 使用人数に変更を生じたときは、毎事業年度経過後4ヶ月以内にその旨を書面で国土交通大臣又は都道府県知事に届け出なければならない。

No.46 正解 3

1. 発注者から直接建設工事を請け負った特定建設業者であっても、下請契約の総額が政令で定める金額（建築一式工事で7,000万円、その他の工事で4,500万円）未満であれば主任技術者を置けばよい。

2. 正しい記述である。

3. 建設業者である下請負人は、元請負人の監理技術者の配置に関係なく、原則として、**主任技術者を置かなければならない。**

4. 公共性のある施設若しくは工作物又は多数の者が利用する施設若しくは工作物に関する建設工事において、工事1件の請負代金の額が建築一式工事では8,000万円（その他の工事では4,000万円）以上のものを施工しようとするときの主任技術者又は監理技術者は、原則として、専任の者としなければならない。

No.47 正解 2

1. 使用者は、満18歳に満たない者を、動力により駆動される巻上げ機（電動ホイスト及びエアホイストを除く）、運搬機又は索道の運転の業務に就かせてはならない。

2. 使用者は、満18歳に満たない者を、**動力により駆動される土木建築用機械の運転の業務**に就かせてはならない。

3. 使用者は、満18歳に満たない者を、最大積載荷重が2t以上の人荷共用若しくは荷物用のエレベーター又は高さが15m以上のコンクリート用エレベーターの運転の業務に就かせてはならない。

4. 使用者は、満18歳に満たない者を、女性であれば25kg、男性であれば30kg以上の重量物を断続的に取り扱う業務に就かせてはならない。

No.48 正解 4

1. 事業者は、産業医を選任すべき事由が発生した日から14日以内に選任し、遅滞なく、報告書を所轄労働基準監督署長に提出しなければならない。

2. 事業者は、安全管理者を選任すべき事由が発生した日から14日以内に選任し、遅滞なく、報告書を所轄労働基準監督署長に提出しなければならない。

3. 事業者は、衛生管理者を選任すべき事由が発生した日から14日以内に選任し、遅滞なく、報告書を所轄労働基準監督署長に提出しなければならない。

4. 事業者は、安全衛生推進者を選任すべき事由が発生した日から14日以内に選任し、その**氏名を作業場の見やすい箇所に掲示**するなどにより、関係労働者に周知させなければならない。労働基準監督署長に報告書を提出する必要はない。

No.49 正解 **1**

特定建設資材とは、**コンクリート、コンクリート及び鉄からなる建設資材、木材、アスファルト・コンクリート**をいう。**1.** 内装工事に使用するパーティクルボードは特定建設資材の木材に分類され、**特定建設資材に該当する。**

No.50 正解 **4**

指定地域内において特定建設作業を伴う建設工事を施工しようとする者は、当該特定建設作業の開始の日の7日前までに、建設工事の目的に係る施設又は工作物の種類、特定建設作業の場所及び実施の期間や騒音の防止の方法、特定建設作業の開始及び終了の時刻等を市町村長に届け出なければならない。また、届出書には、当該特定建設作業の場所の付近の見取図や特定建設作業の工程を明示した工事工程表などを添付しなければならない。**4. 仮設計画図は、**届出書に記入又は添付の**定めのない**ものである。

2級 建築施工管理技士 第二次検定

解答・解説

■ 問題1

【解答例】

[工事概要]

イ. 工事名：調布本町バーティハイツ新築工事

ロ. 工事場所：東京都大田区田園調布本町●－●

ハ. 工事の内容
建物用途：共同住宅
構造：鉄筋コンクリート造
階数：地上4階
延べ面積：1,440m²

外部仕上げ：外壁－二丁掛けタイル張り一部コンクリート打放し

主要室の内部仕上げ：床－フローリング張り
壁・天井－PB下地ビニルクロス張り

ニ. 工期等：令和2年2月〜令和2年10月

ホ. あなたの立場：工事主任

ヘ. あなたの業務内容：施工管理全般

【躯体工事の例】

1.

(1)	①	工 種 名 等	鉄筋工事
	②	不 具 合 と そう考えた理由	鉄筋コンクリート躯体の構造強度低下を不具合と考えた。構造強度の不足は地震時の建物の倒壊につながり、人命に関わる重要な欠陥であるため。
	③	行ったことと留意したこと	配筋完了後、梁主筋の重ね継手長さ、定着長さをスケールにて確認した。確認漏れのないよう、チェックリストへの記入に留意した。
(2)	①	工 種 名 等	型枠工事
	②	不 具 合 と そう考えた理由	外壁打放しコンクリート面の不陸を不具合と考えた。当該建物は外壁のデザイン性を重視しており、不陸は建物の資産価値の低下につながるため。
	③	行ったことと留意したこと	外壁型枠について、縦端太、セパレーターの間隔を目視及びスケールで確認した。その際、縦端太をフォームタイの際に配置するよう留意した。

(3)	① 工　種　名　等	コンクリート工事
	② 不　具　合　と そう考えた理由	コンクリート打設後のスラブのひび割れを不具合と考えた。ひび割れの発生は、コンクリートの中性化を早め、鉄筋の早期腐食につながるため。
	③ 行ったことと 留意したこと	コンクリート打設後、5日間散水養生を行った。その際、散水範囲に留意するとともに、過渡の振動を与えないように留意した。

【仕上げ工事の例】

1.

(1)	① 工　種　名　等	防水工事
	② 不　具　合　と そう考えた理由	屋上からの漏水を不具合と考えた。屋上からの漏水は、施主や入居者に多大な迷惑をかけるとともに、技術者としての信用の失墜につながるため。
	③ 行ったことと 留意したこと	防水下地コンクリートの含水率を高周波水分計で計測し、含水率が6％以下（社内基準）であることを確認した。その際、測定位置によるばらつきが出ないよう、測定間隔に留意した。
(2)	① 工　種　名　等	内部建具工事
	② 不　具　合　と そう考えた理由	内部木製建具の開閉不良を不具合と考えた。住居系建物において、建具の開閉は毎日行われることから、開閉不良は居住性の低下につながるため。
	③ 行ったことと 留意したこと	建具枠の倒れについては、縦枠に下げ振りを当てて計測し、2㎜以下であることを確認した。その際、水糸の長さが2m以上になるよう、下げ振りをスタッドの最上部に当てることに留意した。
(3)	① 工　種　名　等	内装工事
	② 不　具　合　と そう考えた理由	間仕切り壁の不陸を不具合と考えた。間仕切り壁の不陸が大きいと、持ち込み家具との間に隙間が生じ、内装の美観性を低下させるため。
	③ 行ったことと 留意したこと	せっこうボードの継目処理において、各層のパテの色を変え、パテ塗り回数（3回）を確認した。その際、パテ処理幅の確認に留意した。

2.

(1)	①	工 種 名 等	コンクリート工事
	②	着手時の確認事項と そ の 理 由	プラントの選定において、運搬時間が長いとコンクリートの硬化が始まり品質低下につながるため、コンクリートの搬入経路・時間を確認する。
	③	施工中等の確認事項 と そ の 理 由	コンクリート打設中は、コールドジョイントが生じないよう、各生コン車ごとに打設開始時刻と打設終了時刻を確認する。
(2)	①	工 種 名 等	タイル工事
	②	着手時の確認事項と そ の 理 由	壁のタイル密着張りにおいて、下地モルタルの不陸はタイル仕上り面の不陸につながるため、下地モルタルの平滑性を確認する。
	③	施工中等の確認事項 と そ の 理 由	張付けモルタルの塗置き時間が長すぎるとタイルの接着力が低下するため、張付けモルタルを一度に塗り付ける面積 (2 m²/人以内) を確認する。

問題 2

【解答例】

a. 足場の壁つなぎ

用 語 の 説 明	足場の倒壊防止のため、足場と建物等を強固に連結するもの。
施 工 上 留意すべきこと	適切な壁つなぎの間隔(枠組足場の場合は垂直方向9m以下、水平方向8m以下)を確保するとともに、躯体に打ち込んだアンカーの固定状態を確認する。

図 壁つなぎ

175

問題 p.207〜208

b．帯筋

用 語 の 説 明	せん断補強として柱主筋を囲み、コンクリートを拘束する役割も ある鉄筋。
施 工 上 留意すべきこと	帯筋の末端部には、フックを設ける。また、帯筋は定められた間隔 で均等に配置する。

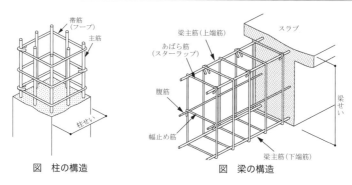

図　柱の構造　　　　　図　梁の構造

c．親杭横矢板壁

用 語 の 説 明	親杭（H形鋼）を地中に打ち込み、親杭の間に横矢板をはめ込ん で造る山留め壁。
施 工 上 留意すべきこと	親杭をプレボーリングにより設置する場合、根入れ部分にセメント ベントナイト液を注入するか、打込みや圧入により設置し、受動抵 抗を十分に発揮させる。

d．型枠のセパレーター

用 語 の 説 明	せき板の内側に配置し、せき板の間隔を一定に保つための金物。
施 工 上 留意すべきこと	仕上げがある場合には座金のついたC型セパレーターを、仕上げが ない場合にはコーンのついたB型セパレーターを用いる。

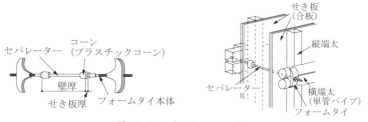

図　セパレーターとフォームタイ

e．壁のモザイクタイル張り

用 語 の 説 明	張付けモルタルを下地面に塗り、ユニットタイルを圧着するタイルの張り方。
施　工　上 留意すべきこと	ユニットタイルのたたき押さえは、タイル目地に盛り上がった張付けモルタルの水分で目地部の紙が湿るまで行う。

張付けモルタルは下地面のみに塗る

硬化している
下地モルタル

柔らかい
張付けモルタル
（２度塗りで３mm程度）

タイル

木製
たたき板

表紙

図　モザイクタイル張り

f．先送りモルタル

用 語 の 説 明	コンクリートの圧送に先立ち、輸送管に流す富調合のモルタル。
施　工　上 留意すべきこと	打設するコンクリートと同等以上の強度を有するものとし、型枠内には打ち込まずに廃棄する。

g．セッティングブロック

用 語 の 説 明	サッシの溝底とガラスの間に入れ、板ガラスの自重を支持するもの。
施　工　上 留意すべきこと	サッシ溝底の雑物を除去し、セッティングブロックの設置位置は、ガラス両端よりガラス幅の1/4のところとする。

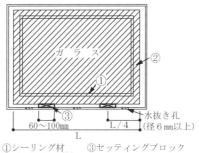

①シーリング材　③セッティングブロック
②バックアップ材
図　セッティングブロックの位置

177

問題　p.208

h．タイトフレーム

用 語 の 説 明	屋根下地鉄骨に溶接して取り付け、折板をボルト留めするための下地鋼材。
施 工 上 留意すべきこと	タイトフレームは、受梁にアーク溶接（隅肉溶接）とし、溶接後はスラグを除去し、錆止めを行う。

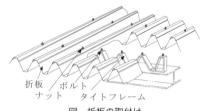

折板　ボルト
ナット　タイトフレーム
図　折板の取付け

i．天井インサート

用 語 の 説 明	天井吊りボルト等を取り付けるため、スラブ下端などに埋め込む金具。
施 工 上 留意すべきこと	軽量鉄骨天井下地の吊りボルト用の場合には、設備ダクトや照明器具などの位置を避け、周囲は壁際から150mm以内に配置し、間隔は900mm程度とする。

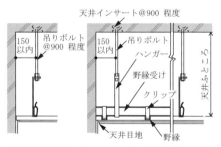

天井インサート@900 程度
150以内　吊りボルト@900 程度
150以内　吊りボルト
ハンガー
野縁受け
クリップ
天井ふところ
天井目地　野縁
図　吊りボルト（インサート）の配置（単位：mm）

j．ベンチマーク

用 語 の 説 明	建物の高低の基準・位置の基準で、新設した杭等に設けた基準点。
施 工 上 留意すべきこと	ベンチマークは、原則として、2箇所以上に設置する。また、工事中に移動しないように十分養生して管理する。

k. 防水工事の脱気装置

用 語 の 説 明	露出防水絶縁工法において、下地面の湿気を外部に排出する装置。
施　工　上 留意すべきこと	平場部脱気型では防水層平場 $25 \sim 100\,\mathrm{m}^2$ に 1 個程度、立上り部脱気型では立上り部の長さ $10\,\mathrm{m}$ 間隔に 1 個程度設ける。

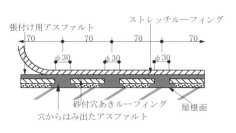

図　絶縁工法の例（単位：mm）

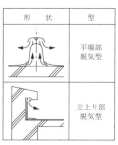

図　脱気装置

l. マスキングテープ

用 語 の 説 明	被着体の汚損防止と目地縁を通りよく仕上げるために使用する保護テープ。
施　工　上 留意すべきこと	プライマー塗りの前に通りよく張り付け、シーリング材を充填・へら仕上げ後、直ちに除去する。

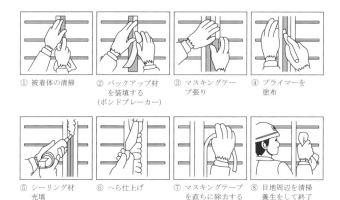

図　シーリング材を目地に充填する工程順序

179

m. 木構造のアンカーボルト

用 語 の 説 明	布基礎と土台を一体化するために、締め付けるボルト。
施 工 上 留意すべきこと	布基礎に取り付けるアンカーボルトの間隔は、2.7m以下とする。(階数が2以下の軸組工法の場合)

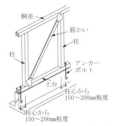

図　アンカーボルトの埋込み

n. 溶接のアンダーカット

用 語 の 説 明	溶接部の欠陥で、溶着金属の端部に沿って母材が溶けて溝となった部分。
施 工 上 留意すべきこと	溶着金属充填部分以外の母材に過度の熱を加えないよう、溶接棒の保持角度や運棒速度を適正に行う。

図　アンダーカット

問題3

【解答】

			解答
1.	Ⓐに該当する作業名		1階床躯体
	Ⓑに該当する作業名		店舗、事務所壁塗装仕上げ（1階壁塗装仕上げ）
2.	1月末までの実績出来高の累計金額／総工事金額		13%
3.	①	完了時期が不適当な作業名	（鉄骨）耐火被覆
	②	①の作業の適当な完了時期	3月次中旬
	③	修正後の3月末までの実績出来高の累計金額	4,250万円

【解説】
1. Ⓐに該当する作業名
　鉄筋コンクリート工事において
は、基礎躯体、１Ｆ床躯体（土
間スラブ）、２Ｆ床躯体を構築
する必要がある。Ⓐに該当する
作業名は、**１階床躯体**である。
　Ⓑに該当する作業名
　工事概要を見ると、塗装工事は
外部仕上げの防水形複層塗材仕
上げと内部仕上げの店舗、事務
所（１階）壁塗装仕上げがある。
１階壁、天井ボード張り終了後
に開始し、床仕上げであるビニ
ル床シート張り前に完了するⒷ
に該当する作業名は、**店舗、事
務所壁塗装仕上げ（１階壁塗装
仕上げ）**である。

2. １月末までの実績出来高の累計
金額は、
　　60万円＋390万円＋190万
　　円＋50万円＋90万円＝780
　　万円である。
　総工事金額に対する比率は、
　　780万円÷6,000万円＝0.13%
　%表示にすると**13%**である。

3. 鉄骨造建物の一般的な工事の手
順は、１・２階床構築後、外壁
ALC取付け、屋根折板葺が終
了した部分から、耐火被覆を開
始し、軽量鉄骨下地組開始前に
完了させる必要がある。３月次
上旬に折板葺を開始しているこ

とから、耐火被覆は３月次中旬
には開始できる。また、１Ｆ壁、
天井、２Ｆ壁軽量鉄骨下地が３
月次下旬に開始していることか
ら、耐火被覆は３月次中旬まで
に完了させる必要がある。①の
完了時期が不適当な作業名は
（鉄骨）耐火被覆、②の適当な
完了時期は**３月次中旬**である。
　①及び②から、問題文の出来高
表において４月にある耐火被覆
の予定・実績出来高60万円は、
３月に発生することになる。そ
れを加味したうえで１月から３
月の実績出来高を算出すると、
　1月　設問**2.**より780万円
　2月　270万円＋110万円
　　　　＋560万円＋790万
　　　　円＋90万円＝1,820
　　　　万円
　3月　210万円＋60万円（耐
　　　　火被覆の実績出来高）
　　　　＋450万円＋250万
　　　　円＋50万円＋370万
　　　　円＋120万円＋50万
　　　　円＋90万円＝1,650
　　　　万円
③の３月末までの実績出来高の
累計金額はその合計で、**4,250
万円**である。

【解答】

		マークした番号を記入
1.	①	③
	②	①
2.	③	③
	④	②
3.	⑤	②
	⑥	④

【解説】

1. 建設業法（第24条の2）

元請負人は、その請け負った建設工事を**施工**するために必要な工程の細目、**作業方法**その他元請負人において定めるべき事項を定めようとするときは、あらかじめ、下請負人の意見をきかなければならない。

2. 建築基準法（第90条第1項）

建築物の建築、修繕、模様替又は除却のための工事の**施工者**は、当該工事の施工に伴う地盤の崩落、建築物又は工事用の**工作物**の倒壊等による危害を防止するために必要な措置を講じなければならない。

2　（略）

3　（略）

3. 労働安全衛生法（第61条第1項）

事業者は、クレーンの運転その他の業務で、政令で定めるものについては、都道府県労働局長の当該業務に係る**免許**を受けた者又は都道府県労働局長の登録を受けた者が行う当該業務に係る**技能講習**を修了した者その他厚生労働省令で定める資格を有する者でなければ、当該業務に就かせてはならない。

2　（略）

3　（略）

4　（略）

問題5-A【受検種別：建築】

【解答】

		マークした番号を記入
1.	①	②
2.	②	④
3.	③	①
4.	④	①
5.	⑤	③
6.	⑥	③
7.	⑦	②
8.	⑧	①

【解説】

1. 墨出し等に用いる鋼製巻尺は、工事着手前に**テープ**合わせを行い、同じ精度を有する鋼製巻尺を2本以上用意して、1本は基準巻尺として保管しておく。

テープ合わせの際には、それぞれの鋼製巻尺に一定の張力を与えて、相互の誤差を確認する。

2. 大梁鉄筋をガス圧接する際、鉄筋径程度の縮み代を見込んで加

工しないと、**定着**寸法の不足や、直交部材の配筋の乱れを招くことになる。

3. 鉄筋コンクリート造でコンクリートを打ち継ぐ場合、打継ぎ部の位置は、構造部材の耐力への影響が最も少ない位置に定めるものとし、梁、床スラブ及び屋根スラブの鉛直打継ぎ部は、一般にスパンの中央又は端から1/4付近に設け、柱及び梁の水平打継ぎ部は、床スラブ又は梁の下端、あるいは床スラブ、梁又は基礎梁の上端に設ける。

4. 木造の建築物にあっては、地震力等の水平荷重に対して、建築物に**ねじれ**を生じないように、筋かい等を入れた軸組を、梁間方向及び桁行方向にそれぞれにつり合いよく配置する。

5. アスファルト防水において、立上り部のルーフィング類を平場部と別に張り付ける場合、平場部のルーフィング類を張り付けた後、その上に重ね幅150mm程度をとって張り重ねる。

6. 外壁の有機系接着剤によるタイル後張り工法で、裏あしのあるタイルを張り付ける場合の接着剤の塗付けは、くし目ごてを用いて下地面に平坦に塗り付け、次に接着剤の塗り厚を確保するために、壁面に対してくし目ご

てを60度の角度を保ってくし目を付ける。

タイルの裏あしとくし目の方向が平行になると、タイルと接着剤との接着率が少なくなることがあるため、裏あしに対して直交又は斜め方向にくし目を立てるようにする。

7. 日本産業規格(JIS)による建築用鋼製下地材を用いた軽量鉄骨天井下地工事において、天井のふところが1.5m以上3m以下の場合は、吊りボルトの水平補強、斜め補強を行う。水平補強の補強材の間隔は、縦横方向に1.8m程度の間隔で配置する。

8. 壁紙張りにおいて、表面に付いた接着剤や手垢等を放置しておくと**しみ**の原因となるので、張り終わった部分ごとに直ちに拭き取る。

問題 5-B【受検種別:躯体】

【解答】

		マークした番号を記入
1.	①	③
	②	④
2.	③	②
	④	①
3.	⑤	②
	⑥	②
4.	⑦	④
	⑧	③

問題 p.217

【解説】

1. 敷地の地盤の構成や性質などを調査する地盤調査には、一般にロータリーボーリングが行われている。ボーリングによる掘削孔を用いて**標準貫入試験**、試料の採取、地下水位の測定等の調査を行う。

    また、採取された試料は各種の土質試験を行い、土質柱状図にまとめられる。

    標準貫入試験は、ハンマーを自由落下させて、SPTサンプラーが地層を300㎜貫入するのに必要な打撃回数を求める試験である。ここで得られた打撃回数を**N値**といい、地盤の硬軟や締り具合を推定するのに使われる。

2. 型枠工事において、コンクリート型枠用合板を用いた柱型枠や壁型枠を組み立てる場合、足元を正しい位置に固定するために**根巻き**を行う。敷桟で行う場合にはコンクリートの漏れ防止に、パッキングを使用する方法やプラスチックアングルを使用する方法等がある。

    床型枠においては、設計者との協議を行い、フラットデッキ（床型枠用鋼製デッキプレート）を使用することがある。その場合、梁側板型枠との接合方法として、フラットデッキの長手方向に対する梁へののみこみ代は、原則として、一般階では**10㎜**としている。

3. 鉄筋工事において、鉄筋相互のあきは、鉄筋とコンクリートの間の**付着**による応力の伝達が十分に行われ、コンクリートが分離することなく密実に打ち込まれるために必要なものである。柱や梁の主筋の継手に、ガス圧接継手を採用し、異形鉄筋を用いる場合の鉄筋相互のあきの最小寸法は、隣り合う鉄筋の平均径（呼び名の数値）の1.5倍、粗骨材最大寸法の1.25倍、**25㎜**のうちで、最も大きい値以上とする。

4. 鉄骨工事において、トルシア形高力ボルトを使用した接合部の本締めは、梁フランジの場合には図の**d**のように行っていく。また、本締め後の検査は、ピンテールが破断していること、共回り・軸回りがないこと、ボルトの余長がネジ1山から6山までの範囲であること、ナットの回転量が平均回転角度±**30度**以内であることを目視確認する。

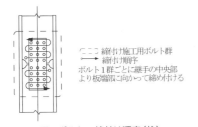

図　ボルトの締付け順序（柱）

問題5-C【受検種別：仕上げ】

【解答】

		マークした番号を記入
1.	①	④
	②	②
2.	③	③
	④	③
3.	⑤	④
	⑥	②
4.	⑦	②
	⑧	①

【解説】

1. アスファルト防水の密着工法において、平場部のアスファルトルーフィング類の張付けに先立ち、コンクリート打継ぎ部は、幅50mm程度の絶縁用テープを張った上に、幅**300**mm以上の**ストレッチ**ルーフィングを増張りする。

   アスファルトルーフィング類の張付けは、空隙、気泡、しわ等が生じないよう均一に押し均して、下層に密着させる。

2. セメントモルタルによる壁タイ

ル張りの工法において、**改良圧着張り**は、張付けモルタルを下地面とタイル裏面の両方に塗ってタイルを張り付ける工法である。

タイルの張付けは、タイル張りに用いるハンマー等でタイル周辺からモルタルがはみ出すまで入念にたたき押し、**1段ごとに上から下に向かって**張り進める。

張付けモルタルの1回の塗り付け面積は、$2 m^2/$人以内とし、1回のタイルを張り終わったら、張付けモルタルの硬化を見ながら、はみ出したモルタルを除去する。

3. 金属屋根工事において、金属板葺の下葺にアスファルトルーフィングを用いる場合、野地面上に軒先と平行に敷き込み、隣接するアスファルトルーフィングを上下、左右とも重ねながら軒先から棟に向かって張り進める。アスファルトルーフィングの左右の重ねは、**200**mm程度を標準とし、継ぎ目が相互に近接しないようにする。

アスファルトルーフィングの留付けは、ハンマー式タッカー等を用い、ステープルで野地板に固定する場合が多く、アスファルトルーフィングの重ね部分は

問題　p.220

300㎜程度、その他の部分は必要に応じ900㎜以内の間隔で留め付けるのが一般的である。

4. 塗装工事において、壁面を吹付け塗りとする場合、吹付けはエアスプレーやエアレススプレー等を用いて行う。

エアスプレーによる吹付けは、エアスプレーガンを塗り面から30㎝程度離し、対象面に対し**直角**に向け、毎秒30㎝程度の一定の速度で平行に動かす。

塗料の噴霧は、一般に中央ほど密で周辺が粗になりやすいため、一列ごとに吹付け幅が約1/3ずつ重なるように吹き付ける。

186

2級 建築施工管理技士 第二次検定

解答・解説

問題1

[工事概要]

イ. 工事名：大熊マンション新築工事

ロ. 工事場所：東京都府中市本町●－●

ハ. 工事の内容

　建物用途：店舗付き共同住宅

　構造：鉄筋コンクリート造

　階数：地上5階

　延べ面積：4,250m^2

主な外部仕上げ：コンクリート打放し一部タイル張り

主要室の内部仕上げ：床－フローリング張り

壁・天井－PB下地ビニルクロス張り

ニ. 工期等：令和2年5月～令和2年12月

ホ. あなたの立場：工事主任

ヘ. 業務内容：施工管理全般

[躯体工事の例]

1.

	着目した項目	a 施工方法又は作業方法	工種名	型枠工事
(1)	現場の状況と検討したこと	当現場は着工が5月で、梅雨による基礎工事の遅れが懸念される状況であった。そのため、採用する基準階の床型枠の工法について検討した。		
	検討した理由と実施したこと	床型枠の解体作業の削減等により大幅な工期短縮が可能と考えたため検討した。基準階の床型枠を合板型枠工法からデッキプレート型枠工法に変更した。		
(2)	着目した項目	b 資材の搬入又は荷揚げの方法	工種名	鉄筋工事
	現場の状況と検討したこと	当現場は敷地が狭く、敷地外に資材搬出入車両を停車しての揚重作業となる状況であったため、資材搬出入時等の第三者の安全確保について検討した。		
	検討した理由と実施したこと	当現場は駅に近く、通勤時間帯は人通りが多く危険と考えたため検討した。資材の搬出入は午前9時以降とし、ガードマン2名を配置して歩行者を誘導させた。		
(3)	着目した項目	e 試験又は検査の方法	工種名	コンクリート工事
	現場の状況と検討したこと	躯体コンクリートの打設が夏期にわたる状況であった。暑さによる品質低下を防止するため、コンクリートの品質確保について検討した。		
	検討した理由と実施したこと	運搬中にスランプロスを起こすことが懸念されたため検討した。コンクリート受入れ時にスランプ試験を行い、スランプ値が18cm±2.5cmの範囲内であることを確認した。		

問題 p.224

［仕上げ工事の例］

1.

(1)	着 目 し た 項 目	a 施工方法又は作業方法	工種名	内装工事
	現場の状況と検討したこと	他現場と内装工程が重複し、作業員の確保が難しい状況であった。そのため、ボード張り作業の現場作業の軽減について検討した。		
	検討した理由と実施したこと	間仕切り壁の数量が多く、ボード張りに時間がかかると考え検討した。居室の石こうボードについては、8尺ボードをプレカットしたものを採用した。		
(2)	着 目 し た 項 目	c 資材の保管又は仮置きの方法	工種名	防水工事
	現場の状況と検討したこと	防水工事が台風の時期に当たり、保管中のアスファルトシートが吸湿する恐れがあったため、アスファルトルーフィングの保管方法について検討した。		
	検討した理由と実施したこと	ルーフィング類は、吸湿すると施工時の泡立ち、耳浮き等の接着不良の原因になるため検討した。屋内の乾燥した場所に、縦置きにして保管した。		
(3)	着 目 し た 項 目	d 施工中又は施工後の養生の方法	工種名	内装工事
	現場の状況と検討したこと	当現場は共同住宅で、仕上げの段階では同時期に多数の職種が入ることが予想された。そのため、木製建具枠取付け後の養生方法について検討した。		
	検討した理由と実施したこと	作業員や工具の接触による木製建具枠の損傷を防止するため検討した。建具枠取付け後は、合成樹脂製のカバーを取り付けて養生した。		

2.

品質	検討することとその理由	屋上からの漏水防止対策について検討する。検討すべき理由は、共同住宅など住居系の建物においては、入居後の補修が困難となるため。
	防止対策とそれに対する留意事項	コンクリート打設後、30日程度の乾燥期間を経た後に防水層を施工する。その際、防水下地コンクリートの含水率の確認に留意する。
工程	検討することとその理由	現場配筋作業の軽減方法について検討する。検討すべき理由は、雨天等により作業不能日が発生するおそれがあるため。
	防止対策とそれに対する留意事項	基礎の鉄筋には、工場である程度組み立てられて搬入されるユニット鉄筋や鉄筋格子を採用する。その際、定着長さの確保に留意する。

問題 2

【解答例】

a．クレセント

用 語 の 説 明	引違いサッシの召し合わせ部に取り付ける半月形の締め金具。
施 工 上 留意すべきこと	建具が円滑に作動するように調整し、適切な締付け力を保持し、建具と枠に異常なたわみ、変形を起こさないよう、堅固に取り付ける。

b．コンクリート壁の誘発目地

用 語 の 説 明	コンクリート躯体の適切な位置にひび割れを集中して起こさせるための目地。
施 工 上 留意すべきこと	ひび割れがその目地に集中するよう間隔は3〜4mごとに、壁に設ける場合であれば、壁厚の1/5程度欠き込み、シーリング材を充填する。

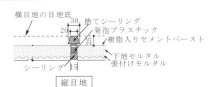

図　コンクリートの誘発目地の例（単位：mm）

c．ジェットバーナー仕上げ

用 語 の 説 明	石の表面に火炎を吹き付け表面をはじけさせ、粗い仕上げ面にする仕上げ。
施 工 上 留意すべきこと	加熱して表面の組織を壊すため、強度を保つには5mm程度余分な厚みとする。また、人が触ったときに鋭角部が危険であるため、表面を研磨する。

d．セルフレベリング工法

用 語 の 説 明	床面にセルフレベリング材を流し簡単に均すだけで、平滑な床下地をつくる工法。
施 工 上 留意すべきこと	流し込み中はできる限り通風をなくし、施工後もセルフレベリング材が硬化するまでは、はなはだしい通風を避ける。

e．鉄骨の耐火被覆

用 語 の 説 明	熱に弱い鉄骨躯体にロックウールを吹き付けるなどして耐火性を確保するもの。
施 工 上 留意すべきこと	吹付け工法の場合、所定の吹付け厚さを確保するため、施工中は専用の厚さ測定器を用いて、厚さを確認しながら施工する。

令和**3**年度 第二次

189

問題 p.226

f．土工事における釜場

用 語 の 説 明	掘削部の雨水等を排水するため、根切り底より低い位置に設ける集水ピット。
施 工 上 留意すべきこと	基礎スラブの支持力に影響を与えない位置に設ける。また、周辺の土砂が流入しないような構造とする。

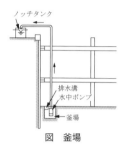

ノッチタンク

排水溝
水中ポンプ

釜場

図　釜場

g．乗入れ構台

用 語 の 説 明	地下工事をする際に、工事用車両を乗り入れるために造られた構台。
施 工 上 留意すべきこと	水平つなぎとブレースは、各段階の根切りにおいて、設置可能となった段階で設置し、一刻も早く構造上安全な状態にする。

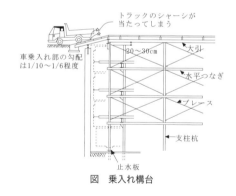

トラックのシャーシが当たってしまう

車乗入れ部の勾配は1/10～1/6程度

20～30cm
大引
水平つなぎ
ブレース
支柱杭
止水板

図　乗入れ構台

h．腹筋

用 語 の 説 明	あばら筋の振れ止めとして、梁の中段の軸方向に配置される鉄筋。
施 工 上 留意すべきこと	あばら筋の内側に配筋し、コンクリート打設の際に動かないように、あばら筋に堅固に結束する。

i ．ビニル床シート熱溶接工法

用 語 の 説 明	熱溶接機を用いて、床シートと溶接棒を同時に溶融し溶接する工法。
施 工 上 留意すべきこと	接合部の溝は、均一な幅に床シート厚さの2/3程度まで溝切りする。溶接作業は、床シートを張り付けた後、12時間以上放置してから行う。

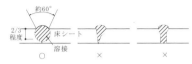

図 ビニル床シートの熱溶接工法

j ．フラットデッキ

用 語 の 説 明	床の型枠として用いられる金属製の平板状の打込み型枠。
施 工 上 留意すべきこと	フラットデッキは衝撃に弱く、曲がったり、へこんだり、変形しやすいため、養生方法、揚重方法、吊りジグ等に注意する。

フラットデッキ

図 デッキプレート

k ．壁面のガラスブロック積み

用 語 の 説 明	壁に設けた金属枠にガラスブロックを積み込む工法。
施 工 上 留意すべきこと	目地幅の標準寸法は、10mmとする。開口部の幅が6mを超える場合には、6m以内ごとに10 〜 25mm幅の伸縮目地を設ける。

l ．ボンドブレーカー

用 語 の 説 明	3面接着を避けるために、シーリングの目地底に張り付けるテープ状の材料。
施 工 上 留意すべきこと	ボンドブレーカーを張り付ける前に、目地底の突起物の除去や清掃を確実に行い、施工後は、目地底に一様に張り付けてあるか、確認する。

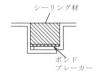

図 ボンドブレーカー

191

問題 p.226

m. 木工事の大引

用 語 の 説 明	木造の1階床組みで、根太を受けて床束に荷重を伝える水平部材。
施　工　上 留意すべきこと	大引の継手は、床束心から150mm程度持ち出した位置に設け、腰掛けあり継ぎ、釘2本打ちとする。

図　大引の継手

n. ローリングタワー

用 語 の 説 明	鋼管枠を組み最上段に作業床を設け、脚部に脚輪を取り付けた移動式足場。
施　工　上 留意すべきこと	作業中はブレーキ等で脚輪を固定し、足場の一部を建物の一部等に固定する。また、作業者を乗せたままで移動してはならない。

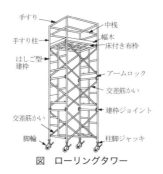

図　ローリングタワー

問題3

【解答】

		解答
1.	Ⓐに該当する作業名	外部足場組立
	Ⓑに該当する作業名	基礎・地中梁
	Ⓒに該当する作業名	フローリング張り
2.	耐火被覆工事完了日	3月中旬
3.	2月末までの実績出来高の累計金額／総工事金額	40%
4.	3月末までの実績出来高の累計金額	4,110万円

【解説】

1. Ⓐに該当する作業名

基礎工事後、埋戻しを行い鉄骨建方を行うが、鉄骨建方の進行に合わせて足場を設置する必要がある。4月中旬に外部足場解体があることから、Ⓐに該当する作業名は**外部足場組立**である。

Ⓑに該当する作業名

鉄骨造建物の基礎工事においては、山留めや杭を築造した後、根切り→砕石敷き→捨てコンクリート→墨出し→アンカーフレーム設置→基礎・地中梁築造→養生期間→埋戻しと工事を進めていく。アンカーフレーム設置後、埋戻しの前に行うⒷに該当する作業名は**基礎・地中梁**である。

Ⓒに該当する作業名

内装工事の手順としては、壁・天井軽量鉄骨下地→壁・天井ボード張り→壁・天井仕上げ工事（賃貸住宅部分はクロス張り）→床仕上げと進めていく。汚損防止の観点から床仕上げは仕上げ工事の最終段階に行うのが好ましい。工事概要に、賃貸住宅の床は乾式二重床、フローリング張りとあることから、Ⓒに該当する作業名は**（乾式二重床）フローリング張り**である。

2. 耐火被覆は、特に半乾式工法のような吹付け工法であれば、外壁を取り付けた後でないと耐火被覆材が飛散してしまうことから、外壁設置を追いかけて工事を進めることになる。外壁のALC取付けが3月中旬に終了していることから、それを追いかけて耐火被覆を行うことを考えると、開始日は3月中旬、完了日は3月中旬以降となる。外部建具取付け開始が3月中旬であることから、そのラップ作業を短くすることを考えると、耐火被覆工事完了日は**3月中旬**が最も好ましい。

3. 出来高表において、1月の実績出来高を合計すると、

50万円＋390万円＋360万円＋30万円＋90万円＝920万円

また、2月の実績出来高を合計すると、

200万円＋210万円＋200万円＋780万円＋90万円＝1,480万円

2月末までの実績出来高の累計は、1月の実績出来高と2月の実績出来高の合計となり、

920万円＋1,480万円＝2,400万円となる。

総工事金額は6,000万円であるため、2月末までの実績出来高

193

問題 p.227

の累計をパーセントで表すと、

2,400万円÷6,000万円×100＝**40%**となる。

4. 設問では、出来高表に鉄骨工事の耐火被覆工事の出来高は記載していないとあるので、耐火被覆工事の出来高を検討する。設問**2.**より、耐火被覆工事は3月に開始・完了している。また、出来高表から、鉄骨工事の工事金額は900万円であり、1、2月合計の鉄骨工事の予定・実績出来高が810万円であることから、耐火被覆工事が90万円であることが読み取れる。したがって、鉄骨工事の3月の出来高は予定・実績とも90万円となり、それを出来高表に書き加えると、次の通りとなる。

ここで、出来高表において、3月の実績出来高を合計すると、

50万円＋340万円＋90万円＋400万円＋150万円＋400万円＋100万円＋180万円＝1,710万円

1月から2月末までの完成出来高の累計は、**3.**で求めた2,400万円

したがって、3月末までの実績出来高の累計は、1月から3月の実績出来高の合計となり、

2,400万円＋1,710万円＝**4,110万円**となる。

出 来 高 表　　　　　　　　　　　　　　　　　　　　　　　　　単位　万円

工　　　　　種	工 事 金 額	予定/実績	1 月	2 月	3 月	4 月	5 月
仮 設 工 事	500	予定	50	200	50	150	50
		実績	50	200	50		
土 工 事 地 業 工 事	600	予定	390	210			
		実績	390	210			
鉄筋コンクリート工事	900	予定	450	180	270		
		実績	360	200	340		
鉄 骨 工 事	900	予定	50	760	90		
		実績	30	780	90		
外 壁 工 事	400	予定			400		
		実績			400		
防 水 工 事	150	予定			150		
		実績			150		
建 具 工 事	500	予定			400	100	
		実績			400		
金 属 工 事	250	予定			100	150	
		実績			100		
内 装 工 事	500	予定				400	100
		実績					
塗 装 工 事	200	予定				150	50
		実績					
外 構 工 事	200	予定					200
		実績					
設 備 工 事	900	予定	90	90	180	450	90
		実績	90	90	180		
総 工 事 金 額	6,000	予定					
		実績					

問題 4

【解答】

		マークした番号を記入
1.	①	③
	②	③
2.	③	③
	④	①
3.	⑤	②
	⑥	④

【解説】

1. 建設業法（第24条の4第1項）
元請負人は、下請負人からその請け負った建設工事が**完成**した旨の通知を受けたときは、当該通知を受けた日から**20**日以内で、かつ、できる限り短い期間内に、その**完成**を確認するための検査を完了しなければならない。

2　（略）

2. 建築基準法（第89条第1項・第2項）
第6条第1項の建築、大規模の修繕又は大規模の模様替の工事の**施工者**は、当該工事現場の見易い場所に、国土交通省令で定める様式によって、建築主、設計者、工事施工者及び工事の現場管理者の氏名又は名称並びに当該工事に係る同項の確認があった旨の表示をしなければならない。

2　第6条第1項の建築、大規模の修繕又は大規模の模様替の工事の**施工者**は、当該工事に係る**設計図書**を当該工事現場に備えておかなければならない。

3. 労働安全衛生法（第3条第3項）

1　（略）

2　（略）

3　建設工事の注文者等仕事を他人に請け負わせる者は、施工方法、**工期**等について、安全で衛生的な作業の**遂行**をそこなうおそれのある条件を附さないように配慮しなければならない。

問題 5-A【受検種別：建築】

【解答】

		マークした番号を記入
1.	①	①
2.	②	③
3.	③	③
4.	④	③
5.	⑤	④
6.	⑥	①
7.	⑦	②
8.	⑧	②

【解説】

1. 図面に示される通り心は壁心であることが多く、壁工事が行われるために墨を打つことができない。そのため壁心から離れた位置に補助の墨を打つが、この墨のことを**逃げ墨**という。

2. 埋戻し工事における締固めは、

川砂及び透水性のよい山砂の類いの場合は水締めとし、上から単に水を流すだけでは締固めが不十分なときは、埋戻し厚さ**30cm**程度ごとに水締めを行う。

3. 鉄筋工事における鉄筋相互のあきは、粗骨材の最大寸法の1.25倍、25mm及び隣り合う鉄筋の平均径の**1.5倍**のうち最大のもの以上とする。

4. 鉄骨工事における柱脚アンカーボルトの締付けは、特記がない場合、ナット回転法で行い、ボルト頭部の出の高さは、ねじが2重ナット締めを行っても外に**3山**以上出ることを標準とする。

5. ウレタンゴム系塗膜防水の通気緩衝シートの張付けに当たって、シートの継ぎ目は**突付け**とし、下地からの浮き、端部の耳はね等が生じないように注意して張り付ける。

6. 大理石は、模様や色調などの装飾性を重視することが多いため、磨き仕上げとすることが多く、壁の仕上げ材に使用する場合は**本磨き**を用いることが多い。

7. 塗装工事において、塗膜が平らに乾燥せず、ちりめん状あるいは波形模様の凹凸を生じる現象を**しわ**といい、厚塗りによる上乾きの場合などに起こりやすい。

8. 内装工事において使用される**シージング**せっこうボードは、両面のボード用原紙と心材のせっこうに防水処理を施したもので、屋内の台所や洗面所などの壁や天井の下地材として使用される。

問題5-B【受検種別：躯体】

【解答】

		マークした番号を記入
1.	①	③
	②	①
2.	③	②
	④	③
3.	⑤	④
	⑥	②
4.	⑦	④
	⑧	②

【解説】

1. 建築物の高さ及び位置の基準となるものを**ベンチマーク**という。高さの基準は隣接の建築物や既存の工作物に、位置の基準は一般に建築物の縦、横2方向の通り心を延長して設ける。工事測量を行うときの基準のため、工事中に動くことのないよう2箇所以上設けて、随時確認できるようにしておく。

また、建築物の位置を定めるため建築物の外形と内部の主要な間仕切の中心線上に、ビニルひも等を張って建築物の位置を地

面に表すことを**縄張り**という。このとき、建築物の隅には地杭を打ち地縄を張りめぐらす。

2. 鉄筋工事において、コンクリートの中性化や火災等の高温による鉄筋への影響を考えた鉄筋を覆うコンクリートの厚さを「かぶり厚さ」といい、建築基準法施行令で規定されており、原則として、柱又は梁にあっては**30mm**以上、床にあっては20mm以上となっている。

また、かぶり厚さを保つためにスペーサーが用いられ、スラブ筋の組立時には**鋼製**のスラブ用スペーサーを原則として使用する。

3. コンクリート工事において、日本産業規格(JIS)では、レディーミクストコンクリートの運搬時間は、原則として、コンクリートの練混ぜを開始してからトラックアジテータが荷卸し地点に到着するまでの時間とし、その時間は**90分**以内と規定されている。このため、できるだけ運搬時間が短くなるレディーミクストコンクリート工場の選定をする。

また、コンクリートの練混ぜ開始から工事現場での打込み終了までの時間は外気温が25℃未満の場合**120分**以内、25℃以上の場合90分以内とする。

4. 木造在来軸組構法において、屋根や上階の床などの荷重を土台に伝える鉛直材である柱は、2階建てでは、1階から2階まで通して1本の材を用いる通し柱と、各階ごとに用いる**管柱**とがある。

一般住宅の場合、柱の断面寸法は、通し柱は**12cm**角、**管柱**では10.5cm角のものが主に使用されている。

問題5-C【受検種別:仕上げ】

【解答】

		マークした番号を記入
1.	①	②
	②	③
2.	③	②
	④	④
3.	⑤	③
	⑥	②
4.	⑦	①
	⑧	③

【解説】

1. 改質アスファルトシート防水トーチ工法において、改質アスファルトシートの張付けは、トーチバーナーで改質アスファルトシートの**裏面**及び下地を均一にあぶり、裏面の改質アスファルトシートを溶融させながら均一に押し広げて密着させる。改質アスファルトシートの

重ねは、2層の場合、上下の改質アスファルトシートの接合部が重ならないように張り付ける。出隅及び入隅は、改質アスファルトシートの張付けに先立ち、幅200mm程度の増張りを行う。

2. セメントモルタルによるタイル張りにおいて、密着張りとする場合、タイルの張付けは、張付けモルタル塗付け後、タイル用振動機（ヴィブラート）を用い、タイル表面に振動を与え、タイル周辺からモルタルがはみ出すまで振動機を移動させながら、目違いのないよう通りよく張り付ける。

張付けモルタルは、2層に分けて塗り付けるものとし、1回の塗付け面積の限度は、2m²以下とする。また、タイル目地詰めは、タイル張付け後24時間経過した後、張付けモルタルの硬化を見計らって行う。

3. 軽量鉄骨天井下地において、鉄筋コンクリート造の場合、吊りボルトの取付けは、埋込みインサートにねじ込んで固定する。野縁の吊下げは、取り付けられた野縁受けに野縁を**クリップ**で留め付ける。

平天井の場合、目の錯覚で天井面が下がって見えることがあるため、天井下地の中央部を基準

レベルよりも吊り上げる方法が行われている。この方法を**むくり**といい、室内張りのスパンに対して1/500から1/1,000程度が適当とされている。

4. 床カーペット敷きにおいて、**ウィルトン**カーペットをグリッパー工法で敷き込む場合、張り仕舞いは、ニーキッカー又はパワーストレッチャーを用い、カーペットを伸展しながらグリッパーに引っ掛け、端はステアツールを用いて溝に巻き込むように入れる。

グリッパーは、壁際からの隙間をカーペットの厚さの約**2/3**とし、壁周辺に沿って均等にとり、釘又は接着剤で取り付ける。

2級 建築施工管理技士 実地試験

解答・解説

問題1

[工事概要]

イ. 工事名：セレスプラザ新築工事

ロ. 工事場所：東京都府中市本町●
－●

ハ. 工事の内容

建物用途：店舗付き共同住宅

構造：鉄筋コンクリート造

階数：地上3階

延べ面積：3,728m^2

主な外部仕上げ：コンクリート打放し一部タイル張り

主要室の内部仕上げ：床－フローリング張り

壁・天井－ビニルクロス張り

ニ. 工期：平成29年4月～平成29年12月

ホ. あなたの立場：工事主任

ヘ. 業務内容：施工管理全般

[躯体工事の例]

1.

<table>
<tr><td colspan="2">選 ん だ 項 目</td><td>（a．材料）b．工事用機械・器具・設備　c．作業員</td></tr>
<tr><td rowspan="3">事例1</td><td>① 工　種　名</td><td>コンクリート工事</td></tr>
<tr><td>② 着目したこととその理由</td><td>コンクリートの手配に当たり、打設当日の天候不良による遅延防止に着目した。躯体コンクリート打設日の順延は工程が大きく遅れる原因となるため。</td></tr>
<tr><td>③ 行 っ た 対 策</td><td>週間天気予報により、コンクリート打設当日の気温や降雨などの気象情報を確認した上で、躯体コンクリート打設日を決定した。</td></tr>
<tr><td colspan="2">選 ん だ 項 目</td><td>a．材料（b．工事用機械・器具・設備）c．作業員</td></tr>
<tr><td rowspan="3">事例2</td><td>① 工　種　名</td><td>仮設工事</td></tr>
<tr><td>② 着目したこととその理由</td><td>使用するクレーンの能力不足による遅延防止に着目した。1フロア分の鉄筋材料や足場材の搬入・揚重は、工程上1日で完了する必要があったため。</td></tr>
<tr><td>③ 行 っ た 対 策</td><td>クレーンの設置場所及び揚重半径を確認し、揚重作業に見合った定格荷重や作業半径などの能力を有する移動式クレーンを選定した。</td></tr>
</table>

問題 p.240

事例3	選んだ項目	a．材料　b．工事用機械・器具・設備　(c．作業員)
	① 工 種 名	型枠工事
	② 着目したこととその理由	屋外階段の型枠解体に時間がかかることに着目した。屋外階段の型枠は形状が複雑な上、上階に転用する部分も多く、丁寧に解体する必要があったため。
	③ 行った対策	与えられた期間内で屋外階段の型枠解体作業を終了できる十分な型枠解体工の人数を決定し、他現場と調整の上、その人員を確保した。

[仕上げ工事の例]

1.

事例1	選んだ項目	(a．材料)　b．工事用機械・器具・設備　c．作業員
	① 工 種 名	タイル工事
	② 着目したこととその理由	外壁タイルの承認の遅れによる納期の遅延防止に着目した。当該建物は店舗付物件であり、発注者が外壁の色にこだわっていたため。
	③ 行った対策	設計者と協議した上で、外壁タイルの見本焼きの提出日、承認日を決定し、その日程を工程表に書き込んで管理した。
事例2	選んだ項目	a．材料　(b．工事用機械・器具・設備)　c．作業員
	① 工 種 名	内装工事
	② 着目したこととその理由	1階の内部足場の組立て・解体に時間がかかることに着目した。店舗の天井高は3mと高く足場が必要で、店舗の戸数も10店舗と多かったため。
	③ 行った対策	1階の店舗内の壁、天井等の内装作業には、自由度の高い足場として、クローラー式の高所作業車を採用した。
事例3	選んだ項目	a．材料　b．工事用機械・器具・設備　(c．作業員)
	① 工 種 名	内装工事
	② 着目したこととその理由	基準階の仕上げ工事における作業員の手待ちなどによる工事の遅延防止に着目した。1つの作業の遅れが全体の遅れにつながるため。
	③ 行った対策	基準階の仕上げ工事(軽量鉄骨工事、ボード張り、クロス張り、フローリング張り)において、タクト工程表のタクト期間に見合った作業員数を確保した。

2.

事例1	有効な方法や手段	鉄骨建方においては、地組みを多く採用し、高所作業の軽減により作業性を向上させ、工程短縮する。
	良い影響	足元の不安定な高所作業を軽減することで、墜落災害の危険性を小さくでき、安全性を高めることができる。
事例2	有効な方法や手段	壁の石こうボードにおいて、工場で天井高さに合わせてプレカットしたものを搬入し、現場での切断加工の工程を削減する。
	良い影響	プレカット材を採用することで、ボードくずの発生を抑制できることから、作業性のよい整然とした作業環境を構築することができる。

問題2

【解答例】

a. 帯筋

用語の説明	せん断補強として柱主筋を囲み、コンクリートを拘束する役割もある鉄筋。
施工上留意すべきこと	帯筋の末端部には、フックを設ける。また、帯筋は定められた間隔で均等に配置する。

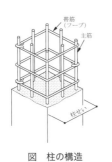

図　柱の構造　　　　　図　梁の構造

b．防水トーチ工法

用 語 の 説 明	トーチで下地と改質アスファルトシート裏面をあぶり、溶融し張り付ける工法。
施　工　上 留意すべきこと	シートの裏面及び下地を均一にあぶり、改質アスファルトシート相互の重ね幅は、長手・幅とも 100mm 以上として、水下から張り始める。

図　トーチ工法

c．機械ごて

用 語 の 説 明	機械にこてが付いていて、回転させながらコンクリートを平滑に均す動力機械。
施　工　上 留意すべきこと	コンクリートがアミゲタで乗れる程度になった時点で、機械ごての円盤を回転させて、水分が吸いやすいように表面の薄い層を取り除きながら仕上げる。

d．クローラークレーン

用 語 の 説 明	キャタピラで走行し、不特定の場所へ自力移動して作業できる移動式クレーン。
施　工　上 留意すべきこと	吊上げ走行中に荷の巻上げ・巻下げや、ジブの起伏・伸縮などのクレーン操作を行ってはならない。

図　クローラークレーン

問題 p.242

202

e．コンクリートのブリーディング

用 語 の 説 明	コンクリート打設後、練混ぜ水の一部がコンクリート上面に上昇する現象。
施 工 上 留意すべきこと	規定の水セメント比を確保し、発生したブリーディング水はコンクリートの凝結前に、タンピング等で処置を行う。

f．スタッド溶接

用 語 の 説 明	梁フランジとスラブのずれ防止として、梁フランジに鋼棒を取り付ける溶接。
施 工 上 留意すべきこと	電源は専用電源とし、下向き姿勢で行う。仕上がり高さの限界許容差は、指定した寸法の±2㎜以内、傾きの限界許容差は5°以内とする。

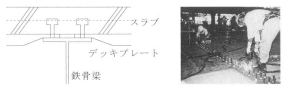

図　梁フランジへの取付け

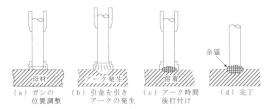

（a）ガンの　　（b）引金を引き　（c）アーク時間　（d）完了
　位置調整　　　アークの発生　　後打付け

図　スタッド溶接

g．コーナービード

用 語 の 説 明	軟質な壁下地において、壁・柱等の出隅部を保護するための部材。
施 工 上 留意すべきこと	出隅の通りがよくなるように、通りよく鉛直に取り付ける。取付け後、コーナービードと周囲との段差をなくすため、パテ処理によって平滑に仕上げる。

203

問題　p.242

h．タイル張りのヴィブラート工法

用 語 の 説 明	タイル用振動機を用いて、下地に塗った張付けモルタルにタイルを張る工法。
施　工　上 留意すべきこと	タイル用振動機（ヴィブラート）による加振は、張付けモルタルがタイルの四周から目地部分に盛り上がる状態になるまで行う。

図　ヴィブラート工法

i．天井インサート

用 語 の 説 明	天井吊りボルト等を取り付けるため、スラブ下端などに埋め込む金具。
施　工　上 留意すべきこと	軽量鉄骨天井下地の吊りボルト用の場合には、設備ダクトや照明器具などの位置を避け、周囲は壁際から150mm以内に配置し、間隔は900mm程度とする。

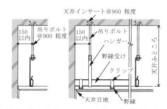

図　吊りボルト（インサート）の配置（単位：mm）

j．床付け

用 語 の 説 明	地盤を定められた位置まで掘削し、根切り底の面を平らにすること。
施　工　上 留意すべきこと	機械掘削をする場合には、30〜50cm程度を残して、最終仕上げを手掘りとするか、爪がない特殊バケットを取り付け、床付け面を乱さないようにする。

k．布基礎

用　語　の　説　明	Tの字を逆にした断面形状の鉄筋コンクリートが、連続して設けられた基礎。
施　　工　　上留意すべきこと	掘削の際は、一般に法尻と基礎との間隔は300 〜 600mm程度を見込み、乱した土は取り除き、地盤面を荒らさない。

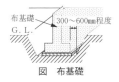

図　布基礎

l．パイプサポート

用　語　の　説　明	梁及び床版などの型枠を支持する鋼管支柱で、長さを調整できるもの。
施　　工　　上留意すべきこと	高さが3.5ｍを超えるときには、高さ２ｍ以内ごとに水平つなぎを直角２方向に設け、かつ、水平つなぎの変位を防止する。

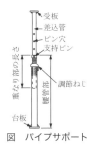

図　パイプサポート

m．ベンチマーク

用　語　の　説　明	建物の高低の基準・位置の基準で、新設した杭等に設けた基準点。
施　　工　　上留意すべきこと	ベンチマークは、原則として、２箇所以上に設置する。また、工事中に移動しないように十分養生して管理する。

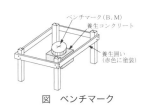

図　ベンチマーク

205

問題 p.242

n．木工事の仕口

用 語 の 説 明	木材の接合について、部材の側面に他の部材をある角度で接合する部分。
施 工 上 留意すべきこと	すき間が生じないように相互の部材を密着させる。また、木材の乾燥収縮によりすき間が生じることもあるので、補強金物を用いる。

問題3

【解答】

		解答	
1.	Aに該当する作業名	デッキプレート敷き	
	Bに該当する作業名	天井せっこうボード下地ロックウール化粧吸音板張り	
2.	建具工事の外部サッシ取付け完了日		4月次中旬
3.	2月末までの実績出来高の累計金額		1,920万円
4.	2月末までの実績出来高と予定出来高の累計金額の差／総工事金額		2％
5.	4月末までの実績出来高の累計金額／総工事金額		67％

【解説】

1. 一般的な鉄骨造の躯体工事の手順は、アンカーボルトの設置→鉄骨建方・本締め→デッキプレート敷き→スタッドジベル溶接→床コンクリート打設の順に進める。よって、Aに該当する作業名は**デッキプレート敷き**である。

   Bは壁・天井軽鉄下地、壁ボード張り終了後に開始し、内部塗装開始前に終了している。内部塗装工事開始前には、壁ボード張りとともに、天井の仕上げも完了していることが望ましい。

   したがって、Bに該当する作業名は**天井せっこうボード下地ロックウール化粧吸音板張り**である。

2. 一般的な鉄骨造タイル張りの外装工事の手順は、外壁取付け→外部サッシ取付け→タイル張りの順に進める。ECP取付けが4月次上旬に完了し、また、タイル張り・目地詰めが4月次下旬に開始していることから、前後作業のラップを最小限にすることを考えると、外部サッシ取付け開始日は4月次上旬または中旬、完了日は**4月次**

中旬が最も好ましい。

3. 出来高表において、1月の実績
出来高を合計すると、

50万円 + 350万円 + 300万
円 + 50万円 = 750万円

また、2月の実績出来高を合計
すると、

70万円 + 200万円 + 150万
円 + 650万円 + 100万円 =
1,170万円

2月末までの実績出来高の累計
金額は、1月の実績出来高と2
月の実績出来高の合計となり、

750万円 + 1,170万円 =
1,920万円となる。

4. 出来高表において、1月の予定
出来高を合計すると、

50万円 + 350万円 + 320万
円 + 100万円 = 820万円

また、2月の予定出来高を合計
すると、

70万円 + 200万円 + 150万
円 + 700万円 + 100万円 =
1,220万円

2月末までの予定出来高の累計
金額は、1月の予定出来高と2
月の予定出来高の合計となり、

820万円 + 1,220万円 =
2,040万円

したがって、**3.** で算出した2
月末までの実績出来高1,920万
円と予定出来高2,040万円の差
は120万円となり、その総工

事金額6,000万円に対する比率
をパーセントで計算すると、

120万円 ÷ 6,000万円 × 100
= **2%**となる。

5. 設問では、出来高表には外部
サッシ工事の工事金額は記載し
ていないとあるので、外部サッ
シ工事の出来高を検討する。出
来高表の「建具工事の工事金額
400万円」から「5月の内部建
具取付けの予定金額100万円」
を差し引いた300万円が外部
サッシ取付けの工事金額とな
る。設問**2.**より、外部サッシ
取付けは開始から完了まで4月
中に行われていることから、4
月の建具工事の出来高は、予
定・実績とも300万円となる。
それを出来高表に書き加える
と、次の通りとなる。

ここで、出来高表において、3
月の実績出来高を合計すると、

150万円 + 350万円 + 80万
円 + 550万円 + 100万円 =
1,230万円

また、4月の実績出来高を合計
すると、

20万円 + 70万円 + 50万円
+ 300万円 + 300万円 + 80
万円 + 50万円 = 870万円

1月から2月末までの実績出来
高の累計は、**3.** で求めた
1,920万円

207

したがって、4月末までの実績出来高の累計は、1月から4月の実績出来高の合計となり、

1,920万円 + 1,230万円 + 870万円 = 4,020万円

総工事金額は6,000万円である

ため、4月末までの実績出来高の累計金額の総工事金額に対する比率をパーセントで表すと、

4,020万円 ÷ 6,000万円 × 100 = **67%** となる。

出来高表

単位　万円

工　　　種	工事金額	予定/実績	1 月	2 月	3 月	4 月	5 月	6 月
仮 設 工 事	500	予定	50	70	180	20	150	30
		実績	50	70	150	20		
土 工 事 地 業 工 事	550	予定	350	200				
		実績	350	200				
鉄筋・型枠 コンクリート工事	800	予定	320	150	330			
		実績	300	150	350			
鉄 骨 工 事	800	予定		700	50	50		
		実績		650	80	70		
防 水 工 事	90	予定				60	20	10
		実績				50		
外 壁 工 事	950	予定			550	300	100	
		実績			550	300		
建 具 工 事	400	予定				300	100	
		実績				300		
金 属 工 事	100	予定				80	10	10
		実績				80		
内 装 工 事	540	予定					350	190
		実績						
塗 装 工 事	70	予定					50	20
		実績						
外 構 工 事	200	予定					50	150
		実績						
設 備 工 事	1,000	予定	100	100	100	50	550	100
		実績	50	100	100	50		
総 工 事 金 額	6,000	予定						
		実績						

問題 4

【解答】

	誤っている語句又は数値の番号	正しい語句又は数値
1.	②	工程
2.	①	1.5
3.	②	危険

【解説】

1. 建設業法（第26条の4 第1項）

   主任技術者及び監理技術者は、工事現場における建設工事を適正に実施するため、当該建設工事の施工計画の作成、工程管理、品質管理その他の技術上の管理及び当該建設工事の施工に従事する者の技術上の指導監督の職務を誠実に行わなければならない。

2. 建築基準法施行令（第136条の 3 第4項）

   建築工事等において深さ1.5m以上の根切り工事を行なう場合においては、地盤が崩壊するおそれがないとき、及び周辺の状

況により危害防止上支障がない
ときを除き、山留めを設けなけ
ればならない。この場合におい
て、山留めの根入れは、周辺の
地盤の安定を**保持**するために相
当な深さとしなければならな
い。

3. 労働安全衛生法（第29条の2）
建設業に属する事業の元方事業
者は、土砂等が崩壊するおそれ
のある場所、機械等が転倒する
おそれのある場所その他の厚生
労働省令で定める場所において
関係請負人の労働者が当該事業
の仕事の作業を行うときは、当
該**関係請負人**が講ずべき当該場
所に係る**危険**を防止するための
措置が適正に講ぜられるよう
に、**技術上の指導**その他の必要
な措置を講じなければならな
い。

問題 5-A【受検種別：建築】
【解答】

		解答
1.	①	40
2.	②	内側
3.	③	徐々に
4.	④	○
5.	⑤	3面
6.	⑥	○
7.	⑦	上向き
8.	⑧	しみ

【解説】

1. 建築物の基礎をべた基礎とする
場合にあっては、原則として一
体の鉄筋コンクリート造とし、
木造の建築物の土台の下にあっ
ては、連続した立上り部分を設
け、立上り部分の高さは地上部
分で**40cm**以上とする。

2. 合板型枠の締付け金物を締めす
ぎると、内端太、外端太が内側
に押され、せき板が**内側**に変形
する。締めすぎへの対策として
は、内端太（縦端太）を締付け
ボルトにできるだけ近接させて
締め付ける。

3. コンクリートの1層の打込み厚
さは、締固めに用いる棒形振動
機部分の長さ以下とし、挿入に
際しては先に打ち込んだコンク
リートの層に棒形振動機の先端
が入るようにし、引き抜く際に
はコンクリートに穴を残さない
ように加振しながら**徐々に**引き
抜かなければならない。

4. 木造の建築物にあっては、地震
力などの水平荷重に対して、建
築物に**ねじれ**を生じないよう
に、筋かい等を入れた軸組を、
張り間方向及び桁行方向にそれ
ぞれにつり合いよく配置する。

5. シーリング工事における鉄筋コ
ンクリート外壁の打継ぎ目地、
ひび割れ誘発目地、建具回り目

令和**2**年度 実地

地等で動きの小さいノンワーキ
ングジョイントの場合の目地構
造は、**3面接着**を標準とする。

6. 金属板葺き屋根工事における下
葺きに使用するアスファルト
ルーフィングは、軒先より葺き
進め、隣接するルーフィングの
重ね幅は、シート短辺部（流れ
方向）は200mm以上、長辺部（長
手方向）は**100**mm以上とする。

7. 仕上塗材の吹付け塗りにおける
吹付けの基本動作は、スプレー
ガンのノズルを常に下地面に対
して直角又はやや**上向き**に保つ
ようにし、縦横2方向に吹くな
ど模様むらが生じないように吹
き付ける。

8. 壁紙張りにおいて、表面に付い
た接着剤や手垢等を放置してお
くと**しみ**の原因となるので、張
り終わった部分ごとに直ちに拭
き取る。

問題5-B【受検種別：躯体】

【解答】

		解答
1.	①	100
	②	埋込み
2.	③	○
	④	共回り
3.	⑤	60
	⑥	15
4.	⑦	防音パネル
	⑧	○

【解説】

1. 既製コンクリート杭地業におけ
るセメントミルク工法におい
て、杭径が300〜500mmの場
合は、杭径よりも**100**mm程度
大きいオーガーヘッドを使用す
る。
   また、掘削は、安定液を用いて
孔壁の崩壊を防止しながら、杭
心に合わせて鉛直に行い、予定
の支持層に達した後、根固め液
及び杭周固定液を注入しながら
アースオーガーを引き抜いてい
き、その後、既製コンクリート
杭を掘削孔内に建て込む。
   この施工法は、既製コンクリー
ト杭の**埋込み**工法に分類され
る。

2. 鉄骨工事におけるトルシア形高
力ボルトを使用する接合部の組
立てにおいて、接合部の材厚の
差などにより、接合部に1mmを

超える肌すきがある場合には、フィラープレートを用いて肌すきを埋める。

締付け後の検査は、一次締付け後に付けたマーキングのずれやピンテールの破断などを確認し、ナットの回転と共にボルトや座金も一緒に回転する**共回り**を生じているボルトは、新しいボルトセットと交換する。

3. コンクリート工事において、公称棒径45mmの棒形振動機を締固めに用いる場合、コンクリートの1層の打込み厚さは、棒形振動機部分の長さである60〜80cm以下とし、棒形振動機の挿入間隔は**60cm**以下とする。

また、棒形振動機は、コンクリート表面にセメントペーストが浮き上がる時まで加振し、加振時間は1箇所当り5〜15秒程度とするのが一般的である。

4. 市街地における、鉄筋コンクリート造建築物の躯体の解体工事を行う場合は、建物の周囲に外部足場を架設し、コンクリート片の飛散防止や騒音防止のため**防音パネル**を足場外面に隙間なく取り付ける。

また、階上解体作業による解体をする場合は、屋上に揚重した解体重機で最上階から解体し、各階の解体は**中央**部から先行して解体していく。解体で発生したコンクリート小片などを利用してスロープをつくり、解体重機を下の階に移動させて順次地上階まで解体していく。

■ **問題5-C【受検種別：仕上げ】**

【解答】

		解答
1.	①	300
	②	○
2.	③	600
	④	水上
3.	⑤	900
	⑥	突付け
4.	⑦	雄ざね
	⑧	○

【解説】

1. アスファルト防水の密着工法において、平場のアスファルトルーフィング類の張付けに先立ち、コンクリート打継ぎ部は、幅50mm程度の絶縁用テープを張った上に幅**300mm**以上の**ストレッチルーフィング**を増張りする。

アスファルトルーフィング類の張付けは、空隙、気泡、しわ等が生じないよう均一に押し均して下層に密着させる。

2. 金属製屋根折板葺における重ね型折板は、各山ごとにタイトフレームに固定ボルト締めとし、

211

折板の流れ方向の重ね部を緊結するボルトの間隔は、600mm程度とする。

棟の納まりについては、棟包みを設け、タイトフレームに固定ボルト等で取り付ける。折板の**水上**には、先端部に雨水を止めるために止水面戸を設け、折板及び面戸に穴をあけないようポンチング等で固定する。

3. 軽量鉄骨壁下地において、コンクリートの床、梁下及びスラブ下に固定するランナーは、両端部から50mm内側をそれぞれ固定し、中間部は900mm程度の間隔で固定する。

また、ランナーの継ぎ手は**突付け継ぎ**とし、ともに端部より50mm内側を打込みピンで固定する。打込みピンは、低速式びょう打銃による発射打込みびょうを用い、使用に当たっては、安全管理に十分注意する。

4. フローリングボード張りにおいて、下張り用合板の上に接着剤を併用してフローリングボードを釘打ちで張り込む場合、張込みに先立ち、フローリングボードの割り付けを行い、接着剤を下張り用合板に塗布し、通りよく敷きならべて押さえ、**雄ざね**の付け根から隠し釘留めとする。

下張り用合板は、乱に継ぎ、継ぎ手部は根太心で突付けとし150mm程度の間隔で釘打ちとする。

2級 建築施工管理技士　実地試験

解答・解説

問題1

[工事概要]

イ. 工事名：セレスプラザ新築工事

ロ. 工事場所：東京都府中市本町●
－●

ハ. 工事の内容
　　建物用途：店舗付き共同住宅
　　構造：鉄筋コンクリート造
　　階数：地上3階
　　延べ面積：3,728m²

主な外部仕上げ：コンクリート
打放し一部タイル張り
主要室の内部仕上げ：床－フ
ローリング張り
壁・天井－ビニルクロス張り

ニ. 工期：平成29年4月～平成29
年12月

ホ. あなたの立場：工事主任

ヘ. 業務内容：施工管理全般

[躯体工事の例]

1.

	選 ん だ 項 目	施工方法又は作業方法	工 種 名	鉄筋工事
(1)	事前に検討したこと行 っ た こ と	鉄筋工事の遅延防止として現場配筋作業の省力化について検討した。検討をもとに、各階の床配筋については、1m×2mの鉄筋格子を採用した。		
	そ の 理 由	全国的な建設労働者不足により、鉄筋工の確保が困難であったことから、鉄筋工事の遅延による躯体工事の遅れ、更には竣工の遅れが懸念されたため。		
	選 ん だ 項 目	資材の搬入又は荷揚げの方法	工 種 名	コンクリート工事
(2)	事前に検討したこと行 っ た こ と	レディーミクストコンクリート工場の選定について検討した。その結果、練混ぜ開始から現場まで1時間以内で到着できる運搬経路の工場を採用した。		
	そ の 理 由	躯体コンクリート打設が夏場にかかることから、工場での練混ぜから打込み終了までの時間が90分を超えないようにする必要があったため。		
	選 ん だ 項 目	施工中又は施工後の養生の方法	工 種 名	コンクリート工事
(3)	事前に検討したこと行 っ た こ と	各階のコンクリート打設後の湿潤養生の方法を検討した。検討をもとに、スラブ上に自動散水装置を設置し、7日間コンクリート表面に散水を行った。		
	そ の 理 由	夏場のコンクリートの打設であり、コンクリート硬化初期に水分が不足すると、水和反応が阻害され、十分な強度が発現しないため。		

問題 p.254

[仕上げ工事の例]

1.

	選 ん だ 項 目	施工方法又は作業方法	工種名	内装工事
(1)	事前に検討したこと 行 っ た こ と	内装工事の省力化・工期短縮を検討した。その結果、壁の石膏ボードについては、天井高さ2,380㎜に合わせて工場でプレカットしたものを採用した。		
	そ の 理 由	梅雨の影響で躯体工事の遅れが想定されたので、現場加工や片付け手間の軽減による内装工事の省力化・工期短縮が必要と考えたため。		
	選 ん だ 項 目	資材の保管又は仮置きの方法	工種名	内装工事
(2)	事前に検討したこと 行 っ た こ と	店舗の床に使用するビニル床シートの保管場所を検討した。検討をもとに、1階部分の乾燥した屋内に縦置きできる専用の保管場所を設けた。		
	そ の 理 由	1階部分は貸店舗であり、店内の仕上げ精度（美観性）が重要と考え、材料の保管時にくせがつかない保管場所が必要と考えたため。		
	選 ん だ 項 目	試験又は検査の方法と時期	工種名	防水工事
(3)	事前に検討したこと 行 っ た こ と	屋上の防水性能確保のための検査方法を検討した。検討をもとに、防水工事前に下地コンクリートに突起物等がないことや下地の含水率を検査した。		
	そ の 理 由	住居系の建物における漏水は最大の欠陥であり、特に屋上からの漏水は、被害が大きい可能性が高く、完全に防止しなければならないと考えたため。		

2.

(1)	有効な方法や手段	鉄筋コンクリート造建物の各階の床型枠について、合板型枠に代えて、せき板廃材の発生の無いフラットデッキを採用する。
	留意すべきこと	フラットデッキは衝撃に弱く、曲がったり、へこんだり、変形しやすいため、養生方法、揚重方法、つり治具等に留意する。
(2)	有効な方法や手段	建具枠や額縁などの内部造作材については、現場加工・現場塗装の仕様に代えて工場生産品を採用し、現場加工に伴う木くずの発生を減らしていく。
	留意すべきこと	工場生産品は仕上げまで施された状態で取り付けられるため、取付け後の傷や変形を防止するための養生方法には十分に留意する。

【解答例】

a. 足場の手すり先行工法

用語の説明	足場組立て時等の墜落を防止するため、床材より手すりを先行設置する工法。
施工上留意すべきこと	先行して取り付ける手すりの取付けは上方作業となるので、手すり材の落下に注意する。解体時も手すりを残した状態で床材を解体する。

b. 型枠のセパレータ

用語の説明	せき板の内側に配置し、せき板の間隔を一定に保つための金物。
施工上留意すべきこと	仕上げがある場合には座金のついたC型セパレーターを、仕上げがない場合にはコーンのついたB型セパレーターを用いる。

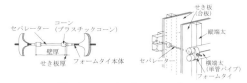

図　セパレーターとフォームタイ

c. 軽量鉄骨壁下地のスペーサー

用語の説明	スタッドのねじれを防止し、スタッドと振止めを固定するために用いる金物。
施工上留意すべきこと	スペーサーは、スタッド建込み前に取り付け、各スタッド端部を押さえ、間隔600mm程度に取り付ける。

d. 鋼矢板

用語の説明	両端に継手のある鋼板製の矢板で、止水性が必要な山留め壁に用いる。
施工上留意すべきこと	ジョイント部のかみ合せを正確に施工する。また、鋼矢板の引抜き時には、数枚引き抜くごとに埋戻しを行い、必要以上に地盤を緩めないようにする。

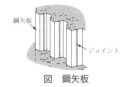

図　鋼矢板

e．コンクリートのスランプ

用 語 の 説 明	フレッシュコンクリートの軟らかさの程度を示す指標の一つ。
施　工　上 留意すべきこと	スランプコーンへの詰込みは、詰め始めてからコーンの引上げ終了まで、3分以内で行う。また、詰込みは3層に分けて行い、各層を25回突く。

図　スランプ（単位：mm）

f．セルフレベリング材工法

用 語 の 説 明	床面にセルフレベリング材を流し簡単に均すだけで、平滑な床下地をつくる工法。
施　工　上 留意すべきこと	流し込み中はできる限り通風をなくし、施工後もセルフレベリング材が硬化するまでは、はなはだしい通風を避ける。

g．鉄筋工事のスペーサー

用 語 の 説 明	鉄筋とせき板の間に入れて、鉄筋のかぶり厚さを確保するもの。
施　工　上 留意すべきこと	種類、数量、間隔を確認し、コンクリート打込み時に脱落しないよう、最外側の鉄筋に堅固に取り付ける。

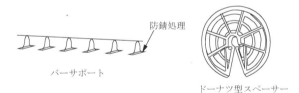

図　スペーサー

h．内壁タイルの接着剤張り工法

用 語 の 説 明	金ごてで仕上げた下地に有機系接着剤を塗布し、タイルを張り付ける工法。
施　工　上 留意すべきこと	接着剤は、こて圧をかけて平坦に下地に塗布し、所定のくし目ごてを用いてくし目を立てる。

問題 p.255

i．被覆アーク溶接

用 語 の 説 明	溶接棒と母材の間に生じるアーク熱で、母材・心線を溶融させて溶接する方法。
施 工 上 留意すべきこと	溶接棒は、開封直後であっても乾燥装置で乾燥してから使用する。特に、低水素系の溶接棒は湿気の影響を受けやすいので、必ず乾燥してから使用する。

j．防水工事の脱気装置

用 語 の 説 明	露出防水絶縁工法において、下地面の湿気を外部に排出する装置。
施 工 上 留意すべきこと	平場部脱気型では防水層平場 $25 \sim 100\,\text{m}^2$ に1個程度、立上り部脱気型では立上り部の長さ10m間隔に1個程度設ける。

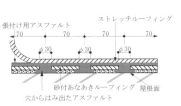

図　絶縁工法の例（単位：mm）

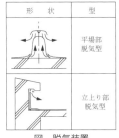

図　脱気装置

k．木工事の大引き

用 語 の 説 明	木造の1階床組みで、根太を受けて床束に荷重を伝える水平部材。
施 工 上 留意すべきこと	大引の継手は、床束心から150mm程度持ち出した位置に設け、腰掛けあり継ぎ、釘2本打ちとする。

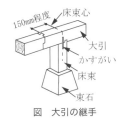

図　大引の継手

217

問題 p.255

l．木造住宅の気密シート

用 語 の 説 明	湿気の透過防止等を目的として、壁部等に張るポリエチレンフィルム。
施 工 上 留意すべきこと	外壁に張る場合、壁体内結露を防止するため、断熱材の室内側に張り、シートの継目は木下地の上で継ぎ、その重ね幅は30mm以上確保する。

m．ルーフドレン

用 語 の 説 明	屋上等の雨水を排水管に流すために、屋上スラブ面等に設ける集水金物。
施 工 上 留意すべきこと	コンクリート面に設置する場合は、ドレンのつばの天端を周辺コンクリート天端より約3～5cmほど下げて、コンクリート打設前に取り付ける。

図　ルーフドレン（縦引き型）

n．陸墨

用 語 の 説 明	高さの基準を示すために壁面等に出した水平墨。
施 工 上 留意すべきこと	1階の陸墨はベンチマークから直接レベル等を用いて出す。2階から上の陸墨は1階の陸墨から出す。

問題3

【解答】

		解答
1.	Aに該当する作業名	アンカーボルト設置
2.	外壁工事の押出成形セメント板取付け終了日	3月次下旬
3.	2月末までの完成出来高の累計	1,950万円
4.	総工事金額に対する4月末までの完成出来高の累計	70%

【解説】

1. 一般的な鉄骨造の手順は、アンカーボルトの設置→鉄骨建方・本締め→デッキプレート→(頭付きスタッド溶接)→スラブコンクリート→外壁取付け工事・耐火被覆→外部サッシ・ガラスの取付けの順に進める。また、アンカーボルトは基礎に埋め込むため、基礎・地中梁のコンクリート打設に先立って設置する。よって、Aに該当する作業名は**アンカーボルト設置**である。

2. 外周部の耐火被覆が合成工法(設問の場合であれば、外周部の耐火被覆に外壁材を利用)のため、押出成形セメント板の取付けを耐火被覆工事に先行させる必要がある。耐火被覆が4月次上旬に開始・終了している。また、外部サッシ取付けと外部シールも4月次上旬から始まっていることから、押出成形セメント板取付け終了日は**3月次下旬**が最も好ましい。

3. 出来高表において、1月の実績出来高を合計すると900万円、また、2月の実績出来高を合計すると1,050万円となる。2月末までの完成出来高の累計は、1月の実績出来高と2月の実績出来高の合計となり、**1,950万円**となる。

4. 設問2.より、押出成形セメント板取付けは3月次下旬に完了しており、外壁工事の工事金額600万円から4月の外壁工事(耐候性塗料塗り)の予定・実績出来高100万円を差し引いた500万円の押出成形セメント板取付け工事が、3月の外壁工事の予定・実績出来高となる。それを加味して3月と4月の実績出来高を計算すると、3月が1,720万円、4月が1,580万円となる。これに3.で求めた1,950万円を加えて、4月末までの完成出来高の累計は5,250万円となる。したがって、総工事金額7,500万円に対する4月末までの完成出来高の累計をパーセントで表すと、5,250万円÷7,500万円=**70%**となる。

問題 p.256

出 来 高 表

単位　万円

工　　種	工事金額	予定/実績	1月	2月	3月	4月	5月	6月
仮 設 工 事	750	予定	50	200	200	50	150	100
		実績	50	200	200	50		
土 工 事	600	予定	400	120	80			
		実績	400	120	80			
地 業 工 事	200	予定	200					
		実績	200					
鉄筋・型枠 コンクリート工事	900	予定	200	300	400			
		実績	200	350	350			
鉄 骨 工 事	950	予定		270	500	180		
		実績		280	490	180		
防 水 工 事	200	予定				150		50
		実績				150		
外 壁 工 事	600	予定			500	100		
		実績			500	100		
建 具 工 事	520	予定				420	100	
		実績				400		
金 属 工 事	200	予定				200		
		実績				200		
内 装 工 事	1,000	予定					350	650
		実績						
塗 装 工 事	180	予定					120	60
		実績						
設 備 工 事	1,400	予定	50	100	100	650	300	200
		実績	50	100	100	500		
総 工 事 金 額	7,500	予定						
		実績						

問題4

【解答】

	誤っている語句の番号	正しい語句
1.	③	注文者
2.	②	基礎
3.	③	配置

【解説】

1. 建設業法（第19条の2 第1項）
請負人は、請負契約の**履行**に関し工事現場に現場代理人を置く場合においては、当該現場代理人の**権限**に関する事項及び当該現場代理人の行為についての**注文者**の請負人に対する意見の申出の方法（第3項において「現場代理人に関する事項」という。）を、書面により**注文者**に通知しなければならない。

2. 建築基準法施行令（第136条の3 第3項）
建築工事等において建築物その他の工作物に近接して**根切り**工事その他土地の掘削を行なう場合においては、当該工作物の**基礎**又は地盤を補強して構造耐力の低下を防止し、急激な排水を避ける等その傾斜又は倒壊による**危害**の発生を防止するための措置を講じなければならない。

3. 労働安全衛生法（第60条）
事業者は、その事業場の業種が政令で定めるものに該当するときは、新たに職務につくこととなった**職長**その他の作業中の**労働者**を直接指導又は監督する者

（作業主任者を除く。）に対し、次の事項について、厚生労働省令で定めるところにより、安全又は衛生のための教育を行なわなければならない。

1　作業方法の決定及び労働者の**配置**に関すること。

2　労働者に対する指導又は監督の方法に関すること。

3　前2号に掲げるもののほか、労働災害を防止するため必要な事項で、厚生労働省令で定めるもの

問題5-A【受検種別：建築】
【解答】

		解答
1.	①	下げ振り
2.	②	重ね
3.	③	3
4.	④	○
5.	⑤	150
6.	⑥	上部
7.	⑦	室内
8.	⑧	○

【解説】

1. 一般に1階床の基準墨は、上階の基準墨の基になるので特に正確を期す必要がある。2階より上では、通常建築物の四隅の床に小さな穴を開けておき、**下げ振り**により1階から上階に基準墨を上げていく。この作業を墨の引通しという。

2. 鉄筋の継手は、硬化したコンクリートとの付着により鉄筋の応力を伝達する**重ね**継手と、鉄筋の応力を直接伝達するガス圧接継手や溶接継手などに大別される。

3. 鉄骨のアンカーボルトに二重ナットを使用する場合、一般にボルト上部の出の高さは、ナット締め後のネジ山がナット面から**3**山以上とする。

4. 建設リサイクル法の対象となる木造住宅の解体工事においては、**分別**解体の計画書を作成し、原則として屋根葺き材の撤去は手作業で行う。

5. アスファルト防水において、立上りのルーフィング類を平場と別に張り付ける場合、平場と立上りのルーフィング類は、重ね幅を**150**mm以上とって張り重ねる。

6. 外壁の陶磁器質タイルを密着張りとする場合、張付けモルタルを塗り付けた後、タイルを**上部**から一段おきに水糸に合わせて張り付け、その後、その間を埋めていくように張り付ける。

7. 型板ガラスは、片側表面にいろいろな型模様をつけたガラスで、外部建具に用いる場合、型模様面を、一般に**室内**側にして

問題　p.259

取り付ける。

8. 内装工事で使用される**シージング**せっこうボードは、両面のボード用原紙と心材のせっこうに防水処理を施したもので、屋内の台所や洗面所などの壁や天井の下地材として使用される。

問題 5-B【受検種別：躯体】
【解答】

		解答
1.	①	ヒービング
	②	○
2.	③	1.1
	④	1/5
3.	⑤	○
	⑥	直角
4.	⑦	大きく
	⑧	50

【解説】

1. 土工事において、軟弱な粘土質地盤を掘削する場合に、根切り底面付近の地盤が山留壁の背面から回り込むような状態で膨れ上がる現象を**ヒービング**という。

   また、砂質地盤を掘削する場合に、根切り底面付近の砂質地盤に**上向き**の浸透流が生じ、この水流によって砂が沸騰したような状態で根切り底を破壊する現象をボイリングという。

2. 鉄筋（SD345）のガス圧接継手において、同径の鉄筋を圧接する場合、圧接部のふくらみの直径は鉄筋径ｄの1.4倍以上とし、かつ、その長さを鉄筋径ｄの**1.1**倍以上とする。

   また、圧接面のずれは鉄筋径ｄの1/4以下、圧接部における鉄筋の中心軸の偏心量は鉄筋径ｄの**1/5**以下、圧接部の折曲がりは2度以下、片ふくらみは鉄筋径ｄの1/5以下とする。

   ただし、ｄは異形鉄筋の呼び名に用いた数値とする。

3. 鉄筋コンクリート造でコンクリートを打ち継ぐ場合、打継ぎ部の位置は、構造部材の耐力への影響が最も少ない位置に定めるものとし、梁、床スラブ及び屋根スラブの鉛直打継ぎ部は、スパンの中央又は端から1/4付近に設け、柱及び壁の水平打継ぎ部は、床スラブ及び梁の上端に設ける。

   また、打継ぎ部の形状は、構造部材の耐力の低下が少なく、コンクリート打込み前の打継ぎ部の処理が円滑に行え、かつ、新たに打ち込むコンクリートの締固めが容易に行えるものとし、柱及び梁の打継ぎ面は主筋に**直角**となるようにする。

4. 鉄骨工事における露出形式の柱脚ベースプレートの支持方法で

あるベースモルタルの後詰め中心塗り工法は、一般にベースプレートの面積が**大きく**、全面をベースモルタルに密着させることが困難な場合や建入れの調整を容易にするために広く使われている。

また、ベースモルタルの厚さは**50mm**以下、中心塗り部分の大きさは200〜300mmの角形又は円形とし、建て方中に柱脚に作用する応力に見合うものとする。

問題5-C【受検種別：仕上げ】

【解答】

		解答
1.	①	コンクリート
	②	3
2.	③	ひき立て
	④	木表
3.	⑤	300
	⑥	5
4.	⑦	◯
	⑧	◯

【解説】

1. 鉄筋コンクリート造の外壁面をセメントモルタルによる磁器質タイル張りとする場合のタイル接着力試験は、夏季を除き、タイル施工後2週間以上経過してから行うのが一般的である。

また、タイル接着力試験では、試験体のタイルの目地部分をダイヤモンドカッターで**コンクリート**面まで切り込みを入れ、周囲と絶縁した後、引張試験を行い、引張接着強度と破壊状況を確認する。

なお、試験体のタイルの数は、$100m^2$ごと及びその端数につき1個以上、かつ、全体で**3個**以上とする。

2. 木工事において、製材を加工して内装部材に使用する場合、角材の両面を仕上げる時は、両面合せて5mm程度の削り代を見込んだ**ひき立て**寸法の製材を使用する。

また、敷居や鴨居に溝じゃくりを行う際に、溝じゃくりを行う面に木の表裏がある場合、木の性質として、**木表**側にそる傾向があるため、**木表**側に溝じゃくりを行う。

3. JIS（日本産業規格）の建築用鋼製下地材を用いたせっこうボード壁下地の場合、スタッドは、スタッドの高さによる区分に応じたものを使用する。

また、せっこうボード1枚張りの壁の場合のスタッド間隔は、**300mm**程度として上下ランナーに差し込み、半回転させて取り付ける。

なお、スタッドの建込み間隔の

223

精度は、±5㎜以下として、せっこうボードを張り付ける。

4. 塩化ビニル系床シートの熱溶接工法では、床シート張り付け後12時間以上の接着剤の硬化時間を置き溶接作業にかかる。

また、床シートの溶接部は、床シート厚さの1/2 ～ 2/3程度の深さでV字又はU字に溝を切り、熱溶接機を用いて床シートと溶接棒を**同時**に溶融させて、余盛りができる程度に加圧しながら溶接する。

なお、余盛りは、溶接部が冷却した後に削り取る。

2級 建築施工管理技士 　実地試験

解答・解説

問題1

[工事概要]

イ. 工事名：大熊マンション新築工事

ロ. 工事場所：東京都府中市本町●
－●

ハ. 工事の内容
建物用途：店舗付き共同住宅
構造：鉄筋コンクリート造
階数：地上5階
延べ面積：4,250m²

主な外部仕上げ：コンクリート
打放し一部タイル張り
主要室の内部仕上げ：床－フ
ローリング張り
壁・天井－ビニルクロス張り

ニ. 工期：平成25年7月～平成26
年3月

ホ. あなたの立場：工事主任

ヘ. 業務内容：施工管理全般

[躯体工事の例]

1.

	工　種　名	鉄筋工事
(1)	不具合と要因	柱・梁において、鉄筋のかぶり厚さ不足が要因となり、鉄筋位置までの中性化の進行が早まり、鉄筋が腐食しコンクリートの爆裂が発生する。
	行ったこと	鉄筋組立て後、スペーサーの種類、個数、取付け間隔を目視及びスケールで確認するとともに、型枠組立て後、スペーサーの固定状況を確認した。
(2)	工　種　名	型枠工事
	不具合と要因	縦端太やセパレーターの間隔が大き過ぎたり、フォームタイの締付け不足が要因となり、外壁打放しコンクリートに不陸が発生する。
	行ったこと	外壁打放し型枠について、縦端太、セパレーターの間隔を目視及びスケールで確認するとともに、コンクリート打設前にフォームタイの締付け状況を確認した。
(3)	工　種　名	コンクリート工事
	不具合と要因	外壁コンクリートの打重ね部におけるコンクリートの締固め不良が要因となり、先に打設したコンクリートと一体化せず、コールドジョイントが発生する。
	行ったこと	コンクリート1層の打込み厚さを60cm以下とし、棒形振動機の先端から70cmの箇所にテープを巻き、その位置まで挿入されていることを確認した。

[仕上げ工事の例]

1.

	工　種　名	防水工事
(1)	不具合と要因	屋上防水工事において、コンクリート下地の含水率が大きいことが要因となり、防水層の接着不良、ふくれや破損が起きることで、屋上からの漏水が発生する。
	行ったこと	アスファルト防水下地コンクリートの含水率を高周波水分計にて測定し、含水率が当社規定値の6%以下であることを確認し、チェックリストに記録した。
(2)	工　種　名	軽量鉄骨工事
	不具合と要因	スタッドの鉛直精度が確保されていないことが要因となり、間仕切り壁に傾きが生じて、間仕切り壁の仕上げに歪みが生じる。
	行ったこと	上下の墨とランナーのずれを目視で確認し、倒れの恐れのある部位は下げ振りを当て、上下ランナーのずれが2mm以内であることを確認し、チェックリストに記録した。
(3)	工　種　名	内部建具工事
	不具合と要因	建具枠の取付け精度が確保されていないことが要因となり、建具と枠が接触するなどで、建具の開閉性が悪くなる。
	行ったこと	建具枠の倒れについては下げ振りで2mm以内、対角寸法差については対角測定治具で3mm以内であることを確認し、チェックリストに記録した。

2.

	方法や手段	管理項目、管理許容差の掲載されているチェックリストに基づいて検査し、手直し部分はチェックリストに記録し、手直し確認後、保存する。
(1)	有効だと考える理由	チェックリストは過去の経験に基づいて作成した品質管理をする上で重要なものであり、それに記録して管理することにより、瑕疵の見落としがなくなるため。
(2)	方法や手段	一つの現場で出た問題点は社内でデータ化して共有し、次の物件にフィードバックしていく。そのサイクルを繰り返していき、建物の品質を向上していく。
	有効だと考える理由	それぞれの現場で出た問題点と対策をデータベースに蓄積していくことで、以後の現場で発生する問題点に対して最適な対策がとれると考えるため。

【解答例】

①あばら筋

用 語 の 説 明	せん断補強として、梁の上下主筋を囲む鉄筋。
施　工　上 留意すべき内容	あばら筋の端部にはフックを設ける。また、あばら筋は定められた間隔で均等に配置する。

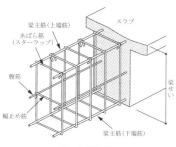

図　あばら筋

②型枠のフォームタイ

用 語 の 説 明	セパレーター両端にせき板を挟み締め付け、せき板が広がるのを防止する金物。
施　工　上 留意すべき内容	型枠組立て完了後、コンクリート打設前にフォームタイの緩みや締め忘れがないか点検する。

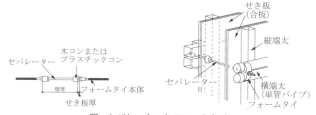

図　セパレーターとフォームタイ

③コンクリートポンプ工法の先送りモルタル

用 語 の 説 明	コンクリートの圧送に先立ち、輸送管に流す富調合のモルタル。
施　工　上 留意すべき内容	打設するコンクリートと同等以上の強度を有するものとし、型枠内には打ち込まずに廃棄する。

227

④テーパーエッジせっこうボードの継目処理

用 語 の 説 明	テーパーエッジのせっこうボード継目部を平たんな状態にする工法。
施　工　上 留意すべき内容	ジョイントコンパウンドは、こてむらなく平たんに塗り付ける。また、乾燥時間の確保に留意する。

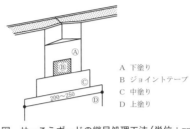

A　下塗り
B　ジョイントテープ
C　中塗り
D　上塗り

図　せっこうボードの継目処理工法（単位：mm）

⑤吹付け塗装のエアレススプレー塗り

用 語 の 説 明	スプレーガンのノズルチップから塗料を霧化して吹き付ける方式。
施　工　上 留意すべき内容	塗料に適合したノズルチップを選定する。被塗物とスプレーガンとの距離及び運行速度を一定に保ち施工する。

⑥ボンドブレーカー

用 語 の 説 明	3面接着を避けるために、シーリングの目地底に張り付けるテープ状の材料。
施　工　上 留意すべき内容	ボンドブレーカーを張り付ける前に、目地底の突起物の除去や清掃を確実に行い、施工後は、目地底に一様に張り付けてあるか、確認する。

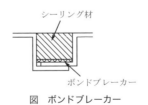

シーリング材

ボンドブレーカー

図　ボンドブレーカー

⑦床コンクリートの直均し仕上げ

用 語 の 説 明	床コンクリート打設時に硬化を見計らって金ごてで仕上げる方法。
施　工　上 留意すべき内容	コンクリートは、できる限り硬練りのものを使用し、金ごて仕上げの初回は、踏み板の上に乗ってもほとんど沈まなくなったときに行う。

⑧親綱

用 語 の 説 明	高所作業時に、墜落制止用器具等を掛けるために張り渡した仮設のロープ。
施　工　上 留意すべき内容	墜落した際の衝撃に耐えられるように、緩みなく、堅固に固定する。梁上作業に用いる場合は、鉄骨建方時に梁を吊り上げる際、梁に取り付けておく。

⑨金属製折板葺きのタイトフレーム

用 語 の 説 明	屋根下地鉄骨に溶接して取り付け、折板をボルト留めするための下地鋼材。
施　工　上 留意すべき内容	タイトフレームは、受梁にアーク溶接（隅肉溶接）とし、溶接後はスラグを除去し、錆止めを行う。

⑩タイル張りのヴィブラート工法

用 語 の 説 明	タイル用振動機を用いて、下地に塗った張付けモルタルにタイルを張る工法。
施　工　上 留意すべき内容	タイル用振動機（ヴィブラート）による加振は、張付けモルタルがタイルの四周から目地部分に盛り上がる状態になるまで行う。

⑪鉄骨の地組

用 語 の 説 明	鉄骨の一部を地上で組み立て、クレーンで吊り施工部位に取り付けること。
施　工　上 留意すべき内容	地上での組立ての際は地組に必要な架台やジグを使用し、組み立てた部分の寸法精度を確認してから吊り込む。

平成30年度 実地

問題 p.267

⑫べた基礎

用 語 の 説 明	総掘りして、建物の底面全体に築造されるマット基礎等の直接基礎。
施 工 上 留意すべき内容	ベースコンクリート打設時の配筋の乱れを防止するため、ベース筋相互の交点の結束を堅固に行う。

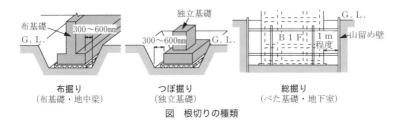

布掘り
（布基礎・地中梁）

つぼ掘り
（独立基礎）

総掘り
（べた基礎・地下室）

図　根切りの種類

⑬木造在来軸組構法のアンカーボルト

用 語 の 説 明	布基礎と土台を一体化するために、締め付けるボルト。
施 工 上 留意すべき内容	布基礎に取り付けるアンカーボルトの間隔は、2.7 m以下とする。（階数が2以下の軸組工法の場合）

⑭ローリングタワー

用 語 の 説 明	鋼管枠を組み最上段に作業床を設け、脚部に脚輪を取り付けた移動式足場。
施 工 上 留意すべき内容	作業中はブレーキ等で脚輪を固定し、足場の一部を建物の一部等に固定する。また、作業者を乗せたままで移動してはならない。

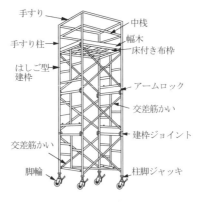

図　ローリングタワー

【解答】

		解答
1.	Aに該当する作業名	根切り
2.	耐火被覆作業の開始日	3月次中旬（下旬）
3.	総工事金額に対する4月末までの完成出来高の累計	80%

【解説】

1. 土工事・基礎工事としては、鋼矢板などの山留め壁を設置した後、基礎を造るために地盤を掘削し、砂利・捨コンクリートへと工事を進める。Aに該当する作業名は、**根切り**である。

2. 外周部の耐火被覆が合成工法のため、ALCパネルの取付けを先行させる必要がある。ALCパネル取付けが3月次中旬から始まり3月次下旬に終了していることから、耐火被覆作業の開始日は**3月次中旬**、遅くとも**3月次下旬**となる。終了日は、壁軽量鉄骨下地組が4月次上旬に開始・終了していることから、3月次下旬が妥当である。

3. 工程表からスタッド溶接は3月次上旬に開始・終了しており、**2.** より耐火被覆は3月次中旬（または下旬）に開始、3月次下旬に終了する。また、その2つの工事金額は、鉄骨工事の工事金額1,100万円から2月の900万円を差し引いた200万円である。ともに3月中の工事であるため、鉄骨工事の3月次出来高は200万円となる。それを加味して1月から4月までの実績を計算すると、その総額4,800万円が4月末までの完成

出 来 高 表　　　　　　　　　　　　　　　　　　　　　　　　　　　　　　単位　万円

工　　　　種	工事金額	予定 実績	1月	2月	3月	4月	5月	6月	4月末までの完成出来高
仮 設 工 事	400	予定	50	100	50	50	100	50	250
		実績	50	100	50	50			
土工事・基礎工事	550	予定	550						550
		実績	550						
鉄 筋・型 枠 コンクリート工事	800	予定	400	150	250				800
		実績	400	100	300				
鉄 骨 工 事	1,100	予定		900	200				1,100
		実績		900	200				
防 水 工 事	100	予定				100			100
		実績				100			
外 壁 工 事	600	予定			550	50			600
		実績			550	50			
建 具 工 事	500	予定			200	300			500
		実績			200	300			
金 属 工 事	200	予定				200			200
		実績				200			
内 装 工 事	650	予定				200	250	200	200
		実績				200			
塗 装 工 事	100	予定					100		0
		実績							
設 備 工 事	1,000	予定	50	50	150	350	300	100	500
		実績	50	50	150	250			
総 工 事 金 額	6,000	予定							4,800
		実績							

231

出来高の累計となる。したがって、総工事金額6,000万円に対する4月末までの完成出来高の累計は、4,800万円÷6,000万円＝**80%**となる。

問題4
【解答】

	誤っている語句又は数値の番号	正しい語句又は数値
1.	③	検査
2.	②	施工者
3.	②	技能

【解説】

1. 建設業法（第24条の4 第1項）
元請負人は、**下請負人**からその請け負った建設工事が完成した旨の通知を受けたときは、当該通知を受けた日から**20**日以内で、かつ、できる限り短い期間内に、その完成を確認するための**検査**を完了しなければならない。

2. 建築基準法（第90条 第1項）
建築物の建築、修繕、**模様替**又は除却のための工事の**施工者**は、当該工事の施工に伴う地盤の崩落、建築物又は工事用の**工作物**の倒壊等による危害を防止するために必要な措置を講じなければならない。

3. 労働安全衛生法（第61条 第1項）
事業者は、クレーンの運転その他の業務で、政令で定めるものについては、都道府県労働局長の当該業務に係る**免許**を受けた者又は都道府県労働局長の登録を受けた者が行う当該業務に係る**技能**講習を修了した者その他厚生労働省令で定める**資格**を有する者でなければ、当該業務に就かせてはならない。

問題5-A【受検種別：建築】
【解答】

	解答
1.	縄張り
2.	300
3.	根巻き
4.	○
5.	1.8
6.	貧調合
7.	使用量
8.	○

【解説】

1. 建築物の位置を定めるために、建築物の外形と内部の主要な間仕切の中心線上に、縄やビニルひもを張って建築物の位置を地面に表すことを**縄張り**という。このとき、建築物の隅には地杭を打ち、地縄を張りめぐらす。

2. 透水性の悪い山砂を埋戻し土に用いる場合の締固めは、建物躯体等のコンクリート強度が発現していることを確認のうえ、厚

さ300mm程度ごとにローラーやタンパーなどで締め固める。入隅などの狭い個所の締固めには、振動コンパクターやタンパーなどを使用する。

3. 柱や壁の型枠を組み立てる場合、足元を正しい位置に固定するために、**根巻き**を行う。敷桟で行う場合にはコンクリート漏れ防止に、パッキングを使用する方法やプラスチックアングルを使用する方法などがある。

4. 高力ボルトの締付けは、ナットの下に座金を敷き、ナットを回転させることにより行う。ナットは、ボルトに取付け後に等級の**表示記号**が外側から見える向きに取り付ける。

5. JISによる建築用鋼製下地材を用いた軽量鉄骨天井下地工事において、天井のふところが1.5m以上3m以下の場合は、吊りボルトの水平補強、斜め補強を行う。水平補強の補強材の間隔は、縦横方向に1.8m程度の間隔で配置する。

6. 壁下地に用いるセメントモルタルを現場調合とする場合、セメントモルタルの練混ぜは、機械練りを原則とし、上塗りモルタルの調合は、下塗りモルタルに比べ**貧調合**としてセメントと細骨材を十分に空練りし、水を加

えてよく練り合わせる。

7. 塗装工事において、所定の塗膜厚さを得られているか否かを確認する方法として、塗料の**使用量**から塗装した面積当たりの塗料の塗付け量を推定する方法や、専用測定器により膜厚を測定する方法がある。

8. 断熱工事における吹付け硬質ウレタンフォームの吹付け工法は、その主な特徴として、窓回りなど複雑な形状の場所への吹付けが容易なこと、継ぎ目のない連続した断熱層が得られること、平滑な表面を**得にくい**こと、施工技術が要求されることなどがあげられる。

問題 5-B【受検種別：躯体】

【解答】

		解答
1.	①	テープ合わせ
	②	50
2.	③	京呂組
	④	○
3.	⑤	○
	⑥	25
4.	⑦	開始
	⑧	90

【解説】

1. 墨出し等に用いる鋼製巻尺は、工事着手前に**テープ合わせ**を行い、同じ精度を有する鋼製巻尺

問題 p.273

を2本以上用意して、1本は基準鋼製巻尺として保管しておく。

テープ合わせの際には、それぞれの鋼製巻尺に一定の張力を与えて、相互の誤差を確認する。建築現場では特に規定しない場合は、通常50Nの張力としている。

2. 木構造の在来軸組構法における和小屋において、次の図の束立て小屋組は、小屋梁を約1,800mm間隔にかけ、その上に約900mm間隔に小屋束を立て、小屋束で棟木や母屋などを支える小屋組である。

束立て小屋組の中で、小屋梁を軒桁の上に乗せかけるかけ方を**京呂組**といい、小屋梁を軒桁の上に乗せかける仕口はかぶとあり掛けで納め、羽子板ボルト締めとする。棟木の継手は、小屋束心より約150mm持出し腰掛あり継ぎ、両面かすがい打ちとする。母屋の断面寸法は**90mm角**を標準とし、棟木や母屋には、垂木を取り付けるため垂木欠きを行い、垂木の取付けは母屋の上で、そぎ継ぎとして、釘打ちを行う。

3. 鉄筋相互のあきは、鉄筋とコンクリートの間の**付着**による応力の伝達が十分に行われ、コンク

リートが分離することなく密実に打ち込まれるために必要なものである。

柱や梁の主筋の継手に、ガス圧接継手を採用し、異形鉄筋を用いる場合の鉄筋相互のあきの最小寸法は、隣り合う鉄筋の平均径（呼び名の数値）の1.5倍、粗骨材最大寸法の1.25倍、**25mm**のうちで、最も大きい値以上とする。

4. レディーミクストコンクリートの運搬時間は、JISにおいて、コンクリートの練混ぜ**開始**からトラックアジテータが荷卸し地点に到着するまでの時間として90分以内と規定されている。このため、できるだけ運搬時間が短くなるレディーミクストコンクリート工場の選定をする。また、コンクリートの練混ぜ**開始**から工事現場での打込み終了までの時間は、外気温が25℃未満で120分以内、25℃以上で**90分以内**とする。

打込み継続中の打重ね時間の間隔限度は、外気温が25℃未満のときは150分以内、25℃以上のときは120分以内を目安とし、先に打ち込まれたコンクリートの再振動が可能な時間内とする。

【解答】

		解答
1.	①	200
	②	沈める
2.	③	60
	④	○
3.	⑤	600
	⑥	尾垂れ
4.	⑦	○
	⑧	むくり

【解説】

1. 改質アスファルトシート防水トーチ工法・露出仕様の場合、改質アスファルトシート相互の接続部の重ね幅は、長手方向及び幅方向とも100mm以上とし、出隅及び入隅には、改質アスファルトシートの張付けに先立ち、幅200mm程度の増張り用シートを張り付ける。

   露出用改質アスファルトシートの幅方向の接合部などで、下側のシートの砂面に上側のシートを接合するときには、下側のシートの砂面をあぶって砂を沈めるか、砂をかき取ってから、上側シートの裏面を十分にあぶって重ね合わせる。

2. 有機系接着剤による外壁陶磁器質タイル張りにおいては、タイルと接着剤の接着状況を、張付け作業の途中に確認するとよい。

   作業の途中に、張り付けた直後のタイルを1枚はがしてみて、タイル裏面に対して接着剤が60%以上の部分に接着しており、かつ、タイル裏の全面に均等に接着していることを確認した後、次のタイルの張付け作業にかかる。

3. 重ね形折板を用いた折板葺においては、折板をタイトフレームに固定した後、折板の重ね部を600mm程度の間隔で緊結ボルト止めを行う。

   軒先の水切れを良くするために尾垂れを付ける場合は、つかみ箸等で軒先先端の溝部分を15°程度折り下げる。

4. 軽量鉄骨天井下地の水平精度は、一般に、基準レベルに対して±10mm以下、水平距離3mに対して±3mm以下程度とされている。

   平らな天井の場合、目の錯覚で中央部が下がって見えることがある。そのため、天井の中央部を基準レベルよりも吊り上げる方法が行われている。この方法をむくりといい、室内天井張りのスパンに対して1/500から1/1,000程度が適当とされている。

平成30年度 実地

※配点は、1問1点
　No.39 ～ 42は選んだ肢の番号が2つとも正しい場合のみ正答となります。

9問題を選択し、解答してください。				
No. 1	①	②	③	④
No. 2	①	②	③	④
No. 3	①	②	③	④
No. 4	①	②	③	④
No. 5	①	②	③	④
No. 6	①	②	③	④
No. 7	①	②	③	④
No. 8	①	②	③	④
No. 9	①	②	③	④
No.10	①	②	③	④
No.11	①	②	③	④
No.12	①	②	③	④
No.13	①	②	③	④
No.14	①	②	③	④

全問題解答してください。				
No.15	①	②	③	④
No.16	①	②	③	④
No.17	①	②	③	④

8問題を選択し、解答してください。				
No.18	①	②	③	④
No.19	①	②	③	④
No.20	①	②	③	④
No.21	①	②	③	④
No.22	①	②	③	④
No.23	①	②	③	④
No.24	①	②	③	④
No.25	①	②	③	④
No.26	①	②	③	④
No.27	①	②	③	④
No.28	①	②	③	④

全問題解答してください。				
No.29	①	②	③	④
No.30	①	②	③	④
No.31	①	②	③	④
No.32	①	②	③	④
No.33	①	②	③	④
No.34	①	②	③	④
No.35	①	②	③	④
No.36	①	②	③	④
No.37	①	②	③	④
No.38	①	②	③	④

全問題解答してください。（※四肢二択式）				
No.39	①	②	③	④
No.40	①	②	③	④
No.41	①	②	③	④
No.42	①	②	③	④

6問題を選択し、解答してください。				
No.43	①	②	③	④
No.44	①	②	③	④
No.45	①	②	③	④
No.46	①	②	③	④
No.47	①	②	③	④
No.48	①	②	③	④
No.49	①	②	③	④
No.50	①	②	③	④

/40

平成30年、令和元年、令和2年度用 **解 答 用 紙（マークシート）**

※配点は、1問1点

9問題を選択し、解答してください。

No. 1	①	②	③	④
No. 2	①	②	③	④
No. 3	①	②	③	④
No. 4	①	②	③	④
No. 5	①	②	③	④
No. 6	①	②	③	④
No. 7	①	②	③	④
No. 8	①	②	③	④
No. 9	①	②	③	④
No.10	①	②	③	④
No.11	①	②	③	④
No.12	①	②	③	④
No.13	①	②	③	④
No.14	①	②	③	④

全問題解答してください。

No.15	①	②	③	④
No.16	①	②	③	④
No.17	①	②	③	④

12問題を選択し、解答してください。

No.18	①	②	③	④
No.19	①	②	③	④
No.20	①	②	③	④
No.21	①	②	③	④
No.22	①	②	③	④
No.23	①	②	③	④
No.24	①	②	③	④
No.25	①	②	③	④
No.26	①	②	③	④
No.27	①	②	③	④
No.28	①	②	③	④
No.29	①	②	③	④
No.30	①	②	③	④
No.31	①	②	③	④
No.32	①	②	③	④

全問題解答してください。

No.33	①	②	③	④
No.34	①	②	③	④
No.35	①	②	③	④
No.36	①	②	③	④
No.37	①	②	③	④
No.38	①	②	③	④
No.39	①	②	③	④
No.40	①	②	③	④
No.41	①	②	③	④
No.42	①	②	③	④

6問題を選択し、解答してください。

No.43	①	②	③	④
No.44	①	②	③	④
No.45	①	②	③	④
No.46	①	②	③	④
No.47	①	②	③	④
No.48	①	②	③	④
No.49	①	②	③	④
No.50	①	②	③	④

/40

令和 4 年度　第一次検定（前期）　解答一覧

No. 1	4	No.11	2	No.21	1	No.31	1	No.41	1・3
No. 2	3	No.12	4	No.22	1	No.32	4	No.42	2・4
No. 3	1	No.13	3	No.23	3	No.33	2	No.43	4
No. 4	1	No.14	2	No.24	3	No.34	2	No.44	1
No. 5	1	No.15	3	No.25	1	No.35	4	No.45	3
No. 6	2	No.16	4	No.26	1	No.36	2	No.46	1
No. 7	4	No.17	2	No.27	3	No.37	3	No.47	4
No. 8	2	No.18	4	No.28	4	No.38	3	No.48	1
No. 9	1	No.19	2	No.29	4	No.39	2・3	No.49	1
No.10	2	No.20	2	No.30	4	No.40	1・4	No.50	2

令和 4 年度　第一次検定（後期）　解答一覧

No. 1	2	No.11	4	No.21	1	No.31	1	No.41	1・4
No. 2	2	No.12	4	No.22	2	No.32	2	No.42	3・4
No. 3	1	No.13	3	No.23	3	No.33	2	No.43	2
No. 4	2	No.14	4	No.24	1	No.34	4	No.44	3
No. 5	3	No.15	3	No.25	4	No.35	4	No.45	4
No. 6	4	No.16	4	No.26	3	No.36	3	No.46	1
No. 7	1	No.17	1	No.27	2	No.37	4	No.47	4
No. 8	3	No.18	4	No.28	4	No.38	3	No.48	3
No. 9	2	No.19	3	No.29	4	No.39	1・4	No.49	2
No.10	1	No.20	1	No.30	1	No.40	2・3	No.50	3

No. 1	1	No.11	2	No.21	2	No.31	3	No.41	3・4
No. 2	3	No.12	3	No.22	3	No.32	4	No.42	1・4
No. 3	2	No.13	2	No.23	3	No.33	4	No.43	3
No. 4	3	No.14	4	No.24	3	No.34	1	No.44	3
No. 5	4	No.15	3	No.25	2	No.35	1	No.45	2
No. 6	2	No.16	1	No.26	3	No.36	1	No.46	2
No. 7	3	No.17	3	No.27	1	No.37	4	No.47	2
No. 8	4	No.18	3	No.28	4	No.38	1	No.48	4
No. 9	1	No.19	4	No.29	4	No.39	2・4	No.49	1
No.10	2	No.20	3	No.30	2	No.40	1・3	No.50	4

令和 3 年度　第一次検定（後期）　解答一覧

No. 1	3	No.11	4	No.21	1	No.31	1	No.41	1・4
No. 2	1	No.12	1	No.22	4	No.32	3	No.42	1・3
No. 3	1	No.13	3	No.23	3	No.33	4	No.43	2
No. 4	3	No.14	4	No.24	4	No.34	3	No.44	1
No. 5	4	No.15	2	No.25	4	No.35	2	No.45	3
No. 6	4	No.16	2	No.26	2	No.36	3	No.46	2
No. 7	3	No.17	4	No.27	2	No.37	2	No.47	1
No. 8	3	No.18	2	No.28	3	No.38	2	No.48	4
No. 9	2	No.19	1	No.29	3	No.39	3・4	No.49	1
No.10	2	No.20	1	No.30	4	No.40	2・3	No.50	3

No. 1	2	No.11	1	No.21	1	No.31	3	No.41	4
No. 2	3	No.12	2	No.22	3	No.32	3	No.42	4
No. 3	1	No.13	3	No.23	2	No.33	2	No.43	2
No. 4	2	No.14	1	No.24	1	No.34	4	No.44	2
No. 5	3	No.15	2	No.25	4	No.35	3	No.45	3
No. 6	2	No.16	2	No.26	1	No.36	1	No.46	2
No. 7	1	No.17	1	No.27	3	No.37	1	No.47	4
No. 8	4	No.18	4	No.28	2	No.38	4	No.48	1
No. 9	3	No.19	2	No.29	3	No.39	3	No.49	2
No.10	3	No.20	1	No.30	4	No.40	1	No.50	4

令和元年度　学科試験（前期）　解答一覧

No. 1	3	No.11	4	No.21	4	No.31	1	No.41	2
No. 2	1	No.12	3	No.22	4	No.32	4	No.42	1
No. 3	2	No.13	1	No.23	3	No.33	3	No.43	4
No. 4	3	No.14	4	No.24	4	No.34	4	No.44	3
No. 5	1	No.15	3	No.25	2	No.35	3	No.45	4
No. 6	2	No.16	4	No.26	2	No.36	4	No.46	1
No. 7	4	No.17	1	No.27	2	No.37	3	No.47	1
No. 8	2	No.18	2	No.28	4	No.38	2	No.48	2
No. 9	3	No.19	1	No.29	3	No.39	4	No.49	2
No.10	2	No.20	2	No.30	2	No.40	2	No.50	3

令和元年度　学科試験（後期）　解答一覧

No. 1	2	No.11	4	No.21	1	No.31	2	No.41	1
No. 2	2	No.12	1	No.22	4	No.32	4	No.42	4
No. 3	4	No.13	2	No.23	2	No.33	2	No.43	4
No. 4	1	No.14	1	No.24	3	No.34	3	No.44	4
No. 5	3	No.15	2	No.25	2	No.35	4	No.45	3
No. 6	2	No.16	3	No.26	3	No.36	3	No.46	2
No. 7	4	No.17	3	No.27	4	No.37	1	No.47	1
No. 8	3	No.18	3	No.28	1	No.38	3	No.48	4
No. 9	3	No.19	1	No.29	3	No.39	4	No.49	2
No.10	2	No.20	3	No.30	3	No.40	4	No.50	2

平成30年度　学科試験（前期）　解答一覧

No. 1	3	No.11	3	No.21	4	No.31	4	No.41	4
No. 2	3	No.12	2	No.22	1	No.32	2	No.42	3
No. 3	4	No.13	4	No.23	4	No.33	3	No.43	1
No. 4	3	No.14	3	No.24	2	No.34	4	No.44	1
No. 5	1	No.15	3	No.25	4	No.35	4	No.45	2
No. 6	2	No.16	1	No.26	3	No.36	2	No.46	3
No. 7	2	No.17	2	No.27	2	No.37	3	No.47	4
No. 8	1	No.18	2	No.28	3	No.38	1	No.48	2
No. 9	2	No.19	3	No.29	2	No.39	2	No.49	3
No.10	1	No.20	2	No.30	1	No.40	1	No.50	3

平成30年度　学科試験（後期）　解答一覧

No. 1	1	No.11	1	No.21	1	No.31	2	No.41	4
No. 2	3	No.12	2	No.22	1	No.32	2	No.42	2
No. 3	3	No.13	3	No.23	4	No.33	2	No.43	3
No. 4	4	No.14	3	No.24	3	No.34	2	No.44	3
No. 5	3	No.15	3	No.25	3	No.35	4	No.45	2
No. 6	4	No.16	3	No.26	2	No.36	2	No.46	3
No. 7	2	No.17	1	No.27	1	No.37	1	No.47	2
No. 8	1	No.18	4	No.28	3	No.38	3	No.48	4
No. 9	4	No.19	4	No.29	2	No.39	1	No.49	1
No.10	1	No.20	2	No.30	4	No.40	1	No.50	4

図のように別冊を引いて取り外してください。
背表紙部分がのりで接着されていますので、
丁寧に抜き取ってください。取り外した別冊を持ち運び、
学習のチェックにお役立てください。

解答・解説 ［別冊］